Asit Datta • Gregor Lang-Wojtasik (Hrsg.)

Bildung zur Eigenständigkeit

Vergessene reformpädagogische Ansätze aus vier Kontinenten

Reihe „Historisch-vergleichende Sozialisations- und Bildungsforschung“

Hg. v. Christel Adick, Ruhr-Universität Bochum, IKO-Verlag Frankfurt

Angesichts einer zunehmenden Globalisierung von Sozialisations- und Bildungsprozessen in der heutigen Welt, können pädagogisch relevante Bereiche wie Kindheit, Familie, Jugend, Bildungs- und Ausbildungssysteme nicht mehr allein länder- oder regionalspezifisch betrachtet werden. Die Vergleichende Erziehungswissenschaft als eine historisch bewußte und gesellschaftskritische Sozialwissenschaft sollte daher um Studien bemüht sein, die zur Aufklärung der Entstehung und zur produktiven Bewältigung der Effekte der Globalisierung von Sozialisationsprozessen und Bildungsentwicklungen in unserer Welt beitragen. Die historisch-vergleichende Betrachtungsweise kann auch benachbarten Fachdisziplinen wie beispielsweise Schultheorie, Sozialpädagogik, Interkulturelle Pädagogik, Bildungssoziologie und der Geschichte der Pädagogik neue Impulse geben. Die Reihe bemüht sich deshalb um die Publikation solcher Untersuchungen, die sich im Bewußtsein um die historische Genese pädagogischer Entwicklungen lokaler, nationaler und internationaler Art mit interkulturellen oder internationalen Vergleichen beschäftigen, die mindestens zwei oder mehr Kulturen oder Länder oder deren wechselseitige Beziehungen betreffen. Damit soll der Interdependenz pädagogischer Entwicklungen in unserer – wenngleich durchaus widersprüchlichen – ‚Einen Welt‘ Rechnung getragen und die Entwicklung entsprechender Forschungsperspektiven und methodologischer Vergleichsdesigns befördert werden. Dieses schließt die kritische Reflexion neuerer Entwicklungen und pädagogischer Reformansätze mit ein.

Asit Datta • Gregor Lang-Wojtasik (Hrsg.)

Bildung zur Eigenständigkeit

Vergessene reformpädagogische Ansätze aus vier Kontinenten

IKO-Verlag für Interkulturelle Kommunikation

Bibliographische Information Der Deutschen Bibliothek

Die Deutsche Bibliothek verzeichnet diese Publikation in der Deutschen Nationalbibliographie; detaillierte bibliographische Daten sind im Internet über http://dnb.ddb.de abrufbar.

Frankfurt am Main
Postfach 90 04 21
D - 60444 Frankfurt

London
70 c, Wrentham Avenue
London NW10 3HG, UK

e-mail: info@iko-verlag.de • Internet: www.iko-verlag.de

ISBN: 3-88939-644-5
Historisch-vergleichende Sozialisations- und Bildungsforschung, Band 6

Umschlaggestaltung: Volker Loschek, 61184 Karben
Herstellung: Verlagsdruckerei Spengler, 60488 Frankfurt/Main

Inhalt

Asien

Europa

Vorwort

Internationale Reformpädagogik gehört zum Kernbestand einer Vergleichenden Erziehungswissenschaft, die sich – wie in dieser Schriftenreihe intendiert – als kritische Sozialwissenschaft an der Erforschung und Bewältigung der Effekte der Globalisierung auf Sozialisations- und Bildungsprozesse in unserer ‚Einen Welt' beteiligt. Dabei wurden in der historisch-vergleichenden Bildungsforschung neben dem Blick auf Bildungssysteme immer auch pädagogische Reformkonzepte in den Blick genommen. Nicht umsonst gilt schon die ‚klassische' Reformpädagogik an der Wende zum und in den ersten Dekaden des 20. Jahrhunderts als eine Epoche des internationalen Diskurses. In jenen Dekaden war es offenbar selbstverständlich, dass west- und osteuropäische sowie amerikanische Pädagoginnen und Pädagogen wie etwa Ellen Key, Nadeshda Konstantinowna Krupskaja, Maria Montessori, Pavel P. Blonskij, John Dewey, Hermann Lietz, Alexander Sutherland Neill und andere einerseits international rezipiert wurden und dass sie sich und ihre Werke andererseits auch wechselseitig zur Kenntnis nahmen und voneinander lernten. Manch eine Modellschule oder Modellkonzeption verdankte sich somit, wenn nicht ausschließlich, so doch in bestimmtem Umfang, diesem internationalen reformpädagogischen Diskurs.

Dennoch ist gerade in einer globalen Perspektive eine Engführung des Bereichs ‚internationale Reformpädagogik' zu konstatieren, zeigt sich diese doch, wie die obigen Beispiele zeigen, als eine de facto auf Nordamerika und Europa beschränkte Veranstaltung. Die internationale Perspektive wäre demzufolge als eine kulturell verkürzte, ‚abendländische' oder angloamerikanisch-eurozentrische Perspektive zu diagnostizieren, in der außereuropäische pädagogische Diskurse und Modelle oder solche, die sich marginalisierten Bevölkerungsgruppen zuwenden, kaum eine Rolle spielen und häufig nicht einmal zur Kenntnis genommen werden.

Diesen ‚vergessenen' reformpädagogischen Ansätzen ist das vorliegende Buch gewidmet, und zwar sowohl in historischer wie in gegenwartsorientierter Perspektive. In historischer Perspektive werden im hiesigen Diskurs wenig oder gar nicht bekannte außereuropäische Pädagogen oder Bildungspolitiker, namentlich Rokeya Shakhawat Hossain alias Begum, Edward Wilmot Blyden, Rabindranath Tagore, Mohandas Karamchand alias Mahatma Gandhi gewürdigt. Ihr jeweiliges Lebenswerk, ihre Konzeptionen und ihre Schulversuche reichen bis in das 19. Jahrhundert zurück, sind aber in der oben genannten ‚klassischen' Epoche der Reformpädagogik schlichtweg ignoriert worden. In gegenwartsorientierter Perspektive zeigt das Buch Beispiele auf, wie unter heutigen ‚globalisierten' Kontexten reformpädagogische Initiativen in vier Kontinenten die Herausforderungen für Bildungspolitik und Schulpädagogik konstruktiv aufgreifen mit dem Ziel einer ‚Bildung zur Eigenständigkeit'. Diese Initiativen richten sich auf die wiederum häufig ‚vergessenen' Bildungsadressaten dieser Welt: die Indianer Nordamerikas, die Armen und Unterprivilegierten Südamerikas, Asiens und Europas.

Daneben finden sich in diesem Sammelband auch Aufsätze zu durchaus bekannten Klassikern, deren Leben und Werk in einem Band mit der Überschrift „Bildung zur Eigenständigkeit" seinen wohl verdienten Platz hat, allen voran zu Paulo Freire. Aber auch Ivan Illich, Leo Nikolajevitsch Tolstoi und Célestin Freinet dürften im hiesigen pädagogischen Diskurs keine Unbekannten sein, wohingegen die Kenntnisse über die Konzeptionen von Julius Nyerere und Amilcar Cabral in der deutschen Erziehungswissenschaft, wenn nicht unbekannt, so doch weitaus spärlicher sein dürften.

Was ist mit einem Sammelband über ‚vergessene reformpädagogische Ansätze aus vier Kontinenten' für die internationale Reformpädagogik im Besonderen wie auch für die Erziehungswissenschaft im Allgemeinen gewonnen? Dieser Frage widmen sich nicht nur die Herausgeber dieses Sammelbandes in ihrer Einleitung, sondern eigens zwei Beiträge am Ende des Buches. Stellen doch ‚vergessene' Ansätze nicht schon ungeprüft ‚bessere' Ansätze oder pädagogische Persönlichkeiten, die sich einer ‚Bildung zur Eigenständigkeit' verschrieben haben, ‚bessere' Pädagogen dar. Reformpädagogische Ideen – ob im ‚Norden' oder ‚im Süden' – operieren, da sie auf eine wie immer geartete ‚Verbesserung' pädagogischer Praxis angelegt sind, notwendigerweise immer mit spezifischen Menschenbildern und Weltverständnissen; sie implizieren veränderte Gesellschaftsmodelle und sind auch aus diesem Grunde ideologieanfällig. Ziel der Rezeption der hier vorgelegten reformpädagogischen Ideen und Versuche sollte daher nicht ihre unkritische Glorifizierung sein, sondern ihre historische, gesellschaftliche und kulturelle Kontextualisierung.

Bochum, im August 2002 Christel Adick

Asit Datta und Gregor Lang-Wojtasik

Einleitung

Vorbemerkungen

Der Anlass zur Beschäftigung mit dem Thema ist die Einsicht, dass die bisherigen Diskussionen um Reformpädagogik – nicht nur in Deutschland – eurozentrisch verlaufen sind. Der Eurozentrismus schließt in diesem Fall auch Versuche der aus Europa nach Nordamerika zugewanderten Gesellschaft ein. Die Frage, ob es nicht außerhalb der ‚geschlossenen' Gesellschaft Europas und Nordamerikas auch in anderen Regionen der Welt Versuche gegeben hat, die herrschende Vorstellung von Bildung zu ändern, hat einen der Herausgeber des vorliegenden Buches (Asit Datta) im letzten Jahrzehnt mehrmals dazu bewogen, sich in Lehrveranstaltungen mit dem Thema zu beschäftigen. Aus einer dieser Lehrveranstaltungen ist der Reader ‚Bildung zu Self-Reliance. Reformpädagogische Ansätze aus dem Süden' mit Beiträgen von Studierenden sowie Kolleginnen und Kollegen entstanden. Die Publikation von 133 Seiten erschien in der Schriftenreihe ‚Theorie und Praxis' des Fachbereichs Erziehungswissenschaften der Universität Hannover in einer kleinen Auflage (Datta/Lang-Wojtasik 1998). Wir waren über die Nachfrage überrascht und mussten im Jahre 2001 eine weitere Auflage drucken lassen. Gleichzeitig gab es den Wunsch verschiedener Kolleginnen und Kollegen, das Thema etwas breiter angelegt zu bearbeiten. Viele von ihnen kündigten an, sich daran zu beteiligen. Das vorliegende Buch ist das Ergebnis eines weiteren Versuchs, die Aufmerksamkeit der Leserschaft auf das bislang vernachlässigte Gebiet zu lenken.

Zum Begriff Reformpädagogik

Es scheint schwierig zu sein, den Begriff ,Reformpädagogik' eindeutig zu definieren (vgl. Röhrs/Lenhart 1994, S. 11f.) oder eine dazugehörige Bewegung klar zeitlich abzugrenzen. V.a. sei sie durch Heterogenität, „durch Differenz in allen wesentlichen Belangen" gekennzeichnet und „eher ein prinzipiell unabschließbares Projekt, bei dem Anfang und Ende offen bleiben müssen" (Oelkers 1996, S. 15). Hinzu kommt, dass auch der Grundsatz ,Pädagogik vom Kinde aus', der der Reformpädagogik gemeinhin zugeschrieben wird, eine Verkürzung bzw. Verneinung aufklärerischer Dialektik darstellt. Diese hatte nämlich „immer einen pädagogischen und einen politischen Pol" (ebd., S. 10). Obgleich die zeitliche Eingrenzung schwierig ist, werden in der einschlägigen Literatur die Jahre zwischen 1890 und 1930 als Zeitraum der reformpädagogischen Bewegung angegeben (z.B. Nohl 1970; Flitner/Kudritzki 1967; Röhrs 1991; Scheibe 1994). Dies hat damit zu tun, dass in dieser Zeit einige Themen wie Kindesentwicklung, ,natürliche Erziehung', Gesellschaftsveränderung und Pädagogik, Pädagogik vom Kinde aus, Hand- und Kopfarbeit von einigen PädagogInnen intensiv diskutiert wurden (ebd., S. 21ff.).

Begriffliche Annäherungen bleiben bis heute schwierig. Deshalb wird in der Literatur mit Vorliebe die Behauptung des US-Amerikaners Lawrence A. Cremin hervorgehoben, „eine Definition [der Reformpädagogik] gibt es nicht, wird es auch nie geben" (Röhrs 1994, S. 11; vgl. auch Oelkers 1994, S. 30). Insofern ist es konsequent, sowohl den ,Individualized-Instruction'-Ansatz von Ovide Decroly, Alice Descœudres, Helen Parkhursts als auch den Kollektivansatz (Arbeiterkolonie) von Anton S. Makarenko zur Reformpädagogik zu zählen. Versuche, die Vielfältigkeit zu systematisieren, sind in der Regel zum Scheitern verurteilt. Hermann Röhrs z.B. versucht, in elf Punkten das Wesen der Reformpädagogik einzugrenzen. Im ersten Punkt erwähnt er, dass die Reformpädagogik „auf Verbesserung von Erziehung und Bildung" gerichtet sei, wobei das Ziel „nicht die bloße Ablehnung" des Bestehenden, „sondern die Konstituierung der Neuen Erziehung, der Neuen Schule" (Röhrs 1994, S. 11) sei. So verstanden ist jeder Verbesserungsversuch der pädagogischen Praxis Reformpädagogik.

Trotz der vorherrschenden Heterogenität gibt es verschiedene *Charakteristika*, die für die Reformpädagogik maßgebend sind: Selbsttätigkeit und Selbstverantwortung als erzieherische Grundhaltung, das ,learning by doing', das Konzept der Schule als ,Embryonic Community Life', die Projektmethode, der ganzheitliche Unterricht, die ‚Unity of Life' als Lerneinheit, die ‚group and creative activities' (Röhrs 1994, S. 24).

Eurozentrische Internationalität

Internationalität ist zwar wesentliches Element der Reformpädagogik, diese wird jedoch v.a. aus einer europäischen bzw. US-amerikanischen Perspektive diskutiert und an Modellen aus Europa oder den USA fest gemacht. Insofern scheint die internationale Debatte sehr eurozentrisch verlaufen zu sein. Häufig werden nicht einmal Anton S. Makarenkos Arbeiterkolonie oder Leo N. Tolstois Jasnaja Poljana erwähnt (z.B. Röhrs/ Lenhart 1994). Auch andere Ansätze, wie z.B. Gandhis Nai Talim, Tagores Santiniketan, Nyereres Bildung zur Befreiung oder Freires Pädagogik der Unterdrückten finden keinen Platz. Dies ist deshalb erstaunlich, weil sie einerseits viele der von Röhrs erwähnten Kriterien enthalten und andererseits beanspruchen, den domestizierenden Charakter kolonialer Bildung (Freire) zu überwinden. Fast alle diese Ansätze hatten den Anspruch, eine Entmythologisierung festgeschriebener Werte innerhalb einer verkrusteten Bildungsstruktur vorzunehmen.

Obgleich manche dieser Ansätze in der gegenwärtigen Bildungspolitik der jeweiligen Länder kaum noch eine Rolle spielen, haben sie keineswegs ihre Relevanz verloren. Eine erneute Diskussion um diese Ansätze, gerade nach den Konferenzen von Jomtien und Dakar (s.u.), scheint uns dringend geboten zu sein. Eine analytische Auseinandersetzung mit verschiedenen Aspekten könnte einer Annäherung an die Vision von Jomtien und Dakar förderlich sein.

Education for all

Im Jahre 1990 verabschiedeten Regierungsvertreter aus über 100 Ländern, Repräsentanten internationaler Organisationen und von Non Governmental Organizations (NGOs) auf der Konferenz ‚Education For All' in Jomtien (Thailand) eine Resolution, mit der sie sich verpflichteten, ‚Bildung für alle' bis zum Jahr 2000 zu ermöglichen. Bereits auf den verschiedenen Zwischenkonferenzen wurde deutlich, dass das Ziel zu hoch gesteckt war. Zehn Jahre nach Jomtien trafen sich verschiedene VertreterInnen erneut in Dakar (Senegal) zum World Education Forum, um Bilanz zu ziehen und über weitere Perspektiven nachzudenken. In den meisten Staaten dieser

Welt sind die gesetzten Ziele nicht erreicht worden. Vorherrschend ist ein verhaltener Optimismus. Zwar sind in den meisten Unterzeichnerstaaten die Einschulungszahlen gestiegen, gleichzeitig sprechen die Länderberichte staatlicher und nicht-staatlicher Stellen davon, dass die Geschlechterdiskrepanz zugenommen hat und die Zahl jener SchülerInnen gestiegen ist, die zwar eingeschult sind, aber nicht regelmäßig zum Unterricht erscheinen. Auch hat die Zahl der Drop-Outs eher zugenommen. Die Größe der vorhandenen Klassenräume sei trotz gestiegener SchülerInnenzahlen selten ausreichend. Insofern muss über Erfolgskriterien zur Messung von Education For All nachgedacht werden. Die 1990 in Jomtien formulierten Ziele sollen jetzt bis zum Jahr 2015 erreicht werden (Datta/Lang-Wojtasik u.a. 2000). Der *Forderungskatalog* konzentriert sich auf sechs Bereiche: Ausweitung und Verbesserung der frühkindlichen Betreuung und Erziehung (Early childhood care), Zugang und Abschluss von Grundbildung (v.a. Förderung von Mädchen), Verbesserung von Lernergebnissen und Befriedigung grundlegender Lernbedürfnisse, Verringerung der Analphabetenquoten um 50% und Sicherstellung gleichberechtigter Zugangsmöglichkeiten für Frauen und Männer, effizientere Grundbildung (v.a. auch im Hinblick auf die Verringerung von Geschlechterdisparitäten), Verbesserung der Bildungsqualität (Zusammenfassung nach: Torres 2001, S. 212).

Die 1990 in Jomtien formulierten Ziele konnten vermutlich deshalb nicht erreicht werden, weil viele der Länder zu sehr auf Quantität als auf Qualität geachtet haben – z.B. Fixierung auf die Erhöhung der Einschulungsraten, ohne darauf zu achten, was mit den eingeschulten Kindern im Bildungsprozess passiert und welche angebotenen Lernmöglichkeiten sie nutzen können. Möglicherweise ist dies ein Grund für die hohe Zahl von Drop-Outs. Hinzu kommt, dass die in Dakar vorgenommene Reduktion der Grundbildung auf Grundschulbildung für Kinder eine Engführung der ursprünglichen Jomtien-Grundbildungsvision darstellt. In Jomtien war ein erweitertes Verständnis von Education for All zugrunde gelegt worden. Grundbildung als „Eintrittskarte ins Leben" sollte sich – neben Primarschulbildung – auf Grundbildungsbereiche aller Altersgruppen beziehen: außerschulische (Jugend-)Bildung, Erwachsenenbildung, Alphabetisierungsprogramme usw. (Artikel 1, 1 der World Declaration on Education for All, Unesco 1991, S. 89; Delors 1997, S. 103). Darüber hinaus umfasste die ‚Jomtien-Vision' verschiedene andere Bereiche, die einem innovativen Verständnis von Grundbildung förderlich waren – z.B. örtliche Unbegrenztheit von Bildungsprozessen, Perspektive lebenslangen Lernens, Anerkennung sowohl traditionellen als auch formal-schulischen Wissens,

Adressatenorientierung (im Detail: Torres/Corragio 2001, S. 186; Unesco 2000, S. 29).

Stellt man die Prämissen von Dakar den oben genannten Charakteristika von Reformpädagogik gegenüber, wird deutlich, dass eine Auseinandersetzung mit reformpädagogischen Ansätzen heute besonders lohnenswert sein kann. Natürlich können auch diese nicht jedes Problem lösen. Sie bieten aber Perspektiven, wie mit lange bekannten Schwierigkeiten umgegangen werden kann. Insofern ist es nicht erstaunlich, dass sich viele NGOs in ihren Bildungskonzeptionen an diesen Ansätzen orientieren. Die von ihnen angebotene Non-Formal Education gilt als eine der Säulen zur Umsetzung von Grundbildung für alle im internationalen Diskurs (Delors 1997, S. 101-108).

Zu den Beiträgen

Vielleicht ist die Auswahl bei einem Buch wie dem vorgelegten zwangsläufig unvollkommen und lückenhaft. Die Subjektivität und spezifische Prägung der Herausgeber spielt gewiss eine Rolle. Aber auch wenn mehrere Personen dieses Buch mitkonzipiert hätten, kennten sie nicht alle Regionen und Ansätze dieser Welt. Z.B. sind in dem gelungenen Handbuch von Morsy/Tedesco (1997) manche Regionen ‚überrepräsentiert', andere werden gar nicht erwähnt. Dies soll aber weder Entschuldigung noch Rechtfertigung sein. Gleichwohl ist es für uns bedauerlich, dass wir keinen Beitrag aus Australien präsentieren können. Aber selbst wo wir auf bestehende Kontakte zurückgreifen konnten, gab es auch im Computer-Zeitalter ungeahnte Schwierigkeiten, Beiträge aus anderen Ländern und Kontinenten zu ermöglichen. Aus unterschiedlichen Gründen müssen wir leider auf fünf geplante Beiträge verzichten und fast alle der Schreibenden kommen aus dem Norden. So nahe ihnen der Süden durch den Anspruch eines „[...] advokatorischen Impetus zur pädagogischen Bewältigung der spezifischen Abhängigkeiten der Dritten Welt" (Adick 2000, S. 68) sein mag, ihre Nordperspektive bleibt Taktgeberin ihrer Betrachtungen. Trotz der beschriebenen Probleme und Grenzen freuen wir uns dennoch, das Ergebnis unseres Versuchs vorlegen zu können.

Wir haben den Beitrag von *Sandra Cukrowski* an den Anfang gestellt, weil wir gleich zu Beginn die Leserinnen und Leser auf unsere Sicht des Themas Reformpädagogik hinweisen möchten. Denn bislang waren die Subjekte und Objekte der reformpädagogischen Theorie und Praxis in *Nord-*

amerika immer aus Europa zugewanderte ‚Amerikaner'. Der Beitrag über ‚Indianerschulen in Nordamerika' stellt demgegenüber traditionelle und moderne indianische Erziehung in den Mittelpunkt. In indigenen Bildungsprozessen soll die Bewahrung eigener Traditionen gefördert und auf ein Leben in der nordamerikanischen ‚Mehrheitsgesellschaft' vorbereitet werden. Von den beschriebenen Kontrakt- und Survival-Schools, in denen muttersprachliche Kompetenz (indianische Sprachen) Basis für die Auseinandersetzung mit kulturellen Prägungen der zugewanderten Amerikaner ist, können wir in Deutschland v.a. hinsichtlich der Beschulung von Kindern nichtdeutscher Muttersprache lernen. Einen weiteren Ansatz zur Bewahrung indigener Traditionen im lateinamerikanischen Kontext beschreibt *Christian Cray* in seinem Beitrag über die Universität Tinku im Hochland der Anden.

‚Educación Populár' ist der umfassende Versuch in *Lateinamerika*, sich mit der Dialektik von Politik und Pädagogik auseinander zu setzen. Die Beiträge von *Manfred Liebel* und *Bernd Overwien* ergänzen sich gewissermaßen. Während Liebel einen guten Überblick über die historische Entwicklung des Ansatzes mit Beispielen aus dem Bereich der Kinder- und Jugendarbeit darstellt, beschäftigt sich Overwien mit Ansätzen beschäftigungsorientierter Bildungsarbeit für Jugendliche.

Paulo Freire ist vermutlich der bekannteste Pädagoge des zwanzigsten Jahrhunderts – nicht nur in Lateinamerika. Seine Primärliteratur ist fast vollständig in deutscher Sprache erschienen, die Anzahl der Sekundärliteratur wächst ständig (z.Zt. über 3000 Titel). Aus diesem Grund beschränken wir uns hier auf zwei Aufsätze. *Joachim Dabisch* gibt einen guten Überblick über die Freiresche Theorieentwicklung. *Horst Siebert* beschäftigt sich mit Paulo Freire und Ivan Illich aus konstruktivistischer Perspektive, wobei er die Lehr-Lern-Ebene aus Freires und die Bildungssystem-Organisations-Ebene aus Illichs Blickwinkel (re)formuliert.

Bei den Beiträgen über Ansätze aus *Afrika* gehen wir gewissermaßen historisch vor. So beginnen wir mit dem ‚ältesten' Ansatz von Edward Wilmot Blyden und arbeiten uns über Amilcar Cabral und Julius K. Nyerere zu gegenwärtigen Konzeptionen in West- und Südafrika vor. Während *Christel Adick* am Beispiel von Blyden zeigt, wie schwierig es war, in der frühen Phase des Kolonialismus panafrikanische reformpädagogische Ansätze zu entwickeln und umzusetzen, läuten Cabral und Nyerere die Endphase der Kolonialherrschaft ein. *Hans Bühler, Jean Agbassi Djoman und Simone Fuoss* sowie *Heike Niedrig* setzen sich in ihren Beiträgen mit postkolonialen Problemen in Westafrika und Südafrika auseinander. Unabhängigkeitsbewegungen in Afrika wurden ab 1945 in verschiedenen Ländern von Personen geführt, die häufig aus wohlhabenden Bildungsbürgerfamilien stammten und fast ausnahmslos im Westen, d.h. in den Ländern der Kolonialmächte, ausgebildet worden waren: Kwame Nkrumah, Jomo Kenyatta, Julius K. Nyerere, Robert Mugabe – um nur einige Namen zu nennen. Obgleich die genannten Personen meistens keinerlei militärische Ausbildung hatten, mündeten die von ihnen angeführten Unabhängigkeitsbewegungen nicht selten in bewaffnete Kämpfe – so z.B. in Angola, Mosambik, Simbabwe und Guinea Bissau. Für die Entwicklung ihres jeweiligen Landes waren diese Politiker auf der Suche nach einem Gegenentwurf zu den Ländern der Kolonisatoren. Hypothetisch zumindest ist eine Erklärung, warum manche dieser im Westen ausgebildeten Politiker von dem Modell des ‚Sozialismus' fasziniert waren. Da sie genug schmerzliche Erfahrungen mit der Unterdrückung durch die Kolonisatoren hatten, sahen sie im Sozialismus einen Ausweg. Obgleich dieser Sozialismus eher ein Konstrukt war und mit dem im Ostblock praktizierten Modell wenig gemein hatte (z.B. Nyereres ‚Afrikanischer Sozialismus'), gab es doch manche ‚Anleihe' wie das Bild der Einheitspartei.

Unabhängig davon, ob das Land durch den bewaffneten Kampf ‚befreit' und die künftige Entwicklung des unabhängigen Landes ‚sozialistisch' gestaltet wurde – alle Führungspolitiker waren während der jeweiligen Befreiungsbewegung davon überzeugt, dass ihr befreites Land eine andere Bildung braucht. Erstaunlich ist, dass – trotz vieler Unterschiede im politischen Handeln – viele dieser Politiker Vorstellungen von Bildung und Modellschulen entwickelten, die Ähnlichkeiten aufweisen. Offenbar kamen sie unabhängig voneinander zu einer gleichen Erkenntnis.

Besonders im Falle von *Asien* wird die Begrenztheit und Subjektivität der in diesem Buch vorgenommenen Auswahl reformpädagogischer Ansätze deutlich. Gerne hätten wir verschiedene andere Beiträge aufgenommen – z.B. aus Indonesien, Thailand, den Philippinen oder Nachfolgestaaten der ehemaligen Sowjetunion. Dies ist aus verschiedenen Gründen nicht gelungen. Wir hoffen, dass unsere Auswahl dennoch die Tragweite reformpädagogischer Ansätze auf dem asiatischen Kontinent andeuten kann. Zwei Beiträge von *Asit Datta* und *Gregor Lang-Wojtasik* über Rabindranath Tagore und Mohandas K. Gandhi beschäftigen sich mit Reformpädagogen, die eng dem Befreiungskampf Indiens verbunden waren. Beide haben darüber hinaus auch eine postkoloniale Bedeutung, da sich verschiedene NGOs im weitesten Sinne auf ihre Ansätze berufen, um im Kontext von

Education for all zukunftsorientierte Bildungsarbeit zu organisieren. Diese nicht-staatliche non-formale Bildung wird im Beitrag von *Gregor Lang-Wojtasik* anhand zweier Beispiele in Indien und Bangladesh thematisiert. Der Aufsatz von *Zarina Rahman Khan* über Rokeya Begum hat uns erst im letzten Moment erreicht. Wir haben uns daher entschieden, ihn in seiner englischen Fassung aufzunehmen. Wir hoffen, dass den meisten Leserinnen und Lesern der Grund für diese Ausnahme deutlich wird: Rokeya Begum ist nicht nur als Pionierin der Bildung für islamische Mädchen und Frauen eine Person mit historischer Bedeutung, sondern zugleich ein Symbol für die Emanzipation islamischer Frauen auch in der Gegenwart.

Geopolitisch ist es schwierig, die Türkei eindeutig Asien oder *Europa* zuzuordnen. Geographisch liegt die Türkei zwar überwiegend in Asien, die Mehrzahl der Repräsentanten des Staates wünscht sich aber einen Anschluss an die Europäische Union. Aus dem letztgenannten Grund haben wir den Ansatz aus der Türkei dem europäischen Kontinent zugeordnet. Volker Lenhart hingegen ordnet in seinem Nachwort die Türkei dem asiatischen Kontinent zu. *Rainer Schulte* beschreibt türkische Dorfinstitute der 30er und 40er Jahre des letzten Jahrhunderts, die das Ziel hatten, eine demokratische Entwicklung in ländlichen Regionen zu fördern und heute Vorbild für Bildungsarbeit in städtischen Slumvierteln sind.

Daneben haben wir zwei weitere Ansätze aus Europa aufgenommen. Einen Beitrag über Leo N. Tolstoi von *Ulrich Klemm* und einen über Célestin Freinet von *Roland Narr*. Da die meisten europäischen Ansätze in Europa wohlbekannt sind, kann man berechtigterweise fragen, warum wir nur die beiden vorliegenden ausgewählt haben. Hinsichtlich Tolstoi denken wir, dass sein Versuch deshalb wichtig ist, weil 1.) die Bauernschule Jasnaja Poljana fast in Vergessenheit geraten ist und es 2.) einen Zusammenhang zu den Versuchen von Tagore und Gandhi gibt. Célestin Freinet ist zwar nicht vergessen – immerhin gibt es sogar eine internationale Freinet-Gesellschaft. Dennoch scheint sein Versuch gerade deshalb diskussionswürdig zu sein, weil selbst im universitären Bereich dieser Ansatz auf methodische Überlegungen der Korrespondenz und Druckerei reduziert wird. Dass Freinet mehr als dies zu bieten hat, wird im hier vorgelegten Beitrag deutlich.

Zum Abschluss des Buches beschäftigt sich *Klaus Seitz* mit dem Grundproblem des thematischen Gegenstandes in der vorliegenden Publikation: die Wahrnehmung des Anderen oder die selektive Wahrnehmung der Rezeption außereuropäischer Versuche im Norden. *Volker Lenhart* – Mitverfasser des Buches ‚Reformpädagogik auf den Kontinenten' (Röhrs/Lenhart 1994) – hat noch einmal das Problem der Vernachlässigung reformpädagogischer Ansätze aus dem Süden aufgenommen, andererseits unternimmt er eine kritische Würdigung aller Beiträge dieses Buches.

Unsere Hoffnung

Wir hoffen, dass das vorliegende Buch trotz aller Lücken und subjektiver Auswahl neue Denkanstöße gibt. Wir hoffen auch, dass es für jene geeignet ist, die in ‚Reformpädagogik' aus einem anderen Blickwinkel einsteigen wollen. Wir gehen davon aus, dass Reformpädagogik im hier vertretenen Sinne auch nach Ende der Blockkonfrontation eine herausragende Bedeutung hat. Gerade vor dem Hintergrund der Herausforderungen und Grenzen einer sich globalisierenden Welt betrachten wir eine Beschäftigung mit reformpädagogischen Ansätzen als einen Beitrag zur Suche nach alternativen gesellschafts- und bildungspolitischen Perspektiven.

Wir haben uns um eine weitgehend geschlechtsneutrale Sprache bemüht. Wo dies nicht gelungen ist, bitten wir um Nachsicht. Den Autoren und Autorinnen war dies freigestellt. Gleiches gilt für den Umgang mit der neuen Rechtschreibung.

Bedanken möchten wir uns bei allen Autorinnen und Autoren sowie bei *Monika Dollak, Claudia Heinz* und *Isabel Stehr* für ihre kritischen Anmerkungen und dafür, das Buch Korrektur zu lesen. Zu besonderem Dank sind wir *Katrin Seifer* verpflichtet, die das Buch gelayoutet und die End-Redaktion für die Drucklegung betreut hat. Für Fehler sind dennoch ausschließlich die Herausgeber verantwortlich.

Wir wünschen Spaß beim Lesen, Studieren, dialogischen Arbeiten und befreienden Diskutieren.

Hannover und Nürnberg, im Juli 2002

Asit Datta Gregor Lang-Wojtasik

Literatur

Adick, Christel: Gegenstand und Reflexionsebenen der International und Interkulturell Vergleichenden Erziehungswissenschaft. In: Adick, Christel/Kraul, Margret/Wigger, Lothar (Hg.): Was ist Erziehungswissenschaft? Festschrift für Peter Menck. Donauwörth 2000, S. 67-95

Datta, Asit/Lang-Wojtasik, Gregor (Hg.): Bildung zu Self-Reliance. Reformpädagogische Ansätze aus dem Süden. Hannover 1998; 2001

Datta, Asit/Lang-Wojtasik, Gregor/Schade, K. Friedrich/Stang, Bettina: Die Zukunft der Grundbildung. Zum Schwerpunkt dieser Ausgabe. In: epd-Entwicklungspolitik 17-18(2000), S. 24

Delors, Jaques: Lernfähigkeit: Unser verborgener Reichtum. UNESCO-Bericht zur Bildung für das 21. Jahrhundert. Berlin 1997

Flitner, Wilhelm/Kudritzki, Gerhard (Hg.): Die Deutsche Reformpädagogik. Düsseldorf/ München 1967[2] (Bd. I)

Hinzen, Heribert/Müller, Josef (Hg.): Bildung für Alle – lebenslang und lebenswichtig. Die großen internationalen Konferenzen zum Thema Grundbildung: Von Jomtien (Thailand) 1990 bis Dakar (Senegal) 2000. Ihre Ergebnisse, ihre Wirkungen und ihr Echo. Bonn 2001

Morsy, Zagloul/Tedesco, Juan Carlos (Hg.): Thinkers on Education. New Delhi 1997[3] (4 Bde.)

Nohl, Herman: Die pädagogische Bewegung in Deutschland und ihre Theorie. Frankfurt/M. 1970[7]

Oelkers, Jürgen: Reformpädagogik. Eine kritische Dogmengeschichte. Weinheim/ München 1996[3]

Oelkers, Jürgen: Ursprung und Verlauf in Zentraleuropa, In: Röhrs, Hermann/Lenhart, Volker (Hg.): Die Reformpädagogik auf den Kontinenten. Ein Handbuch. Frankfurt/M. etc. 1994

Reagan, Timothy: Non-Western Educational Traditions. Alternative Approaches, Educational Thought and Practice. Mahwah/New Jersey 1996

Röhrs, Hermann/Lenhart, Volker (Hg.): Die Reformpädagogik auf den Kontinenten. Ein Handbuch. Frankfurt/M. etc. 1994

Röhrs, Hermann: Die Internationalität der Reformpädagogik und die Ansätze zu einer Welterziehungsbewegung. In: Röhrs, Hermann/Volker Lenhart (Hg.): Die Reformpädagogik auf den Kontinenten. Ein Handbuch. Frankfurt/M. etc. 1994

Röhrs, Hermann: Die Reformpädagogik. Ursprung und Verlauf unter internationalem Aspekt. Weinheim 1991[3]

Scheibe, Wolfgang: Die reformpädagogische Bewegung. Eine einführende Darstellung (mit einem Nachwort von H.E. Tenorth). Neuwied etc. 1999[10]

Torres, Rosa Maria: Was passierte eigentlich auf dem Weltbildungsforum in Dakar? In: Hinzen, Heribert/Müller, Josef (Hg.): Bildung für Alle – lebenslang und lebenswichtig. Die großen internationalen Konferenzen zum Thema Grundbildung: Von Jomtien (Thailand) 1990 bis Dakar (Senegal) 2000. Ihre Ergebnisse, ihre Wirkungen und ihr Echo. Bonn 2001, S. 204 -222

Torres, Rosa Maria/Corragio, J. L.: Die Bedeutung von Grundbildung. In: Hinzen, Heribert/Müller, Josef (Hg.): Bildung für Alle – lebenslang und lebenswichtig. Die großen internationalen Konferenzen zum Thema Grundbildung: Von Jomtien (Thailand) 1990 bis Dakar (Senegal) 2000. Ihre Ergebnisse, ihre Wirkungen und ihr Echo. Bonn 2001, S. 186

Unesco: Education for all: Purpose and Context. Roundtable Themes I (prepared by Sheila M. Haggis). Paris 1991

Unesco: The International Consultative Forum on Education For All 1990-2000. An Evaluation. A Report to the EFA Forum Steering Committee. Paris 2000

Sandra Cukrowski

Indianerschulen in Nordamerika

1 Vorbemerkungen

Sitting Bull, ein berühmter Hunkpapa-Lakota (Sioux), riet etwa um 1890 Kindern in einer Internatsschule: „In der Zukunft wird der Umgang mit den Weißen Eure Aufgabe sein und es wird für Euch nicht leicht werden; Ihr werdet viel von dem lernen müssen, was Euch hier gelehrt wird. Aber das ist nicht alles. Wir Alten, wir brauchen Euch. Wir sind wie Blinde in unserem Umgang mit dem weißen Mann, denn wir verstehen ihn nicht. Wir brauchen Euch, um uns verstehen zu lehren, was der weiße Mann will. Meine Enkel seid gut! Versucht das Beste für Euch daraus zu machen. Lernt soviel Ihr könnt“ (zit. nach Schwarzbauer 1998, S. 46). Indianische Schüler sollten in den Schulen von den Weißen lernen, auch wenn diese Situation für sie schwierig werden würde. Sie sollten ihr Wissen benutzen, um zwischen der älteren Generation der Indianer und den Weißen zu vermitteln. Gleichzeitig sollten sie sich dieses Wissen aber auch selbst zu nutze machen, da sie in der Zukunft diejenigen sein würden, die Kontakt zu den Weißen haben und mit ihnen verhandeln würden.

Sitting Bull sagte außerdem: „Nehmt das Beste vom Weg des weißen Mannes, hebt es auf und nehmt es mit. Das Schlechte laßt zurück, werft es weg. Nehmt das Beste von den alten indianischen Lebensweisen – bewahrt sie stets. Sie haben sich in Tausenden von Jahren bewährt. Laßt sie nicht verkommen“ (zit. nach Deloria u.a., S. 375). Indianische Kinder sollten lernen, Elemente aus zwei unterschiedlichen Kulturen zu handhaben und sie miteinander in Einklang zu bringen. Sie sollten sich aus beiden Kulturen das Beste heraussuchen.

Konnten Sitting Bulls Anforderungen in der Vergangenheit umgesetzt werden? Wie können die Nachfahren der Indianer heute von den Weißen lernen und sie verstehen? Wie können sie gleichzeitig die eigenen Kulturen bewahren, deren Elemente oft im Widerspruch mit Elementen der weißen Kultur stehen? Die Indianer Nordamerikas leben heute in Industriestaaten, die ihnen fremde Werte und Normen in einer ihnen fremden Sprache vermitteln. Die dominante weiße Gesellschaft sieht die indianische Lebensweise nicht als gleichwertig an. Die Probleme, die sich daraus ergeben, müssen von den Indianern gelöst werden – auch in schulischer Hinsicht.

Der vorliegende Beitrag soll einen Überblick über die schulische Geschichte der Indianer Nordamerikas[1] geben und aufzeigen, wie es die Indianer geschafft haben, ihre eigenen Bildungseinrichtungen zu schaffen und so die alten Traditionen zu bewahren, ohne das Neue und den Wandel der modernen Gesellschaft zu ignorieren.

2 Traditionelle indianische Erziehung und die schulische Situation der Indianer im 19. Jahrhundert

Die traditionelle indianische Erziehung stand in einem engen Zusammenhang mit religiösen und sozialen Normen der jeweiligen indianischen Gemeinschaft. In der Regel war sie eine Kombination aus intentionaler Erziehung, d.h. bewussten Handlungen der Erwachsenen, die Einfluss auf die Erziehung der Kinder nehmen sollten, und funktionaler Erziehung, in der die Gemeinschaft das Vorbild der Kinder war und diese mehr oder weniger unbewusst kulturell prägte (vgl. Biegert 1983, S. 15). Insbesondere Großeltern übernahmen einen großen Teil der intentionalen Erziehung, indem sie die Kinder während der Abwesenheit der Eltern hüteten. Sie vermittelten ihnen durch das Erzählen von Geschichten das traditionelle Wissen der Gemeinschaft und machten sie mit den Regeln der Gesellschaft vertraut.

Die funktionale Erziehung wurde durch ein intensives Zusammenleben der Generationen gefördert. Die Kinder- und die Erwachsenenwelt waren nicht voneinander getrennt, und so ahmten die Kinder im Spiel oft Verhaltensweisen nach, die sie bei den Erwachsenen gesehen hatten (vgl. Seidenfaden 1993, S. 26).

Durch die Errichtung von staatlichen und durch Glaubensgemeinschaften betriebenen Schulen und der gesetzlichen Einführung der Schulpflicht für

[1] Da die Schulsituation der indigenen Bevölkerung in Kanada sehr starke Parallelen zu der Geschichte der US-Indianer aufweist, soll aus rationellen Gründen hier nur auf die Indianer der heutigen USA eingegangen werden.

indianische Kinder innerhalb der USA im Jahr 1893 wurden viele Kinder aus ihren indianischen Gemeinschaften gerissen und in Schulen unterrichtet, die oft weit von den Reservationen entfernt lagen. In den Jahren zuvor waren innerhalb der Reservationen verstärkt Missionsschulen errichtet worden. Die Missionare lehrten den indianischen Schülern neben Kenntnissen des Christentums Lese- und Schreibfertigkeiten und förderten die Anpassung an westliche Lebensformen. Da diese Anpassung durch die Missionare aber in den Augen der Regierung nicht schnell genug voran ging, wurden gegen Ende des 19. Jahrhunderts viele Missionsschulen geschlossen (vgl. Frantz 1993, S. 137). An ihre Stelle traten die staatlichen, aber häufig durch kirchliches Personal geleiteten Internatsschulen.[2] Die Lehrkräfte sahen die Schüler nicht als selbständige Wesen an, sondern als leere Gefäße, die durch sie mit religiösen Inhalten gefüllt werden mussten – notfalls auch durch körperliche Züchtigung, die in der traditionellen indianischen Erziehung nur selten vorzufinden war.

Nachdem die Kinder oft gewaltsam in die Internate gebracht worden waren, wurde ihnen keinerlei Übergangsphase gewährt, um sich an die neue Situation zu gewöhnen. Sie wurden schon am ersten Tag äußerlich an die anglo-amerikanischen Vorgaben angepasst. So schnitt man ihnen vor dem Schulbeginn die langen Haare ab, die für viele indianische Gemeinschaften von besonderer Bedeutung waren, steckte die Kinder zur Desinfizierung in einen Zuber mit Alkohol und kleidete sie neu ein. Außerdem gab man ihnen anglo-amerikanische Namen. Den Kindern wurde unter Androhung von Strafe untersagt, ihre Muttersprache zu sprechen[3], ihre indianische Kleidung zu tragen und nach den Normen und Werten zu leben, die ihnen durch ihre indianischen Gemeinschaften vermittelt worden waren (vgl. Deloria u.a., S. 356). Nach dem Leitsatz ‚Töte den Indianer und rette den Menschen' unternahmen die Lehrkräfte alles, um das Indianische in den Schülern auszulöschen und sie zu patriotischen und produktiven Mitgliedern der zugewanderten amerikanischen Gesellschaft zu machen. Indianische Kinder mussten Aufsätze schreiben, die die Ankunft der Europäer

---

[2] Die erste regierungseigene Internatsschule (Carlisle Industrial School), die als Vorbild für weitere Internatsschulen galt, wurde am 1. November 1879 durch Richard H. Pratt in Carlisle, Pennsylvania eröffnet. Pratt war in den Jahren davor für die Überwachung indianischer Gefangener zuständig und hatte sich schon damals für die (Um-)Erziehung der Indianer stark gemacht (vgl. Deloria u.a. 1998, S. 355-356).

[3] In oralen Kulturen ist die Sprache das wichtigste Medium, um Normen und Werte, Traditionen, Mythen und eine traditionelle Lebensweise zu vermitteln und dem Individuum so die Möglichkeit zu geben, eine ethnische Identität und damit ein Zugehörigkeitsgefühl zu seiner ethnischen Gemeinschaft zu entwickeln. Eine Gefährdung der Sprache ist demnach auch immer eine Gefährdung der Kultur und damit auch der Identifikationsmöglichkeiten eines Individuums.

glorifizierten, und wurden durch Geschichtsbücher über die vermeintliche Kriegslust der eigenen Vorfahren belehrt (vgl. Biegert 1983, S. 27).

Viele Kinder, die nach ihrer Schulzeit zu ihren Familien in die Reservationen zurückkehrten, waren Fremde in ihrer eigenen Gemeinschaft. Sie gehörten weder zu den Indianern, noch gehörten sie zu den Weißen.

Bis 1950 waren neben den Missions- und regierungseigenen Internatsschulen nur noch die BIA-Schulen für indianische Erziehung zuständig. Das *Bureau of Indian Affairs* (BIA) richtete Internatsschulen und Tagesschulen innerhalb der Reservationen ein, da die öffentlichen Public Schools in der Umgebung von indianischen Kindern nicht besucht werden durften.[4] Die indianischen Eltern hatten weder Einfluss auf die Lehrkräfte noch auf die Curricula der BIA-Schulen. Die meist weißen Lehrkräfte blieben oft unter ihresgleichen, ohne den Kontakt zu den Indianern und ihren Kulturen zu suchen. Die im Unterricht vermittelten Inhalte und die Unterrichtsmethoden richteten sich nach den anglo-amerikanischen Vorgaben und ignorierten die kulturellen Lebensumstände der indianischen Schüler (vgl. Lindig 1994, S. 254).

3 Schulische Leistungen indianischer Schüler

Indianische Schüler erzielten in den zuvor beschriebenen Bildungseinrichtungen verhältnismäßig häufiger schlechte Leistungen als nicht-indianische Schüler und ein sehr hoher Anteil der indianischen Schüler brach die Schule vorzeitig ab. Zwar bemühte sich die US-Regierung besonders seit den 1970er Jahren vermehrt um ihre Förderung und erreichte auch einen Anstieg des Bildungsniveaus, aber im Vergleich zur Gesamtbevölkerung blieben weiterhin Rückstände bestehen. Die Gründe für diese Bildungsrückstände sind vielfältig und können für jeden Schüler unterschiedlich sein. Deshalb lassen sie sich hier nicht in vollem Umfang erörtern, sondern werden nur knapp dargestellt.

Schlechte Leistungen in der Schule können z.B. auf persönliche oder familiäre Probleme eines Schülers zurückzuführen sein. Viele indianische Schüler haben schon relativ früh Erfahrung mit Alkohol und Drogen gemacht

[4] Public Schools werden durch Steuereinnahmen finanziert. Da Indianer aber aufgrund ihres Sonderstatus keine Steuern zahlen mussten, wurde ihren Kindern der Besuch dieser Schulen versagt. Erst 1950 wurde dieses Gesetz geändert und indianische Kinder durften Public Schools besuchen. Allerdings gingen diese Schulen nur in wenigen Fällen auf die kulturellen Belange ihrer indianischen Schüler ein und griffen selten auf indianische Erziehungsprogramme zurück.

und oft wachsen sie mit nur einem Elternteil oder in gestörten Familienverhältnissen auf. Häufiger werden für die schlechten Leistungen der indianischen Schüler allerdings schulische Faktoren verantwortlich gemacht. Insbesondere die Missachtung kultureller Unterschiede scheint die schulischen Leistungen in großem Umfang zu beeinflussen (vgl. Frantz 1993, S. 147). Regierungseigene und durch Glaubensgemeinschaften betriebene Schulen gehen selten auf den sozio-kulturellen Hintergrund ein, der auf die indianischen Kulturen mit ihren spezifischen Wertvorstellungen Bezug nimmt. Viele indianische Schüler kommen mit den Unterrichtsinhalten nicht zurecht, da ihre eigene Kultur und Geschichte im Unterricht verleugnet wird. Zudem haben viele nicht-indianische Lehrkräfte Vorurteile gegenüber indianischen Schülern und gehen mit der Erwartung in den Unterricht, dass diese Schüler doch nur geringe Leistungen erbringen können. Die Behandlung der Schüler, die durch diese Erwartungshaltung beeinflusst wird, spiegelt sich in ihren Leistungen wider (self-fulfilling prophecy). Die durch die Schulen erzwungene Zweisprachigkeit der Schüler und die Missachtung der indianischen Sprachen in den Curricula führen dazu, dass viele Schüler weder ihre Muttersprache noch Englisch als Unterrichtssprache gut beherrschen. Auch die standardisierten Testverfahren, die inhaltlich und sprachlich auf die Überprüfung weißer Schüler zugeschnitten sind, können die kognitiven Fähigkeiten der indianischen Schüler nicht akkurat abfragen.

Schon in den 1960er Jahren wurden einige dieser Faktoren von indianischen Gemeinschaften erkannt. Man bemühte sich daraufhin, die Leistungen der Schüler durch die Gründung indianischer Schulen zu verbessern.

4 Neue Wege: Kontraktschulen

Aufgrund der verhältnismäßig schlechten schulischen Leistungen indianischer Schüler suchten sowohl indianische als auch einige nicht-indianische Lehrkräfte in den 60er Jahren nach neuen (Schul-)Modellen und Methoden, die die Leistungen indianischer Schüler fördern sollten. Die neuen Schulen und auch Colleges sollten sich einerseits zur Aufgabe machen, die indianische Identität zu wahren, um die Verbindung zur eigenen Kultur nicht zu verlieren. Andererseits sollten sie aber auch dabei helfen, die anglo-amerikanische Welt besser zu verstehen und sich bis zu einem bestimmten Grad an sie anzupassen (vgl. Lindig 1994, S. 256). Dabei sollten sich diese indianischen Schulen bemühen, ihre Lehrmethoden an die Lernstile der indianischen Schüler anzugleichen. Es sollte Wert darauf gelegt werden, eine für die Schüler positive Lernatmosphäre zu schaffen, in der sie keine Angst davor haben mussten, ihre eigene Kultur auszuleben. Schule sollte zu einem

Ort werden, an dem sich die Schüler wohl fühlen und angstfrei lernen konnten. Hier sollten sie ohne Androhung von Strafe ihre traditionellen Sprachen benutzen dürfen, ohne sich ihrer zu schämen. In den Schulen sollte der Schwerpunkt auf die Interaktion und den Dialog zwischen den Schülern und Lehrern gelegt werden. Dabei sollten auch die zur anglo-amerikanischen Kultur unterschiedlichen Kommunikationsstile der indianischen Kinder beachtet werden, die in nicht-indianischen Schulen oft falsch gedeutet wurden. Z.B. ist es für Kinder vieler indianischer Gemeinschaften ein Zeichen von Höflichkeit, wenn sie, sobald sie angesprochen werden, zu Boden sehen. Mit der indianischen Kultur nicht vertraute Lehrer deuteten diese Verhaltensweise oft falsch und sahen sie als Arbeitsverweigerung an.

In erster Linie waren es Lehrkräfte und Führungspersonen der Navajo, die sich um einen neuen Schultyp bemühten. Mit Hilfe eines Vertrages mit dem BIA, das eine Schule auf dem Reservationsgelände der Navajo zur Verfügung stellte, wurde 1966 das Pilotprojekt *Rough Rock Demonstration School* in die Wege geleitet, das zum Vorbild für alle anderen Kontraktschulen[5] werden sollte. Das Curriculum dieser Schule greift neben den konventionellen Schulfächern auf die Lebensumstände ihrer indianischen Schüler zurück. Neben der Vermittlung von handwerklichen Fertigkeiten wie dem Weben von traditionellen Teppichen und der Anfertigung von Silberschmuck ist die Navajo-Sprache von großer Bedeutung. Sie ist die erste Unterrichtssprache der Schüler. Erst wenn die Schüler sie mündlich und schriftlich sicher beherrschen, wird der Unterricht in Englisch abgehalten (vgl. Lindig 1994, S. 256). 1968 erfolgte dann die Gründung des *Navajo Community College*, das heute *Diné College* heißt, und für Studenten aller Ethnien offen ist. Es ist eine Mischung aus Berufsschule und College und bietet gleichzeitig Vorbereitungskurse für die Universität an. Die Studenten haben hier einerseits die Möglichkeit, sich auf ein weiteres Studium an einer Hochschule vorzubereiten. Andererseits können sie aber auch eine berufsbezogene Ausbildung absolvieren, um dann eine Arbeit innerhalb der Reservation anzunehmen. Die Curriculummaterialien des *Diné College* werden immer mit anerkannten Navajo-Medizinmännern abgesprochen. Seit 1992 bietet das *Diné College* ein Lehrerausbildungsprogramm an, das seinen besonderen Schwerpunkt auf der Navajo-Sprache hat. Die Lehrerausbildung hat zum Ziel, dass die zukünftigen Lehrer die Sprache lesen, schreiben und sprechen können. Sie sollen mit der Lebenswirklichkeit ihrer Schüler vertraut gemacht werden, um den Schülern eine Ausbildung bieten zu können, die sie motiviert und befähigt, gute schulische Leistungen zu erbringen.

---

[5] Der Name ‚Kontraktschule' geht auf den Vertrag (engl. contract) zurück, den die Navajo mit dem BIA schlossen.

Alle Kontraktschulen, die in der Regel reservationsständige Schulen sind, haben trotz einiger organisatorischer Unterschiede die gleichen Grundideen. Sie verfügen über eigene Curricula, die neben den obligatorischen Unterrichtsfächern auch spezielle Kurse beinhalten, die sich mit den einzelnen Elementen der jeweiligen indianischen Kultur beschäftigen und sich den Umständen und Bedürfnissen der jeweiligen indianischen Gemeinschaft anpassen. Im Nordwesten der USA liegt z.B. ein besonderer Schwerpunkt auf der Fischindustrie, in der Region der Großen Seen und Montana hingegen kümmert man sich besonders um die Forstwirtschaft. In der Region um Dakota ist die Bisonzucht von großem Interesse. Je nach Lage der Kontraktschulen beziehen sich die Unterrichtsinhalte und Kursangebote also verstärkt auf die kulturelle und natürliche Umgebung der Schüler und Studenten.

Neben der Förderung schulischer Leistungen kümmern sich Kontraktschulen auch um außerschulische Probleme ihrer Schüler, indem sie unter anderem über Drogen- und Alkoholmissbrauch aufklären. Sie versuchen weiterhin die indianischen Kulturen innerhalb der Reservationen aufrecht zu erhalten und organisieren am Ende eines Schuljahres z.B. Pow Wows, traditionelle Versammlungen mit Tänzen, Gesängen, Geschenken und Ehrungen, um die alten Traditionen wiederzubeleben und sie den jüngeren Generationen zu vermitteln (vgl. Schwarzbauer 1998, S. 80).

Die über 100 indianischen Schulen und Colleges kämpfen alle mit ähnlichen Problemen und Schwierigkeiten, die sich mit dem BIA und anderen Kontrollinstanzen ergeben.

Auch innerhalb der einzelnen indianischen Gemeinschaften wird indigene Schulerziehung kontrovers diskutiert. Viele indianische Eltern stehen ihr kritisch gegenüber und befürworten nur „bikulturelle Erziehungsprogramme, solange ihre Kinder lernen, die moderne Industriegesellschaft zu verstehen und mitzugestalten, ohne die Verankerung in der eigenen ethnischen Gruppe aufgeben zu müssen" (Schierle 1992, S. 190). Andere Mitglieder der Gemeinschaft glauben, dass indianische Schulen nicht der Zeit angepasst sind und den Schwerpunkt zu sehr auf die Vergangenheit legen. Sie befürchten eine Entwicklung, die eher rückläufig als fortschrittlich ist.

Obwohl sich gezeigt hat, dass die Leistungen indianischer Schüler in den Kontraktschulen und indianischen Colleges besser sind als in öffentlichen Bildungseinrichtungen, steht jede dieser Einrichtungen am Ende eines Jahres vor der Existenzfrage. Nur wenn die Finanzierung der Schule durch staatliche oder private Förderungsgelder als gesichert angesehen werden kann, können die Verträge mit alten Lehrkräften erneuert bzw. Verträge mit neuen Lehrkräften abgeschlossen werden. Die Schulen sehen sich jedes Jahr aufs neue diesem Procedere ausgesetzt und können so immer nur für ein Jahr planen. Eine kontinuierliche und zukunftsorientierte Planung wird so erheblich erschwert.

5 Städtische Survival Schools

Ungefähr 500.000 Indianer, d.h. rund ein Viertel der indigenen Bevölkerung der USA leben in bundesstaatlichen Reservationen. Rund drei Viertel hingegen leben in den Städten. Für sie stellt sich das Problem der schulischen Bildung in anderer Weise als in den Reservationen. In vielen amerikanischen Städten stehen den Indianern neben den regulären staatlichen Schulen oft auch sogenannte Survival Schools (wörtlich: ‚Überlebensschulen') zur Verfügung. Survival Schools wollen ihre indianischen Schüler sowohl auf ein Leben in der Stadt, als auch auf eine eventuelle Rückkehr in die Reservationen vorbereiten. Sie streben die Wiederbelebung der indianischen Werte an und wollen Fehler und Lehrmethoden, die in öffentlichen Schulen vorzufinden sind, bewusst vermeiden. Sie treten für eine ganzheitliche Erziehung ein, die die Gefühlswelt und die Umwelt der Schüler mit in den Lernprozess einbezieht. Außerdem werden alle Fächer aus Sicht der indianischen Gemeinschaften vermittelt. Alle Survival Schools sind zweisprachig und versuchen die Sprache, Werte und Kultur der dominanten weißen Gesellschaft zu vermitteln. Gleichzeitig ist es ihr Anliegen, die indianischen Sprachen, Werte und Kulturen wiederzubeleben.

Die Survival Schools wollen überschaubar bleiben. Ist die Anzahl der Schüler zu hoch, versucht man, eine neue Schule zu eröffnen. Die Schulen werden mittlerweile vom Staat finanziell unterstützt.

Im folgenden wird die *Heart of the Earth Survival School* vorgestellt, die 1972 als erste Survival School durch Mitglieder des American Indian Movement (AIM) gegründet wurde (vgl. Zimmerman/Molyneaux, S. 146).[6] Sie liegt in Minneapolis im US-Bundesstaat Minnesota und ist in einer ehemaligen christlichen Erziehungsanstalt untergebracht. Sie wurde nach Art der *Rough Rock Demonstration School* konzipiert. Im Gegensatz zu staatlichen Schulen, in denen die Wissensvermittlung oft an erster Stelle steht,

---

[6] Im Rahmen der amerikanischen Bürgerrechtsbewegung wurde das AIM 1968 als eine Art Selbsthilfeorganisation von Stadtindianern gegründet. Seine Mitglieder machten die Öffentlichkeit durch Vorträge, aber auch spektakuläre Aktionen wie z.B. die Besetzung der ehemaligen Gefängnisinsel Alcatraz in der Bucht von San Francisco (1971) auf die Situation der Indianer aufmerksam (vgl. Deloria u.a. 1998, S. 437).

versucht die *Heart of the Earth Survival School* ihren Schülern durch die Auseinandersetzung mit ihrem kulturellen Erbe zuerst ein positives Selbstbewusstsein zu vermitteln. Auf dieser Basis erfolgt dann die Vermittlung von Mathematik, Lesen, Schreiben, Englisch, Sozialkunde oder der Umgang mit Medien und Informationsquellen.

Hinsichtlich des Unterrichts sind die Schüler nicht ihrem Alter entsprechend in Klassen aufgeteilt, sondern werden in Kleingruppen unterrichtet, die ihren fachlichen Kompetenzen entsprechen. Die Schüler sollen sich nicht gegenseitig als Konkurrenten sehen, sondern ihre eigenen Stärken und Schwächen akzeptieren lernen. Unterschiedliche Kompetenzen einzelner Schüler stehen gleichwertig nebeneinander.

In den Sommermonaten bietet die *Heart of the Earth Survival School* ein ergänzendes Schulprogramm auf der White Earth-Reservation der Ojibwa-Indianer an. Hier lernen die Schüler durch praktische Tätigkeiten ihr kulturelles Erbe kennen, indem sie traditionelle Häuser aus Holz und Rinde bauen und z.B. praktische Kenntnisse des Gartenbaus, der Jagd und des Fischfangs erwerben (vgl. Schierle 1992, S. 185).

Die *Heart of the Earth Survival School* versteht sich ferner nicht nur als Schule, sondern auch als Zentrum kommunaler Aktivitäten, an denen alle Indianer von Minneapolis teilnehmen können. So veranstaltet sie z.B. Feste, politische Diskussionen sowie Sprach- und Kulturprogramme.

6 Nachbemerkungen

Die Institution Schule war für die indigenen Völker Nordamerikas in der Vergangenheit mit negativen Attributen besetzt, da sie der Ort war, an dem sie ihrer Kulturen beraubt werden sollten. War Schule aus weißer Sicht in erster Linie eine Stätte der Assimilation und der Enkulturation, war sie für Indianer der Ort, an dem sie ‚entkulturiert' werden sollten.

Die Zukunft der indigenen Völker Nordamerikas sind ihre Kinder, die aufgrund der geschichtlichen Entwicklung lernen müssen, mit den Elementen aus zwei Kulturen zurechtzukommen. Indigene Gemeinschaften in Nordamerika haben heute mit Problemen wie Militärübungen, Giftmüll, geplanten Staudämmen, Kraftwerken und Abholzungsprojekten auf ihrem Land zu kämpfen. Es ist dringend notwendig, dass die nachfolgende Generation in der Lage ist, mit diesen ‚modernen' Problemen umzugehen. Um ihnen diese Fähigkeit zu vermitteln, sind in den letzten Jahren immer mehr indigene Gemeinschaften dazu übergegangen, eigene Bildungseinrichtungen zu gründen. Im ausgehenden 20. Jahrhundert wurde der Ruf nach selbst verwalteten Bildungseinrichtungen der Indianer und nach Förderung dieser Schulen von staatlicher Seite besonders laut. Seither wurden legislative Änderungen bezüglich der Bildungssituation der indigenen Bevölkerung durchgesetzt. Zahlreiche Ziele wurden realisiert und immer mehr indigene Schulen werden gegründet.

Auch staatliche Schulen öffnen sich heute häufiger indigenen Schulprogrammen und stellen vermehrt indigene Lehrkräfte ein. Man versucht, die Konflikte zwischen den Ethnien zu lösen und das Miteinander der Schüler zu fördern. Die Fortschritte, die indigene Bildung in Nordamerika gegen Ende des 20. Jahrhunderts machte, waren zwar relativ klein, und nicht immer auf den gesamten Kontinent bezogen. Sie führten aber dazu, dass indigene Schulerziehung in der Öffentlichkeit präsent ist und diskutiert wird. Es erscheint durchaus realistisch, dass diese positive Entwicklung in der Zukunft anhalten wird. Indigene Gemeinschaften werden sich weiterhin für ihr Recht auf Selbstbestimmung einsetzen und die Bildung ihrer Kinder in die eigenen Hände nehmen.

Literatur

Biegert, Claus: Indianerschulen. Als Indianer überleben – von Indianern lernen. Survival Schools. Reinbek 1983[2]

Crow Dog, Mary: Lakota Woman. Die Geschichte einer Sioux-Frau. Weimar 1992

Deloria, Philip J. u.a.: Die Welt der Indianer. Geschichte, Kunst, Kultur von den Anfängen bis zur Gegenwart. München 1998[4]

Feest, Christian F. (Hg.): Kulturen der nordamerikanischen Indianer. Köln 2000

Frantz, Klaus: Die Indianerreservationen in den USA. Aspekte der territorialen Entwicklung und des sozio-ökonomischen Wandels. Stuttgart 1993

Heyden, Ulrich van der (Hg.): Das Indianer-Lexikon. Göttingen 1997

Lindig, Wolfgang: Die „moderne " Navajo-Welt. In: Lindig, Wolfgang (Hg.): Indianische Realität. Nordamerikanische Indianer in der Gegenwart. München 1994, S. 252-268

Mayr, Wolfgang: Auf dem Weg zur Bildungssouveränität. Immer mehr Dineh besuchen selbständige Indianerschulen. In: pogrom 27(1997)194, S. 54-55

Scheuch, Manfred: Atlas zur Zeitgeschichte. Bedrohte Völker. Wien 1995

Schierle, Sonja: Alternative Perspektiven in der Schulerziehung von US-amerikanischen Indianern und australischen Aborigines. In: Müller, Klaus/Treml, Alfred K. (Hg.): Ethnopädagogik. Sozialisation und Erziehung in traditionellen Gesellschaften. Eine Einführung. Berlin 1992, S. 179-199

Schwarzbauer, Peter: Der Lakota Report. Ein Volk kämpft ums Überleben. Wyk auf Föhr 1998[7]

Seidenfaden, Fritz: Indianische Erziehung. Idstein/Ts. 1993

Striether, Sabine: Zwischen zwei Sprachen. Über Sprache und Identität im Kulturwandel der Navajo-Indianer. Frankfurt/M. 1996

Wallner, Astrid: Residential Schools. Indianische Internatsschulen. Böse Geister der Vergangenheit. In: Incomindios. Internationales Komitee für die Indianer Amerikas. Berichte und Informationen. 20(1996)77, S. 6-9

Zimmerman, Larry J./Molyneaux, Brian Leigh: Indianer. Geschichte und Stämme. Häuptlinge, Geister und Medizinmänner. Spirituelles Leben und Schöpfungsmythen. München 1998

Christian Cray

Tinku – Begegnung unter Gleichen. Bildung als Zugang zur Partizipation[1] im Hochland der Anden

1 Vorbemerkungen

Bei der Betrachtung der Rolle von Bildung im Kontext von Globalisierungsprozessen steigt die Notwendigkeit, neben alternativen ökonomischen Modellen auch neue Bildungskonzepte in den Blick zu nehmen. Es gibt sie bereits: Lern- und Lehreinrichtungen, in denen neue Wege, z.T. mit alten Gedanken, losgelöst von einer einseitig marktbestimmten Zwecklogik, gegangen werden.

Der vorliegende Text geht im ersten Teil auf die sozialen, kulturellen, ökonomischen und politischen Rahmenbedingungen ein, in die Bildungsarbeit im Raumbeispiel Andenländer Südamerikas eingebettet ist. Diese im Verhältnis etwas ausführliche Betrachtung ist notwendig, um die im zweiten Teil dargestellte Institution ‚Universidad Intercultural TINKU' (UNIT) in ihr regionales Umfeld einordnen zu können. UNIT ist eine Einrichtung der höheren Bildung die sich ganz eigener Wege zu Bildung und politischer Stärkung indigener Gruppen im Andenraum widmet.

2 Bildung und soziale Realität

Der achtjährige Alvaro Quispe Chiri (ein Angehöriger der Quechua) sprach im November 2001 im Rahmen der landesweiten Bildungsmesse mit dem Namen ‚Wir sind zweisprachig' in La Paz (Bolivien) eine klare Sprache: Bei seiner Rede im Regierungspalast fand er vor den Augen und Ohren des

[1] ‚Partizipation' als Ziel von Bildungsarbeit meint echte, institutionell verbriefte und ausgehandelte Beteiligung von Bevölkerungsgruppen an gesellschaftlichen Prozessen.

Staatspräsidenten und der Bildungsministerin folgende Worte: „Ich bin ein Kind vom Land, ich lebe mit den Schafen, mit ihnen bin ich aufgewachsen, mit der brennenden Sonne, der peitschenden Kälte. Heute bin ich hier, um lesen und schreiben zu lernen – um diesen q'aras und Dieben die Stirn zu bieten" (Sago-Infoblatt 2002, S. 37. *q'ara* – ursprünglich ‚nackt und behaart' ist ein sehr abfälliger Ausdruck für alle Mestizen). In einem Staat wie Bolivien, dessen gesellschaftliche Norm immer noch weitgehend auf der Verleugnung des Großteils seiner Bevölkerung beruht, sorgte dies für Schlagzeilen. Die Meldung hatte ihren Wert nicht so sehr wegen des Affronts gegen den Präsidenten, sondern aufgrund der schlichten Tatsache, dass die vor nunmehr acht Jahren in Bolivien in Gang gebrachte Bildungsreform tatsächlich Früchte zu tragen scheint.

In vielen Grundschulen des Andenlandes Bolivien, wo an die 70% der Bevölkerung eine indigene Sprache sprechen, greift die *Reforma Educativa.* Vor allem in den Landschulen wird inzwischen nicht mehr nur spanisch gesprochen, sondern Lesen und Schreiben lernen die Kinder in ihrer jeweiligen Muttersprache. Auch die Schulcurricula sind bereits in einigen Fällen an lokalen Traditionen und Kulturen orientiert, die Gemeinden haben zuweilen ein gewisses Mitspracherecht in Schulangelegenheiten. Vor allem betrifft dies die aymara- und quechuasprachigen Bevölkerungen auf der Hochebene, aber auch die Guaraní in der südöstlichen Tiefebene des Chaco und einige Gruppen im nördlichen Amazonastiefland.

Die allgemeine Frage des Zusammenhanges zwischen sozio-kultureller (indigener) Identität und Bildung als ein konkretes Instrument zur Überwindung sozialer Ungerechtigkeit und politischer Benachteiligung gewinnt, neben der Zweisprachigkeit im interkulturellen Kontext der Länder Lateinamerikas, immer mehr an Bedeutung. Zwei Bedingungsfaktoren sind dabei nicht zu unterschätzen: Erstens belegen zahlreiche Untersuchungen immer wieder die fortgesetzte Benachteiligung indigener Gruppen am Bildungssystem (vgl. Gleich 1997). Zweitens erfährt das indigene Wissen einen Bedeutungsgewinn, weil reelle Partizipationsmöglichkeiten marginaler sozialer Gruppen in zahlreichen Ländern und Kulturen zunehmen, bzw. diese Gruppen ihre Stimme selbst erheben (z.B. Jugendliche, Migrant/innen, Landlose). Diese zentrale Voraussetzung zur Erlangung politischer Freiräume und Rechte hat auch im andinen Raum einen Stein ins Rollen gebracht.

Erwähnt sei jedoch auch, dass Begriffe wie ‚indigen' oder ‚Identität' als gesellschaftlich definierte und mit Bedeutung versehene Konstrukte zur Verständigung in einem Sprachraum einer ungenauen Trennschärfe unterliegen. Als Alltagsbegriffe sind sie Teil unserer Verständigungswelt und bedürfen gleichzeitig der Hinterfragung und Überprüfung. ‚Indigen' läuft Gefahr, auf das Unpolitisch-Folkloristische reduziert zu werden, genau wie ‚ethnisch' nicht versteckt ‚rassisch' meinen darf. Gerade die indigenen Gruppen in den Hochanden sind in ihrer sozialen, ökonomischen und kulturellen Welt stets gezwungen worden, sich in den letzten fünf Jahrhunderten permanent an veränderte Bedingungen zu gewöhnen, bzw. wurden in prekäre Umstände gedrängt. Es gibt sogar Standpunkte, die das ‚Indigene' nicht trotz, sondern gerade aufgrund der außengesteuerten sozialen Bedingungen und Dynamiken definieren (vgl. Garbers 1999). Aus dem ‚Indio' wurde ‚Indígena', die Fremdzuschreibung wurde in einem Bedeutungswandel von den jeweiligen Bevölkerungsgruppen aufgegriffen und damit zu einem Moment der Selbstidentität, wie die Zeitschrift der Informationsstelle Lateinamerika ILA 2/99 titelte: ‚Indigene – ganz anders normal'. Daher soll hier der Begriff ‚Indigen' weiterhin verwendet werden, jedoch nicht in einem archaischen Sinn, sondern als prozesshafte Reaktion auf von außen gesetzte Rahmenbedingungen und gesellschaftliche Zuweisungen. Zum Verständnis der sozialen Realität im Bildungskontext sollen hier vier Dimensionen angerissen werden.

2.1 Sozio-kulturelle Dimension

Begegnungen zwischen der indigenen und der okzidentalen Kultur finden ihren besonders akzentuierten Ausdruck in der Lebensweise der Menschen in El Alto. Diese der Andenstadt La Paz vorgelagerte Megasiedlung ist Heimstatt für inzwischen wahrscheinlich fast eine Million in den urbanen Raum migrierte ehemalige Kleinbauern und -bäuerinnen vor allem der Aymara-Bevölkerung. Die Migration ist jedoch oft nicht total. Charakteristisch ist vielmehr der zeitweise Aufenthalt im städtischen Raum, begründet durch den saisonal bedingten Handel mit Produkten, ein Familienfest oder einen Amtsbesuch. Hier verdichtet sich die Begegnung der unterschiedlichen kulturellen Räume. Ein jugendlicher Aymara kann gleichzeitig Gitarrist in einer Rap-Band sein und zu traditionellen Feiertagen in einer Kapelle *Charango* (die andine Form der Ukulele) spielen. In El Alto existieren über 600 meist kleine, selbstorganisierte Kulturzentren, nirgendwo im Land wird mehr Theater gespielt. El Alto, offiziell Sinnbild roter Zahlen und konstanter sozialer Krisen, ist damit ein Kristallisationspunkt bei der Frage nach kultureller Identität und dem gleichzeitigen Traum nach einer besseren Welt (vgl. Gareca 2000). Viele städtisch orientierte, jugendliche Aymara stehen vor der Frage, ob die Integration unterschiedlicher kultureller Welten mit einem ganzen oder teilweisen Abwenden von der traditionellen Sprache und einer Orientierung der eigenen Lebens- und

Berufsplanung an okzidentale Werte- und Arbeitsbegriffe verbunden sein soll. Drei wesentliche Elemente der sozialen Identität stehen damit zur Disposition: Sprache, Territorium und Erwerbsbeschäftigung (vgl. Mansilla 1999, S. 226). Jedoch entsteht gerade bei der eben genannten Gruppe oftmals etwas ganz Eigenes, neue soziale Bindungen, in denen der informelle Beschäftigungssektor eine herausragende Rolle spielt.

Auch auf dem Land ist trotz der Dominanz der indigenen Sprache die Akzeptanz für Zweisprachigkeit als Unterrichtsprinzip nicht unumstritten: Die Kinder sollen es ja einmal besser haben als man selbst, und dafür braucht man das Spanische. Das Vorurteil, eine zweisprachige Schulbildung bedeute per se eine verminderte Qualität des Unterrichts, muss mit ‚guter fachlicher Praxis' in der Schule widerlegt werden. Bildung als Beitrag zur Partizipation arbeitet am Selbstbild und an der ‚Schere im Kopf', zwischen Anerkennung traditioneller Denkweisen und Orientierung am okzidentalen Dominanzmodell mit all seinen Widersprüchen. Diese kulturelle Selbstachtung gewinnt an Überzeugungskraft, wenn deutlich wird, dass die Stoßrichtung von Bildung nicht lediglich die Integration multikultureller Inhalte in Schule, Hochschule und außerschulischer Bildung ist, sondern die Schaffung von sozialer Gleichstellung.

2.2 Politische Dimension

Unmittelbar einher geht die eben beschriebene sozialen Realität mit der Forderung nach Anerkennung der Landtitel und territorialen Rechte (auch bei den mexikanischen Zapatistas heißt die plakative Hauptforderung ‚tierra y libertad!' – Land und Freiheit). ‚Die Erde denen, die sie bearbeiten', hieß es nach der bolivianischen Revolution von 1952. Gemeint war neben der gemeinschaftlichen und auf Gegenseitigkeit beruhenden Kooperation der Einwohner/innen einer Gemeinde, der sog. *ayllu*, auch Privatbesitz. Einige neu-demokratische Regierungen westlichen Zuschnitts, allen voran die großen, gewählten Parteien, etwa in Peru, sind bis heute dabei, Agrarreformen auf den Weg zu bringen, die den Verkauf und die sukzessive Parzellisierung von Grundbesitz festschreiben. Auch in Bolivien vererben sich die zugewiesenen landwirtschaftlichen Nutzflächen auf alle Nachkommen zu gleichen Teilen, mit der Folge, dass die Parzellengröße irgendwann nicht einmal zur Subsistenz ausreicht. Durch die Verweigerung der Vergabe offizieller Landtitel ist es den Kleinbauern/bäuerinnen darüber hinaus verwehrt, Kredite für kleine Investitionen aufzunehmen. Die Bedeutung der Dorfgemeinschaft, etwa die Übernahme kollektiver sozialer Verantwortung und gegenseitige Unterstützung, *ayni* genannt, wird dadurch konterkariert. Leonor Torres (1998, S. 266), ein kolumbianischer Arhuaca-Indígena, fordert: ‚Eine dringende Maßnahme ist die Rückgabe der traditionellen Territorien an ihre ursprünglichen Besitzenden – für das gegenwärtige und vor allem für das zukünftige Leben.‘ Auch wenn traditionelle Besitztumsverhältnisse zunächst (wieder-) identifiziert und definiert werden müssen, wendet sich die Forderung zu einer demokratischen Umverteilung von Land und Grundbesitz.

Auch die Zuspitzung der Konflikte um die zumeist indigenen Kokabauern/bäuerinnen im Spannungsfeld zwischen traditionellem Anbau und Kokainproduktion in Kolumbien, Peru und Bolivien sind in diesem Zusammenhang zu nennen. Geprägt von der Verwehrung grundlegender Menschenrechte, der Dominanz ökonomischer und geostrategischer Interessen und Ausgrenzung, ist dies ein hochaktuelles Beispiel für einen Konflikt entlang des Spannungsfeldes zwischen der Landfrage, sozialer Gerechtigkeit und politischer Mitbestimmung (vgl. Llorenti 1999). Die Erweiterung politischer Handlungsspielräume inklusive gleichwertigen Zugangs zur Rechtsprechung ist jedoch ohne den Verzicht auf Herrschaftsansprüche seitens der wirtschaftlich und politisch dominanten Eliten undenkbar und ohne erhebliche Umverteilungen von seiten der Mittel- und Oberschicht sehr unwahrscheinlich.

Bildung als Zugang zur Partizipation möchte neue Beteiligungspotenziale ins Leben rufen. Sie stellt das autoritative institutionsdemokratische Modell, in dem politische Gestaltungsmacht auf ökonomische Bedürfnisse und die Beteiligung an Wahlen reduziert wird, auf den Kopf. Wenn nötig, auch als Einspruch gegenüber dem immer noch vorhandenen Bildungsmainstream. Die Vielfalt der bereits existierenden Praktiken gelebter Interkulturalität wird auf diese Weise vergegenwärtigt und ist Ausgangspunkt für die Artikulierung eigener politischer Forderungen. Jedoch: Bildung als alleiniges Heilmittel und die Maßnahme der Wahl zu proklamieren, wäre aufgrund ihrer begrenzten Reichweite zynisch. Bildung als Zugang zur Partizipation ist kein ausreichendes, aber ein notwendiges Instrument zur Identifizierung von öffentlicher Diskriminierung und Rassismus. Sie flankiert und unterfüttert im besten Fall soziale Bewegungen und neue Organisationsformen, die in Richtung auf selbstbestimmte politische Freiräume wirken.

2.3 Ökonomische Dimension

Die Weltbank hat 1996 ein Papier herausgegeben, das die ungünstigen Bildungs-Indikatoren der indigenen Bevölkerungsgruppen Lateinamerikas als eine verpasste Chance für die jeweiligen Nationalökonomien beklagt. Humankapital gelte es zu stärken und die jeweiligen nationalen ‚Policy Makers', also die politischen Eliten, als geeignete politische Akteure könnten dies in die Wege leiten (Davis/Patrinos 1996, S. 2). Indigene sind in dieser Logik quasi dysfunktional in der Gesellschaft als ‚wertschöpfende Einheit'. Kritiker/innen der Bildungsreform in Bolivien, wie z.B. Teile der Gewerkschaften, heben indes immer wieder hervor: Es geht gerade nicht um das vorrangige Ziel der Zuführung der indigenen Bevölkerung zum nationalen Wirtschaftsmarkt. Beteiligung meint nicht Marktanteil, sondern bezieht sich auf politisch und ökonomisch relevante Handlungsmöglichkeiten. Der ökonomische Bezug schließt dabei vor allem das Recht auf Selbstbestimmung ein: Entscheiden sich die Menschen auf dem abgelegenen Markt in den Hochanden für die Beibehaltung des *trueque*, des nichtmonetären Tauschhandels oder treten sie in eine ökonomische Beziehung untereinander ein, die von Geld bestimmt ist? Ziehen sie genossenschaftlich organisierte Kooperativen zur Produktion von Alltagsgegenständen und Kunsthandwerk für den Tourismus dem konkurrenzbestimmten Einzelhandel vor? Finden sie Synthesen? Die Produktion in Handwerk und Landwirtschaft spielt in der Frage nach ökonomischer Entwicklung und Strategien gegen Armut und Marginalität eine herausragende Rolle. Partizipation bedeutet nicht die Vorgabe, sondern das Schaffen und Erweitern des eigenen und kollektiven Entscheidungsspielraumes unter möglichst wenig außengesteuertem Druck, insbesondere verstanden als konkrete Reaktion auf ein rigides neoliberales Wirtschaftssystem. Dazu gehört ein institutionell abgesicherter Mechanismus zur Stärkung regionaler wirtschaftlicher Initiativen wie auch der erleichterte Zugang zum Arbeitsmarkt für Indigene. Die Schaffung von Kleinkrediten mit erträglichen Konditionen sind aber auch gemeint, ähnlich wie faire Preise für Produkte, die für den Export auf dem Weltmarkt bestimmt sind.

Eine Bildung in Funktion der Partizipation bedeutet nicht, althergebrachte Lehrpläne schlicht um ein paar neue Inhalte zu ergänzen oder fragmentarisch zu übernehmen. Anerkennend, dass indigenes Wissen in Denk-, Sprach- und logische Systeme eingebettet ist, die für die Gesamtgesellschaft bereichernd wirken können, muss Raum für die eigenständige Weiterentwicklung dieser Denksysteme geschaffen werden. Dabei muss das Verhältnis zwischen traditionellem und okzidentalem Wissen für jeden Lernkontext und jede geographische Region neu aufeinander abgestimmt werden. Die Effizienz von Bildungsarbeit bemisst sich am richtigen Verhältnis zwischen regional orientierten Inhalten und neuen, von außen kommenden Ideen.

2.4 Spirituelle Dimension und das Tinku

Die traditionelle andine Weltsicht (‚la cosmovisión andina'), das praktisch-philosophische Verständnis der Dinge, ist die geistige und geistliche Grundlage des Wissens und Handelns der indigenen Bevölkerungsgruppen in den mittleren Anden. Die Grundlage bildet *Pacha*, die Gestalt der Erde und der Zeit. Dies drückt sich aus in der ständigen Dualität und Gegensätzlichkeit aller belebten und unbelebten Dinge: Keine Sonne (*Inti*, männlich) ohne Mond (*Killa*, weiblich), keine Freude ohne Trauer etc. Der Mensch ist darin Schöpfung der Erde und somit untrennbar mit ihr verbunden und ihr verpflichtet. Dies überschreitet den rein spirituellen Raum bei Weitem und bezieht sich auf sämtliche Produktionskräfte wie z.B. der Fruchtfolge auf den Feldern (vgl. Baumann 1997, S. 9). Die okzidentale Kultur hingegen hat die Trennung zwischen der spirituellen und der wissenschaftlichen Welt vollzogen – die Schlange im Paradies spielt in der Zoologie kaum eine Rolle. Der Transfer dieser Trennung könnte einfach sein: der Gott des Blitzes Illappa etwa ist für die Meteorologie des Hochlandes nach okzidentalem Wissenschaftsverständnis nicht bedeutsam. Er spielt jedoch vielfach eine entscheidende Rolle bei der Wahrnehmung von Wetter und Jahreszeiten. In den vielfältigen Beziehungen der spirituellen und rituellen Phänomene liefert dieser Glaube gleichzeitig eine Unmenge an konkreten Hinweisen zur Landwirtschaft, über Astrologie, über soziale Interaktionen etc. Der alltagsbestimmende Glaube ist zum Wissen geworden. Er unterstreicht die Bedeutung der spirituellen Welt über ihren nicht-nutzenorientierten Eigenwert weit hinaus. Andines Wissen ist eingebettet in diese Weltsicht und kann nie von ihr getrennt betrachtet werden. Eine Bildung als Zugang zur Partizipation wird diese Bezüge nicht ignorieren. So ist z.B. jede Vermittlung von landwirtschaftlichen Kenntnissen zum Scheitern verurteilt, wenn die für die Weltsicht der Aymara bedeutsame enge Verkettung zwischen Erzeuger, Produkt und Konsum, ignoriert wird. Alltagsrelevantes, lebendiges Wissen, *Ch'iki* auf Aymara, ist stets schöpferisch, es gebiert neues Wissen und bedeutet Vielfalt. Dieses Wissen existiert jedoch zunehmend weniger in Reinkultur, hier stehen und entstehen ständig neue Formen und Symbiosen mit neuen Erfahrungen und okzidentalen Einflüssen.

2.5 Bedeutung des Tinku

Tinku hat mehrere Bedeutungen in der Weltsicht der Quechua und Aymara. Der Begriff bezieht sich ursprünglich auf eine rituelle Begegnung unter Gleichen, um ein existenzielles Gleichgewicht der irdischen und spirituellen Kräfte wiederherzustellen. ‚Die Dialektik des sich ergänzenden Gegenübers‘ nennt es der Aymara-Experte Fernando Ruiz. Dies kann im reellen oder rituellen Kampf zweier Dorfgemeinschaften in der sehr traditionell geprägten ländlichen bolivianischen Provinz *Norte Potosí* sein oder in der Begegnung auf einem Fest oder auch in einer Liebesbeziehung. Der bolivianische Pädagoge Mario Ibañez stellt fest, dass es zwischen Ungleichen niemals ein *Tinku* geben kann, auch wird die okzidentale Dominanzkultur in ihrer derzeitigen Ausprägung unmöglicherweise ein Gleichgewicht mit den andinen Kulturen eingehen können. Lernen und Bildung sind ebenso immer dem Streben nach einem Gleichgewicht unterworfen. Wissen aus unterschiedlichen Quellen, gespeist aus anderen indigenen Zusammenhängen oder einer Synthese mit Elementen aus der Mestizenkultur, bedarf der didaktischen und methodischen Vermittlung, um sich begegnen und ergänzen zu können (Ibañez 1997, S. 145ff). Es ist die Schaffung eines Raumes, einer vermittelnden Situation, Ibañez spricht sogar von einer kulturellen oder bildungsbezogenen Mediation (ebd., S. 147), die eine zweckgeleitete Begegnung wie z.B. eine Bildungsveranstaltung voraussetzt.

3 Die Universität Tinku

In der ‚Universidad Intercultural Tinku‘ (UNIT) ist der erfolgreiche Versuch unternommen worden, mit indigenem Wissen in einen Bildungssektor vorzustoßen, der sich ansonsten fast ausschließlich okzidentalen, anglohispanokulturellen Inhalten, Sprachen und Methoden verpflichtet sieht.

Der Begriff *Tinku* hat eine Bedeutungserweiterung erfahren. Neben dem traditionellen Sinngehalt ist damit nun auch eine interkulturelle Begegnung zwischen Projekten in unterschiedlichen Ländern gemeint – so im Fall des länderübergreifenden Bildungsnetzwerkes Tinku. Seit 1993 existiert dieses Projekt, in dem neben Peru, Ecuador und Bolivien auch Kooperationen mit europäischen Ländern vorgesehen sind. Hauptbeteiligte sind NGOs indigener Gruppen aus den Anden und den östlichen Amazonasgebieten der jeweiligen Länder. Oberstes Prinzip dieser interkulturellen Begegnungen ist die ‚Einheit in Vielfalt‘, mithin das Recht auf kulturelle und soziale Diversität in gegenseitigem Respekt (zu den folgenden Inhalten und Zielen der UNIT vgl. Cerruto 1997).

Seit 1996 arbeiten verschiedene bolivianische NGOs mit Unterstützung der Universität von Linköping in Schweden (www.liu.se) am Konzept einer hochschulähnlichen Bildungsinstitution für die indigenen Völker der Anden. Auf bolivianischer Seite profilierte sich besonders die Organisation CENPROTAC (Centro de Promoción de Técnicas de Arte y Cultura) in La Paz, die 1997 in verschiedenen Workshops zusammen mit Vertreter/innen der bolivianischen Volksbildungsbewegung ein erstes Curriculum für die UNIT erstellten. Inzwischen sind auch die CONAIE (www.conaie.nativeweb.org), der ‚Dachverband der Indigenen Nationen in Ecuador' und KAWSAY (www.saraguro.org/kawsay.htm), eine weitere NGO im Bildungsbereich an der Universität Tinku beteiligt.

3.1 Zielorientierung und Inhalte

Die UNIT versteht sich als ein Raum des Austausches, der Debatte und für die Konstruktion von Ideen, die am Streben der beteiligten indigenen Bevölkerungsgruppen nach einer sozial gerechten, solidarischen und ökologisch nachhaltigen Gesellschaft orientiert sind. Die Institution ordnet sich nicht in die Reihe der neuen akademischen Institutionen ein, die möglichst gut geschulte Fachkräfte für den (internationalen) Arbeitsmarkt zur Verfügung stellen will. Dort ist interkulturelle Kompetenz allenfalls als ‚Soft Skill' verortet. Die Universität Tinku stellt vielmehr die Multikulturalität als gelebtes Faktum der andinen Gesellschaften in den Mittelpunkt ihres Konzeptes. Sie möchte lokales Wissen systematisieren und ihm einen institutionalisierten Rahmen geben. Der bis 2002 bei CENPROTAC beschäftige Pädagoge Benito Fernández sieht einen Mangel an Gelegenheiten für Pädagog/innen der außerschulischen interkulturellen Bildung und andere soziale Akteure, sich zur Konzeption und Umsetzung einer befreienden Bildung *(‚Educación Liberadora')* auszutauschen. Es fehlt eine Einrichtung für höhere Bildung, die der Professionalisierung dieses Austausches dient, speziell für Vertreter/innen der indigenen Bevölkerungsgruppen und derer, die in ihrem Auftrag handeln (vgl. Fernández, 1997, S. 5).

Die primären Ziele der UNIT sind:

- Voranbringen der wissenschaftlichen und technologischen Entwicklung, ausgehend von eigenen Bedürfnissen, Inhalten und der sozialen Realität der unterschiedlichen indigenen Bevölkerungen.
- Erarbeitung einer interkulturellen Pädagogik, die die aktuellen Herausforderungen und Problemlagen der indigenen Völker in den Lernmittelpunkt rückt.
- Schaffen von Wissensressourcen, die die Beteiligten in die Lage versetzen, die andine Lebenswirklichkeit zu interpretieren und konkrete, sowie visionäre eigene Gegenentwürfe zum okzidentalen Entwicklungsmodell zu entwickeln, mit dem Blick auf soziale und kulturelle Veränderungen in der Region.

- Generierung einer Plattform des Austausches mit akademischen Einrichtungen des Nordens, die gegenseitige Erfahrungen in Lehre, Inhalten und Methoden vernetzt und gemeinsame Interessen identifiziert.

Zielgruppe dieser Einrichtung sind vorrangig indigene Multiplikator/innen, die bereits in unterschiedlichen Zusammenhängen und Basisorganisationen auf lokaler oder regionaler Ebene als Erwachsenenbilder/innen oder im sozialen Bereich vor allem in den ländlichen Regionen tätig sind. Die ständige Rückkopplung der Teilnehmenden mit der Alltagspraxis ist im Tinku-Zusammenhang ein zentrales Anliegen. Die UNIT versteht sich somit als strukturschaffende Ergänzung bereits existierender Projekte vorrangig im Grassroot-Bereich. Diese Ergänzung wird für notwendig erachtet, da eine Systematisierung und ein akademischer Rahmen, der der Komplexität und überlieferten Wissensmenge in angemessener Weise Rechnung trägt, bislang nicht existierte. Angesprochen mit diesem Programm sind darüber hinaus auch Studierende und Lehrer/innen im Schuldienst.

Vier zentrale inhaltliche und konzeptionelle Achsen, durchziehen den gesamten Komplex an Themenbereichen:

- *Interkulturalität*: Die völlig unterschiedlichen sozio-kulturellen Hintergründe der Teilnehmenden und Lehrenden, sowie das Spannungsfeld zwischen den Inhalten der indigenen und der okzidentalen Denktraditionen werden selbst zum Lernziel. Synergieeffekte in Inhalt und Didaktik sind das laufende Ziel dieser Zusammenkunft des Unterschiedes.
- *Gender*: Berücksichtigung der Geschlechterunterschiede in Lehrplan und Unterricht und in der ausgeglichenen Anzahl weiblicher wie männlicher Teilnehmender und Lehrender.
- *Theorie-Praxis-Verbindung*: Die Abstraktion von Wissen in theoretische Konstrukte und Begriffe geschieht in enger Anlehnung an und unter ständiger Prüfung von konkreten Erfahrungen und praktischen Aktivitäten. Die Studierenden werden daher aus Bildungs-, Gesundheits- oder landwirtschaftlichen Projekten rekrutiert. Eng damit verbunden ist die Notwendigkeit der Forschung und Systematisierung von Wissen im Bereich indigener Gemeinden. Deduktive Forschungsansätze, in denen theoretische Annahmen und Wissen auf Praktikabilität in der Alltagspraxis geprüft werden, sind ebenso vorgesehen wie der induktive Weg vom reellen Einzelfall zur Theorie. Ab dem ersten Seminar sind regelmäßige Forschungsarbeiten in übersichtlichem Ausmaß Bestandteil des Lehrplans. Im Mittelpunkt steht dabei die ländliche Gemeinde als zentraler Ort und fundamentaler Pfeiler des Bildungsprozesses und für die kulturelle Entwicklung (vgl. Fundación Kawsay 2002, S. 3).

- *Partizipation*: Der Bruch mit dem vertikalen Lehrer-Schüler-Modell, entsprechend Paulo Freires ‚Bankierskonzept der Erziehung', bedeutet eine Beteiligung aller Akteure im Lehr-Lernprozess. Angestrebt wird eine auf gegenseitige Befruchtung beruhende Beziehung, die die Beteiligung von Studierenden auch an der Gestaltung der Lehrpläne und der Methoden vorsieht (vgl. Cerruto 1997, S. 55).

Der Lehrplan folgt den Maßgaben von Bildungsbedürfnissen, die sich im Verlauf mehrerer Workshops mit außerschulischen und universitären Pädagog/innen ergeben haben, mit Unterstützung der Universidad Mayor San Andrés/La Paz und der Universität Linköping/Schweden. Demnach ergaben sich Anregungen für 12 Studienrichtungen, die in einer über mehrere Jahre hinweg sukzessiv steigenden Angebotsstruktur erreicht werden sollten:

- Andine Pädagogik,
- Ökologie, Umwelt(-schutz) und Umwelttechnologien,
- Kommunikation und Sprachen,
- Gemeindeproduktion und Betriebswirtschaft von Kleinstbetrieben,
- Kunst und Kultur,
- Gesundheit und traditionelle Medizin,
- Geschäftsführung und Verwaltung in der Gemeinde/im öffentlichen Dienst,
- Organisationsmanagement und Methodenkompetenz für die Projektarbeit in der Gemeinde (Cerruto 1997, S. 29).

Bis Mitte 2002 emulgierte dieses erste Konzept zu drei Studienrichtungen, die angeboten werden. Die einzelnen Veranstaltungen sind als Module aufeinander aufgebaut und konstituieren sich als Ganzes zu Fachbereichen. Diese sind:

- Andine und Interkulturelle Pädagogik
  (seit 1997 in Bolivien, seit 1999 in Peru und seit 2001 in Ecuador),
- Ökotourismus (seit 2000 in Bolivien, in Ecuador seit 2001) und
- Rechtswissenschaft für Indigene Völker (in Bolivien seit 1999, in Ecuador seit 2000).

Die letztgenannte Studienrichtung hat in Ecuador den größten Zulauf, da CONAIE schon vor einigen Jahren erreicht hat, Forderungen nach politischer Beteiligung indigener Gruppen nachhaltig auf das nationale Parkett zu bringen. Auf diese Dynamik reagierend, ist das Interesse an einer fundierten Aus- und Fortbildung von Seiten der jeweiligen Bevölkerungsgruppen und ihrer Organisationen dementsprechend groß. Auch dieser Kurs zählt auf internationale Zusammenarbeit mit den Tinku-Projektpartner-ländern Peru und Bolivien, sowie der Universität Åbo Akademi in Finnland (www.abo.fi), die eine Beteiligung des Sámi-Volkes im Norden des Landes vorsieht.

Drei Module sind im Bereich „Rechtswissenschaft für indigene Völker" bestimmend: „Andine Weltsicht und indigene Rechte", „nationale Gesetzgebung" und „internationale Rechtsvereinbarungen" (Fundación Kawsay 2002, S. 5). Als international bedeutsamstes Dokument wird die ‚Indigenous and Tribal Peoples Convention No. 169' von 1989 der ILO (International Labour Organization; www.ilo.org) zu Grunde gelegt. Als Zielgruppe des angebotenen Faches sind zusammen mit den andinen indigenen Völkern übrigens auch die Afro-Latino Gemeinden in den subtropischen Tälern der östlichen Anden Ecuadors angesprochen. Wenn auch aus einer anderen historischen Situation heraus kommend, erheben sie ebenso Forderungen nach politischer und kultureller Anerkennung. So haben in dem Studienjahr 2001-2002 insgesamt sechzig Personen teilgenommen, die im vornherein von den lokalen Partnerorganisationen ausgesucht worden waren. An den Auswahlgesprächen für potentielle Teilnehmende sind stets drei Seiten beteiligt: Der/die Bewerber/in, die Organisation, in die sie eingebunden ist und die UNIT als Anbieterin. Auf diese Weise soll die langfristige Verbindlichkeit der Studierenden gegenüber ihrer Einrichtung oder Gemeinde erhöht werden, denn nach Studienabschluss werden die qualifizierten Kräfte in konkrete Projekte z.B. im Bereich der Mediation und Konfliktlösung, sowie in politische und organisatorische Entscheidungsprozesse eingebunden. Beratend steht jeder/jedem Studierenden eine Person als Tutor zur methodischen und fachlichen Unterstützung zur Verfügung. Mit dieser Hilfe wird kursbegleitend und zum Abschluss eine fundierte Evaluation vorgenommen, die auf individueller Ebene und zusammen mit einem Auswertungsteam passiert.

Um schon im Verlauf des Studiums einen hohen Grad der Beteiligung von Außenstehenden zu erreichen, müssen die Studierenden bereit sein, eine Projektgruppe von drei bis fünf Personen zusammen zu stellen, die sie bei den anstehenden Forschungsarbeiten flankierend begleitet und unterstützt.

Als erfolgreich abgeschlossen gilt der Kurs, wenn eine umfangreiche Studien-Abschlussarbeit zu einem Thema im Umfeld der erforschten Gemeinde oder Region angefertigt wurde, das mit der Menschenrechts- oder indigenen Rechtssituation befasst ist. Neben einem Zertifikat der UNIT wird der Studienkurs auch von der finnländischen Partneruniversität mit einem Abschlussdokument honoriert. Der/die erfolgreiche Absolvent/in erwirbt auch das Recht, weitere Studienkurse zu Themen der Rechtswissenschaft oder auch anderen Bereichen zu besuchen.

3.2 Struktur

Lernort der privaten, gemeinnützigen Universität Tinku ist nicht ein zentrales Gebäude, sondern vielmehr eine dezentrale Struktur, die die Nähe am Wirkungsraum der Studierenden sucht. Die Seminare finden nur teilweise in Präsenzform statt, es sind einzelne Kurse von drei bis siebentägiger Dauer, im Abstand von ein bis drei Monaten. Dafür werden die Räumlichkeiten von Gemeindehäusern und indigenen NGOs in Anspruch genommen. Trotz der Studienarbeiten, die ortsunabhängig vorgenommen werden, kommt bei den Teilnehmenden nicht der Charakter eines Fernstudiums auf, da der Bezug zur Gemeinde, zu den lokalen Institutionen und den Kommilitonen nicht abbricht, die studierende Person also nicht für sich, sondern in konstanter Rückmeldung mit ihrer Umgebung steht.

Auf organisatorischer Ebene existiert als Überbau ein akademischer Rat, der sich einerseits aus den Direktor/innen der Fachbereiche zusammensetzt, andererseits aber durch die Beteiligung zweier Vertretender der Gesamtversammlung des Tinku-Projektes unterstützt wird (je eine Person als akademischer und verwaltungstechnischer Verantwortlicher). Die Tinku-Hauptversammlung wiederum integriert alle Tinku-Projekte der beteiligten Länder und Regionen. Dazu gehört nicht nur die Universität, sondern auch ein Netzwerk von Frauenprojekten, eines für Jugend-, für Kultur- und eines für Umweltprojekte. In der Universität läuft jedoch das Wissen zusammen und wird für andere Verwendungen operationalisierbar gemacht und strukturiert.

4 Nachbemerkungen

Die Universität TINKU muss sich der Frage stellen, wie sie sich als Agentin der indigenen Bevölkerungen der Vielzahl bereits bestehender, wenn auch oft nicht-systematisierter Realitäten und Strategien des Lebens und Arbeitens positioniert. Gewerkschaften, NGOs, nationale Ministerien, politische Parteien, Nachbarschaftszuammenschlüsse, internationale Geberinstitutionen, Kirchen und Sekten – die Anzahl von Organisationsformen, die sich die ‚indigene Frage' zu eigen gemacht haben, wächst. Dem steht die gelebte Praxis gegenüber, von existierenden Projekten des Ethnotourismus in Waldgebieten Ecuadors über funktionierende Exportstrukturen der Stoffproduzent/innen im bolivianischen Sucre, Pilotprojekte mit fair gehandeltem Quinua und Amaranth aus ökologischem Anbau bis zur Anerkennung des Karnevals *Gran Poder* in La Paz als Weltkulturerbe der UNESCO. Vor allem sind aber die Strategien der unzähligen Groß- und Kleinhändler/innen und informellen Beschäftigten im Dienstleistungssektor in der Stadt und der äußerst vielseitigen Aktivitäten der Bevölkerung auf dem Land zu nennen.

Darüber hinaus vollzieht sich das Spannungsfeld zwischen Tradition und Moderne auch im Stadt-Land-Bezug. Eine einseitige inhaltliche Ausrichtung auf die indigene Gemeinde auf dem Land wird dem Anspruch auf Interkulturalität nur eingeschränkt gerecht. Verbunden ist damit nämlich die Notwendigkeit eines Abrückens von idealtypischen Bildern und Selbstbildern von kultureller Authentizität. Es gilt, die ganze Spannbreite an Erfahrungen und Lebenswirklichkeiten zu erfassen und zum Gegenstand des Lernens zu machen.

In der Weltsicht der andinen Völker liegt die Zukunft hinter uns, da sie sich unserer Sichtbarkeit entzieht. Es ist die Vergangenheit, die sich wie ein ausgerollter Teppich vor uns ausbreitet und das Lernfeld für die Gegenwart öffnet. Dieser Perspektivwechsel deutet an, dass Bildung als Zugang zur Partizipation weder ein fertiges Konzept, noch (glücklicherweise) ein Ersatz für politisches Handeln ist. Im Schnittpunkt von Fragen der Menschenrechte, Demokratie, autonomer Entwicklung und dem Umgang mit der Umwelt, finden sich die indigenen Gesellschaften wieder. Als an den Rand gedrängte Bevölkerungsgruppe fordern sie heute nicht mehr ein bloßes Mitspracherecht, sondern möchten selbstverständlich in Eigenverantwortung über ihr Leben und ihre Wertvorstellungen bestimmen. Durch ihr vielgestaltiges kulturelles Bewusstsein sind sie z.T. besser positioniert als andere marginalisierte Gruppen, die, im Gestrüpp der Favelas und Slums in Lateinamerikas Großstädten, über noch weniger Artikulationsmöglichkeiten verfügen. Das autoritative Modell einer klientelistischen und rassistischen Obrigkeit zu hinterfragen, zeitweise antagonistischer Gegenpol zu sein, experimentell, innovativ, aber dabei sehr konkret: dieser Aufgabe kann sich Bildungsarbeit als Instrument der Partizipation stellen. Sie bietet Entscheidungshilfen durch Methodenkompetenz, Räume zur Selbstreflexion und die didaktische Aufarbeitung von Wissen beim Austarieren des Spannungsverhältnisses zwischen traditionellen Denk- und Verhaltensmustern und der Übernahme okzidentaler Denkmuster und Ideale. Für welche Strategien sich Indigene oder auch Straßenkinder, Landlose oder andere Bevölkerungsgruppen entscheiden, hängt davon ab, ob das jeweilige Wissen zur Verbesserung ihres Alltagslebens und ihrer Situation beiträgt. Bildungsarbeit steht dabei vor der Aufgabe, Möglichkeiten aufzuzeigen und damit das Entscheidungsfeld, innerhalb dessen sich die hier angesprochenen Gruppen bewegen, zu weiten und ihm eine Kontur zu geben.

Literatur

Baumann, Max Peter: Das Leben der drei Welten. Kosmovision und Glaubenswelt im andinen Hochland. In: ila, Zeitschrift der Infostelle Lateinamerika, (1997)208, S. 8-12

Cerruto, Leonel (Hg.): Diseño Curricular de la Universidad Intercultural Tinku. La Paz, Bolivien 1997

Davis, Shelton H./Patrinos, Harry Anthony: Investing in Latin American´s Indigenous Peoples: The Human and Social Capital Dimension. The World Bank Paper. Washington 1996

Fernández, Benito: La Pedagogía Intercultural, La Paz 1997 (Skript)

Fundación Kawsay (Hg.): Proyecto de la Universidad Intercultural Tinku UNIT. Construyendo un sueño de Educación Superior Indígena. Quito 2002

Garbers, Frank: Von der „Ethnizität" zur „ethnischen Bombe". Über Identität, Kultur und das ewig Indianische. In: ila, ZS der Infostelle Lateinamerika (1999)222, S. 4

Gareca, Carlos: Formación de pobladores barriales para el desarrollo local. In: CENPROTAC (Hg.): Educación Popular para el desarrollo y el poder local. La Paz 2000

Gleich, Jutta von: Zugang zu Bildung und Wissen: Voraussetzung für eine selbstbestimmte Entwicklung der indigenen Völker. In: Von Gleich, Jutta: Indigene Völker in Lateinamerika – Konfliktfaktor oder Entwicklungspotential? Frankfurt/M. 1997, S. 102-126

Ibañez, Mario L.R.: La Construcción Colectiva del Conocimiento en la Educación Popular. La Paz 1997

Llorenti, Sacha: El silencio es cómplice. Los Derechos Humanos en el Trópico de Cochabamba y la Guerra contra las Drogas. La Paz 1999

Mansilla, H.C.F.: Zwischen traditionellen partikularistischen Werten und modernen universalistischen Zwängen: Die Herausbildung der Nationalidentität Boliviens im Zeitalter der Globalisierung. In: Journal für Entwicklungspolitik (1999) 2, S. 217-232

Sago-Infoblatt Bolivien (2002)129, S. 37

Torres, Leonor Zalabata: La territorialidad como base de la identidad de los pueblos indígenas. In: König, H.J. (Hg.): El indio como sujeto y objeto de la historia latinoamericana. Frankfurt/M. 1998, S. 265-266

Manfred Liebel

Educación Popular und befreiungspädagogische Praxis mit Kindern und Jugendlichen in Lateinamerika

1 Vorbemerkungen

Unter dem Namen *Educación Popular*[1] hat sich in Lateinamerika (wie auch in Teilen von Afrika und Asien) eine Bildungskonzeption und -praxis entwickelt, die zur Befreiung von Unterdrückung, Ausbeutung und Abhängigkeit beitragen will. Im ersten Teil des Beitrags werde ich ihre Grundzüge darstellen, ihre historischen Ursprünge skizzieren und die seit den 80er Jahren sich abzeichnenden Tendenzen beleuchten. Im zweiten Teil gehe ich auf einige Aspekte einer neuen pädagogischen Konzeption und Praxis mit Kindern und Jugendlichen ein, die unter dem Einfluss der *Educación Popular* in Lateinamerika entstanden ist. Am Ende gebe ich einen Ausblick auf einige Probleme, mit denen sich die *Educación Popular* heute auseinandersetzen muss.

2 Educación Popular

2.1 Grundzüge

Educación Popular hat ihren Ort dort, wo Menschen gezwungen sind, in Armut zu leben, in den Elendsvierteln der Städte ebenso wie unter Landar-

[1] Der Begriff der *Educación Popular* kann weder mit Volksbildung noch Volkserziehung angemessen übersetzt werden. Volksbildung erinnert im Deutschen zu sehr an ‚Volksschule' oder ‚Volkshochschule', wo zwar ‚volkstümliche Bildung' oder ‚Bildung für das Volk' intendiert ist, die aber nichts gemein hat mit dem, was *Educación Popular* in Lateinamerika repräsentiert. Das Wort Volks*erziehung* steht im Gegensatz zu den Grundkomponenten der *Educación Popular*, die Erziehung im Sinne des deutschen Begriffs gerade ausschließen. Ich werde deshalb in etwas freierer Übertragung den Begriff Befreiungspädagogik verwenden oder den spanischsprachigen Begriff der *Educación Popular* beibehalten.

beitern und Parzellenbauern in ländlichen Gemeinden. Über Projekte der Alphabetisierung, Gesundheitsvorsorge, Ernährungssicherung u.a. will sie ihnen ein politisches Bewusstsein über die Gründe ihrer Misere und praktische Fähigkeiten vermitteln, die es ihnen erlauben, in (selbst-)organisierter Form für bessere Lebensbedingungen und eine gerechte Gesellschaft zu kämpfen. „Es handelt sich nicht um eine Theorie, eine Methode oder eine Idee mit Namen *Educación Popular*, sondern um eine unübersehbare politische Tatsache, die auf vielfältige Weise die Praxis der verschiedenen sozialen Bewegungen in unserem Kontinent markiert" (Jara 1985, S. 41).

Educación Popular ist nicht auf bestimmte pädagogische Institutionen beschränkt, sondern wird in allen Situationen und Lebenslagen und zu den verschiedensten Anlässen praktiziert. Sie kann die Form eines gewerkschaftlichen oder kirchlichen Bildungszentrums, einer kommunalen Schule oder Straßenschule annehmen, aber auch in Kampagnen, Workshops, Streiks etc. ihren Platz haben. Der peruanische Soziologe und Pädagoge Oscar Jara ist davon überzeugt, „dass außerhalb einer befreienden politischen Aktion keine befreiende pädagogische Aktion möglich ist. Es gibt kein Klassenbewusstsein ohne Klassenpraxis. Es gibt kritisches Bewusstsein nur als Ausdruck organisierten Handelns" (Jara 1989, S. 86).

Das Verhältnis zwischen pädagogischer Praxis und politischer Organisiertheit ist durchaus nicht frei von Widersprüchen. Eine strikte Avantgarde-Konzeption nach leninistischem Muster ist mit Befreiungspädagogik im hier verstandenen Sinn nicht vereinbar. Deshalb musste sich die *Educación Popular* immer wieder mit dem Vorwurf des ‚pädagogischen Idealismus' auseinandersetzen, der die (vorrangige) Notwendigkeit einer politischen Organisation verneine, die das fortgeschrittenste politische Bewusstsein verkörpere.

Da auch Befreiungspädagogik darauf abzielt, das politische Bewusstsein zu ‚bilden' – der brasilianische Pädagoge und Inspirator der heutigen Befreiungspädagogik Paulo Freire unterscheidet z.B. das intransitive, transitiv-naive und kritische Bewusstsein (vgl. Freire 1973; 1974) – muss sie immer einen Balanceakt vollführen zwischen vorgegebenen Zielen (Befreiung, Revolution) und den angestrebten dialogisch-egalitären Beziehungen (Partizipation) im Bildungsprozess. Wichtiger jedoch als die politische Organisationsform ist für die *Educación Popular* die Erkenntnis, dass Lernprozesse nur zur Befreiung führen können, wenn sie „das Erziehungsproblem auch als wirtschaftliches und soziales Problem verstehen" (Jara 1985, S. 89). Das bedeutet, jede Art von Bildungspraxis muss mit dem organisierten Kampf um strukturelle gesellschaftliche Veränderung verknüpft werden.

Im Unterschied zu Avantgardekonzeptionen sind für die Befreiungspädagogik das Volkswissen (*saber popular*) und die Volkskultur (*cultura popular*; vgl. Colombres 1997) wesentliche Bezugsgrößen. Sie begreift die am Bildungsprozess Beteiligten – auch wenn sie kein Wort lesen und schreiben können – nicht als ‚Nullen', die nichts wissen und nichts können, sondern immer als Menschen mit einem reichen Schatz an Erfahrungen. Es geht ihr darum, das Erfahrungswissen ans Licht zu bringen und das ‚kollektive Gedächtnis' zu beleben, um auf diese Weise das Selbstbewusstsein und den Befreiungswillen der Unterdrückten zu stärken und zu einer bewegenden Kraft werden zu lassen. Fortschritt und Tradition bedeuten deshalb für die *Educación Popular* keinen Gegensatz, sondern sie werden in einer Beziehung gesehen, die dialektisch zu entfalten ist.

Befreiungspädagogik geht von der Erfahrung und dem Studium der eigenen Wirklichkeit aus. Hierzu ist eine Methodologie sozialer Forschung entwickelt worden, die den Lernenden selbst ermöglicht, als Forscher zu agieren oder am Forschungsprozess aktiv zu partizipieren. In dieser sog. partizipativen Aktionsforschung (*Investigación Acción Participativa*) wird versucht, die in der akademischen Sozialforschung übliche Trennung von Subjekten (= Forschern) und Objekten (= Erforschte) aufzuheben. Es wird ein gemeinsamer Forschungsprozess angestrebt, in dessen Verlauf alle Beteiligten die Realität, in der sie leben, besser begreifen und schließlich wissen, was zu verändern ist. Die Forschungspraxis selbst ist bereits Teil des Kampfes um die Veränderung.

Die in der Befreiungspädagogik angestrebten Bildungsprozesse gründen sich auf einer partizipativen und ‚dialogischen' Methode, die jede Art von Trichterpädagogik und Indoktrination ausschließt. Die am Bildungsprozess Beteiligten sollen in allen Etappen eine aktive Rolle spielen können. Anstelle eines rigiden Professionalismus, der eine strikte Trennung von Lehrenden und Lernenden vorsieht, werden in der *Educación Popular* alle als Lernende verstanden. Sie können und sollen alle – je nach Situation – als Lehrer fungieren. Soweit professionelle Pädagogen beteiligt sind, wird von ihnen erwartet, dass sie den Erfahrungen und dem Wissen der Teilnehmer offen gegenüberstehen und bereit sind, ‚vom Volk' zu lernen. Aus den Teilnehmern sollen sog. Volkslehrer und soziale Promotoren hervorgehen, die im Fortgang der Bildungspraxis selbst in eigener Initiative pädagogische, forschende und organisierende Tätigkeiten wahrnehmen. Die Rolle der Lehrenden ist die von Beratern, die die (Lern-) Gruppen und Gemeinden als ‚Moderatoren' begleiten und unterstützen.

In den 60er und 70er Jahren hatte die *Educación Popular* „ein starkes politisch-ideologisches Moment: Ihr Ziel war es, zu einer Befreiung aus autoritären Gesellschaftsstrukturen beizutragen und für eine partizipative Demokratie zu kämpfen“ (Baquero u.a. 1998, S. 22). Sie definierte sich im Wesentlichen als außerschulische, nicht-formale pädagogische Bewegung in Opposition zum institutionalisierten Bildungswesen. Mittels politischer Bewusstseinsbildung bei den unterdrückten und marginalisierten Teilen der Bevölkerung versuchte sie zu grundlegenden Veränderungen der lateinamerikanischen Gesellschaften beizutragen. Sie ist ein unabgeschlossener Prozess nicht nur voller Vielfalt, sondern auch voller Widersprüche (zu ihrer Entwicklung vgl. den Kasten).

Historische Spuren der Educación Popular

Ca. 1750:	Auseinandersetzung mit dem hispanischen Kolonialismus; Herausbildung einer begleitenden Erziehungspraxis und Pädagogik.
1794:	Prägung des Begriffes Educación Popular durch Simon Rodriguez.
1891:	Neuer Aufschwung der Educación Popular durch die Veröffentlichung des Manifestes ‚Nuestra America‘ durch José Martí (Kuba), in dem er eine ‚zweite Unabhängigkeit‘ fordert.
1910-1932:	Die Mexikanische Revolution, Volksbewegungen in anderen Ländern und der Volksaufstand in El Salvador (1932) ermöglichen zahlreiche Strömungen, sich der herrschenden Pädagogik entgegenzusetzen; z.B. Farabundo Martí (El Salvador), Augusto C. Sandino (Nicaragua) und José Carlos Mariátegui (Peru).
1959:	Kubanische Revolution und christliche Basisgemeinden als Impuls für einen breiten und vielfältigen Aufschwung der Educación Popular in den 1960er Jahren; in dieser Zeit beginnt auch Paulo Freire seinen Ansatz politischer Alphabetisierung unter der Regierung João Goulart in Brasilien.
1960:	Export der *community work* durch die USA im Rahmen der ‚Allianz für den Fortschritt‘, um den Übergriff der kubanischen Revolution auf den Kontinent zu verhindern; kritische Auseinandersetzung mit dieser Methode und konstruktive Weiterentwicklung durch lateinamerikanische Pädagogen.
	(Zur Geschichte der *Educación Popular* vgl. Baquero u.a. 1998; Gómez/Puiggrós 1986; Puiggrós 1984; 1989; Schroeder 1989)

3 Befreiungspädagogische Praxis mit Kindern und Jugendlichen Neuer altersgruppenspezifischer Diskurs

Bis in die 80er Jahre war *Educación Popular* weitgehend als ‚Erwachsenenbildung‘ verstanden worden. Die besondere Situation, Interessenlage und Problematik jüngerer Altersgruppen gerieten kaum ins Blickfeld.

Wenn Kinder einbezogen wurden, dann beinahe immer als ‚Kinder ihrer Eltern', nicht aber als eigenständige Subjekte, die sich z.B. in sozialen Bewegungen artikulieren können. Obwohl in den Projekten der *Educación Popular* vielfach Jugendliche eine aktive Rolle spielten, wurden sie nicht als Angehörige einer bestimmten Altersgruppe mit spezifischen Interessen und Bedürfnissen wahrgenommen.

Die lange Zeit geringe Beachtung von Kindern und Jugendlichen in der *Educación Popular* hat verschiedene Gründe. Sie entwickelte sich in den 60er Jahren aus Alphabetisierungs- und Entwicklungsprogrammen des Gemeinwesens, die auf Erwachsene bezogen waren; oder sie war, wenn sie aus sozialen Bewegungen und Basisinitiativen hervorging, in erster Linie an der politischen Mobilisierung der armen Bevölkerung, nicht aber einzelner Altersgruppen interessiert. Dabei könnte eine Rolle gespielt haben, dass in der paternalistischen Kultur Lateinamerikas erhebliche Barrieren und Vorbehalte existieren, sich Jugendliche oder gar Kinder als eigenständige Subjekte und Akteure politischer Prozesse vorzustellen. Zudem wurde die Aufgabe der Kinder- und Jugendbildung seit dem Schulboom der 60er Jahre so weitgehend von der Schule dominiert und ‚besetzt', dass *Educación Popular* bei Kindern und Jugendlichen überflüssig oder vergeblich zu sein schien.

Allerdings kann das weitgehende Fehlen eines altersgruppenspezifischen Diskurses in der *Educación Popular* auch als Ausdruck einer Sichtweise verstanden werden, die alle am Bildungsprozess Beteiligten als ‚Erwachsene' respektiert, statt sie – wie in der traditionellen Erziehung üblich – ‚wie Kinder' zu behandeln. Dies trug dazu bei, die traditionellen Hierarchien der Generationen – wie sie am deutlichsten im Lehrer-Schüler-Verhältnis des formalen Schulsystems zum Ausdruck kommt – infrage zu stellen und bereitete so pädagogischen Ansätzen den Weg, die den Kindern und Jugendlichen eine eigenständige und aktive Rolle in Bildungsprozessen zuschreiben. Vor allem ihre partizipative Methode und die Betonung des bildenden Werts horizontal strukturierter und selbstbestimmter Gemeinschaften trugen dazu bei, dem paternalistischen und individualistischen Denken in der lateinamerikanischen Kinder- und Jugendpädagogik einen empfindlichen Stoß zu versetzen.

Grundgedanken der *Educación Popular* wurden vor allem in solchen Zusammenhängen aufgegriffen, wo das familiäre und gesellschaftliche Leben bereits auf der Arbeitskraft und Mitarbeit der Kinder basiert und/ oder wo die Kinder und Jugendlichen sich nicht mehr mit einer marginalen und einflusslosen Rolle begnügen und eigene Bewegungen und Organisationsformen hervorbringen. Es entstanden neue Formen von Gemeinde-

und Straßenschulen (vgl. Schroeder 1989; Liebel 1992), neue Ansätze der ‚Berufs'-Pädagogik (vgl. Overwien 1999 und in diesem Band) und *last not least* kinder- und jugendbezogene Ansätze der Gemeinwesenarbeit und Straßenpädagogik (*street work*) (vgl. Liebel 1994, S. 164ff; Liebel 1998; Liebel/Overwien/Recknagel 1999).

Zur besonderen Herausforderung für die *Educación Popular* wurde das Phänomen der arbeitenden und ‚Straßenkinder', das im Gefolge der neoliberalen Politik der Strukturanpassung in den 80er Jahren rasch anwuchs. Es verbreitete sich die Überzeugung, dass es sich bei diesen Kindern nicht (mehr) um Rand- oder Problemgruppen handelt, die speziellen Institutionen zu überlassen sind, sondern um einen relevanten Teil der arbeitenden Bevölkerung, der wie die Erwachsenen unter den Bedingungen extremer Armut zu überleben versucht. Besonderes Interesse findet hierbei die Arbeit, die die Kinder ausüben, um ihren Lebensunterhalt oder den ihrer Familien zu bestreiten. Sie verbindet nicht nur die sogenannten Straßenkinder mit den meisten anderen Kindern, die unter Bedingungen extremer Armut leben, sondern bildet auch eine mögliche Erfahrungsbasis für ihre Selbstachtung und kollektive Identität.

3.1 Ein Beispiel aus Nicaragua

In einem Armenviertel von Managua tun sich sieben Jugendliche (sechs Frauen und ein Mann, zwischen 17 und 23 Jahre alt), die zuvor schon als Kinder in einem Kinder- und Jugendzentrum ihres Viertels ‚betreut' worden waren und teilweise auch Erfahrungen in der ‚Bewegung der arbeitenden Kinder' (NATRAS) gemacht hatten (vgl. Liebel 1994), in einer Gruppe zusammen, um ihrerseits Kinder zu unterstützen und sich für ihre Rechte einzusetzen. Sie verstehen sich nun als ‚Promotorinnen' anderer Kinder, die in einer Situation extremer Armut leben, teilweise auf sich selbst gestellt auf der Straße überleben müssen, keine Schule besuchen oder in der Schule Schwierigkeiten haben. Sie sprechen die Kinder auf der Straße, an ihren Arbeitsorten oder – sofern ein solches vorhanden ist – zu Hause an und laden sie zu bestimmten Treffpunkten (auf einem Hof, in einer Ruine, unter einem Baum, in der Wohnung einer kooperationsbereiten Familie) in der Nähe ein. Auf diese Weise entstehen binnen kurzer Zeit fünf sog. CLANs, in denen sich viermal in der Woche für zwei bis vier Stunden jeweils ca. 20 Kinder mit ihrer Promotorin versammeln.

Gemeinsam entwickeln sie ein Programm. Es umfasst Alphabetisierungskurse, Spiele, kleine Ausflüge, Schularbeitshilfen, Besuche in einer nahegelegenen Bibliothek, Bastelarbeiten, Gespräche über alltägliche Probleme, gelegentliche Feste, Aktionen zur Beschaffung kleiner Geldbeträge für die Aktivitäten des CLANs und manches mehr. Am ‚Tag der Freundschaft' schreiben sich die Kinder gegenseitig Briefe und bemalen sie. Am ‚Tag des Buches' wählen sie ein Buch aus, das sie sich gegenseitig vorlesen (soweit sie das schon können) oder sie erzählen sich selbst eine Geschichte und schreiben sie unter Umständen auf. Am ‚Muttertag' laden sie die Mütter zu einer selbst vorbereiteten Kulturveranstaltung und einem selbstfinanzierten Imbiss ein. Am ‚Internationalen Tag des Kindes' machen sie auf den Straßen ihres Viertels einen Karneval, auf dem sie auf phantasievolle Weise auf ihre Rechte aufmerksam machen oder auf Missstände hinweisen. Jeder CLAN setzt sich seine eigenen Schwerpunkte, gelegentlich tauschen sie ihre Erlebnisse und Erfahrungen mit den anderen CLANs aus.

Die Promotorinnen legen Wert darauf, dass die Kinder eigene Ideen und Vorschläge einbringen und sich gegenseitig respektieren und unterstützen. Sie verständigen sich mit ihnen über die Normen des Zusammenseins in der Gruppe und halten sie, wenn möglich, für alle sichtbar auf einem Plakat fest. Sie regen die Kinder an, selbst Probleme anzusprechen, über Gemeinsamkeiten ihrer Situation nachzudenken und für bestimmte Aufgaben Verantwortung zu übernehmen. Sie bestärken sie darin, sich als Persönlichkeiten mit eigenen Erfahrungen und Fähigkeiten zu sehen, sich gegen Ungerechtigkeiten zu wehren und auf die Anerkennung ihrer Arbeit zu bestehen. In jedem CLAN werden ein Mädchen und ein Junge als ‚Repräsentanten' gewählt, die die Gruppe nach außen vertreten und sich für sie einsetzen. Gerade sind sie dabei, ein Treffen mit Repräsentanten der Kinder von zwei Schulen und einem Projekt in anderen Stadtvierteln von Managua vorzubereiten.

Einmal pro Woche treffen sich die Promotorinnen der CLANs, um die Praxis mit den Kindern auszuwerten, sich neue Kenntnisse anzueignen, über methodische Fragen zu sprechen und neue Pläne zu machen. Gelegentlich nehmen sie auch an Fortbildungsveranstaltungen außerhalb des Viertels teil. Sie verstehen sich als solidarische Gruppe, die nicht nur für die Interessen und Rechte ‚ihrer' Kinder eintritt, sondern auch füreinander da ist. Die Promotorinnen verbindet die auf eigenen Erfahrungen basierende Idee, dass die Lage der Kinder und ihre eigene Lage nur zu verbessern ist, wenn sie und die Kinder sich organisieren und ihre Rechte und Interessen selbst in die Hand nehmen.

Das Interesse der Kinder, an den Treffen der CLANs teilzunehmen, ist gleichbleibend groß. Es würden sich noch mehr Kinder anschließen, wenn sie dazu Gelegenheit hätten. Ein Problem besteht darin, dass ein Teil der Kinder neben Arbeit und Schule über sehr wenig freie Zeit verfügt, um zu den Treffen zu kommen, und mitunter auch von den Eltern daran gehindert wird. Die Promotorinnen versuchen engen Kontakt insbesondere mit den Müttern zu halten und laden sie auch gelegentlich zu Treffen über Erziehungsfragen und die Rechte der Kinder ein. Auch mit den Lehrern der Schulen versuchen sie eine einigermaßen regelmäßige Kommunikation zu haben. Oft fehlt den Promotorinnen allerdings die hierfür erforderliche Zeit, da sie sich um den eigenen Lebensunterhalt bemühen und in den meisten Fällen auch bereits für eigene Kinder sorgen müssen.

3.2 Kinder und Jugendliche als Protagonisten

Dreh- und Angelpunkt der befreiungspädagogischen Praxis ist die Idee der *Protagonisten-Rolle* der Kinder und Jugendlichen (*protagonismo infantil/ juvenil*). Darunter wird verstanden, dass die Kinder und Jugendlichen selbst das größte Interesse an gesellschaftlichen Veränderungen zu ihren Gunsten haben und wesentlich dazu beitragen können. Ihre Protagonisten-Rolle wird nicht als alters- oder naturbedingter Tatbestand, sondern als Ergebnis von (Lern-) Prozessen gesehen, die sich aus der Erfahrung und Reflexion ihrer Lebensverhältnisse ergeben und bei denen pädagogische Begleiter eine wichtige – fördernde oder behindernde – Rolle spielen können (vgl. Liebel 1998; Cussiánovich 1999; Liebel 1999).

Eine zweite wesentliche Komponente besteht darin, die Kinder und Jugendlichen als *soziale Subjekte* zu begreifen. Dieses Verständnis umfasst drei Aspekte. Erstens werden die Kinder und Jugendlichen als menschliche Wesen mit eigener Würde gesehen, die Respekt verdienen und deren Lebensäußerungen ernst zu nehmen sind. Pädagogisches Handeln kann demnach nicht in wohlwollender Fürsorge oder Schutzmaßnahmen bestehen, sondern muss zu den Kindern und Jugendlichen eine horizontale Beziehung aufbauen und den Dialog suchen.

Zweitens werden den Kindern und Jugendlichen nicht nur besondere Rechte zugebilligt, die ihre persönliche und soziale Entwicklung garantieren sollen, sondern ihnen wird auch zugetraut, unter besser geeigneten Umständen ihr Leben selbst bestimmen zu können. In diesem Sinne als soziale Subjekte verstanden, haben die Kinder und Jugendlichen nicht nur Anspruch auf Respekt, sondern auch auf Partizipation und Autonomie. Sie werden einbezogen in alle Entscheidungsprozesse, die sich traditionellerweise die Erwachsenen bzw. dic Erzicher vorbehalten, als auch in ihrer Eigenständigkeit anerkannt und können als selbständig handelnde Individuen zur Geltung kommen.

Die dritte Bedeutungsvariante der Rede vom sozialen Subjekt bezieht sich auf die gesellschaftlichen Verhältnisse, in denen die Kinder und Jugendlichen leben. In aller Regel erschweren sie ihnen, soziales Subjekt zu sein oder zu werden. Pädagogisches Handeln soll ihnen die erforderlichen Kompetenzen vermitteln, um trotz subjektfeindlicher Bedingungen als aktives und bewusstes Subjekt zu agieren, d. h. sich ihren Problemen zu stellen und ihre Realität zu verändern. Die pädagogisch vermittelte Erfahrung, respektiert zu werden, partizipieren und autonom handeln zu können, soll die Kinder und Jugendlichen hierfür ermutigen und stabilisieren (zur Frage des sozialen Subjekts vgl. Liebel 1994, S. 135ff.; Liebel 2001, S. 33ff.; S. 297ff.).

Die Kinder und Jugendlichen werden nicht mehr vorrangig unter dem Aspekt ihrer Gefährdungen gesehen und auch nicht wegen ihres Verhaltens, das als problematisch bewertet wird. Die pädagogische Praxis soll zwar ‚präventiv' dazu beitragen, Risiken und Gefährdungen, denen die Kinder und Jugendlichen ausgesetzt sind, zu mindern oder zu beseitigen. Sie tut dies aber nicht, indem sie diese zu ‚bessern' versucht, auch nicht allein, indem sie ‚Bewusstsein bildet', sondern indem sie versucht, mit den Kindern und Jugendlichen ihre Lebensbedingungen zu verändern. Sie will dazu beitragen, den Kindern und Jugendlichen das Leben zu erleichtern und auf ihre drängenden Bedürfnisse praktische Antworten zu finden. Sie sollen spüren, dass ihnen die pädagogische Praxis nützt.

Wesentlicher Orientierungspunkt des pädagogischen Handelns ist der *soziale Ort*, der die Lebenserfahrungen und -perspektiven der Kinder und Jugendlichen in spezifischer Weise prägt. Sie werden nicht nur als Angehörige einer bestimmten Altersgruppe gesehen, sondern immer auch eingebunden in bestimmte soziale Verhältnisse. Der soziale Ort gibt die Grenzen und Möglichkeiten von Lösungen vor. Aber er wird nicht nur verstanden „als Summe der sozialen Determinanten, sondern immer zugleich als deren subjektives Erleben und handelndes Mitgestalten" (Müller 1992, S. 67 – unter Bezug auf den deutschen Pädagogen Siegfried Bernfeld, der in den 20er Jahren Erziehungsexperimente mit ‚verwahrlosten' Kindern unternahm). Die pädagogische Praxis nimmt die aus dem sozialen Ort resultierenden Lebensgewohnheiten, Bedürfnisse und Ausdrucksformen auf und versucht mit den Kindern das soziale Umfeld und die Lebensbedingungen zu Gunsten besserer Lebensperspektiven zu verändern. Sie will nicht nur das Überleben garantieren, sondern ein besseres Leben ermöglichen, d.h. Lern- und Entwicklungsmöglichkeiten eröffnen, die schließlich zu einem selbstbestimmten Leben führen.

Eine wichtige Rolle wird der „lokal organisierten Kindergesellschaft" (Roggenbruck 1993, S. 287) zugemessen. Die am sozialen Ort der Kinder und Jugendlichen spontan entstehenden Gruppen und Cliquen gelten nicht als „Sozialisation in die Sackgasse“ (Conto de Knoll 1991, S. 12), sondern als selbstständige und kreative Widerstandsform und als mögliches „Gegengift“ gegen die „gesellschaftlich hervorgebrachte Hilflosigkeit“ (Roggenbruck 1993, S. 287; vgl. auch Liebel 2000). Es wird davon ausgegangen, dass die eigene Gruppe den Kindern und Jugendlichen erleichtern kann, die Erfahrung gegenseitigen Respekts und gegenseitiger Hilfe (Solidarität) zu machen und ihren Handlungsraum und Einfluss gegenüber den Erwachsenen und in der Gesellschaft zu erweitern. Aber die Gruppen werden nicht instrumentell benutzt, um die Kinder und Jugendlichen im Sinne vorab festgelegter Ziele zu beeinflussen, sondern als Basis eines dialogischen Verhältnisses zwischen ihnen und den Pädagogen (und anderen Erwachsenen) verstanden, in dem beide Seiten voneinander lernen.

Das Lernen ist durch das Handeln vermittelt, sei es dass die pädagogische Praxis an das tätige Leben der Kinder und Jugendlichen anknüpft und ihre Erfahrungen aufgreift, sei es dass sie mit ihnen praktisch tätig wird. Das Konzept des tätigen Lernens kulminiert in dem Gedanken, dass die Kinder und Jugendlichen eigene soziale Bewegungen hervorbringen oder sich mit sozialen Bewegungen verbinden, die in ihrem Interesse wirken. Dies gilt sowohl für das unmittelbare Lebensumfeld, die Stadtviertel und Dörfer (*comunidades*), als auch für größere regionale Zusammenhänge.

Die Pädagogen nehmen den Kindern und Jugendlichen gegenüber die Rolle von Beratern und ‚Erleichterern‘ (*facilitadores*) wahr. Sie versuchen, zu ihnen ein freundschaftliches und solidarisches Verhältnis herzustellen, das von gegenseitigem Vertrauen geprägt ist, ohne auf Kritik zu verzichten. Die Aufgaben der Pädagogen erschöpfen sich jedoch nicht in der Beziehung zu den Kindern und Jugendlichen, sondern sie agieren auch als ‚Promotoren‘, die deren Umfeld beeinflussen (z.B. ‚Brücken‘ zu Eltern oder anderen Erwachsenen in der Gemeinde bauen, Toleranz und Handlungsräume erweitern) und öffentlich für deren Rechte und Interessen eintreten. In diesem Sinne organisieren sich die Pädagogen unter Umständen selbst in sozialen Bewegungen oder Solidaritätsgruppen, verstehen also ihre Tätigkeit nicht nur als pädagogische, sondern auch als politische Aufgabe.

4 Ausblick

Seit ihrer Entstehung haben sich die Handlungsfelder und Zielgruppen der *Educación Popular* erheblich erweitert und differenziert. Die Grundgedanken der *Educación Popular* sind heute in nahezu alle Lebensbereiche und pädagogischen Institutionen vorgedrungen. Auf der anderen Seite ist sie mit dem Problem konfrontiert, dass ihr ‚emanzipativer' Diskurs gar im gegenteiligen Sinne instrumentalisiert wird. Neoliberale Ideologen rechtfertigen z.B. den gezielten Abbau staatlicher Leistungen und Sicherungen, indem sie den Staat zum ‚facilitador' erklären, der der ‚Zivilgesellschaft' erleichtere, ihre Probleme auf ‚partizipative' Weise selbst zu lösen. Oder die Privatisierung des Bildungs- und Gesundheitswesens wird als dessen ‚Autonomisierung' und ‚Demokratisierung' beschönigt.

Educación Popular muss sich heute in einem veränderten sozialen, politischen und ideologischen Umfeld neu orientieren und steht vor neuen Herausforderungen. Sie steht vor der Frage, wie sie der Vernachlässigung staatlicher Aufgaben und dem Zerfall sozialer Strukturen und Beziehungen begegnen soll. Manche Vertreter der *Educación Popular* versuchen die entstehenden Verantwortungs-‚Lücken' zu schließen und verstehen den Rückzug des Staates und die ‚Deregulierung' von Wirtschaft und Gesellschaft gar als Chance, die aufgegebenen Bereiche und Institutionen in die ‚eigenen' Hände zu nehmen, z.B. Schulen in eigener Regie zu betreiben oder selbstbestimmte Formen ‚lokaler Ökonomie' zu fördern. Andere versuchen neue thematische Schwerpunkte zu setzen, indem sie sich für eine neue ‚Ethik sozialer Beziehungen' (Achtung der Menschenwürde, Frieden, Versöhnung usw.), für die Verbesserung der Umweltbedingungen (*alfabetizando para la vida*) oder für ‚partizipative Bürgerlichkeit' (*ciudadanía participativa*) stark machen und entsprechende Handlungsstrategien und Bildungsprogramme entwerfen (vgl. INIEP-ALFORJA-PRODESSA 1997, S. 11ff.).

Kritiker solcher Versuche – wie der kolumbianische Erziehungswissenschaftler Marco Raúl Mejía (1997) – verweisen darauf, dass gerade angesichts der kapitalistischen Globalisierung die ‚Zentralität des Problems der Macht' nicht aus dem Auge verloren werden dürfe. Es seien „neue Entwürfe für die Aktion zu konstruieren", die den Bevölkerungsgruppen, „die auf der öffentlichen Bühne keine Repräsentation haben, ermöglicht, für ihre Interessen zu kämpfen"; hierzu seien Mikro- und Makroperspektiven zu vermitteln und „im Lokalen die Totalität ausfindig zu machen" (ebd., S. 30f.).

Mit Blick auf die Jugend macht Mejía auch darauf aufmerksam, dass sich die klassischen Systeme der Sozialisation (Familie und Schule) in einer fundamentalen Krise befänden, die nicht durch einzelne Projekte zu überwinden sei. Die *Educación Popular* müsse sich fragen, ob ihre Sinngehalte (*imaginarios*) und Handlungsformen noch die der heutigen Jugendlichen seien. Sie müsse sich auf die Art und Weise einlassen, in der die Jugendlichen sich im Kontext der neuen Technologien und der weltumspannenden

Medien ihr Wissen aneignen, ihre Kulturen entwickeln und sich mit der Welt auseinandersetzen (ebd., S. 17f.).

Gerade mit Blick auf die große Zahl der Kinder und Jugendlichen, die sich angesichts der wachsenden Kluft zwischen Armut und Reichtum materiell und geistig marginalisiert und diskriminiert sehen, wird sich *Educación Popular* neue Antworten einfallen lassen müssen. Die zunehmend aggressive und mitunter gewaltsame Art und Weise, in der viele dieser Jugendlichen sich heute mit ihrer Situation auseinander setzen und sich auf der öffentlichen Bühne bemerkbar machen (z.B. in Form von ‚Jugendbanden'; vgl. Liebel 2002), bedeutet für die *Educación Popular* eine Bewährungsprobe. Wenn sie ihren ethischen und politischen Anspruch auf eine gerechte und humane Gesellschaft nicht preisgeben will, wird sie diese Jugendlichen nicht irgendwelchen ‚Spezialprogrammen' oder gar der Polizei überlassen können; sie wird sich gerade auf sie einlassen und – bei aller notwendigen Kritik – die immanente Logik und den subjektiven Sinn ihres Handelns ernst nehmen müssen.

Literatur

Baquero, Patricia/Knauth, Thorsten/Schroeder, Joachim: Befreiung als Paradigma in Pädagogik, Theologie und Philosophie. In: Knauth, Thorsten/Schroeder, Joachim (Hg.): Über Befreiung, Befreiungspädagogik, Befreiungsphilosophie und Befreiungstheologie im Dialog. Münster etc. 1998, S. 11-92

CANTERA – Centro de Educación y Comunicación Popular: ¿Cual es la nota de los cipotes? Una experiencia de Educación Popular entre los niños y la comunidad. Managua o.J. (1992)

Castillo, Luciano/Contreras, Richard/Duarte, Claudio/Valenzuela, Guillermo: Educación Popular Juvenil. Reflexiones desde la experiencia del Colectivo de Educación Popular Juvenil Newence (1995); veröffentlicht unter: www.cinterfor.org.uy/jovenes, 31.12.2001

Colombres, Adolfo (Hg.): La Cultura Popular. Mexiko-Stadt 1997

Conto de Knoll, Dolly: Die Straßenkinder von Bogotá. Ihre Lebenswelt und ihre Überlebensstrategien. Frankfurt/M. 1991

Cussiánovich, Alejandro: Apuntes para una Pedagogía de la ternura. Lima 1990

Cussiánovich, Alejandro: Das Paradigma der Förderung des integralen Protagonismus. In: Liebel, Manfred/Overwien, Bernd/Recknagel, Albert (Hg.): Was Kinder könn(t)en. Handlungsperspektiven von und mit arbeitenden Kindern. Frankfurt/M. 1999, S. 297-308

Dam, Anke van/Martinic, Sergio/Peter, Gerhard (Hg.): Educación popular en América Latina. Den Haag etc. 1991

Escobar, Francisco Andrés: Por mi madre vivo y por mi barrio muero. Una aproximación al fenómeno de las maras. In: Estudios Centroamericanos (San Salvador), 51(1996) 570, S. 327-349

Fernández, Benito: Problemas, potencialidades y retos de la Educación Popular en Bolivia en la década de los 90. In: Dam, Anke van/Martinic, Sergio/Peter, Gerhard (Hg.): Educación popular en América Latina. Den Haag etc. 1991, S. 185-192

Freire, Paulo: Erziehung als Praxis der Freiheit. Beispiele zur Pädagogik der Unterdrückten. Stuttgart etc. 1974 (Original: Rio de Janeiro 1967)

Freire, Paulo: Pädagogik der Unterdrückten. Bildung als Praxis der Freiheit. Reinbek 1973 (Original: Rio de Janeiro 1970)

Galeano, Eduardo: Gesichter und Masken. Erinnerungen an das Feuer 2. Wuppertal 1986

Girardi, Giulio: Educación popular liberadora y alternativa de civilización: Paulo Freire: ¿Vigencia de su mensaje en la época de la globalización neoliberal?; veröffentlicht unter: www.celadec.com.ar/foro/educacion_popu-y-alter.html; 31.12.2001

Gómez, Marcela/Puiggrós, Adriana (Hg.): La Educación Popular en América Latina. Mexiko-Stadt 1986 (2 Bde.)

Hörster, Reinhard/Müller, Burkhard (Hg.): Jugend, Erziehung und Psychoanalyse. Zur Sozialpädagogik Siegfried Bernfelds. Neuwied etc. 1992

INIEP-ALFORJA-PRODESSA (Hg.): La Dimensión Pedagógica en los Procesos de Educación Popular. Managua, San José und Guatemala: INIEP – Instituto Nicaragüense de Investigación y Educación Popular; ALFORJA – Programa Regional Coordinado de Educación Popular; PRODESSA – Proyecto de Desarrollo Santiago 1997

Jara, Oscar: Die politische Dimension der Volkserziehung. In: Schulze, Trudi/Schulze, Heinz (Hg.): Zukunftswerkstatt Kontinent. Volkserziehung in Lateinamerika. München etc. 1989, S. 86-98

Jara, Oscar: El reto de teorizar sobre la práctica para transformarla. In: Isabel Hernández (Hg.): Saber popular y educación en América Latina. Buenos Aires 1985

Knauth, Thorsten/Schroeder, Joachim (Hg.): Über Befreiung. Befreiungspädagogik, Befreiungsphilosophie und Befreiungstheologie im Dialog. Münster etc. 1998

Liebel, Manfred: Wir sind die Gegenwart. Kinderarbeit und Kinderbewegungen in Lateinamerika. Frankfurt/M. 1994

Liebel, Manfred: Zur Aktualität Bernfelds. Straßen- und Gemeindeschulen in Lateinamerika. In: Hörster, Reinhard/Müller, Burkhard (Hg.): Jugend, Erziehung und Psychoanalyse. Zur Sozialpädagogik Siegfried Bernfelds. Neuwied etc. 1992, S. 197-213

Liebel, Manfred: „Andere“ Kinder – „andere“ Jugendliche? Neue Ansätze in der lateinamerikanischen Straßenpädagogik. In: Knauth, Thorsten/Schroeder, Joachim (Hg.): Über Befreiung. Befreiungspädagogik, Befreiungsphilosophie und Befreiungstheologie im Dialog. Münster etc. 1998, S.133-142

Liebel, Manfred: Protagonismus, Kinderrechte und die Umrisse einer anderen Kindheit. In: Liebel, Manfred/Overwien, Bernd/Recknagel, Albert (Hg.): Was Kinder könn(t)en. Handlungsperspektiven von und mit arbeitenden Kindern. Frankfurt/M. 1999, S. 309-352

Liebel, Manfred: Mit dem Tod vor Augen im Leben auf's Ganze gehen. Jugendkulturen und Jugendforschung in Mexiko und Kolumbien. In: Sozialwissenschaftliche Literatur Rundschau, 23(2000)2, S. 89-100

Liebel, Manfred: Kindheit und Arbeit. Wege zum besseren Verständnis arbeitender Kinder in verschiedenen Kulturen und Kontinenten. Frankfurt/M. etc. 2001

Liebel, Manfred: Straßencliquen und Jugendbanden in Zentralamerika – oder: Die schwierige Suche nach Gerechtigkeit in einer gewalttätigen Gesellschaft. In: Maihold, Günther u.a. (Hg.): Zentralamerika. Wirtschaft – Politik – Kultur. Frankfurt/M. 2002 (im Erscheinen)

Liebel, Manfred/Overwien, Bernd/Recknagel, Albert (Hg.): Was Kinder könn(t)en. Handlungsperspektiven von und mit arbeitenden Kindern. Frankfurt/M. 1999

Martí, José: Unser Amerika (*Nuestra América*, 1891). In: Rama, Angel (Hg.): Der lange Kampf Lateinamerikas. Texte und Dokumente von José Martí bis Salvador Allende. Frankfurt/M. 1982, S. 56-67

Mejía, Marco Raúl: Cambios en el conocimiento e implicaciones para la educación popular. In: INIEP-ALFORJA-PRODESSA (Hg.): La Dimensión Pedagógica en los Procesos de Educación Popular. Managua, San José und Guatemala: INIEP – Instituto Nicaragüense de Investigación y Educación Popular; ALFORJA – Programa Regional Coordinado de Educación Popular; PRODESSA – Proyecto de Desarrollo Santiago 1997, S. 17-18

Müller, Burkhard: Sisyphos und Tantalus – Bernfelds Konzept des „Sozialen Ortes" und seine Bedeutung für die Sozialpädagogik. In: Hörster, Reinhard/Müller, Burkhard (Hg.): Jugend, Erziehung und Psychoanalyse. Zur Sozialpädagogik Siegfried Bernfelds. Neuwied etc. 1992, S. 59-74

Nuñez, Carlos: Erziehen zum Verändern – Verändern zum Erziehen. In: Schulze, Trudi/Schulze, Heinz (Hg.): Zukunftswerkstatt Kontinent. Volkserziehung in Lateinamerika. München etc. 1989, S. 99-125

Overwien, Bernd: Informelles Lernen, soziale Bewegungen und Kompetenzerwerb für eine selbstbestimmte Arbeits- und Lebenspraxis. In: Liebel, Manfred/Overwien, Bernd/Recknagel, Albert (Hg.): Was Kinder könn(t)en. Handlungsperspektiven von und mit arbeitenden Kindern. Frankfurt/M. 1999, S. 149-172

Peresson, Mario L.: La Educación para la Liberación en Colombia. Balance y Perspectivas (1960-1990). Santafé de Bogotá 1991

Puiggrós, Adriana: Diskussionen und Tendenzen in der lateinamerikanischen Volkserziehung. In: Schulze, Trudi/Schulze, Heinz (Hg.): Zukunftswerkstatt Kontinent. Volkserziehung in Lateinamerika. München etc. 1989, S. 64-75

Puiggrós, Adriana: La educación popular en América Latina. Orígenes, polémicas y perspectivas. Mexiko-Stadt 1984

Rodriguez Fuenzalada, Ernesto: Metodologías de alfabetización en América Latina. Mexiko-Stadt 1982

Roggenbruck, Stefan: Straßenkinder in Lateinamerika. Frankfurt/M. 1993

Schroeder, Joachim: Arbeit, Selbstbestimmung, Befreiung. Lateinamerikanische Gegenentwürfe zur europäischen Schule. Frankfurt/M. 1989

Schulze, Trudi/Schulze, Heinz (Hg.): Zukunftswerkstatt Kontinent. Volkserziehung in Lateinamerika. München etc. 1989

Sime, Luis: Los discursos de la Educación Popular. Lima 1991

Bernd Overwien

Konzepte beschäftigungsorientierter Bildung für Jugendliche im Umfeld der Educación Popular: zwei Beispiele aus Nicaragua

1 Vorbemerkungen

Immer mehr Menschen in den Ländern Lateinamerikas können ihr Überleben nur noch durch Arbeit im klein- und kleinstbetrieblichen Armutssektor der Wirtschaft sichern. Sie arbeiten in ungeschützten Beschäftigungsverhältnissen ohne soziale Absicherung und oft unter prekären Bedingungen. Diese Menschen haben vielfach nur einen sehr begrenzten Zugang zu formaler Bildung. Dennoch schaffen sie es, sich viele für ihre wirtschaftlichen Tätigkeiten notwendige Kompetenzen anzueignen. Zwar spielen dabei auch schulische Grundbildung (z.T. als Voraussetzung) und nonformale Bildungsangebote eine Rolle, also Kurse verschiedener Organisationen oder privatwirtschaftlich organisierter Anbieter. Zumeist jedoch sind die Menschen auf ihre eigene Initiative, Findigkeit und Beharrlichkeit angewiesen. Hierbei haben Formen informellen Lernens einen nicht zu unterschätzenden Stellenwert. Tätigkeitsbezogene Kompetenzen werden in weiten Bereichen des armutsnahen Wirtschaftssektors in Lateinamerika vor allem direkt in der betrieblichen Praxis erworben wie innerhalb einer informellen Lehre, in Anlernverhältnissen und jahrelanger beruflicher Praxis. Oft sind die angeeigneten Kompetenzen aber unzureichend: Produkte oder Dienstleistungen sind schlecht, die wirtschaftliche Entwicklung vieler Kleinunternehmerinnen und Kleinunternehmer und ihrer Beschäftigten stagniert und beeinflusst ihre Lebensperspektive insgesamt.

Die Mehrzahl der Menschen im Armutssektor der Dritten Welt, insbesondere Jugendliche, sind hauptsächlich aufgrund eingeschränkter Möglichkeiten primär auf ihr jeweiliges Lebens- und Arbeitsumfeld orientiert. Eine beschäftigungsorientierte Bildung muss an ihren konkreten und potenziellen Handlungsfeldern ansetzen (Lohmar-Kuhnle 1991, S. 73). Ein derartiger Ansatz muss die Potenziale der Menschen einerseits anerkennen und berücksichtigen und andererseits weiterentwickeln. Wichtig ist die Frage, wie eine beschäftigungsorientierte Bildung – eine Bildung, die nicht nur ‚Ausbildung' ist – als Ergänzung oder alternativer Zugang zu Grundbildung aussehen soll und wie damit einhergehend bei allen Schwierigkeiten eine ökonomische Perspektive für Jugendliche erarbeitet werden kann. Im Rahmen der Educación Popular und der Bewegungen arbeitender Kinder und Jugendlicher (siehe Liebel in diesem Band) wird schon eine Weile über die Schaffung einer derartigen Perspektive nachgedacht. Hier sollen zwei konkrete Ansätze aus Nicaragua vorgestellt werden.

2 Zum Umfeld in Nicaragua

Zur sozioökonomischen und kulturellen Lage des Landes ist erwähnenswert:[1] Das mittelamerikanische Land hat inzwischen etwa 5 Mio. Einwohner und die höchste Geburtenrate Lateinamerikas. 44% der Bevölkerung befinden sich in der Altersgruppe der bis zu 15jährigen. Gleichzeitig ist es das zweitärmste Land des Subkontinentes. Dies spiegelt sich auch in sehr schlechten Rahmenbedingungen für (schulische) Bildung wider (Hanemann 2001). In Nicaragua gibt es überdies kein geplantes, systematisch aufgebautes System beruflicher Bildung. Es existieren einige wenige praxisferne berufliche Sekundarschulen und eine nationale Berufsbildungsorganisation, die seit einigen Jahren versucht, ein modulares System beruflicher Bildung zu realisieren. Insgesamt wird davon nur ein kleiner Teil der Wirtschaft erreicht, der Armutsbereich nur wenig (Velten 1998, S. 45ff.).

3 Beschäftigungsorientierte Bildung und Educación Popular

Die im Folgenden skizzierten Projekte bewegen sich im Umfeld der Educación Popular. ‚Educación Popular' wurde oft mit ‚Volkserziehung' übersetzt. Heute wird zumeist der treffendere Begriff ‚Befreiungspädagogik' benutzt. Gemeint ist eine wesentlich von Paulo Freire geprägte Pädagogik, die inzwischen in vielen Ländern Lateinamerikas vor allem in der Erwachsenenbildung verbreitet ist. Theorie, Praxis, Handeln und Reflexion gehören eng zusammen. Das Umfeld pädagogischer Projekte wie z.B. die Verhältnisse eines Stadtteils und andere konkrete Bedingungen der Teilneh-

[1] Weiterführende Angaben: Krennich 1995, S. 208-242; neuere Zahlen: http://www.statistik-bund.de.

menden, werden in die Reflexion einbezogen. In vielen Ländern Lateinamerikas gibt es eine Bewegung arbeitender Kinder und Jugendlicher, die eng mit der Educación Popular verbunden ist. Die Jugendlichen der Projekte kommen zu einem großen Teil aus dieser Bewegung, die Motive für die Projekte wurzeln z.T. auch in der Frage, wie diese Pädagogik innerhalb einer ökonomischen Perspektive wirksam werden kann.

Liebel rekonstruiert in diesem Zusammenhang Educación Popular in Synthese mit straßenpädagogischen Ansätzen, als eine Pädagogik sozialer Bewegung. Die von ihm nachgezeichnete enge Verbindung herrschaftskritischer pädagogischer Ansätze mit alltagsorientierter, an Überlebensnotwendigkeiten der Menschen ansetzender Herangehensweise bricht sich besonders dann häufig an der Realität, wenn im Rahmen einer beschäftigungsorientierten Bildung mit durchaus Hierarchie gewohnten Kleinunternehmern kooperiert werden soll (Liebel 1994, S. 159ff.). Gleichwohl müssen solche Wege bei aller Widersprüchlichkeit gegangen werden, da es angesichts nicht nachlassender Armut auch für die Befreiungspädagogik mehr und mehr notwendig wird, Fragen der ökonomischen Zukunft der Teilnehmenden zu diskutieren.

3.1 Beispiel 1: Das Projekt der Nichtregierungsorganisation INPRUH ‚Promoción de Niños, Niñas y Adolescentes Trabajadores' in Estelí[2]

In zwei Städten Nicaraguas (Managua und Estelí) wird seit Jahren ein auf die informelle Lehre[3] bezogenes Modell praktiziert. Das hier skizzierte Projekt ist in der Stadt Estelí angesiedelt, die im näheren Umfeld etwa 100.000 Einwohner hat, wovon 53% jünger sind als 15 Jahre.

Die Ausbildung läuft in Gewerben wie Bau- oder Möbeltischlerei, Metall, Sattlerei oder der Haar- und Schönheitspflege. Im lokalen Rahmen werden jeweils Ausbildungsplätze in Kleinbetrieben gesucht, um entlang lokaler Strukturen auszubilden, im ökonomischen wie auch im sozialen Sinn. Die Adressaten sind arbeitende Kinder und Jugendliche, denen als Kompensation für Einkommen aus früheren Arbeiten auf der Straße ein kleines Stipendium gezahlt wird. Jugendliche, die nicht mehr auf der Straße arbeiten, die nicht mehr auf dem Markt verkaufen oder Schuhe putzen, brauchen ein Einkommen. Sie können es sich nicht leisten, in eine Ausbildung zu gehen, ohne dafür entlohnt zu werden. Im Gegensatz zu den anderen informellen

[2] Frei übersetzt: ‚Förderung von arbeitenden Kindern und Jugendlichen'; weitere Einzelheiten: Overwien 1999 a, b.

[3] Zur informellen Lehre vgl. Overwien 1999a.

Lehrlingen, die eingebunden sind in eine auch ökonomisch halbwegs funktionierende Familienstruktur, haben die Jugendlichen einen derartigen finanziellen Rückhalt zumeist nicht. Dieser liegt unter den Einkünften, die die Jugendlichen in der Regel auf der Straße erzielen konnten. Man muss allerdings sehen, dass sich die Situation der Jugendlichen im Rahmen der Ausbildung wesentlich verbessert hat. So arbeiten sie z.B. nur noch vier Stunden am Tag statt von sechs Uhr morgens bis fünf Uhr nachmittags. Sie arbeiten am Morgen oder am Nachmittag und können in der anderen Zeit zur Schule gehen. Sie sind außerdem nicht mehr den tätlichen Angriffen und Missbrauchserfahrungen auf der Straße ausgeliefert usw. Schon allein diese Änderungen in ihrer Lebensrealität wirken sich positiv auf ihre Selbsteinschätzung aus. Wichtig in diesem Zusammenhang ist auch die Arbeit als Einbindung in eine Gruppe und als gesellschaftliche Verortung.

Die jeweils fachbezogene Ausbildung in Kleinbetrieben wird einerseits durch sozialpädagogische Begleitung möglich gemacht, andererseits gibt es – zeitlich flexibel – Elemente nachholender Grundbildung in enger Zusammenarbeit mit örtlichen Schulen. Sozialpädagogische Bestandteile der Ausbildung dienen einerseits der notwendigen Betreuung der aus schwierigen Verhältnissen stammenden Jugendlichen und andererseits dienen sie als Brücke zwischen den oft relativ autoritären Betriebsbesitzern und den Jugendlichen (Overwien 2000a).

Die Mitarbeiter der Nichtregierungsorganisation handeln praktisch eher im Rahmen konventioneller sozialpädagogischer Praxis mit Elementen der Educación Popular und aus Empowerment-Ansätzen. Beides bezieht sich auf die Wahrnehmung bereits entwickelter Kompetenzen und die Stärkung der Jugendlichen, zielt also auf deren Persönlichkeitsentwicklung ab (Herriger 1997). Immerhin aber werden die Lern- und Empowermentprozesse aus der Bewegung arbeitender Kinder und Jugendlicher aufgenommen, aus der die meisten Teilnehmenden kommen. Mit großer Wahrscheinlichkeit sind sie sogar Voraussetzung für die erfolgreiche Ausbildung in den Kleinbetrieben. Ohne eine individuelle Stärkung der Jugendlichen innerhalb kollektiver Prozesse wäre eine Lehre in weitgehend hierarchisch strukturierten Betrieben für sie wohl kaum denkbar.

Die meisten Jugendlichen haben so viel schulische Grundbildung erwerben können, dass sie schreiben, lesen und rechnen können. In das Projekt ist keine Schule oder schulähnliche Einrichtung integriert, es wird eng mit Schulen zusammengearbeitet. Hierbei wird nur mit solchen Schulen kooperiert, deren Lehrerinnen und Lehrer einen ausreichenden Reflexionshintergrund über das Leben von Kindern und Jugendlichen auf der Straße mitbringen.

Grundsätzlich arbeitet das Projekt im Rahmen lokaler Strukturen. So entstand auch die Idee der Ausbildung in vorhandenen Werkstätten. Die Ausrichtung auf vorhandene Strukturen des Arbeitsmarktes ermöglicht die Identifizierung von lokalen Beschäftigungsmöglichkeiten für arbeitende Kinder und Jugendliche. Die Werkstätten in Estelí haben ein einfaches handwerkliches Niveau und arbeiten zumeist für den lokalen Markt. Sie sind relativ klein und haben kaum mehr als drei bis fünf Beschäftigte.

Das Ergebnis

1998 befinden sich 44 Jugendliche in der Ausbildung, die zwischen einem Jahr und 18 Monaten dauert. Gearbeitet wird von Montag bis Freitag vier Stunden täglich in der Werkstatt. An jedem Samstag gibt es Evaluierungs- und Planungsversammlungen. Die Mehrzahl geht außerdem auch noch zur Schule, nur einige wenige, die acht Stunden täglich arbeiten, können dies nicht. Dies sind dann Jugendliche, die 17 oder 18 Jahre alt sind. Im Rahmen des Stipendiumprogrammes gibt es, von Anfangsproblemen abgesehen, bisher keine Fluktuation. Zuweilen allerdings sind die Jugendlichen in Familienaktivitäten eingebunden, z.B. während der Zeit der Kaffee-Ernte. Sie kommen aber zurück ins Projekt. Von 124 Ausgebildeten haben 22 inzwischen einen mehr oder weniger festen Arbeitsplatz im erlernten Gewerbe finden können (20%). Fast alle fanden eine Beschäftigung, wenn auch mehrheitlich nicht im erlernten Gewerbe. Dies verleitet zu der Annahme, dass möglicherweise die persönlich stabilisierenden Anteile der Ausbildung, verbunden mit der Marktnähe wichtiger sind, als eine Ausrichtung auf Gewerke, die in sich ökonomisch zumeist sowieso instabil sind. Zwei der Jugendlichen kehrten zurück auf die Straße. Die insgesamt relativ geringe Desertionsrate ist sicher auch mit dem im pädagogischen Verständnis des Projektes angelegten positiven Bild der Jugendlichen in Verbindung zu bringen.

3.2 Beispiel 2: Barrio 19. de Julio Managua: Das Centro Juvenil de Convivencia y Capacitación (CJCC)[4]

Innerhalb des CJCC sind die Ausbildungswerkstätten nur ein Teil der Aktivitäten. Das CJCC ist vielmehr ein Ausbildungs- und Kulturzentrum innerhalb des Barrios 19. Julio, einem Armutsviertel, das auf den Trümmern des großen Erdbebens von 1972 entstanden ist. Insgesamt kann von drei Säulen

[4] Frei übersetzt: ‚Jugendzentrum für gemeinschaftliches Leben und Ausbildung'; weitere Einzelheiten: Overwien 2000b.

der Arbeit des Zentrums gesprochen werden: Die Stadtteilschule, die freiwillige pädagogische Arbeit im Stadtteil (EPV) und die Ausbildungswerkstätten. Dazu und teils damit verbunden kommen eine Reihe von kulturellen Aktivitäten wie Tanz, Theater usw. Das Zentrum ist direkt aus der Initiative einer Gruppe von Eltern und Nachbarn aus dem Barrio 19. Juli hervorgegangen, die heute im Rahmen eines Vereins für die Trägerschaft sorgt. Ein wesentlicher Grundsatz der Arbeit betrifft die Partizipation der Jugendlichen an allen Entscheidungen des Zentrums. Die vielfach aus der Bewegung arbeitender Kinder und Jugendlicher kommenden Jugendlichen sollen ihre Erfahrungen und Ideen über eine eigens geschaffene Vertretungsstruktur einbringen, die allerdings leider nicht immer funktioniert.

Es war von vornherein beabsichtigt, außerschulische Lernprozesse vom Stigma geringerer Bedeutung zu befreien und Lerninstitutionen stärker als bisher für Adressatengruppen im Stadtteil zu öffnen sowie deren Arbeits- und Lebenssituation verstärkt zu berücksichtigen. In diesem Sinne sollten zwischen Schule und Werkstätten Brücken gebaut werden.

Ansatz der Ausbildung

Innerhalb der Werkstätten des CJCC findet eine Handlungsfeld bezogene beschäftigungsorientierte Bildung statt. Daran haben bis 1998 62 Jugendliche mit Erfolg teilgenommen, sie arbeiten in Kleinbetrieben. 1998 waren es 100 Kursteilnehmerinnen und -teilnehmer, die inzwischen überwiegend Arbeit gefunden haben. Eine begleitete informelle Lehre hat sich hier als Konzept nicht durchsetzen können, auch weil die Betriebe der beteiligten KleinunternehmerInnen eher Kleinstbetriebe, mit einem bis drei Beschäftigten sind. Auch die Integration von für Mädchen geeigneten Ausbildungsgängen spielt dabei eine Rolle. Bei der Werkstattausbildung mit pädagogischer Begleitung und geplanten ‚Satelliten‘ handelt es sich hier um ein stadtteilbezogenes Ausbildungskonzept, für das es bisher kaum vergleichbare Beispiele gibt. Angestrebt wurde von Anfang an eine enge Verknüpfung von Ausbildung, Produktion und Vermarktung. Schon von Beginn an sollen Produkte bzw. Dienstleistungen erstellt werden, die im besten Falle verkaufbar sein sollen. Dies funktioniert in den jeweiligen Teilwerkstätten mehr oder weniger gut, wobei allerdings der Faktor Zeit bei der Herstellung naturgemäß noch keine entscheidende Rolle spielen kann. Geplant, aber bis heute nicht realisiert sind marktnähere ‚Satelliten‘.

Daten zur Entwicklung des Zentrums	
Seit 1990/1991:	Entwicklung des Trägervereins aus Movimiento Comunal; Orientierung auf Bedürfnisse im Barrio.
1990:	Gründung einer Schule (Konzeption für arbeitende Kinder) und Kulturarbeit, Kurse zur eigenen Weiterbildung; Methoden der Educación Popular.
Ab ca. 1991:	Teilnahme an Kinder- und Jugendbewegung; Aktionen im Barrio.
1992:	Gründung einer zweiten Schule (zunächst kein Gebäude).
1992:	Besetzung eines Grundstückes bis hin zur Legalisierung, Bau eines Schulgebäudes/Casa Comunal.
1992:	Untersuchung im Barrio zum Kompetenzerwerb der KleinstunternehmerInnen.
1992/93:	Diskussion über Ausbildungs- und Beschäftigungsperspektiven der Kinder/Jugendlichen nach der Schule.
1993:	Initiative Ausbildungskurse von KleinstunternehmerInnen für Jugendliche (Kinder), zunächst in eigenen Werkstätten, Privathäusern und -höfen.
1995:	Bau eines Werkstattgebäudes für die Ausbildung.
Seit 1996:	Kurse im Werkstattgebäude zunächst für sieben Tätigkeitsbereiche...
seit 1997:	...neun Tätigkeitsbereiche, zunächst zwei Stunden täglich für zwei Jahre.

Für die Kurse des CJCC wird mittels Handzettel und über Empfehlungen der bisher dort Ausgebildeten im Barrio 19. Juli geworben. Die schulischen Voraussetzungen der sich einschreibenden Jugendlichen werden dabei abhängig vom Arbeitsfeld unterschiedlich gewichtet. Die dabei vorausgesetzte absolvierte Schulausbildungsdauer liegt zwischen vier und sechs Jahren. Diese insgesamt *nicht* niedrige Eingangsvoraussetzung ergibt sich aus den Notwendigkeiten in den jeweiligen Tätigkeitsfeldern (z.B. mit Maßen umgehen, Rechnen etc.). Die 1998/1999 ausgebildeten Jugendlichen sind zwischen 12 und 19 Jahre alt.

Die Arbeitsfelder wurden auf Wunsch der im Trägerverein zusammen geschlossenen Stadtteilbewohner gefunden. Man kann sie wie folgt übersetzen: Zeichnen und (Schilder-)Malerei, Schreibmaschine schreiben, Tischlerei, Herrenschneiderei, Damenschneiderei, Lederbearbeitung/Kunsthandwerk, Haar- und Schönheitspflege, Betrieb eines Restaurants, Siebdruck.

Das Ergebnis: Messkriterien des Erfolgs

Da bei der Frage nach Erfolg vor allem Beschäftigungsaspekte im weitesten Sinne eine Rolle spielen, muss dieser gemessen werden. Kriterium ist, ob die Jugendlichen in die Lage versetzt werden konnten, ihre Subsistenz und die ihrer Familie besser zu sichern. Das Maß dafür ist nicht allein Beschäftigung im Sinne eines Arbeitsplatzes in formellen bzw. informellen Betrieben. Es war auch wichtig zu erfahren, inwieweit Tätigkeiten im Familienbereich ausgeübt werden oder über Gelegenheitsarbeiten außerhalb der familiären Sphäre ein Beitrag zur Subsistenzsicherung geleistet wurde.

Als wichtigstes Ergebnis kann zusammenfassend festgestellt werden, dass die Ausbildung bereits bis heute einer nicht kleinen Zahl von Jugendlichen gelegentliche oder dauerhafte Beschäftigung gebracht hat. Die in den erfolgreicheren Tätigkeitsfeldern direkt oder indirekt zu erzielenden Einkünfte werden im Vergleich mit denen aus bisherigen Tätigkeiten höher eingeschätzt. Da dies allerdings nicht für alle Tätigkeitsbereiche gleichermaßen gilt, wurden vor Ort Änderungen des Ausbildungskonzeptes vorgeschlagen. Noch zu wenig entwickelt wurden darüber hinaus bisher kollektive Ansätze einer Produktion nach der Ausbildung.

Probleme: Fluktuation und räumliche Beschränkung

Ein großes Problem ist nach wie vor die Fluktuation und die weitgehend aus den Lebensbedingungen der Jugendlichen resultierende Abwesenheit während der Ausbildungszeit. Einerseits beeinträchtigt dieses Problem die Durchführung der Ausbildung, andererseits verringert es die Ausnutzung der vorhandenen Kapazitäten. Die schwierige wirtschaftliche Lage der Familien fördert Abwesenheit vom Kurs bzw. führt zum Abbruch der Ausbildung. So wird seitens der Familien häufiger Druck auf die Kinder/Jugendlichen ausgeübt, mehr zu arbeiten. Der Sinn der Ausbildung ist für die Eltern und das jeweilige soziale Umfeld nicht evident, da berufliche Ausbildung in Nicaragua außerhalb informeller Lehrverhältnisse keine Tradition hat. Nur wenigen ist die aus der Ausbildung erwachsende Perspektive bewusst. In der Praxis ist es dann so, dass Mädchen beispielsweise auf Geschwister aufpassen, während die Eltern Überlebensaktivitäten nachgehen. Jungen müssen beim Verkauf helfen usw. Häufig bleibt keine Zeit für die Ausbildung. Daher wurde und wird immer wieder überlegt, möglichst schnell verkaufbare Produkte oder Dienstleistungen zu erstellen.

Strukturelle Probleme ergeben sich aus der engen räumlichen Verflechtung von Stadtteilschule und Werkstätten. Die Schule hat eine grundsätzlich andere Struktur. Zumindest oberflächlich sind eine hohe Raumauslastung und ein funktionierender Betrieb sichtbar. Dies ist bei den Werkstätten, die ja schon vom Konzept her nur insgesamt vier Stunden am Tag von Jugendlichen genutzt werden, zumindest sichtbar nicht der Fall. Daraus ergibt sich das Problem, dass neben einer grundsätzlich vorhandenen Skepsis gegenüber beruflicher Bildung das Vorurteil existiert, in den Werkstätten werde nicht richtig gearbeitet. Dies führt zu einer insgesamt nicht konstruktiven Atmosphäre, die sich auf die Arbeit der Koordination der Werkstätten auswirkt.

4 Gesamteinschätzung

Die trotz aller Probleme insgesamt relativ gute Beschäftigungsquote der Absolventinnen und Absolventen zeigt, dass der Ansatz mit aktiven KleinstunternehmerInnen zu arbeiten, insgesamt gut ist. Grenzen zeigen sich allerdings bei der internen Organisation der Kurse und bei der Anbindung an die Produktion außerhalb althergebrachter Wege. Überlegt werden sollte zumindest im Rahmen komplexerer Ausbildungsgänge wie z.B. Carpinteria, ob nicht eine Ausbildung in existierenden Werkstätten außerhalb des Zentrums stattfinden sollte, die sowohl sozialpädagogisch als auch mit praxisnaher Theorie von Seiten des Zentrums begleitet wird.

Trotz aller Probleme ist es bis 1998/99 gelungen, einem wesentlichen Teil der ausgebildeten Jugendlichen Kompetenzen zu vermitteln, die es ihnen ermöglichen – verglichen mit der Zeit vor der Ausbildung – durch feste Lohnarbeitsverhältnisse und Gelegenheitsarbeiten einen verbesserten Beitrag zur Subsistenzsicherung zu leisten. Mittels der im Folgenden empfohlenen Änderungen des Konzeptes wird sich dieser Anteil voraussichtlich spürbar erhöhen. Vor allem kommt es darauf an, in Zukunft auch die Produktion im Rahmen des CJCC verstärkt zu fördern, um Kompetenzen in einem Bereich zu vermitteln, der bisher eher vernachlässigt wird: im Bereich der kollektiven, arbeitsteiligen Produktion. Nur so können Kompetenzen erworben werden, die auch in produktionsnahen Kursen kaum zu vermitteln sind. Es geht hier vor allem um die Organisation der Produktion, aber auch um noch zu wenig vermittelte auf den Markt gerichtete Kompetenzen. Es entsteht der Eindruck, dass die als Ausbilder arbeitenden Kleinstunternehmer z.T. ihre Produktion in der eigenen Werkstatt und die Ausbildung zu sehr als getrennte Prozesse betrachten. Ökonomisch kompetente Beratung von außen könnte bei der Verknüpfung der Bereiche und somit einer Effektivierung der Ausbildung in dieser Hinsicht hilfreich sein. Besonders in den komplexeren Tätigkeitsfeldern muss darüber hinaus in Zukunft noch stärker als bisher auch mit produzierenden Werkstätten im Barrio zusammengearbeitet werden.

Leider befindet sich das Projekt seit fast zwei Jahren in einer schweren Krise, die auf Probleme innerhalb des Trägervereins zurückgehen und auch mit Interventionen der deutschen finanzierenden Organisation zu tun haben. Deshalb kann momentan nur ein kleinerer Teil der Aktivitäten realisiert werden. An Lösungen wird zurzeit gearbeitet.

5 Zusammenfassung

Insgesamt ist nochmals zu betonen, dass informelles Lernen in beschäftigungsorientierte Bildungsansätze stärker als bisher integriert werden muss. Gleichzeitig sollte gerade innerhalb der Educación Popular verstärkt über eine Integration beschäftigungsorientierter Bildung nachgedacht werden. Die hier vorgestellten Überlegungen können Anhaltspunkte für eine solche Debatte sein. Im Konzept Armutsbekämpfung des Bundesministeriums für Wirtschaftliche Zusammenarbeit und Entwicklung spielen Möglichkeiten aus dem Bereich der Bildungszusammenarbeit kaum eine Rolle. Die hier vorgestellten Ansätze zeigen, dass beschäftigungsorientierte Bildung mit emanzipatorischem Konzept und Armutsbekämpfung zusammengehören.

Literatur

Hanemann, Ulrike: Educación popular im sandinistischen Nicaragua. Erfahrungen mit der Bildungsreform im Grundbildungsbereich von 1979 bis 1990. Hamburg 2001

Herriger, Norbert: Empowerment in der sozialen Arbeit. Stuttgart etc. 1997 (Neuauflage 2001)

Karcher, Wolfgang/Overwien, Bernd: Bedeutung von Schlüsselkompetenzen im städtischen informellen Sektor und Bedingungen für deren Erwerb. In: Overwien, Bernd; Lohrenscheit, Claudia; Specht, Gunnar: Arbeiten und Lernen in der Marginalität. Pädagogische Ansätze im Spannungsfeld zwischen Kompetenzerwerb und Überlebenssicherung im informellen Sektor. Frankfurt/M. 1999, S. 29-49

Krennich, Michael: Nicaragua. In: Nohlen, Dieter/Nuscheler, Franz (Hg.): Handbuch der Dritten Welt. Bonn 1995[3] (Band 3: Mittelamerika und Karibik), S. 208-242; neuere Zahlen: http://www.statistik-bund.de

Liebel, Manfred: Wir sind die Gegenwart. Frankfurt/M. 1994

Lohmar-Kuhnle, Cornelia: Konzepte zur beschäftigungsorientierten Aus- und Fortbildung von Zielgruppen aus dem informellen Sektor. Forschungsberichte des Bundesministeriums für wirtschaftliche Zusammenarbeit. Köln 1991 (Bd. 100)

Overwien, Bernd: Außerhalb europäischer Wahrnehmung: Traditionelles berufliches Lernen in Afrika und die informelle Lehre in Lateinamerika. In: Overwien, Bernd/ Lohrenscheit, Claudia/Specht, Gunnar (Hg.): Arbeiten und Lernen in der Marginalität. Frankfurt/M. 1999a, S. 163-176

Overwien, Bernd: Informelles Lernen, soziale Bewegungen und Kompetenzerwerb für eine selbstbestimmte Arbeits- und Lebenspraxis. In: Liebel, Manfred/Overwien, Bernd/Recknagel, Albert (Hg.): Was Kinder könn(t)en. Handlungsperspektiven von und mit arbeitenden Kindern. Frankfurt/M. 1999b, S. 149-172

Overwien, Bernd: Befreiungspädagogik und informelles Lernen – eine Verbindung für globales Lernen? In: Scheunpflug, Annette/Hirsch, Klaus (Hg.): Globalisierung als Herausforderung für die Pädagogik. Frankfurt/M. 2000a, S. 137-155

Overwien, Bernd: Informal Learning and the Role of Social Movements. In: International Review of Education, 46(2000b)6, S. 621-640

Rudolph, Hans-Heiner: Jetzt reden wir! Jugend, lebensweltbezogene Bildung und Gemeindeentwicklung in Lateinamerika. Frankfurt/M. 1997

Velten, Michael: Investitionen in Humankapital am Beispiel von Kleinunternehmen des Metallsektors in Nicaragua. Freiburg: Dissertation 1998

Joachim Dabisch

Paulo Freire

1 Freires Bild vom Menschen

Es ist der Wesensart Paulo Freires zuzuschreiben, dass er nie ein großes Aufheben um seine Person gemacht hat. Er fühlte sich als Übermittler grundlegender Gedanken über gesellschaftliche Beziehungen, die so umfassend und radikal im Bereich von Bildung und Erziehung noch niemals geäußert worden waren. Sein Code wurde verstanden; denn er gab den Menschen ihre eigentliche Würde zurück. Gelernt hatte er von den einfachen Menschen seiner Heimat Brasilien, den Arbeitern, Bauern und Fischern, mit einer Intensität, die ihn in Wahlverwandtschaft zu Antonio Gramsci brachte, jenem intellektuellen Denker der ‚Quaderni del carcere', der Gefängnishefte, und Begründer der Kommunistischen Partei Italiens, der der Kälte seiner Zeit trotzte.

Paulo Freire hat sie entdeckt, gelesen und ‚neu erfunden': Karl Marx und Jesus, Herbert Marcuse und Erich Fromm, Che Guevara und Camillo Torres, Friedrich Hegel und Georg Lukács und andere mehr. Er hat eine philosophische Reise durch mehr als zwei Jahrhunderte Geistesgeschichte unternommen und ist mit Blick auf die ihn interessierenden Menschen durch sein soziales Engagement erst in seiner Straße in Recife, dann im ganzen Stadtviertel, danach im Staat Pernambuco, in ganz Brasilien und auf dem gesamten Subkontinent, später überall in der Welt bekannt geworden.

Er vermittelte den Menschen, mit denen er lebte, arbeitete und lernte, dass sie die eigentlichen Schöpfer der Kultur, des gemeinschaftlichen Glücks und des gesellschaftlichen Reichtums seien. Die christliche Maxime der

Nächstenliebe wurde von Paulo Freire in intensiver und glaubwürdiger Art vorgelebt, so dass er von den Begründern der lateinamerikanischen Befreiungskirche als Theologe und Vorbild gelesen und verstanden wurde.

'Welch eine lächerliche Methode hat er erschaffen, kann er überhaupt selber lesen?' So und ähnlich diffamierten ihn die Schergen der brasilianischen Militärjunta nach Paulo Freires eigenem Bekunden. Er, der den Menschen Brasiliens eine Methode vermittelt hatte, mit der innerhalb von 30 Unterrichtsstunden die Fähigkeit zum Lesen und Schreiben entwickelt wurde, musste nach dem Staatsstreich 1964 dafür ins Gefängnis! Ein stärkeres Zeichen der Unterdrückung hätte nicht gesetzt werden können.

2 Freires Pädagogik

Paulo Freires Pädagogik wurde modellhaft für alle Bemühungen auf der Erde, gesellschaftliche und soziale Benachteiligungen aufzuheben. Der starke moralische wie aufklärerische Anspruch der Befreiungspädagogik ließ eine Symbiose mit zahlreichen Denkrichtungen und Geisteshaltungen zu. Paulo Freire hat oft davon gesprochen, wie die jeweils Herrschenden die Manipulierbarkeit der Unterdrückten nutzen und mit Anordnungen oder in Form von Kommuniqués bestimmen. Im Interesse der Herrschenden findet Kommunikation nur hierarchisch statt und erfüllt überwiegend den Zweck des Herausstellens von Machtpositionen. Für Freire ist dies das Gegenteil einer dialogischen Kommunikation: der Anti-Dialog. Die Herrschenden betonen ihren Besitzanspruch, ihre Kommandogewalt, ihre Sprachbeherrschung, ihre Kenntnis der Konventionen und Ausdrucksweisen. Zentrale Bedeutung in ihrem Herrschaftsgefüge haben Besitz und Geltung. Der Besitz drückt sich in ihrem finanziellen Vermögen aus, ihre Geltung definiert sich über Bildung. Abweichendes Verhalten oder unpassende Ausdrucksweisen werden von ihnen als jeweils persönliche Defizite herausgestellt und aus ihrem gesellschaftlichen Zusammenhang gelöst.

Paulo Freire	
19.9.1921:	Geburt in Recife (Nordostbrasilien).
1928:	Übersiedlung der Familie Freire nach Jaboatao aus wirtschaftlicher Not.
1929-1933:	Armut und Hunger der Familie; Erkrankung Freires an Tuberkulose; aufgrund dieser Erfahrung Ablegung eines Gelübdes als elfjähriges Kind, sein Leben dem Kampf gegen Hunger und Elend zu widmen.
1944:	Nach Jurastudium und kurzer Praxis in einer Anwaltskanzlei, Heirat mit der Grundschullehrerin Elza Maria Oliviera.
1946-1956:	Lehrer (ab 1954 Direktor) in der Abteilung für Erziehung und Kultur beim SESI (Servico Social da Industria) in Pernambuco; Entwicklung der neuen Alphabetisierungsmethode.
1956-1964:	Verleihung des Titels Dr. h.c. durch die Universität Recife (1959); Prof. für Geschichte und Philosophie der Erziehung an derselben Universität; Erprobung seiner Methode mit Hilfe der StudentInnen; groß angelegte Alphabetisierungskampagnen und -kurse nach Freire'schen Methoden (1962-64) auf Anordnung von Präsident Goulart.
1964:	Militärputsch in Brasilien, Verhaftung Freires wegen ‚subversiver' Tätigkeit; auf internationalen Druck nach 70 Tagen Abschiebung nach Bolivien.
1964-1971:	Tätigkeit als Berater des chilenischen Erziehungsministeriums (UNESCO), Gastprofessur an der Harvard Universität und Vortragsredner in Mexiko, Indien und Europa; tiefe Beeinflussung der lateinamerikanischen Befreiungstheologie.
1971-1980:	Sonderbeauftragter für Bildungsfragen beim Ökumenischen Rat der Kirchen in Genf; Mitbegründer der Partido dos Trabalhadores (PT) im Exil; Berater der in die Unabhängigkeit entlassenen ehemaligen portugiesischen Kolonien in Afrika.
1980-1988:	Rückkehr nach Brasilien; Vortragsreise durch das ganze Land; Professur für Erziehung an der Universität Campinas und an der Kath. Universität von São Paulo (PUC).
1988-1991:	Secretario Municipal de Educação in São Paolo (Staatssekretär für Erziehung und Bildung in der Metropole; zuständig für Lehrpläne und -methoden und den Wiederaufbau der Schulen).
1991-1997:	Freiwillige Beratertätigkeit für Erziehung und Bildung des Volkes; zahlreiche internationale Ehrungen.
1997:	Ehrendoktorwürde der Carl von Ossietzky-Universität Oldenburg.
2.5.1997	Tod in São Paulo.

3 Der Dialog als Prinzip

Dialogisches Leben fördert die Suche nach gemeinsamen Lösungsstrategien, beinhaltet Selbstreflexion und kritische Analyse. Im Zusammenhang zwischen Bewusstseinsbildung und politisch handelnder Aktion ist dialogisches Verhalten ein notwendiges Bindeglied, wobei Praxis und Dialog für Freire weitgehend identisch sind. Wenn man die Menschen von der Praxis und von der Veränderung der Welt ausschlösse, so würde man sie auch aus der zwischenmenschlichen Kommunikation ausschließen. Wenn man ihnen den Dialog verweigert, wenn man sie zum Schweigen verurteilt, werden sie an ihrem eigenen Handeln, ihrem eigentlichen Menschsein gehindert. Somit gehört das dialogische Verhalten des Menschen zu seinem ursprünglichen Wesen und ist nicht nur auf den Menschen selbst bezogen, sondern auf die gesamte Welt ausgerichtet.

Weil die Sprache dem Menschen ermöglicht, die Welt zu benennen und zu gestalten, kommt ihr eine zentrale Bedeutung zu. Sie ist mehr als ein Mittel zur Verständigung, vielmehr ermöglicht sie erst eine Verbindung zwischen Reflexion und kultureller Aktion zur Veränderung der menschlichen Umwelt. Die bewusste Reflexion der Lebenswelt bedingt somit Handlungen zur Veränderung unterdrückerischer Zustände in der menschlichen Gesellschaft: „Es gibt kein wirkliches Wort, das nicht gleichzeitig Praxis wäre. Ein wirkliches Wort sagen heißt daher, die Welt verändern“ (Freire 1973, S. 71).

Dialog beinhaltet ein hohes Maß an Vertrauen in die Umwelt. Dialogisches Verhalten setzt die Subjektwerdung des Menschen voraus. Es beinhaltet die Fähigkeit zur Kompromissbildung und auch die Schwierigkeit, Kritik und unbequeme Fragestellungen auszuhalten. Dialog bedeutet die solidarische Begegnung aller Beteiligten, um die Humanisierung der Welt als menschliche Aufgabe zu definieren: „Die, denen das Grundrecht verweigert wurde, ihr Wort zu sagen, müssen dieses Recht zunächst wiedergewinnen und die Fortsetzung dieses entmenschlichenden Übergriffs verhindern“ (ebd., S. 72). Diese Kultur des Schweigens kann nur durch dialogisches Handeln aufgebrochen werden. Dialog zielt auf die Durchdringung der Wirklichkeit, der Entschleierung ihrer Mythen und die Veränderung unterdrückerischer Zustände.

Die Dimensionen der Kultur des Schweigens reichen bis tief in das persönliche Umfeld, es sind Situationen in Ausbildung, Beruf, Familie, sozialer Gruppe, auf Reisen und in der Nachbarschaft. Je mehr gesamtgesellschaftliche Zusammenhänge verloren gehen, desto stärker wird die Bedeutung des Dialogs als Grundlage befreiender Handlungen. Die Theoreme der Pädagogik Freires betreffen vor allen Dingen die politischen Zusammenhänge vor Ort. Ausgangspunkt für dialogische Bildungsarbeit ist das reale Umfeld, mit der es ein Einzelner oder eine Gruppe zu tun hat. Dialog im Bildungsprozess beinhaltet deshalb immer die Berücksichtigung der Lernenden, ihre Einstellungen, ihr Alltagsbewusstsein, ihr thematisches Universum. Nicht vorgegebene Curricula und erwartete Lernergebnisse sind Inhalte eines dialogischen Bildungsprozesses, sondern die generativer Themen der Teilnehmerinnen und Teilnehmer. Dazu bedarf es verstärkt der Moderation und Koordination, damit das Vertrauen in die eigenen Stärken der jeweiligen Schüler oder Studenten geweckt wird.

Der dialogische Lernprozess vermittelt die Reflexion der eigenen Erkenntnis, des Wissens und Handelns und führt so zu selbständigem und selbstbewusstem Lernen. Probleme und Widersprüche, Brüche und Differenzen sind Bestandteile des gesellschaftlichen Lebens und Gegenstand dialogischer Erörterung. Befreiende Pädagogik begreift sich als Reflexions- und Handlungsfeld zur Erweiterung persönlicher Kompetenzen in situativen Gegebenheiten. Die Anwendung der von Freire als problemorientiertes Vorgehen bezeichneten Methode bedeutet, dass der Lehrer zum Lehrerschüler wird. Ebenso verliert der Schüler seine Rolle als Schüler und wird zum Schülerlehrer. Dieser neue wechselseitige pädagogische Bezug überwindet die unpolitisch-individualistische Begrenzung herkömmlicher Lernprozesse.

4 Freires Vorstellung von Wissen und Lernen

Dem Wissensbegriff wird hiermit eine situationsbezogene Dimension hinzugefügt. Auch Unterrichtsabläufe werden in ihrer sterilen Vorausplanbarkeit hinfällig, weil herkömmliches Unterrichten die Lebens- und Handlungsmöglichkeiten der am Bildungsprozess Beteiligten verengt. Das Neubedenken von Bildungsinstitutionen ist ein konstitutives Element der Pädagogik Paulo Freires. Seine Grundaussage ist, dass zum subjektiven Wesen des Menschen die kritische Betrachtung der Wirklichkeit, das Erkennen der Widersprüche und die Möglichkeit des verändernden Handelns gehören. Damit bleiben die Lernprozesse grundsätzlich offen und führen weder zu endgültigen, nicht mehr hinterfragbaren Ergebnissen noch zu grundsätzlichen Wahrheiten, sondern begründen Einstellungen und einzelne Wissenselemente der Lernenden. Sie führen weiterhin zu Handlungskompetenzen für kulturelle Aktionen, deren Voraussetzung dialogische Kommunikationsprozesse sind. Und schließlich beinhaltet das Neubedenken eine kritische Bewusstwerdung gesellschaftlicher Zusammenhänge, der Stellung des Einzelnen zur Gemeinschaft und der jeweils individuellen Situation.

Lernen ist für Freire Erkenntnisakt in einer Wechselbeziehung des Einzelnen zwischen der Reflexion auf die Welt und einer Rückbesinnung auf sich selbst. Zweifellos übt der Erkenntnisgegenstand einen starken Impuls auf die Lernenden aus, soweit er zur erfahrbaren Umwelt gehört. Die weitere Motivation entsteht im dialogischen Prozess dermaßen, dass die beteiligten Schüler oder Studenten zu kritischen Mitforschern werden. Hierin gipfelt die Forderung Freires nach einem politischen Unterricht. Die Offensichtlichkeit der Notwendigkeit der Veränderung des Bildungs- und Erziehungswesens führt dennoch zu der Schwierigkeit, gerade hiermit zu beginnen. Für Freire ist es wichtig, dass die Beteiligten die Grenzen ihrer Möglichkeiten erkennen und akzeptieren. So kann verhindert werden, dass bei allem Enthusiasmus überzogene Vorstellungen in Pessimismus umschlagen oder sich zu einem zynischen Opportunismus wandeln: „In der Geschichte handelt man danach, was historisch möglich ist und nicht danach, wonach einem selbst der Sinn steht" (Freire 1981, S. 85). Bildung und Erziehung bedürfen immer einer politischen Antwort, weil sie nicht unpolitisch bleiben können. Entweder vermittelt der Lernprozess gesellschaftlich dominante Werte und Einstellungen, dann ist er konservativ, oder er arbeitet problemorientiert und situativ, dann regt er zur Veränderung an.

In einer Situation, in der das Bildungswesen tendenziell ineffektiv wird, weil es sich zu sehr mit sich selbst beschäftigt und nicht auf künftige Lebenssituationen der Schülerinnen und Schüler vorbereitet, kommt der dialogischen Pädagogik eine zunehmende Bedeutung zu.

Die Hektik, mit der Politik, Bildungsbürokratie und Öffentlichkeit auf die Ergebnisse der PISA-Studie reagiert haben, zeugt von kommunikativen Defiziten bei der Bewältigung einer Krisensituation. Paulo Freires Bedeutung für das Erziehungswesen in der Dritten Welt liegt darin, methodisch mit minimalen Kosten eine fundierte Grundbildung zu vermitteln. Seine Bedeutung für die Industrieländer besteht hingegen darin, die Bildungsstrukturen erst wieder deutlich werden zu lassen. Nirgendwo anders als in der Bildungspolitik wird mit geringerem Effekt darüber gestritten, welcher Weg denn nun der ‚richtigere' sei: Ganztagsschule oder Halbtagsschule,

Dreigliedrigkeit oder Gesamtschule, Zentralabitur oder Schulprüfungen, offener oder lernzielorientierter Unterricht. Je mehr darüber diskutiert wird, welche Form für die Schulen demokratisch, justiziabel oder transparent genug sei, desto weiter entfernt sich das Curriculum von der gesellschaftlichen Wirklichkeit und von den Lebenszielen der jungen Menschen. Hier ist es die Aufgabe dialogischer Pädagogik, den Diskurs wiederherzustellen.

5 Freires Rezeption in Deutschland

Paulo Freires Buch ‚Pädagogik der Unterdrückten' erschien in einer unruhigen Zeit des Aufbruchs der Studentenbewegung. Die von Max Horkheimer und Theodor Adorno entwickelte Kritische Theorie der Frankfurter Schule wurde zum zentralen Ausgangspunkt aller politischen Diskussionen jener Zeit. Auch Herbert Marcuse gab mit seinem Buch ‚Der eindimensionale Mensch' wichtige Signale. Die Väter der seit 1968 revoltierenden Studentinnen und Studenten waren Kriegsteilnehmer und auch zu einem großen Teil Mitläufer des Naziregimes. Die ersten Nachkriegsregierungen in der Bundesrepublik Deutschland hatten die Hoffnung auf ein freies und demokratisches Deutschland nur in Ansätzen verwirklicht. In vielen Bereichen waren autoritäre Strukturen restauriert worden und hatten sich verfestigt. Als mit Hans Georg Kiesinger gar ein ehemaliger Nazi Bundeskanzler wurde, war bei dem politisch denkenden Teil der Jugend der Glaube an die Selbstheilungskräfte der noch jungen Demokratie verloren. In Scharen schlossen sich die jungen Menschen der Antiautoritären Bewegung an, deren Speerspitze der Sozialistische Deutsche Studentenbund (SDS) war.

Zu dieser Zeit hatte die deutschsprachige Pädagogik kaum Erziehungswissenschaftler hervorgebracht, die das innere Aufbäumen der jungen Menschen gegen die damaligen Zustände begleiteten. Das Schlagwort ‚Unter den Talaren Muff von tausend Jahren' zeigte die damalige Geisteshaltung der Universitäten auf. Es bezog sich auf die völlig verkrusteten Verhältnisse an den Instituten, bei denen das veraltete Erscheinungsbild der Professoren Symbolcharakter bekam. Auch die Erziehungswissenschaft war nicht frei von diesen vordemokratischen Zuständen.

Deutschland begann in jenen Jahren mit einer großen Bildungsreform. Das Bildungswesen sollte dermaßen umgestaltet werden, dass jeder Schülerin und jedem Schüler eine gleiche Chance auf einen qualitativ guten Bildungsabschluss ermöglicht werden sollte. Die Umgestaltung des Curriculums zu größerer Chancengleichheit, verstärkten Mitspracherechten und emanzipatorischen Inhalten wurde in Gang gesetzt. Gerade auch Paulo Freires Schriften wurden bei diesen Diskussionen erörtert und die Argumentationen teilweise mit aufgenommen.

An den Hochschulen vertieften sich die Diskussionen darüber, wie ein demokratisches Erziehungswesen beschaffen sein müsste, das möglichst viele emanzipatorische Elemente beinhalten sollte. Da das sozialistische Schulwesen in Osteuropa eher autoritäre Elemente enthielt, fragten die Studierenden bei den Sozialrevolutionären und Sozialreformern der Dritten Welt an. Für die angehenden Pädagoginnen und Pädagogen erschien deshalb Paulo Freires Buch mit dem Titel ‚Pädagogik der Unterdrückten' als der Schlüssel für eine kritische Sicht der Welt, worin der Verfasser nicht bei der Analyse der Verhältnisse stehen blieb, sondern gleichzeitig eine (pädagogische) Anleitung zur Veränderung dieser Welt gab.

Paulo Freires Pädagogik zeigte für zahlreiche Bildungsbemühungen Modelle auf, die alle den Anspruch erhoben, gesellschaftliche Verhältnisse nicht einfach zu akzeptieren, sondern in entscheidenden Punkten zu verändern. Beispielhaft ist das Modell einer einphasigen Lehrerausbildung an der neugegründeten Universität Oldenburg zu nennen. Studieninhalte wurden größtenteils in praxisbezogenen Projekten auf nahezu gleichberechtigter Ebene zwischen Lehrenden und Studierenden diskutiert, vermittelt und umgesetzt. Auch die erste Unterrichtspraxis, üblicherweise unter der Regie eines meist staubtrockenen Referendariats abgeleistet, wurde in das universitäre Studium integriert.

Die tiefreichenden Gedanken in Paulo Freires Schriften waren brillant, niemals jedoch normative Lehrsätze. Seine Ideen waren offen für viele Einwände und keinesfalls abgeschlossen. Er ließ Widersprüchliches zu und verteidigte dennoch vehement Freiheit und Gerechtigkeit. Die ‚Pädagogik der Unterdrückten' war eine Anklage, gerichtet gegen alle Unterdrückung; denn sie war parteilich zugunsten der Unterdrückten und beinhaltete gleichermaßen ein Stück Vertrauen in die Zukunft, sich niemals entmutigen zu lassen. Mit der ‚Pädagogik der Unterdrückten' hat Paulo Freire Codes und Signalstellen in der Gesellschaft hinterlassen, die über jede Sprach- und Kulturgrenze bis in die fernsten Winkel der Erde reichen.

6 Nachbemerkungen

Lesern erscheint Freires Gedankengut bisweilen als Steinbruch vielfältigster Theorie- und Systemansätze. Wie kaum ein anderer Pädagoge hat er dadurch Verkrustungen des pädagogischen Alltagsverstandes aufgebrochen und das Vorwärtsdenken in die Erziehungswissenschaft eingebracht. Jahrzehnte vor Jean-François Lyotard verabschiedete er sich von den ‚Großen Erzählungen' in Pädagogik und Gesellschaft und praktizierte bei seinen Überlegungen einen gebrochenen Stil, der später zur Wesenheit postmoderner Argumentationen gehören sollte. Aus zahlreichen Perspektiven, aber immer parteilich für die Unterdrückten und Entrechteten, ging er das Thema der Umgestaltung der Welt an, seine Werke sind mehr Skizzenbuch als geschlossene Theorie, sind oftmals eher Notizensammlungen als pädagogisches Lehrgebäude und Gedankenschule. Sein Werk birgt viele Erfahrungen von Elend, Unterdrückung und Ungerechtigkeit in sich, die sich dem heutigen Leser nur langsam erschließen. Es ist aber auch eine Warnung vor dem Glauben, die Probleme der Dritten Welt seien nicht die unseren. Wir hören nur zu selten von den Erfahrungen derjenigen Menschen, die weder zu Wort kommen noch gehört werden sollen. So besehen ist die Dritte Welt, ist die Kultur des Schweigens, auch Bestandteil unserer Welt. Nicht mehr und nicht weniger hat Paulo Freire behauptet, als er sagte, er sei ein ‚Wanderprediger des Offensichtlichen'.

7 Ausblick

Die ‚New Economy' will uns glauben machen, jeder könne Anteil am Reichtum und damit am Glück haben, sofern er nur wolle. Das Leiden an der Gesellschaft wird als individuelle Schwäche abgetan. Faktizität und Geltung unserer aufklärerischen Gesellschaft entsprechen sich jedoch längst nicht mehr. Der abgerissene Gesellschaftsdiskurs kann nicht mehr durch Minderheitenschutz und Förderpläne neu errichtet werden. Der Kältezustand in der Gesellschaft wird darin deutlich, dass zunehmend Kinder, Familien, Alte und Ausländer ausgegrenzt werden. Wir lachen mit ‚touristguy.com', wenn unter uns Flugzeuge in Hochhäuser rasen; Undenkbares wird anschaulich gemacht. Unmerklich haben wir uns an Frustrationen, Verletzungen und Leiden gewöhnt. Das Leben im Widerstreit ist zur Gewohnheit geworden, es ist das Gefühl der Gegenwartsgesellschaft. Pierre Bourdieu hat hierbei von der „Abdankung des Staates" gesprochen: „Es wird begreiflich, dass die kleinen Beamten und insbesondere jene, die damit beauftragt sind, die sogenannten ‚sozialen' Funktionen zu erfüllen, also die unerträglichsten Auswirkungen und Unzulänglichkeiten der Marktlogik zu kompensieren, ohne allerdings über alle dazu nötigen Mittel zu verfügen, also die Polizisten, die untergebenen Richter und Staatsanwälte, Sozialarbeiter, Erzieher und sogar in immer größerem Maße Lehrer und Professoren, das Gefühl haben, bei ihren Bemühungen, dem materiellen und moralischen Elend, welches die einzige gesicherte Konsequenz der ökonomisch legitimierten Realpolitik darstellt, entgegenzutreten, in Stich gelassen worden zu sein oder gar desavouiert zu werden" (Bourdieu, P.: Das Elend der Welt, 1997, S. 210).

Paulo Freires Denkrichtung gehört zu den bedeutenden Tendenzen unserer Epoche. Die Bedeutung dialogischer und befreiender Pädagogik heute liegt in der Vermittlung von Denkstrukturen zur Wiederherstellung eines gesellschaftlichen Diskurses. Konkurrenzdruck, strukturelle Massenarbeitslosigkeit, Sozialabbau, gesellschaftliche Marginalisierung, Rückzug des Staates aus der Verantwortung für das Gemeinwohl, Deregulierung von Wirtschaft und Gesellschaft können auf Dauer nicht unwidersprochen hingenommen werden, weil sie zu tiefen Verwerfungen im Gemeinwesen führen werden.

Es kommt darauf an, das politische Alphabet zu erlernen und den Staat in seinen Kernbereichen zu rekonstruieren, wie auch die Bestrebung des Staates zu bändigen, immer weitere Bereiche des öffentlichen Lebens kontrollieren zu wollen. Deshalb sind Paulo Freires Forderungen nach Autonomie und einer Pädagogik der Hoffnung unabdingbare Ziele.

Literatur

Almeida Cunha, Rogerio de: Pädagogik als Theologie: Paulo Freire. Münster 1975

Bendit, Rene/Heimbucher, Achim: Von Paulo Freire lernen. München 1977

Bourdieu, Pierre: Das Elend der Welt. Konstanz 1997

Busch, Friedrich W./Havekost, Hermann (Hg.): Paulo Freire – Ehrendoktor der Universität Oldenburg. Oldenburg 1997

Collins, Dennis E.: Paulo Freire: His Life, Work, and Thought. New York 1977

Dabisch, Joachim (Hg.): Dialogische Erziehung bei Paulo Freire. Oldenburg 1999 (Freire-Jahrbuch 1)

Dabisch, Joachim (Hg.): Kultureller Dialog. Solidarische Bildung bei Paulo Freire. Oldenburg 2002 (Freire-Jahrbuch 3)

Dabisch, Joachim (Hg.): Neue Wege suchen. Zur Pädagogik Paulo Freires. Oldenburg 2001 (Freire-Jahrbuch 2)

Dabisch, Joachim/Schulze, Heinz (Hg.): Befreiung und Menschlichkeit. München 1991

Dabisch, Joachim: Die Pädagogik Paulo Freires im Schulsystem. Saarbrücken 1987

Figuero, Dimas: Paulo Freire zur Einführung. Hamburg 1989

Freire, Paulo: Der Lehrer ist Politiker und Künstler. Reinbek 1981

Freire, Paulo: Der Lehrer ist Politiker und Künstler. Reinbek 1981

Freire, Paulo: Dialog als Prinzip. Wuppertal 1980

Freire, Paulo: Erziehung als Praxis der Freiheit. Stuttgart 1974/Reinbek 1977

Freire, Paulo: Pädagogik der Solidarität. Wuppertal 1974

Freire, Paulo: Pädagogik der Unterdrückten. Stuttgart 1971/Reinbek 1973

Freire, Paulo/Betto, Frei: Schule, die Leben heißt. Befreiungstheologie konkret. München 1986

Gadotti, Moacir et al.: Paulo Freire. Uma biobibliografia. São Paulo 1996

Gerhardt, Heinz-Peter: Zur Theorie und Praxis Paulo Freires in Brasilien. Frankfurt/M. 1978

Grabowski, Stanley A. (Hg.): Paulo Freire: A Revolutionary Dilemma. Syracuse etc. 1972

Hernandez, Jesus: Pädagogik des Seins. Achenbach 1977

Mädche, Flavia: Kann Lernen wirklich Freude machen? München 1995

Schimpf-Herken, Ilse: Erziehung zur Befreiung. Berlin 1979

Zandee, Pieter (Hg.): Die Methode Paulo Freire. Eine Theorie kulturellen Handelns. Berlin 1973

Horst Siebert

Paulo Freire und Ivan Illich als Konstruktivisten?

1 Vorbemerkungen

Seit einigen Jahren macht die Erkenntnistheorie des (radikalen) Konstruktivismus Karriere. An der Frage, ob wir erkennen können, ‚was die Welt im Innersten zusammenhält' oder ob wir in unseren Köpfen unsere eigenen Welten erzeugen, erhitzen sich viele Gemüter. Dabei ist unstrittig, dass wir Situationen, Gegenstände und Personen deuten und bewerten. Strittig ist jedoch, ob auch WissenschaftlerInnen grundsätzlich auf Wahrheitsansprüche, Objektivität und ontologische Aussagen verzichten müssen. In dieser Frage lassen sich dann radikale und moderate Positionen innerhalb des konstruktivistischen Diskurses unterscheiden.

Das *konstruktivistische Paradigma* ist praktisch folgenreich für Pädagogik, Erwachsenenbildung, Organisationsentwicklung, (Familien-)Therapie, Berufsberatung und ähnliches. Zwar muss die Reformpädagogik mit ihren Konzepten einer Didaktik ‚vom Kinde aus' (Maria Montessori) und ‚vom Menschen aus' (R. von Erdberg) nicht neu erfunden werden. Dennoch ist eine ‚Wende der Wahrnehmung' von einer Vermittlungsperspektive zu einer Aneignungsperspektive in der pädagogischen Theorie und Praxis keineswegs selbstverständlich (vgl. Arnold/Siebert 1997).

Eine *konstruktivistisch inspirierte Pädagogik* beinhaltet zwei Dimensionen:
die Ebene des Lehrens und Lernens,
die Ebene des Bildungssystems und der Organisation.

Die erste Dimension wird im folgenden aus der Sicht Paulo Freires, die zweite aus Ivan Illichs Sicht erörtert. Beide werden gleichsam konstruktivistisch rekonstruiert. Dem möglichen Einwand, dass zwei lateinamerikanische Denker in ein europäisches, von Ideen der Postmoderne beeinflusstes Korsett gezwängt werden, ist zu entgegnen: Humberto Maturana und Francisco Varela, die ‚Erfinder' des biologischen Konstruktivismus, sind Chilenen. Konstruktivistisches Denken ist also durchaus nicht genuin westeuropäisch, sondern auch in Lateinamerika (und übrigens auch im Buddhismus Asiens) verwurzelt. Dennoch ist der kulturelle ‚Graben' nicht zu leugnen, der besteht und auch nur teilweise überbrückt werden kann, wenn wir lateinamerikanische Autoren interpretieren. Paulo Freire und Ivan Illich sind immer auch Konstrukte ihrer LeserInnen, und zwar der Kritiker ebenso wie der ‚Verehrer'.

‚Weißer Mann, du wirst uns nie verstehen!' – ‚Aha, ich verstehe.' – Dieses Verstehensdilemma gilt auch in diesem Fall.

2 Paulo Freire – Befreiungspädagoge

Diesem Dilemma konnte aber auch Paulo Freire selber nicht ganz entkommen. Er entwickelt eine *‚Pädagogik der Unterdrückten'*, ohne jedoch selber zur sozialen Schicht der Unterdrückten zu gehören. Die Welt eines brasilianischen Philosophen, auch wenn er in Opposition zum Regime und den Großgrundbesitzern steht, ist eine andere als die Welt eines landlosen Campesinos, auch wenn sich Freire glaubwürdig mit diesen solidarisiert. „Eine Pädagogik, die mit den Unterdrückten und nicht für sie" konzipiert ist (Freire 1973, S. 35), bleibt widersprüchlich und erinnert an unsere Konzepte emanzipatorischer Pädagogik in der 68er-Ära. Dieses Dilemma ist letztlich jeder ‚progressiven' Pädagogik inhärent, es sollte meines Erachtens nicht vorschnell wegdefiniert werden, sondern als ‚Stachel' einer selbstreflexiven Pädagogik bewusst bleiben und fruchtbar gemacht werden.

Damit sind wir bei einer weiteren *konstruktivistischen Kernfrage:* Wie versteht Freire Wirklichkeit? Kann er als Angehöriger einer privilegierten Oberschicht gültige Aussagen über die ‚Wirklichkeit der Unterdrückten' machen? Freire nimmt in dieser Frage eine gemäßigt konstruktivistische Position ein. Einerseits betont er, dass Wirklichkeit nicht statisch, nicht objektiv ist, sondern dynamisch und veränderbar, mehr noch: Auch für Freire ist Wirklichkeit ein Produkt des Bewusstseins, also ein Konstrukt, eine gelebte und erlebte Welt. „Man kann [...] keine Objektivität ohne Subjektivität feststellen. [...] Die Loslösung der Objektivität von der Subjektivität, die Leugnung der letzteren in einer Analyse der Wirklichkeit oder bei einem Handeln an ihr wäre Objektivismus. Andererseits wäre die

Leugnung der Objektivität bei Analyse der Aktion im Ergebnis ein Subjektivismus" (Freire 1973, S. 37).

Die subjektive Welt ist nicht lediglich eine Widerspiegelung der objektiven Realität, sondern subjektive und objektive Welten erzeugen und bedingen sich wechselseitig, sie stellen sich durch Aktionen her. Auch die objektive Welt wird durch menschliches Handeln (inklusive ein Unterlassungshandeln) geschaffen. Durch diese dynamische Zeitperspektive wird der Dualismus von Subjektivität und Objektivität überwunden. Offen bleibt die Frage, wie gültige Aussagen über die objektive Seite (gewissermaßen die Schattenseite unserer Welt, das, was sich hinter unserem Rücken ereignet) möglich sind.

Die Frage: ‚Wie wirklich ist die Wirklichkeit?' ist auch eine pädagogische Schlüsselfrage, denn sie schließt die didaktische Frage ein: Welches sind Lernthemen, Lerninhalte, die von den Lernenden angeeignet werden sollen? Wenn Bildung – nach Auffassung Wilhelm von Humboldts, Wolfgang Klafkis und anderen – die Auseinandersetzung des Menschen mit der Welt ist, dann ist entscheidend, wie wir ‚Welt' verstehen. Ist Welt das, was Atomphysiker, Chemiker oder auch Soziologen erforschen? In dieser überwiegend akzeptierten Sicht werden die Lerninhalte (und damit Lehrpläne, Schulfächer, Schulbücher) aus den verschiedenen Wissenschaftsdisziplinen abgeleitet. Weltverständnis resultiert so aus dem ‚Transfer' wissenschaftlichen – inklusive kulturellen – Wissens. Themen und Inhalte der Bildungsarbeit sind somit verbindlich, das heißt mit Anspruch auf Objektivität, vorgegeben. Wer in den Abiturprüfungen dieses kodifizierte Wissen demonstrieren kann, dem wird nicht nur die ‚Reife' bescheinigt, sondern auch die Tür zu den privilegierten Positionen der Gesellschaft geöffnet.

In dieser didaktischen Schlüsselfrage plädiert Paulo Freire für eine Subjektorientierung. Die Themen der Pädagogik entstammen nicht einem Kultur- oder Wissenschaftskanon, sondern der Lebenswelt der Zielgruppen. Etymologisch ist ein Thema nicht nur der Titel eines Beitrags, sondern auch die Hauptmelodie eines Musikstücks, ein Leit- und Grundgedanke. Unsere Themen sind also die Fragen, die uns beschäftigen, die uns wichtig sind, die uns Sorgen bereiten, die uns fröhlich stimmen, die unser Handeln steuern, die Aufgaben enthalten etc.

Unser Alltag, unsere Biographie, unsere Zukunftspläne bestehen aus diesen lebenswichtigen Themen. In diesem Sinn spricht Paulo Freire von unserem „thematischen Universum". Dieses thematische Universum beinhaltet die „generativen Themen“, das heißt die Themen, die in uns etwas bewirken, in Bewegung setzen. Es erscheint möglich, „die Wirklichkeit generativer Themen zu beweisen – nicht allein durch die eigene existentielle Erfahrung, sondern auch durch kritische Reflexion der Beziehung Mensch – Welt und der Beziehungen von Menschen untereinander“ (Freire 1973, S. 80).

Themen sind (meist) mit Handlungen verbunden, sie enthalten Handlungspotentiale, Handlungsimpulse. Generative Themen sind mit spezifischen Handlungen verknüpft, nämlich mit ‚Grenzaktionen‘ in ‚Grenzsituationen‘. Grenzsituationen – so Freire – sind Herausforderungen, in denen sich Menschen ihrer Grenzen, ihrer Beschränkungen und Abhängigkeiten, aber zugleich auch ihrer Möglichkeiten und Freiheiten bewusst werden. Grenzsituationen fordern zu befreienden, systemverändernden Aktionen, aber auch zu kritischen Reflexionen heraus. „So sind es nicht Grenzsituationen an und für sich, die ein Klima der Hoffnungslosigkeit schaffen, sondern vielmehr die Weise, wie sie von Menschen in einem bestimmten historischen Moment begriffen werden: Ob sie nur als Schranken erscheinen oder als unüberwindbare Barrieren“ (Freire 1973, S. 82).

Dies ist der Kern der Pädagogik Paulo Freires: Die Befreiung der Unterdrückten durch eine Veränderung repressiver Lebensverhältnisse und ausbeuterischer Strukturen beginnt mit Bewusstwerdung (conscientizacao), das heißt mit einer Reflexion der eigenen Konstrukte und einer Korrektur der eigenen Beobachterperspektive. Befreiung beginnt damit, die Welt (und sich selbst) als veränderbar zu ‚beobachten‘. Konstruktivistisch gesprochen: Die Befreiung und die Veränderung beginnt ‚im Kopf‘.

„Unser Ziel war es, ein Projekt zu konzipieren, mit dem wir gleichzeitig mit dem Lesenlernen von der Naivität zu einer kritischen Bewusstseinshaltung gelangen konnten“ (Freire 1974a, S. 58). Der didaktische Kern dieser Alphabetisierung besteht aus ‚generativen Wörtern‘. In generativen Wörtern (zum Beispiel ‚Favela‘, Nahrung, Tanz, Gehalt, Regierung) kristallisieren sich die generativen Themen, das thematische Universum. Und zugleich sind diese Wörter Materialien der Alphabetisierung. Diese Wörter liefern nicht nur den Stoff des Lesenlernens; unsere Sprache ist vielmehr unsere Welt. „In meinen Augen ist nur ein Alphabetisierungsprogramm richtig, in dem die Menschen die wahre Bedeutung der Wörter verstehen, nämlich als Kraft, die Welt zu verändern“ (Paulo Freire 1974a, S. 98).

In ähnlichem Sinn betont auch der Konstruktivist Ernst von Glasersfeld die schöpferische Funktion zentraler Begriffe. Mit unseren Schlüsselbegriffen ‚erschließen‘ wir unsere Wirklichkeiten. Unsere Sprache spiegelt unsere Wirklichkeitskonstruktion. Es macht einen wichtigen Unterschied, ob wir im Alltag militärische oder ökonomische oder poetische Metaphern verwenden. So spricht von Glasersfeld von ‚begrifflichem Verhalten‘, das heißt, unsere Begriffe sind handlungsleitend. Wer Natur als Schöpfung begreift und denkt, fühlt und handelt anders als jemand, der Natur als Ressource versteht (Glasersfeld 1997).

Hier wird kein linearer, monokausaler Weg vom Wissen zum Handeln unterstellt. Paulo Freire betont den dialektischen Zusammenhang zwischen Reflexion (das heißt Nachdenken, Selbstbeobachtung) und Aktion (das heißt Handeln, Veränderung). „Des Menschen Aktivität besteht aus Aktion und Reflexion: Sie ist Praxis, sie ist Verwandlung von Welt. Als Praxis verlangt sie eine Theorie, die sie erhellt. Die Aktivität des Menschen kann [...] weder auf Verbalismus noch auf Aktionismus reduziert werden“ (Freire 1973, S. 105).

Auch der Konstruktivismus begreift das Verhältnis von Denken und Handeln (inklusive Fühlen, Erinnern) als zirkulär. In Handlungen ist Wissen eingelagert, und Wissen enthält Handlungsmöglichkeiten. Für Paulo Freire ist dieser Zusammenhang elementar: Ein Campesino, der rechnen kann, kann bei der Abrechnung seiner landwirtschaftlichen Erzeugnisse nicht mehr so leicht betrogen werden (vgl. Freire/Faundez 1989, S. 15).

In Deutschland ist Paulo Freire vor allem durch seine Kritik an der Bankiers-Methode bekannt geworden. „Übermittlung, bei der der Lehrer als Übermittler fungiert, führt die Schüler dazu, den mitgeteilten Inhalt mechanisch auswendig zu lernen. [...] Das ist das ‚Bankiers-Konzept‘ der Erziehung, in dem der den Schülern zugestandene Aktionsradius nur so weit geht, die Einlagen entgegenzunehmen, zu ordnen und aufzustapeln.
[...]
Der Lehrer lehrt, und die Schüler werden belehrt.
Der Lehrer weiß alles, und die Schüler wissen nichts.
Der Lehrer denkt, und über die Schüler wird gedacht. [...]“
(Freire 1973, S. 57f.)

Diese Kritik ist überzeugend, zumal dieses Bankiers-Konzept herrschende politökonomische Strukturen reproduziert. Allerdings ist diese Kritik an der herrschenden Pädagogik fast so alt wie die Pädagogik selber. Interessant ist jedoch eine These Paulo Freires, die an den ‚interaktionistischen Konstruktivismus' erinnert: „Der Lehrer kann nicht für seine Schüler denken, noch kann er ihnen sein Denken aufnötigen. Echtes Denken, ein Denken, das mit der Wirklichkeit zu tun hat, findet nicht im Elfenbeinturm der Isolierung statt, sondern nur im Vorgang der Kommunikation" (Freire 1973, S. 62).

Charakteristisch für das Bankiers-Konzept ist nicht nur die autoritäre Methode, sondern auch der Anspruch, verbindliche Antworten zu geben, zwischen richtigen und falschen Antworten unterscheiden zu können. Diesem objektivistischen Anspruch setzt Paulo Freire das Konzept einer ‚problemformulierenden Bildung' entgegen, an dem Lehrer und Schüler gleichermaßen und gleichberechtigt beteiligt sind. So unterscheidet Paulo Freire eine „Bildung als Praxis der Freiheit" von einer „Erziehung als Praxis der Herrschaft" (Freire 1973, S. 66).

Diese problemformulierende Methode hat Freire 1989 ergänzt und konkretisiert durch eine ‚Pädagogik des Fragens'. Nicht das schnelle Antworten ist die größte Lernherausforderung, sondern die Verständigung über relevante, lebenswichtige Fragen. Viele Schlüsselprobleme und Krisen unserer Zeit sind durch voreilige wissenschaftliche und politische Antworten und scheinbare Lösungen überhaupt erst entstanden.

In einem als Buch veröffentlichten Dialog mit dem chilenischen Philosophen Antonio Faundez wird das Fragen-Lernen als demokratische, antiautoritäre Methode begründet. Totalitäre Systeme verhindern Fragen, sie propagieren ihre unbezweifelbaren Antworten. Eine Haltung des Fragens entspricht der prinzipiellen Ungewissheit, Unsicherheit, Unübersichtlichkeit moderner Risikogesellschaften. Aber relevante Fragen ergeben sich nicht von selbst; ergiebiges, dialogisches Fragen ist eine Fähigkeit, die erlernt werden muss. Fragen ist keine rhetorische Technik, kein „intellectual game". „Thus by using concrete examples of student's own experience – we can encourage them to ask questions about their own experience, and the answers will then include the experience which gave rise to the question" (Freire/Faundez 1989, S. 38).

Paulo Freires Gesellschaftsdiagnose entspricht Theoremen des sozialen Konstruktivismus. Eine seiner zentralen Thesen lautet: Die Herrschenden setzen ihre Wirklichkeitskonstrukte durch; diese ‚Gewinnerkonstrukte' wurden von den Unterdrückten (im Sinne der Hegelschen Herr-Knecht-Dialektik) übernommen, die ‚Verlierer' identifizieren sich mit den Sichtweisen ihrer Unterdrücker, so dass ihr Bewusstsein kolonialisiert wird. ‚Pädagogik der Befreiung' heißt also: Die eigenen Erfahrungen, Interessen, Perspektiven ‚wiederentdecken', Mut zu sich selber und zum Selberdenken entwickeln, die Sprachlosigkeit überwinden und eine eigene Sprache erlernen, die ‚Kultur des Schweigens' zu ersetzen durch eine Kultur der Einmischung.

> „In diesen starren vertikalen Beziehungen bildet sich historisch das Bewusstsein der Landarbeiter als ein unterdrücktes Bewusstsein heraus. Sie haben keine dialogische Erfahrung, keine Erfahrung der Beteiligung, sie sind größtenteils ihrer selbst unsicher, haben kein Recht, ihr Wort zu sagen, und nur die Pflicht, zu hören und zu gehorchen. [...] Sie verinnerlichen den Mythos ihrer absoluten Unwissenheit" (Paulo Freire 1974b, S. 48f.).

So gesehen stehen für Paulo Freire Politik, Erziehung und Sprache in einem untrennbaren Zusammenhang.

3 Ivan Illich – Verschulungskritiker

Ivan Illich wurde 1926 in Wien geboren, er lebt aber seit 1951 in Amerika. 1960 gründete er in Cuernavaca (Mexiko) ein Bildungszentrum, in dem er sein Konzept – dass jeder von jedem lernt – verwirklichte.

Ivan Illich bezeichnet Paulo Freire als seinen Freund, er teilt dessen Kritik an einem fremdbestimmten, entmündigenden Bankiers-Konzept der Erziehung. Er schreibt über Freire:

> „Seit 1962 zieht mein Freund Freire von einem Exil ins andere und zwar vornehmlich, weil er sich weigert, seinen Unterricht über Wörter zu halten, die von anerkannten Erziehern vorher ausgewählt wurden, und nicht über Wörter, die seine Diskussionsteilnehmer in den Unterricht mitbringen" (Illich 1973, S. 33).

Beide fühlen sich einer Befreiungspädagogik verpflichtet, die ein self-directed-learning und ein self-motivated-learning fördert. Paulo Freire argumentiert vor allem als Didaktiker, Ivan Illich als ‚Systemkritiker'. Freire untersucht das Bewusstsein der Unterdrückten, Illich die Strukturen und Effekte technokratischer, bürokratisierter Institutionen.

Ivan Illich kritisiert die ‚Fortschrittsmythen' moderner Gesellschaften, die die Probleme mit immer mehr und größeren Institutionen zu lösen versuchen und die dem Prinzip des ‚Mehr-desselben' (Paul Watzlawick) folgen:

Mehr Frieden durch mehr Waffen, mehr Gesundheit durch mehr Medikamente und Krankenhäuser, mehr Mobilität durch mehr Autobahnen, mehr Bildung durch mehr Schulunterricht. Doch diese Fortschrittsrechnung erweist sich zunehmend als Mythos.

> „Meine Überlegungen kreisen um die negativen Internationalitäten der Modernisierung – wie etwa die zeitraubende Beschleunigung, die krank machende Gesundheitsversorgung, die verdummende Erziehung" (Illich 1973, S. 12).

Von einem bestimmten Zeitpunkt an werden fortschrittliche Institutionen ‚kontraproduktiv', das heißt, die Einrichtung schafft mehr Probleme als sie löst.

> „In allen Ländern, die ich untersucht habe, steht diese spezifische Kontraproduktivität – ganz im Gegensatz zu den Illusionen, wie sie die Orthodoxien in Ost und West propagieren – in keinem Zusammenhang mit der Art der dort üblichen Schulen, Fahrzeuge oder Gesundheitsorganisationen. Vielmehr setzt sie ein, sobald die Kapitalintensität der Produktion eine kritische Schwelle überschreitet" (Illich 1983, S. 51).

Ivan Illichs Begriff der Kontraproduktivität erinnert an Ulrich Becks Analyse der reflexiven Modernisierung: Die neue Phase der Moderne produziert selbst gefährliche Nebenfolgen und Unsicherheiten, die die Akteure nicht mehr antizipieren und kontrollieren können. Innerhalb der Wissensgesellschaft wächst zwangsläufig das Nicht-Wissen. Dieses Dilemma lässt sich nur mildern, wenn wir uns von traditionellen linearen Theorien (‚je mehr, desto besser') verabschieden (vgl. Beck 1996, S. 298 et passim).

Ivan Illich plädiert für eine Entmythologisierung und Desillusionierung – zum Beispiel des Mythos einer gebildeten Gesellschaft durch verlängerte Schulpflicht oder durch mehr Computer in den Schulen. Ähnlich wie Paulo Freire Lehre und Lernen entkoppelt, bestreitet Ivan Illich einen Zusammenhang zwischen Pflichtschulbesuch und lebensrelevanter Bildung. Auch Bildungsinstitutionen tendieren zu selbstreferentiellen Systemen, die primär an ihrem Selbsterhalt interessiert sind.

> „Die heutige Suche nach neuen Bildungstrichtern muss in die Suche nach deren institutionellem Gegenteil umgekehrt werden: Nach Bildungsgeflechten, die für jeden mehr Möglichkeiten schaffen, jeden Augenblick seines Lebens in eine Zeit des Lernens, der Teilhabe und Fürsorge zu verwandeln" (Illich 1973, S. 15).

Es geht ihm nicht um eine bessere Schule, sondern um andere Lernmöglichkeiten, denn ähnlich wie Siegfried Bernfeld stellt er die These auf, dass jede schulische Institution – relativ unabhängig vom Lehrplan – sozialisiert und diszipliniert. Dennoch: Die Forderung ‚schafft die Schule ab' wird auch von Ivan Illich nicht ernsthaft vertreten. Wohl aber sind – gerade auch für Erwachsene – Bildungsgelegenheiten neuen Typs zu entwickeln, die mehr Selbstorganisation und Selbststeuerung des Lernens zulassen. Viele Bildungseinrichtungen und Lehrgänge erscheinen ‚übersteuert', überreguliert und bürokratisiert. Eine solche perfektionistische Planung und Kontrolle wird auch von der Chaostheorie in Frage gestellt; je komplexer die sozialen Systeme sind, desto mehr Selbstorganisation ist erforderlich. In dieser Hinsicht agieren psychische Systeme (hier: Individuen) und soziale Systeme (hier: Lerngruppen) ähnlich.

Wie Paulo Freire argumentiert Ivan Illich: „Nur wenn der einzelne das Gefühl seiner persönlichen Verantwortung für das, was er lernt und lehrt, wiedergewinnt, kann [...] die Entfremdung des Lernens vom Leben überwunden werden" (Illich 1983, S. 130). Auch Ivan Illich kritisiert „die Macht der Wissens-Bankiers [...], die immer mehr Menschen über internationale Kommunikationskanäle mit abgepackten Programmeinheiten versorgen" (Illich 1983, S. 138).

In seiner Bildungsstätte in Cuernavaca bietet er Situationen, Räume, ‚Settings' für selbstbestimmtes Lehren und Lernen an, ‚Wissensbörsen', in denen sich Menschen gegenseitig beraten, informieren, unterweisen, in denen ‚gebrauchswertorientiert' gelernt wird und nicht ein nutzloses Prüfungswissen erworben wird. Hartmut von Hentig schreibt in seinem Vorwort: Dieses Konzept „bedeutet vor allem die Wiederentdeckung eines Maßstabs, der in uns liegt und nicht in unseren Machwerken; wir brauchen einen Austausch, der je uns, mir und dir, nützt oder Freude macht und nicht der Aufrechterhaltung der Institutionen, der Vermehrung der Mittel und ihrer Produktivität dient" (Hentig 1973, S. 11).

Ivan Illich und Paulo Freire sind Kosmopoliten – Weltbürger. Ivan Illich wuchs in Europa auf, war Rektor der Universität von Puerto Rico und Seelsorger in den Slums von New York, leitet eine Bildungsstätte in Mexiko, war aber auch als Lehrbeauftragter an deutschen Universitäten tätig. Paulo Freire war Brasilianer, entwickelte und betreute Alphabetisierungsprogramme in Brasilien, Chile, aber auch in Mozambique und Guinea-Bissau. Er war UNESCO-Experte für Bildungsfragen, Gastprofessor an der

Universität in Harvard, mehr als ein Jahrzehnt Mitarbeiter des Weltkirchenrates in Genf, in seinen letzten Jahren Schuldezernent in Sao Paulo.

Die Erfahrungen im (europäischen) Exil haben Paulo Freire nachhaltig geprägt. Im Dialog mit Antonio Faundez reflektiert er das Leben in der Fremde als permanente Lernherausforderung, als unterbrochene ‚Perturbation' durch kulturelle Unterschiede. Als Brasilianer im Schweizer Exil zu leben, bedeutet eine tagtägliche „rediscovery of life", eine ständige Rekonstruktion von Wirklichkeiten. Leben im Exil heißt „living a borrowed life" in „a borrowed environment" (Freire/Faundez 1989, S. 10f.).

Beide – Paulo Freire und Ivan Illich – verkörpern den ‚Nord-Süd-Konflikt', die Vor- und Nachteile der Globalisierung, den Dialog zwischen Europa und Lateinamerika. Sie wissen die Errungenschaften des westlichen Europa zu schätzen: Die (relative) Rechtssicherheit, die (relative) Meinungsfreiheit, den vergleichsweise luxuriösen Lebensstandard. Sie erkennen aber auch schärfer als andere die Gefahren und Schattenseiten des ausbeuterischen, zerstörerischen westlichen Lebensstils, die Risiken des technologisch-bürokratischen Paradigmas, das in alle Ritzen der Lebenswelt eindringt. Die europäische Moderne mit ihren Stärken und Schwächen ist geprägt von Omnipotenzphantasien, von Gigantomanie, von einer Zweck-Mittel-Rationalität, einer Instrumentalisierung von Menschen und Natur, einer Verabsolutierung des ökonomischen Denkens. Auch die europäischen Bildungssysteme sind durchdrungen von dieser technologischen Rationalität, die zu Übersteuerungen, Bürokratisierungen, Reglementierungen, Fremdbestimmungen, Erstarrungen führt. Auch Bildungseinrichtungen entwickeln sich zu selbstreferentiellen, operational geschlossenen Systemen.

Vor diesem Hintergrund sind Paulo Freires und Ivan Illichs Plädoyers für selbstgesteuerte, selbstorganisierte, lebensweltintegrierte Lernprozesse zu bewerten. Wenn die Erkenntnistheorie des Konstruktivismus, dass Lernen prinzipiell nur als self-directed-learning denkbar ist, ernstgenommen wird, benötigen wir eine pädagogische Wende der Wahrnehmung. An dieser Stelle soll nicht diskutiert werden, welche Konzepte und Methoden aus Lateinamerika auf Europa übertragbar sind. Es geht mir um die These, dass das Konzept der (technokratischen) Moderne unseres Bildungssystems kontraintentional wird und dass eine reflexive Modernisierung der Pädagogik, die sich ihrer selbstproduzierten unerwünschten Nebenfolgen vergewissert, überfällig ist. Angesichts dieser historischen Krisensituation des europäischen Machbarkeitsparadigmas können und müssen wir von Paulo Freire, Ivan Illich und anderen ‚lernen'.

Literatur

Arnold, Rolf/Siebert, Horst: Konstruktivistische Erwachsenenbildung. Hohengehren 1997

Beck, Ulrich et al.: Reflexive Modernisierung. Frankfurt/M. 1996

Bernfeld, Siegfried: Sisyphos oder die Grenzen der Erziehung. Frankfurt/M. 1970

Freire, Paulo: Pädagogik der Unterdrückten. Reinbek 1973

Freire, Paulo: Erziehung als Praxis der Freiheit. Stuttgart 1974a

Freire, Paulo: Pädagogik der Solidarität. Wuppertal 1974b

Freire, Paulo/Faundez, Antonio: Learning to Question. Genf 1989

Glasersfeld, Ernst von: Radikaler Konstruktivismus. Frankfurt/M. 1997

Hentig, Hartmut von: Vorwort, In: Illich, Ivan: Entschulung der Gesellschaft. Reinbek 1973

Illich, Ivan: Entschulung der Gesellschaft. Reinbek 1973

Illich, Ivan: Fortschrittsmythen. Reinbek 1983

Maturana, Humberto/Varela, Francisco: Der Baum der Erkenntnis. München 1987

Christel Adick

Edward Wilmot Blyden – ein panafrikanischer Pädagoge des 19. Jahrhunderts

1 Die Bedeutung E.W. Blydens für den Diskurs um eine Afrikanisierung schulischer Bildung

In der nachkolonialen Diskussion um Bildung in Afrika war häufig die Rede von einer Afrikanisierung des aus der Kolonialzeit ererbten Schulwesens europäischen Typs, da es in seinen Inhalten und Zielen nicht den afrikanischen Realitäten entspräche. Übersehen wurde dabei oft, dass dieser Diskurs keine Erfindung der nachkolonialen Phase darstellt, sondern dass afrikanische Pädagogen sich schon früh mit dieser Frage auseinandergesetzt haben. Dies verdeutlicht eine Reihe von pädagogisch und bildungspolitisch engagierten Westafrikanern des 19. und frühen 20. Jh., die sich für die Einführung und Ausgestaltung formaler Bildung und Erziehung in Afrika engagiert haben, so z.B. Mojola Agbebi, Egyir Asaam, S.R.B. Attoh-Ahuma, Bischof S.A. Crowther, James Africanus Beale Horton, James Johnson und andere (vgl. Dictionary of African Biography 1977, 1979 und Debrunner 1979). Aus den Reihen solcher Eigeninitiativen wird Edward Wilmot Blyden vor allem deshalb ausgewählt, weil er die bis heute kontrovers diskutierte bildungspolitische Option der ‚Afrikanisierung' in seinem Denken und Handeln zu einem historisch frühen Zeitpunkt besonders pointiert formuliert hat.

Blyden wird hier als panafrikanischer Pädagoge bezeichnet, weil er neben anderen als Wegbereiter des Panafrikanismus angesehen werden kann (Lynch 1967, Kap. 3, 6 u. 9). Der Panafrikanismus stellte eine Erscheinung vor allem in anglophonen afrikanischen und afroamerikanischen Kreisen dar und hatte seinen Höhepunkt in der Epoche zwischen 1900 und 1945, griff dabei aber auf abolitionistische, antirassistische, proto-nationalistische und antikoloniale schwarze Bewegungen des 19. Jh. zurück (Geiss 1968). In diesem Kontext hatte Blyden bedeutsame Einflüsse auf kulturelle und politische Strömungen der nachfolgenden Generationen, so dass er sowohl als früher westafrikanischer Nationalist (Lynch 1965a) wie auch als Vorläufer der Négritude angesehen wird (July 1964). Blyden gehört auch zu denjenigen, die schon früh den Vorwurf der Geschichtslosigkeit Afrikas durch Rekurs auf die große Bedeutung des Alten Ägypten zu widerlegen suchten (vgl. z.B. Blyden 1871). Dieses Motiv wurde nach dem Zweiten Weltkrieg durch den senegalesischen Historiker Cheikh Anta Diop (1955) im frankophonen afrikanischen Diskurs – allerdings ohne Rekurs auf Blyden und andere – erneut aufgegriffen (Geiss 1968, S. 101; 248).

Die Auseinandersetzung mit Blyden bietet ferner die Möglichkeit, den bisher überwiegend auf westliche Länder fokussierten internationalen reformpädagogischen Diskurs (vgl. z.B. Röhrs 2001) um Beiträge afrikanischer Pädagogen zu erweitern, die in der deutschen Diskussion bisher praktisch unbekannt sind.[1] Blydens spezifischer Beitrag liegt hier darin, dass er die grundlegende Frage nach Schule im Kulturzusammenhang in einer spezifisch afrozentrischen Weise beantwortet. Sein Lebenswerk beschäftigt sich mit der auch heute im Diskurs um Globalisierung und Interkulturelle Pädagogik wieder aktuellen Grundsatzfrage von Kulturrelativismus und Universalismus:

- Schule entweder in einer kulturell relativierenden pädagogischen Perspektive an lokale, nationale, kulturelle Traditionen und Bedürfnisse anzupassen, d.h. Schule zum Instrument der kulturellen Reproduktion einer Gesellschaft (Ethnie, Nation, Ethno-Nation) zu machen,
- oder Schule unter universalistischen Prämissen an den jeweiligen Stand weltweiter Entwicklungen anzupassen und als Instrument der gesellschaftlichen Reproduktion in der modernen Weltgesellschaft zu begreifen.

Darüber hinaus hat das Thema auch Aktualität für die Entwicklungszusammenarbeit, an der deutsche und europäische Pädagogen und Bildungsexperten beteiligt sind. Die Beschäftigung mit dem Lebenswerk von Blyden kann dafür sensibilisieren, die von außen kommende europäische Expertenperspektive

[1] So muss die Rekonstruktion des Lebens und pädagogischen Wirkens von E.W. Blyden fast ausschließlich auf anglophone Literatur zurückgreifen. Die folgenden Ausführungen basieren vor allem auf Adick 1989 und 1992 (Kap. 8); in Adick 1989 findet sich auch eine kommentierte Bibliographie zu Blyden.

selbstkritisch zu reflektieren und die afrikanischen Kooperationspartner ernst zu nehmen. Blyden verdeutlicht, dass sich die Afrikaner von Anfang an, als Afrika mit massiven oder strukturellen Machtmitteln an das expandierende moderne Weltsystem angekoppelt wurde, eigenständig, produktiv und kritisch mit der widersprüchlichen Herausforderung auseinandersetzten, die bis heute andauert: Modernisierung mittels Akzeptanz und Expansion schulischer Bildung sog. ‚westlichen' oder ‚europäischen' Typs, oder Afrikanisierung von Bildung und Unterricht in kritischer Distanz oder Ablehnung dieser Art ‚europäischen' Schule.

2 Leben und Werk E.W. Blydens vor dem Hintergrund seiner Zeit

Blyden lebte in einer Zeit, in der Westafrika einen Umbruch vom ‚informellen' zum ‚formellen' Kolonialismus, bzw. von der ‚indirect rule' zur ‚direct rule' erfuhr (Crowder 1968). Mit dieser Unterscheidung ist der Umstand bezeichnet, dass Afrika vor der Aufteilung unter verschiedene europäische Kolonialmächte zwar mit vielen ‚informellen' europäischen, vor allem Handelsinteressen konfrontiert war (sog. ‚Freihandels-Kolonialismus'), aber keine formale politische Fremdherrschaft erdulden musste, die ihren Ausgang von der am Reißbrett vorgezeichneten Aufteilung Afrikas unter verschiedene Kolonialmächte in der Berliner Konferenz 1884/1885 fand. Blyden erlebte in seinem Leben sowohl den Niedergang des transatlantischen Sklavenhandels, der sich bis etwa Mitte des 19. Jh. hinzog, als auch den ‚Scramble for Africa', den imperialistischen Wettlauf der europäischen Kolonialmächte um die faktische Errichtung politischer Fremdherrschaft in Afrika, die erst Anfang des 20. Jh. beendet war.

Während seiner Lebenszeit wurde Westafrika in das moderne Weltsystem ‚inkorporiert' und erhielt schließlich den Status einer ‚Peripherie'. Der Theorie des modernen Weltsystems zufolge (vgl. Wallerstein 1986) hatte Westafrika zwischen ca. 1450 und ca. 1750 den Status einer ‚Außenarena': Der Fern- und Luxusgüterhandel dieser Epoche erfolgte in Westafrika häufig an befestigten Küstenstützpunkten europäischer Handelsniederlassungen und umfasste als ‚Fernhandelsware' für Jahrhunderte auch die nach Übersee verschiffte ‚Menschenware' Sklaven. Die Phase zwischen 1750 und 1880 (teils sogar bis 1900) wird als ‚Inkorporationsphase' bezeichnet: In dieser Zeit war der zukünftige Peripheriestatus Westafrikas noch nicht eindeutig festgelegt, wenn

Edward Wilmot Blyden

3. 8. 1832:	Geburt auf der dänischen Karibikinsel St. Thomas; seine Eltern waren freie Schwarze, möglicherweise von Ibo-Herkunft, seine Mutter war Lehrerin, sein Vater Schneider; Kontakt mit dem weißen Pfarrer John P. Knox, der Blyden durch ein Studium am Rutger's Theological College in Nordamerika fördern wollte.
1850:	Versuch der Einschreibung am Rutger's Theological College und an zwei weiteren theolog. Ausbildungsstätten schlug fehl wegen seiner Hautfarbe.
Jan. 1851:	Ankunft in Monrovia aufgrund der Annahme des Angebots der New York Colonization Society für eine freie Überfahrt nach Liberia, das 1847 unter der Leitung von Afroamerikanern als unabhängige Republik entstanden war.
1851-1853:	Schüler der Alexander High School in Monrovia mit Unterricht in Latein, Griechisch, Geographie, Mathematik.
1853-1854:	Laienprediger, Tutor und Stellvertreter des Direktors der Alexander High School.
1858:	Presbyterianische Ordinierung und Schulleiter der Alexander High School.
1861-1871:	Professor für Klassische Sprachen (Latein und Griechisch) am neu eröffneten Liberia College; Publikationen und Reisen ins Hinterland Liberias sowie in den Nahen Osten (Ägypten, Libanon, Syrien) führten zur intensiven Beschäftigung mit Christentum, Islam und der alten ägyptischen Hochkultur und zum Erlernen des Arabischen, das er als neues Studienfach im Liberia College einführte.
1871-1873:	Wegen politischer Probleme in Liberia Aufenthalt in Sierra Leone, Gründung einer Zeitschrift mit dem programmatischen Titel ‚The Negro', Mitarbeit in einer Bewegung afrikanischer Pastoren der CMS (Church Missionary Society), die auf kirchliche Selbständigkeit drängte.
1874-1880:	Leitung der Alexander High School und zeitweilig einige Regierungsämter.
1880-1884:	Präsident des Liberia College, das er wegen Meinungsunterschieden 1884 verließ.
1886:	Bruch mit der presbyterianischen Kirche (Blyden blieb aber Christ).
1887-1901:	wechselnde Tätigkeiten, Publikationen, Vorträge und Aufenthalte in Westafrika und den USA.
1901-1906:	Direktor der Abteilung für das islamische Schulwesen in Sierra Leone.
7. 2. 1912:	Tod in Sierra Leone, wo er sich in den letzten Jahren seines Lebens überwiegend aufgehalten hatte.

gleich sich schon durch die Hinwendung auf bestimmte neue Exportprodukte, z.B. Palmöl oder Holz anstelle von Sklaven, wirtschaftliche Veränderungen zeigten. Die sozio-ökonomischen Strukturveränderungen waren dennoch relativ marginal und ließen noch Handlungsspielräume zu, z.B. eigenständige Modernisierungsversuche während des relativ offenen Freihandelssystems unter englischer Hegemonie (ca. 1815-1873). Westafrika erhielt dann ab 1900 endgültig den Status einer ‚Peripherie': In dieser Phase wurden die Strukturdefekte der heutigen ‚Entwicklungsländer' Westafrikas grundgelegt (z.B. Monokulturen, Abhängigkeit von Europa usw.). Garanten hierfür waren die von den Europäern geschaffenen Kolonialstaaten und kolonialen Wirtschaftsstrukturen, die nach der Unabhängigkeit im wesentlichen überdauerten.

3 Blydens Idee der Rehabilitation der Schwarzen vor dem Hintergrund des europäischen Rassismus

Blydens Lebensweg kann vor dem geschilderten historischen Zusammenhang interpretiert werden als Versuch der Rehabilitation der Schwarzen angesichts von Versklavung, Unterdrückung und europäischem Rassismus und den daraus resultierenden Inferioritätsgefühlen. Hierbei unterstellte er den menschlichen Rassen distinkte Merkmale und stellte afrikanische und europäische Kulturen einander gegenüber:

> „Blyden portrayed his African as the anti-thesis of the European, and serving to counteract the worst aspects of the influence of the latter. The European character, according to Blyden, was harsh, individualistic, competitive and combative; European Society was highly materialistic; the worship of science and industry was replacing that of God. In the character of the African, averred Blyden, was to be found 'the softer aspects of human nature'; cheerfulness, sympathy, willingness to serve, were some of its marked attributes. The special contribution of the African to civilization would be a spiritual one" (Lynch 1967, S. 61f.).

Zuerst hatte Blyden mit seinem Ziel „Africa is to be civilized and elevated by Africans" (Blyden; zit. nach July 1964, S. 77) alle Afrikaner oder Afrika-Abkömmlinge im Sinn. Seine politischen Erfahrungen mit den Mulatten in Amerika und besonders in Liberia, denen er vorwarf, nur ihre eigenen Interessen und Privilegien, nicht aber das Wohlergehen Afrikas im Sinn zu haben, führten ihn jedoch schließlich zu einer Ablehnung der Rassenmischung und zur Auffassung, dass nur reinrassige Afrikaner (‚pure negroes') ihrem Kontinent dienen könnten. Auch in den verwestlichten Afroamerikanern und Ex-Sklaven sah er schließlich keine wahren Repräsentanten Afrikas mehr, sondern nurmehr in den ‚natives', den in Afrika geborenen und in intakten Kulturen aufgewachsenen Afrikanern, und zwar am ehesten in den islamisierten afrikanischen Völkern des Hinterlandes. Die Kooperation mit wohlgesonnenen Europäern, deren Verweilen in Afrika wegen der hohen Sterblichkeitsrate Blydens Meinung nach nicht von langer Dauer sein würde, zog er oft der Anwesenheit von Mulatten oder verwestlichten Afrikanern vor. So setzte er in späteren Jahren seine Hoffnungen auf eine weitere Ausdehnung des englischen Einflussbereiches und befürwortete das Kolonisiert-Werden, statt auf eine Abschaffung europäischer Intervention zu drängen. Er verband damit so illusionäre Vorstellungen wie die Einführung allgemeiner Schulpflicht und die regionale Integration Westafrikas durch die englische Kolonialmacht (vgl. Lynch 1965b; 1967, Kap. 9 u.10).

Blyden versuchte zeit seines Lebens, den Eigenwert der afrikanischen Kultur, bzw. das was er dafür hielt, gegen den weißen Kulturimperialismus zu verteidigen, aber ohne kritisches Augenmaß für die realpolitischen Bedingungen und die ökonomischen Expansionsprozesse des kapitalistischen Weltmarkts. Westlich-idealistisch gebildet mit dem Nachdruck auf Bildungsgüter des klassischen Altertums, vermied er eine Auseinandersetzung mit der neuen Geschichte, mit Industrialisierung und Verelendungsprozessen auch im Europa des 19. Jh., obwohl er mit diesen u.a. durch mehrere Europareisen in Kontakt gekommen war (ebd., S. 120). Blydens Afrozentrismus ermöglichte aber den westlich gebildeten Afrikanern – und dies ist sein besonderes Verdienst – erstmals eine überethnische, westafrikanische und im weiteren Sinne auch panafrikanische Weltanschauung.

4 Die afrozentrische Bildungskonzeption Blydens

Blyden war während seines Lebens in verschiedenen pädagogischen Bereichen tätig: als Lehrer, Schuldirektor, Professor für klassische Sprachen und Präsident des Liberia College, als Bildungspolitiker, -planer und -verwalter in Liberia, Sierra Leone und Lagos. Seine afrozentrische Bildungsphilosophie richtete sich auf „the training of Negro youth upon the basis of their own idiosyncracy, with a sense of race-individuality, self-respect, and liberty" (Blyden 1887, S. 80). Die Begründung hierfür war folgende: „The African must advance by methods of his own. He must possess a power distinct from that of the European. (...) We must study our brethren in the interior, who know better than we do the laws of growth for the race“ (ebd., S. 77f.).

Diese Vorstellung versuchte Blyden auch curricular umzusetzen, indem er zum Beispiel im Liberia College den Nachdruck auf Geschichte des Altertums und klassische Sprachen legte, zumal er bei Homer und Herodot oder im Alten Testament keine diskriminierenden Einstellungen gegenüber Afrikanern fand. Die moderne Geschichte dagegen wurde von ihm ‚zensiert‘, da die unterrichtliche Behandlung des transatlantischen Sklavenhandels und rassistischer Theorien seiner Meinung nach die Gefahr negativer Effekte für das Selbstbewusstsein der afrikanischen Studenten in sich barg. Der Fächerkanon im Liberia College enthielt denn auch neben Latein, Griechisch und Geschichte nur Mathematik, Bibelstudium und – dies war eine von ihm energisch betriebene Innovation – Arabisch und einige westafrikanische Sprachen.

Einen Eindruck von seiner Argumentation vermitteln folgende Aussagen aus seiner Antrittsrede als Präsident des Liberia College im Jahre 1881 zum Curriculum des Faches Geschichte: „First, there was the great permanent, stationary system of human society (...). The type of that phase of civilization was the old Eastern empires. The second great type was the Greek Age of intellectual activity and civic freedom. Next came the Roman type of civilization, an age of empire, of conquest, of consolidation of nations, of law and government. The fourth great system was (...) the Mediaeval Age, when the Church and Feudalism existed side by side. The fifth phase (...) was the foundation of modern history, or the Modern Age. That system has continued down to the present; but, if subdivided it would form the sixth type, which is the Age since the French Revolution – the Age of social and popular development, of modern science and industry“ (Blyden 1887, S. 81f.). Von diesen Epochen sollten im Geschichts-Curriculum des Liberia College besonders Griechenland, Rom und das Mittelalter behandelt werden, und zwar mit folgender Begründung: „We shall permit in our curriculum the unrestricted study of the first four epochs, but especially the second, third and fourth, from which the present civilization of Western Europe is mainly derived. There has been no period of history more full of suggestive energy, both physical and intellectual, than those epochs“ (ebd., S. 82). Der ausdrückliche Verzicht auf das Studium der anderen Epochen wurde dagegen wie folgt legitimiert: „We can afford to exclude, then, as subjects of study, at least at the earlier college years, the events of the fifth and sixth epochs, and the works which, in large numbers, have been written during those epochs. (...) It was during the sixth period that the transatlantic slave-trade arose, and those theories – theological, social, and political – were invented for the degradation and proscription of the Negro. (...) The special road which has led to the success and elevation of the Anglo-Saxon is not that which would lead to the success and elevation of the Negro...“ (ebd., S. 82f.).

5 Blydens Integration der afro-islamischen Kultur in moderne Bildung

Ein weiteres Merkmal seiner Bildungskonzeption war die Hinwendung auf die islamisierten afrikanischen Völker und die damit im Zusammenhang stehende Einführung nicht-europäischer Sprachen in das Bildungsangebot, die er wie folgt begründete: „It will be our aim to introduce into our curriculum also the Arabic, and some of the principal native languages – by means of which we may have intelligent intercourse with the millions accessible to us in the interior, and learn more of our own country“ (Blyden 1887, S. 88).

Über mehrere Jahrzehnte hinweg engagierte sich Blyden für Schulen, die westlich-säkulare und islamisch-arabische Bildung verknüpften (vgl. Livingston 1975, Kap. 7). Er verteidigte die vorhandenen islamischen Bildungsstätten gegen den von Europäern erhobenen Vorwurf, diese produzierten nur rudimentäre, unverstandene Korankenntnisse und verwies hierzu auf das Beispiel der Stadt Billeh, nur einige Reisestunden von der Halbinsel Sierra Leone entfernt. Dort habe er ein blühendes islamisches Bildungszentrum vorgefunden, in dem neben dem Koranunterricht auch literarische, historische und naturkundliche Werke studiert würden, die z.T. von afrikanischen Autoren geschrieben worden seien (vgl. Blyden 1887, S. 61f.). Die Integration moderner Bildungsinhalte in die islamische Bildung erschien ihm möglich, weil religiöse und säkulare Bildung im Islam untrennbar verbunden seien. An dieser Sichtweise könnten sich auch christliche Bildungsziele ein Beispiel nehmen: „In the pending controversy, for example, about religious and secular education, Christians might profit by the example of Mohammedan communities where the one involves and is inseparable from the other. Their education is religious and their religion educational“ (Blyden 1887, S. 63).

Blyden gründete im Jahre 1887 eine private Schule für Muslime, die von der englischen Kolonialverwaltung anerkannt wurde und unterstützte in den 1890er Jahren vergleichbare Vorhaben in Lagos und Sierra Leone. Ferner war er zwischen 1901 und 1906 Direktor der islamischen Abteilung der Schulverwaltung in Sierra Leone. Auf ein Gutachten von Blyden geht auch die erste englische Erziehungsverordnung für muslimische Bildung im Jahre 1902 in Sierra Leone zurück. Die Suche nach einem adäquaten Bildungswesen für muslimische Afrikaner führte ihn ferner 1902 nach Senegal (vgl. Livingston 1975, S. 174-177; 210; 244f.). Er war von der dortigen französischen Regierungsschule für die Kinder oder Nominierten der islamischen Würdenträger, der ‚Ecole des Fils des Chefs et des Interprètes', die aus der ‚Ecole des Otages' hervorgegangen war, beeindruckt (zur Geschichte dieser Schule vgl. ausführlicher Valette/Adick 2002). Blyden meinte, die Schüler sprächen ausgezeichnet Arabisch und Französisch, wären aber dennoch nicht ihrer Muttersprache und ihrer Kultur entfremdet; sie seien im Internat untergebracht, lebten, kleideten und äßen dort aber wie zu Hause; die säkulare Trägerschaft der Schule in den Händen der französischen Kolonialregierung garantiere eine Nichteinmischung in religiöse Angelegenheiten; die Rekrutierung der Schüler und die Art der Ausbildung, die nicht auf eine berufliche Verwertbarkeit im modernen Sektor ziele und damit nicht auf Entfremdung aus dem afrikanischen Milieu, garantierten einen Nachdruck auf pädagogische Qualität statt auf Quantität.

6 Blydens Engagement für höhere Bildung in Westafrika

Blydens Bildungsideale für eine rasse- und kulturbewusste afrikanische Elite waren überwiegend mit dem Aufbau höherer Bildung verknüpft, wie dies sein Engagement für College- und Universitätsbildung in Westafrika dokumentiert. So war er gemeinsam mit anderen z.B. an der Reform des Fourah Bay College in Sierra Leone von einer kirchlichen Ausbildungsstätte zu einem akademischen College beteiligt (zur Geschichte des Fourah Bay College vgl. Ashby 1966; Hargreaves 1985): Blydens Initiative begann 1872 mit einem Briefwechsel zwischen ihm als Herausgeber der Zeitung ‚The Negro' und William Grant, einem reichen afrikanischen Kaufmann und Mitglied des Legislativrats in Sierra Leone über die Notwendigkeit einer von Afrikanern geführten Universität in Westafrika, die aufgrund der Umstände am erfolgversprechendsten in Sierra Leone anzusiedeln sei. Blyden verwies auf das damals auch in Missionskreisen diskutierte Ziel der 'native agency', d.h. auf den selbstgewählten Anspruch Englands, die Westafrikaner bald in den Stand der Selbstverwaltung zu versetzen, indem er schlussfolgerte: „If in the Government of these settlements, native agency is to be welcomed and encouraged and not despised and excluded; if the people are ever to become fit to be entrusted with the functions of self-government; if they are ever to become ripe for free and progressive institutions, it must be by a system of education adopted to the exigencies of the country and race; such a system as shall prepare the intelligent youth for the responsibilities which must devolve upon them; and, without ,interfering with their native instincts, and throwing them altogether out of harmony and sympathy with their own countrymen, shall qualify them to be the efficient guides and counsellors and rulers of the people." (Blyden 1872, S. 6f.; zit. nach Okafor 1971, S. 30 und Lynch 1964, S. 402).

Gouverneur Pope-Hennessy erklärte sich bereit, die Idee zu unterstützen, wies Blyden aber darauf hin, die Sache müsse von der Initiative selbst bewerkstelligt und finanziert werden. Auf Seiten der Afrikaner waren aber diejenigen, die die Sache einer säkularen, von Afrikanern betriebenen Universität guthießen, trotz einiger reicher Kaufmannsfamilien nicht in der Lage oder zu unentschlossen, genügend finanzielle Mittel für deren Gründung und Unterhalt aufzubringen. Die andere Gruppe der in der christlichen Mission aktiven Afrikaner war gerade in einen Konflikt um die Etablierung einer unabhängigen Kirche verwickelt, in dem auch das Ziel der Ausweitung und inhaltlichen Öffnung (neue Fächer) des von der Church Missionary Society betriebenen Fourah Bay Colleges eine Rolle spielte. Blyden stand mit allen Parteien in dieser Auseinandersetzung in Kontakt. Aber weder seine Universitätsidee noch die kirchliche Unabhängigkeitsbewegung konnten sich durchsetzen. Zu deutlich war schon das englische Interventionsinteresse zu Lasten der Selbstverwaltungsaspirationen geworden. Immerhin wurde in einem Kompromiss erreicht, dass das Fourah Bay College der englischen Universität Durham angegliedert wurde und neben den bisherigen Missionsausbildungen neue Studienmöglichkeiten anbot, die ohne Rücksicht auf die Religionszugehörigkeit für alle offen standen, die die Eingangsvoraussetzungen erfüllten.

7 Rezeption und Wirkung der Blydenschen Bildungskonzeption

Blydens afrikanisch-kulturalistische Bildungsphilosophie beeinflusste eine Reihe ethnischer Revitalisierungsansätze und einige Schulreformideen in Westafrika. Von ihm inspiriert war z.B. die Rückbesinnung westlich gebildeter Fanti an der Goldküste wie J.M. Sarbah und J.E.C. Hayford auf ihre kulturellen Traditionen und ihre Versuche zu einer nationalen Fanti-Schulgründung zu Beginn des 20. Jh. Die daraus hervorgegangene Mfantsipim-Schule wurde schließlich in der Trägerschaft der wesleyanischen Methodistenmission fortgeführt (vgl. Adick 1992, S. 273ff.).

Auswirkungen von Blydens Ideen finden sich auch in einer englischen Regierungsschule für Häuptlingssöhne, die 1906 in Bo im Protektoratsgebiet Sierra Leones, gegründet wurde (Prospekt der Bo-Schule in: Fyfe 1964, S. 304-307). An der Gründung dieser Schule war Blyden zwar wahrscheinlich nicht persönlich beteiligt, doch weist die Konzeption etliche Parallelen zu seiner oben geschilderten Wahrnehmung einer ähnlichen Schule in Senegal auf. In der Schulpraxis dieses Internats gab es einige Aspekte, z.B. Kleidungssitten, Arabisch-Unterricht, keine christlichen Bekehrungsversuche usw., die Blydens Intentionen entsprachen. Zudem hatte die Bo-Schule auch einen ‚Blyden-Club', der sich mit afrikanischer Kultur beschäftigte, und Blyden äußerte sich positiv zu ihr, außer dazu, daß ein europäischer Geistlicher Schulleiter wurde (Livingston 1975, S. 210 und Anm. 33, S. 245).

Blyden beeinflusste auch die afroamerikanische pädagogische Diskussion (vgl. Livingston 1974, Kap. 8), z.B. durch seine Kontakte zu schwarzen Persönlichkeiten und Gruppen in den USA wie etwa zu dem bekannten afroamerikanischen Pädagogen Booker T. Washington, dessen Bildungskonzeption auf ‚industrial education' ausgerichtet war (vgl. King 1971). Zwischen 1850 und 1895 reiste er allein achtmal in die USA, als Bittsteller, als Redner und um Auszeichnungen in Empfang zu nehmen. Wegen seiner Kompromisse mit den weißen Herrschaftssystemen wurde er jedoch (wie auch B.T. Washington) von radikaleren Schwarzen heftig attackiert. Als Opfer seiner eigenen rassistischen Bildungsphilosophie begrüßte Blyden schließlich sogar die sich in Südafrika formierende Apartheids-Doktrin mit schulischer Segregation, die zum späteren System der Bantu-Erziehung führte, und ähnliche Entwicklungen in den USA als ‚richtiges' Erziehungskonzept für die Schwarzen (Livingston 1975, S. 198-202), eine Position, die weit über den pädagogischen Pragmatismus von B.T. Washington hinausging.

Fragt man nach der Umsetzung und den Auswirkungen der Ideen und Aktivitäten von E.W. Blyden, so muss dies im Zusammenhang mit der historischen Umbruchsituation vom ‚informellen' zum ‚formellen' Kolonialismus bzw. von der Inkorporationsphase zur Etablierung einer Peripheriesituation gesehen werden. War z.B. das Drängen auf eine Universität in den 1870er Jahren noch in Erwartung des baldigen Rückzugs Englands aus Westafrika und der anschließenden politischen und kulturellen Neuordnung erfolgt, so zeigen Entwicklungen gegen Ende des 19. Jh., dass sich zumindest die gebildete Elite mit der Kolonialherrschaft dergestalt arrangiert hatte, dass sie nun ihren politischen Handlungsspielraum durch die Suche nach Koalitionspartnern in der Kolonialverwaltung und durch ein Einklagen von Kolonialversprechen durchzusetzen versuchte. Damit hatte diese Bildungselite allerdings de facto den Status einer Klientel-Elite erhalten, die von den Interessen der Kolonialmacht abhing.

8 Resümee

Blyden verkörpert reformpädagogische Impulse, die darauf ausgerichtet waren, das im Zuge von Handel, Mission und Kolonialismus von Europa nach Afrika exportierte Bildungsangebot nicht kritiklos anzunehmen, sondern aktiv unter Bezugnahme auf die afrikanischen Bedingungen zu gestalten. Als besondere Herausforderungen seiner Zeit stellten sich ihm hierbei die Bekämpfung des Rassismus und der kulturellen Degradierung der Schwarzen. Um das afrikanische Selbstbewusstsein zu stärken, versuchte er curricular eine klassische Bildungskonzeption zu verwirklichen, die ihren Horizont bis hin zur alten ägyptischen Hochkultur erstreckte und sich ausgiebig mit der Antike beschäftigte, weil jene Epochen noch frei waren von einer Entwertung der afrikanischen Kultur. Des Weiteren erwirkte er die Einführung des Arabischen und afrikanischer Sprachen in die Collegebildung in Liberia und trat für eine Einbeziehung islamischer Bildungstraditionen in die sich formierenden Schulsysteme in Westafrika ein. Damit war er seiner Zeit weit voraus. Denn in den westafrikanischen Bildungssystemen dominieren bis heute die europäischen Kolonialsprachen im Bildungswesen und das Problem der möglichen Integration islamischer und moderner (‚westlicher‘) Bildung ist immer noch nicht gelöst, wie das Länderbeispiel Senegal zeigt (Wiegelmann [Hg.] 2002).

In all seinen vielfältigen praktischen, administrativen und theoretischen pädagogischen Tätigkeiten hat sich Blyden zwar um den Schulalltag kleiner Dorfschulen und um Bildungsprogramme für die Mehrheit der einfachen afrikanischen Bevölkerung nur wenig gekümmert. Zusammen mit anderen war er aber an der Konzeption und Ausweitung höherer Bildungsmöglichkeiten in Westafrika beteiligt. Auch dies war ein historisch früher und eigenständiger Reformimpuls zur Verwirklichung intellektueller Gleichberechtigung für Afrikaner. Hierbei setzte er an die Stelle kleinräumlicher oder gar tribalistischer Perspektiven seinen panafrikanischen Horizont, der ihn zu zahlreichen Studienreisen und internationalen Kooperationen veranlasste, die ihn in verschiedene englisch und französisch beeinflußte Regionen Westafrikas, in den Nahen Osten, nach Europa und Amerika führten. All dies geschah zu einer Zeit, als das Bildungsangebot für Schwarze von Seiten philanthropischer Kreise, Missionen und Kolonialregierungen noch äußerst rudimentär, religiös begrenzt und zudem karitativ-paternalistisch ausgerichtet war. Diesen Restriktionen setzte er seine Vision eines klassisch hoch gebildeten und sich des Eigenwerts seiner kulturellen Traditionen bewussten Afrikaners entgegen.

Was dabei von Blyden oftmals im Gewande rassenideologischer Terminologie vorgetragen wurde, war nichts anderes als ein Aufbegehren gegen die kulturelle Degradierung Afrikas und die Rassendiskriminierung, die er am eigenen Leibe erfahren hatte. Trotzdem ist seine Antwort auf den europäischen Rassismus zwiespältig und widersprüchlich. Denn auf der einen Seite übernahm er die Prämisse der mit wissenschaftlichem Anspruch in Europa entwickelten Rassentheorien, es gäbe menschliche Rassen mit distinkten Rassemerkmalen. Auf der anderen Seite verwarf er aber deren Postulat einer Hierarchie der menschlichen Rassen, in der die Weißen oben und die Schwarzen unten rangierten, zugunsten der Vorstellung, die menschlichen Rassen seien gleichwertig, aber nicht gleichartig und erfüllten je spezifische Aufgaben in der Gesamtheit menschlicher Kulturen. Auch wenn vieles von dem, was von ihm unter dem Etikett der Rasse diskutiert wurde, sich auf kulturelle (und damit wandelbare) Phänomene bezog, plädierte er doch in letzter Konsequenz für eine Segregation nach Rassemerkmalen im Bildungswesen.

Was damals von Blyden mit den Begriffen ‚Rasse‘ und ‚Rassismus‘ diskutiert wurde, erscheint heute oft in der Terminologie von ‚Kultur‘ und ‚Kulturalismus‘. Insofern verdeutlicht seine Position auch die Gefahren, die mit einer ahistorischen Verdinglichung von Kultur verbunden sind und die Ambivalenzen einer auch heute in Diskussionen um interkulturelles Lernen oft anzutreffenden Rede von der ‚Gleichwertigkeit, aber nicht Gleichartigkeit‘ menschlicher Kulturen (Auernheimer 1990, S. 126ff; 192ff.; Albert 1993). Dennoch bleibt sein besonderes Verdienst um eine kulturelle Rehabilitation und den Eigenwert der afrikanischen Kulturen bestehen, die er insbesondere durch eine in seinen Augen spezifisch afrikanische Ausgestaltung der höheren Bildungsmöglichkeiten in Westafrika zu verwirklichen suchte.

Literatur

Adick, Christel: Die Universalisierung der modernen Schule. Paderborn 1992

Adick, Christel: Afrikanisierung oder Modernisierung der höheren Bildung? In: Küper, Wolfgang (Hg.): Die Lage der Universitäten. Gegenwartsbewältigung und Zukunftsperspektiven in Afrika. Frankfurt/M. 1989, S. 1-27

Albert, Marie-Therese: Weltweite Entwicklungen und kulturalistische Bildung. Eine Kritik. Weinheim 1993

Ashby, Eric: Universities: British, Indian, African. Cambridge 1966

Auernheimer, Georg: Einführung in die interkulturelle Erziehung. Darmstadt 1990

Blyden, Edward Wilmot: The Negro in Ancient History. In: Kedourie, Elie (Hg.): Nationalism in Asia and Africa. London 1971 (Orig. 1871)

Blyden, Edward Wilmot: Christianity, Islam and the Negro Race. Edinburgh 1967 (Orig. 1887)

Blyden, Edward Wilmot: African life and customs. London 1969 (Orig. 1908)

Crowder, Michael: West Africa under Colonial Rule. London etc. 1968

Cheikh, Anta Diop: Nations Nègres et Culture. Paris 1955

Debrunner, Hans W.: Presence and Prestige: Africans in Europe before 1918. Basel 1979

Dictionary of African Biography (Encyclopaedia Africana), Vol. I. 1977: Ethiopia/Ghana, hg. v. L.H. Ofosu-Appiah, Reference Publ. Inc. 1977

Dictionary of African Biography (Encyclopaedia Africana), Vol. II. 1979:Sierra Leone/Zaire, Reference Publ. Inc. 1979

Fyfe, Christopher: Sierra Leone Inheritance. London 1964

Geiss, Imanuel: Panafrikanismus. Zur Geschichte der Dekolonisation. Frankfurt/M. 1968

Hargreaves, John D.: British policy and African Universities. Sierra Leone revisited. In: African Affairs 84 (1985) 336, S. 323-330

July, Robert William: Nineteenth-Century Negritude: Edward Wilmot Blyden. In: Journal of African History 5 (1964) 1, S. 73-86

King, Kenneth J.: Pan-Africanism and Education: A Study of Race, Philanthropy and Education in the Southern States of America and East Africa. Oxford 1971

Livingston, Thomas W.: Education and Race: A Biography of Edward Wilmot Blyden. San Francisco 1975

Lynch, Hollis Ralph: The Native Pastorate Controversy and Cultural Ethno-Centrism in Sierra Leone, 1871-1874. In: Journal of African History 5 (1964) 3, S. 400ff.

Lynch, Hollis Ralph: Edward W. Blyden: Pioneer West African Nationalist. In: Journal of African History 6 (1965a) 3, S. 373-388

Lynch, Hollis Ralph: The Attitude of Edward W. Blyden to European Imperialism in Africa. In: Journal of the Historical Society of Nigeria (Ibadan) 3 (1965b) 2, S. 249-259

Lynch, Hollis Ralph: Edward W. Blyden, Pan-Negro Patriot. London 1967

Ofosu-Appiah, L. H. (Hg.): Dictionary of African Biography (Encyclopaedia Africana), Vol. I: Ethiopia/Ghana. Reference Publ. Inc. 1977; Vol. II: Sierra Leone/Zaire, Reference Publ. Inc. 1979

Okafor, Nduka: The Development of Universities in Nigeria. A study of the influence of political and other factors on university development in Nigeria 1868-1967. London 1971

Röhrs, Hermann: Die Reformpädagogik. Ursprung und Verlauf unter internationalem Aspekt. Weinheim u.a. 2001[6]

Valette, Silke/Adick, Christel: Entstehung und Entwicklung des französischen Kolonialschulwesens in Senegal. In: Wiegelmann, Ulrike (Hg.): Afrikanisch – europäisch – islamisch? Entwicklungsdynamik des Erziehungswesens in Senegal. Historisch-vergleichende Sozialisations- und Bildungsforschung, Bd. 5. Frankfurt/M. 2002, S. 23-61

Wiegelmann, Ulrike (Hg.): Afrikanisch – europäisch – islamisch? Entwicklungsdynamik des Erziehungswesens in Senegal. Historisch-vergleichende Sozialisations- und Bildungsforschung, Bd. 5. Frankfurt/M. 2002

Wallerstein, Immanuel: Africa and the Modern World. Trenton 1986

Irmhild Schrader

Amilcar Cabral: Lernen und Kämpfen für die Befreiung

1 Vorbemerkungen

Die ,Theorie als Waffe' im Kampf um die Befreiung von der Kolonialherrschaft einzusetzen, war Amilcar Cabrals (1924-1973) Überzeugung, die er im Laufe seiner Studien und Diskussionen entwickelte. Dies schlägt sich auch nieder in dem Bildungskonzept, das er für die in den befreiten Gebieten Guinea-Bissaus eingerichteten Dorfschulen erarbeitete. Im folgenden Artikel gehe ich zunächst auf Cabral's politische Theorie und Praxis ein und versuche anschließend eine vorsichtige Annäherung an die beiden Fragen: Welche Bedeutung haben Cabral's Ideen heute im Land? Und: Welche Aspekte stehen im Mittelpunkt der Debatte über eine Weiterentwicklung der nachkolonialen Bildung auf dem afrikanischen Kontinent?

2 Amilcar Cabral: eine politische Biografie

Amilcar Cabral stammt aus einer intellektuellen Familie, die auf den Kapverden ansässig ist. Er gehörte zu der kleinen Minderheit der Assimilados, der Schwarzen also, die eine Schule besuchen konnten. Seine Intelligenz und sein Arbeitseifer verband sich schon frühzeitig mit einer hohen Sensibilität gegenüber der sozialen Umwelt und wurde deutlich in seinen Gedichten und Geschichten. Cabral war zwanzig, als der zweite Weltkrieg in sein letztes Jahr überging. Die Gewalttätigkeiten des Krieges und der Hunger der Menschen prägten seine Gedanken und seine Haltung. Sein Wunsch nach Veränderung der Verhältnisse verstärkte sich.

Amilcar Cabral

12.9.1924:	Geburt in Bafatá, Guinea.
1932:	Umzug auf die Kapverden.
1945-1952:	Studium der Agronomie in Lissabon, politische Aktivitäten, Kooperation mit Studenten aus anderen afrikanischen Ländern (Kolonialismus, Négritude, afroamerikanische Bewegung), Kampf gegen Faschismus in Portugal.
1949:	Politisch brisante Texte während seines Aufenthaltes in Bissau.
1952:	Während der Tätigkeit als Angestellter in der Kolonialverwaltung Aufbau politischer Strukturen mit früheren Kollegen.
1955:	Der portugiesische Gouverneur zwingt ihn, die Kolonie vorübergehend zu verlassen; Cabral schließt sich der Befreiungsbewegung in Angola an.
1956:	Gründung der *Partido Africano da Independência* (PAI) mit dem Ziel der Unabhängigkeit.
Ab 1960:	Verlegung der Parteizentrale nach Conakry (Guinea) und Umbenennung in *Partido Africano da Independência de Guiné e Cabo Verde* (PAIGC); Veröffentlichung theoretischer Schriften zum Befreiungskampf; Reisen zu Kongressen in sozialistischen Ländern (z.B. Kuba 1966) und Redner vor der UNO (1972).
1963:	Beginn des bewaffneten Kampfes gegen die Kolonialmacht Portugal.
20.1.1973:	Ermordung durch einen ehemaligen Kampfgenossen auf Veranlassung der portugiesischen Regierung.

3 Amilcar Cabral: Die Theorie als Waffe

3.1 Grundlagen und Ziele der nationalen Befreiung

Revolutionäres Bewusstsein entsteht nicht spontan, sondern ist das Produkt einer kontinuierlichen Aufklärung und Ausbildung der ‚Massen'. Die Avantgarde entwirft auf Grundlage der einheimischen Sozialstruktur Strategien für den Befreiungskampf. Diese Interdependenz von Theoriebildung, Aufklärung und bewaffnetem Kampf ist eines der Wesensmerkmale der Cabralschen Theorie. Eine Revolution kann scheitern, selbst wenn sie perfekte theoretische Konzeptionen hat, aber sie muss scheitern, wenn sie keine theoretische Fundierung hat: „Ohne revolutionäre Theorie hat noch niemand eine Revolution siegreich zu Ende geführt" (Cabral 1983a, S. 251). Cabrals Theorie setzt auf das Bewusstmachen der eigenen Geschichte und Tradition. Seine Realität kann nur verändern, wer sie genau kennt und seine Kraft und Opferbereitschaft einschätzen kann.

Die Theorie muss an die besonderen lokalen Verhältnisse angepasst sein. Revolutionäre Vorbilder auf die eigenen Verhältnisse zu übertragen, ist nicht der richtige Weg, denn nationale Befreiung und soziale Revolutionen sind „keine Exportartikel, [...] sie sind vielmehr das Ergebnis lokaler – nationaler – Arbeit" (Cabral 1983a, S. 259).

Bei dieser Arbeit an einer revolutionären Theorie der spätkolonialen Gesellschaften Westafrikas stößt der Marxist Cabral auf Widersprüche. Anders als in Industrieländern, wo die Durchsetzung kapitalistischer Verhältnisse Teil eines eigenen historischen Prozesses war, hat der Kapitalismus seine „historische Mission" (Cabral 1983a, S. 255) in den kolonisierten Ländern nicht erfüllt. Weder hat er zu einer beschleunigten Entwicklung der Produktivkräfte geführt, noch zur Vertiefung der Klassendifferenzierung, auch der Lebensstandard der Bevölkerung wurde nicht entscheidend angehoben. Lediglich einer kleinen Minderheit hat die Ausbildung durch die Kolonialverwaltung zu einer privilegierten Position verholfen, da die Kolonialmacht eine administrative Stütze vor Ort brauchte.

Imperialismus tritt in zwei Herrschaftsformen auf: als direkte Herrschaft (klassischer Kolonialismus) mit einem unterschiedlich starken Grad der Zerstörung der vorhandenen Sozialstrukturen, und als indirekte Herrschaft (Neokolonialismus) mit der Herausbildung einer lokalen Bourgeoisie. In beiden Fällen besteht für das beherrschte Volk keine Möglichkeit, frei über die Entwicklung der Produktivkräfte zu entscheiden und so die eigene Geschichte voranzutreiben. Die nationale Befreiung ist also die „Rückeroberung der historischen Persönlichkeit dieses Volkes, ist seine Rückkehr zur Geschichte mittels der Vernichtung der imperialistischen Herrschaft" und erst dann vollzogen, „wenn die nationalen Produktivkräfte vollständig von jeglicher Fremdherrschaft befreit werden" (Cabral 1983a, S. 258). Cabral hebt einen Unterschied besonders hervor: Unter neokolonialistischen Bedingungen ist nationale Befreiung nur als sozialistische Revolution denkbar, „auch wenn sich die Klassenwidersprüche noch in einem embryonalen Stadium befinden" (Cabral 1983a, S. 259).

Cabral gelangt also zu einer modifizierten Sichtweise auf die Marx'sche Revolutionstheorie. Die kapitalistische Klassengesellschaft mit ihrer Bourgeoisie-Proletariat-Dichotomie ist in Kolonialgesellschaften nur „embryonal" (Cabral, 1983a, S. 263) ausgebildet. Umso wichtiger werden Haltungen und subjektive Faktoren in Teilen des Kleinbürgertums und der „Pseudobourgeoisie“ (Cabral 1983a, S. 264). So werden revolutionäre Bewusstseinslagen entscheidend für den Kampf, Aufklärung und Theorie werden zur Waffe.

3.2 Kultur und Freiheitskampf

Kultur ist die Voraussetzung für eine geschichtliche Entwicklung. Nur Gesellschaften, die ihre Kultur bewahrt haben, können erfolgreich den Kampf gegen die Fremdherrschaft aufnehmen. Cabral versteht Kultur als einen dynamischen Prozess. Sie ist eine „stets im Fluß befindliche Erscheinung, die eng mit der wirtschaftlichen und sozialen Umwelt, dem Entwicklungsstand der Arbeitskräfte und den Arbeitsbedingungen der Gesellschaft verknüpft ist“ (Cabral 1983b, S. 111).

Kultur verläuft lokal und temporär unterschiedlich und ist eine „Schöpfung der Volksgemeinschaft, eine Synthese der Lösungen und Kompromisse als Resultat bestimmter charakteristischer Konfliktsituationen im Laufe der geschichtlichen Entwicklung“ (Cabral 1983b, S. 111). Sie ist eine von der „Hautfarbe, der Augenform sowie der geographischen Grenzen gänzlich unabhängige Erscheinung“ (Cabral 1983b, S. 111). Die Befreiungsbewegungen haben das Nachdenken der Menschen über die eigene Tradition geweckt und sie darüber zur Teilnahme am Kampf mobilisiert. Kultur wird so zu einer bedeutsamen Waffe, die die Kolonialmächte durch Assimilation der Bewohner zu entschärfen versuchten.

Dies gelang in Guinea-Bissau in unterschiedlicher Ausprägung. An der Küste und in einigen größeren Orten gab es in der Arbeiterschaft und im Kleinbürgertum Ansätze von Akkulturation, abseits davon haben religiöse und soziale Traditionen überlebt. Ebenso wie in vielen anderen Kolonialländern bildete eine kleine Elite die administrative Stütze. Für sie, die die Werte und Einstellungen der Kolonialmacht übernommen hatte, ist die „Rückkehr zu den Quellen“ die einzige Antwort an die „Adresse der fremden Herren“ (Cabral 1983b, S. 107). Im Kampf um Unabhängigkeit bilden sich unter den städtischen Kleinbürgern drei Gruppen heraus: eine Minderheit, die sich an die herrschende koloniale Oberschicht klammert und sich der Befreiungsbewegung aus Furcht vor dem Verlust ihrer sozialen Stellung widersetzt, eine zögernde und unentschlossene Mehrheit, sowie eine weitere Minderheit, die sich aktiv am Kampf beteiligt.

Der Befreiungskampf bringt Konflikte in traditionelle Strukturen der Kolonie, hat aber auch Auswirkungen auf die politische Entwicklung im ‚Mutterland'. Eine Gesellschaft, die den Kampf um Unabhängigkeit aufnimmt, schreibt ihre Geschichte weiter. Dabei sind Auseinandersetzungen zwischen dem traditionellen Denken und dem eher rationalen Charakter der Befreiungsbewegungen zu erwarten. Der Kampf erfordert eine demokratische Grundhaltung und widerspricht patriarchalischen Stammesstrukturen. Dieser Widerspruch muss bearbeitet werden, denn eine zunehmende Mitbestimmung der Bevölkerung in Fragen der Lebensführung und der Erziehung gehört zum Bestandteil des sozialen und wirtschaftlichen Entwicklungsprogramms.

Auch im Kolonialland kann der Kampf zu unterschiedlichen Reaktionen und politischen Auseinandersetzungen führen. Muss das ‚Mutterland' die Unabhängigkeit der Kolonie anerkennen, gleicht das dem Eingeständnis, dass das kolonialisierte Volk eine Eigenständigkeit besitzt. Dies wiederum stellt für das Kolonialland einen kulturellen Fortschritt dar.

4 Das Bildungssystem in Guinea-Bissau

4.1 Das Schulsystem in den befreiten Gebieten (1964-1974)

Cabral und andere Führungspersonen der PAIGC wuchsen im kolonialen Bildungssystem auf. Aus dieser Erfahrung heraus entwickelten sie ihre Gedanken über eine andere Bildungspolitik. Sie sollte sich von den importierten Bildungsinhalten lösen und Inhalten zuwenden, die den Erfordernissen des Landes entsprachen und auf tradiertem Kulturgut basierten.

Bildung und Kultur verstanden sie als effektive Waffe im Kampf gegen anachronistische Werte und Vorstellungen. Erziehung ist also einerseits Emanzipation von Imperialismus und Unterentwicklung und andererseits ein Instrument für die Verbesserung der konkreten Lebensbedingungen. Beides geht Hand-in-Hand. Über die praktische alltägliche Arbeit verändern sich das Gedankengut und das Selbstbewusstsein der Menschen, die neuen Erkenntnisse wiederum fließen in die Arbeit ein. Die produktive Arbeit trägt zur Entwicklung der moralischen, physischen und kulturellen Bildung des Schülers bei. So verstanden und durchgeführt ist Bildung demnach keine Indoktrination, sondern ein Instrument politischer Mobilisierung über eine generelle soziale Veränderung.

Das Bildungsprogramm der Partei bestimmte die praktische Umsetzung dieses Konzepts. Es wurden Planungsrichtlinien für die Bildungsarbeit und das Verhalten der Lehrer erstellt. Die Intentionen lagen auf fünf Ebenen:

- Ausbildung von Kadern für die Führung eines modernen Industriestaates
- Festigung der nationalen Einheit auf der Basis eines gemeinsamen Bewusstseins
- Vermittlung wissenschaftlicher Kenntnisse zur Befreiung vom Aberglauben
- Integration der guineischen Kultur in die internationale Kultur
- Vermittlung von landwirtschaftlichem Basiswissen zur Produktionssteigerung (vgl. BACG 1988, S. 61f.).

Das Rückgrat des Bildungssystems bildeten die kleinen Buschschulen, die die PAIGC ab 1965 in den befreiten Gebieten einrichtete. Hier sollte das politische Lernen im Mittelpunkt stehen und mit produktiver Arbeit und der Übernahme von Gemeinschaftsaufgaben verbunden sein. Die Unterschiede zur Kolonialschule werden in fünf Bereichen deutlich (vgl. Lepri 1996, S. 94f.):

- Die Erziehung ist mit produktiven Aufgaben verknüpft. Die handwerkliche Beschäftigung ist von Bedeutung für den Kampf, die Dorfgemeinschaft und die Selbstversorgung der Schule.
- Das Verhältnis zwischen Lehrer und Schüler ist gekennzeichnet von kooperativem Zusammenleben und (Selbst-)Kritik.
- Die hohe Motivation aller Beteiligten ist das Resultat der Mobilisierung gegen die Kolonialmacht und der Partizipation aller an der Schulorganisation.
- Die Dorfgemeinschaft ist in das Schulleben einbezogen. Der Unterricht ist der Öffentlichkeit zugänglich.
- Das Schulnetz stellt ein Organisationselement oberhalb von Familie, Dorf und Ethnie her und ist notwendig für die ideologische Ausbildung und Rekrutierung von Kadern.

Die Schulen waren einfache funktionale Gebäude: ein Blätterdach, Bankreihen, eine Tafel. Sie lagen meistens im Busch, um vor Luftangriffen besser geschützt zu sein. 1971/72 gab es 164 solcher Schulen, die mehrere Dörfer versorgten. 10.898 Jungen und 3.633 Mädchen besuchten diese Schulen mit vier Jahrgängen. Der Lehrer musste mit vielen Kindern unterschiedlicher Klassen- und Altersstufen arbeiten. Als Assistenten fungierten häufig ältere Schüler. Disziplinprobleme traten kaum auf, da die Schüler sehr lernwillig waren. Am schwierigsten war die Versorgung mit Schulmaterialien. Bücher, Hefte, Stifte wurden von älteren Schülern in tagelangen Märschen ins Dorf geholt.

Das Bildungssystem beschränkte sich jedoch nicht nur auf die beschriebenen Buschschulen, sondern umfasste auch die Ausbildung im Sekundarbereich (in Internaten), die Bildung der Parteikader, die Ausbildung der Lehrer und die Erwachsenenbildung.

Das Programm der PAIGC setzte auf Überzeugung durch Einsichten, nicht auf Indoktrination. Entsprechend sah das Curriculum aus: klar reflektierte Inhalte für die verschiedenen Unterrichtsfächer. Als Unterrichtssprache entschied man sich für Portugiesisch, um die Schüler ohne Minderwertigkeitskomplex an die internationale Gemeinschaft anzubinden. Die regionale Kultur und Tradition sollte in verschiedenen Fachbereichen aufgegriffen und mit dem Befreiungskampf verknüpft werden. Die Schüler waren an der Schulverwaltung beteiligt, um ihr demokratisches Verhalten zu schulen. Die Präsentation der Unterrichtsinhalte erfolgte aus parteilicher Perspektive mit der Zielrichtung auf Mobilisierung und mit dem Anspruch, den Schülern kollektives und individuelles Selbstbewusstsein zu vermitteln. Der explizit politische Inhalt der Textbücher war minimal, sie waren attraktiv aufgemacht und ermöglichten eine Erweiterung für die lokalen Gegebenheiten.

Die Umsetzung in die Praxis erwies sich vielerorts als schwierig und Widersprüche wurden deutlich. Einerseits ging es darum, durch einen gezielten Selektionsprozess Kader für den Befreiungskampf zu rekrutieren, andererseits sollte Wissen möglichst breit vermittelt werden, um Demokratisierungsprozesse auf allen Ebenen einzuleiten. Zwischen 1967 und 1970 erlitt die Zahl der Schüler einen Einbruch, der u.a. auf Vorbehalte bei der moslemischen Bevölkerung, auf eine mangelnde Anpassung der Schulzeiten an landwirtschaftliche Arbeitsphasen, aber auch auf Lehrermangel und Versorgungsschwierigkeiten zurück zu führen ist.

4.2 Die Schulsituation am Ende der Kolonialzeit

Nach der Befreiung im Jahre 1974 existierten in Guinea-Bissau zwei unterschiedliche Erziehungssysteme. Neben den Buschschulen gab es – vorwiegend in den Städten – noch die von der portugiesischen Kolonialverwaltung eingerichteten Schulen. Die Ausbildung hier war einer kleinen Minderheit, den Assimilados, vorbehalten und hatte zum Ziel, die Schüler auf die Arbeit im Dienst der Kolonialmacht vorzubereiten. Für die ‚Eingeborenen' waren nur eine rudimentäre Vermittlung von Portugiesischkenntnissen und Rechenfertigkeiten vorgesehen, diese Aufgabe hatten die Missionsstationen übernommen. Die Unterrichtsinhalte und Methoden der Kolonialschulen waren an das Schulsystem im ‚Mutterland' angeglichen, der Schulbesuch entfremdete die jungen Menschen von ihrer afrikanischen Kultur und Gesellschaft. Während des Befreiungskampfes verstärkte die Kolonialverwaltung ihre Bildungsmaßnahmen. Der Schulbesuch lag daher zeitweise höher als in den befreiten Gebieten, so wurden 1972 insgesamt 297 Schulen mit 661 Lehrern und 31.281 Schülern verzeichnet (vgl. Koudawo 1996, S. 73). Diese Ausbildung hat allerdings nicht zu einer Mobilisierung pro Portugal geführt.

Nach der Unabhängigkeit wurden die Kolonialschulen von der PAIGC übernommen. Da man den etwa 80.000 Kindern eine sechsjährige Grundausbildung ermöglichen und die Analphabetenrate senken wollte, konnte man eine Schließung der Kolonialschulen nicht verantworten. Die dort vermittelten Inhalte sollten aber möglichst zügig denen der Buschschulen angeglichen werden, was angesichts fehlender Lehrmaterialien und brüchiger Organisationsstrukturen kaum umzusetzen war.

4.3 Die Entwicklung nach der Unabhängigkeit

Politisches Ziel aller Regierungen seit der Unabhängigkeit war, eine bessere Ausbildung für alle zu ermöglichen. Mit der Liberalisierung der Wirtschaft geriet das Bildungswesen in eine tiefe Krise, das Budget des Bildungsministeriums stagnierte. Eine für das Jahr 2000 angestrebte 100-prozentige Einschulungsquote ist – nicht nur wegen des Bürgerkriegs (1998/99) – in weite Ferne gerückt. Aktuell (2000) liegt sie bei 79% der Jungen und 45% der Mädchen (Worldbank 2001), ein großer Teil der Kinder brechen den Schulbesuch innerhalb der ersten vier Jahre ab. Die Analphabetenquote der über 15-Jährigen lag im Jahr 1999 bei 42% (männlich) bzw. 82% (weiblich) (Worldbank 2001).

Vorrangiges Ziel der ‚Regierung der Nationalen Einheit' (1999/2000 – von der im Februar 2000 gewählten Regierung unter Präsident Kumba Yala liegen keine neuen Richtlinien vor) war es, ein einheitliches Grundschulsystem (1.-6. Klasse) zu schaffen, das 70% der entsprechenden Altersgruppe erfasst und die Mädchen mit 45% beteiligt. Die Abbrecherquote soll bei maximal 15% liegen. Nach dieser Grundbildung sollen die Jugendlichen Haltungen und Fähigkeiten erworben haben, die sie zum Besuch der weiterführenden Schule oder zum Eintritt ins Berufsbildungswesen befähigen. In der Sekundarschule steht der erweiterte Zugang zu Informationen,

Technologie und Fremdsprachen im Mittelpunkt. Bildungsinhalte sind mit staatlichen und privaten Institutionen, Organisationen und Unternehmen abzustimmen. Auch dem Prinzip des lebenslangen Lernens für alle wird eine hohe Aufmerksamkeit geschenkt. So soll die Analphabetenquote bis zum Jahr 2005 auf 55% gesenkt werden. Um diese Ziele zu erreichen ist angestrebt, den Bildungsetat bis 2004 auf 25% des Staatshaushaltes zu erhöhen (vgl. República da Guiné-Bissau 2000, S. 4-8).

Erste Ansätze sind sichtbar: das Interesse an einer guten Ausbildung nimmt zu, die Schülerzahlen steigen, die Elementarschule ist seit dem Schuljahr 2000/2001 kostenlos, Schulen werden repariert. Um die Qualität des Unterrichts zu erhöhen wurde jede Lehrkraft mit einem Handbuch, das eine Themenzusammenfassung für fast alle Unterrichtsfächer enthält, sowie detaillierten Unterrichtsprogrammen ausgestattet. Zusätzlich treffen sich die Lehrkräfte der Region in Studienzirkeln und können an Weiterbildungsseminaren teilnehmen.

4.4 Das Dorfschulkonzept im Spiegel der aktuellen Debatte

Wo gibt es Verknüpfungen zwischen dem Konzept der Dorfschulen und neuen Diskussionsansätzen? In welche Richtung könnte sich das Bildungssystem entwickeln? An vier Punkten will ich dies skizzieren:

1. Die Buschschulen wollten eine Ausbildung vermitteln, die sich auf die eigene Kultur bezieht, die eine Verknüpfung moderner Inhalte mit dem traditionellen Lernen auf dem Lande gewährleistet und die eine Verbindung mit produktiver Arbeit herstellt. Diese Idee findet sich wieder in der aktuellen Debatte um die Festlegung der Erziehungsziele und die inhaltliche Gestaltung des Curriculums. Welche Werte, welche Selbst- und Fremdbilder werden vermittelt, um eine kollektive Identität herzustellen? Dient Bildung dem Erwerb von Wissen, oder ist es ein Prozess, in dem um die Entwicklung der Persönlichkeit gerungen wird? Welches Wissen und welche Lernformen sind zukunftsfähig? Bildungstheoretiker und Praktiker befinden sich in diesen Fragen in der Auseinandersetzung mit politischen Entscheidern und internationalen Geldgebern. Zu den neuen Themenfeldern im Curriculum gehören u.a. die afrikanische und nationale Geschichte, ‚indigenous knowledge', Menschenrechte, Sexualerziehung, Umweltbildung, Gender-Aspekte, Auswirkungen der Globalisierung.

2. Die Buschschulen waren ‚Schulen im Dorf', die sich an das Alltagsleben anpassten und Qualifikationen vermittelten, die auf die Lebensbedingun-

gen zugeschnitten waren. Eine solche Dezentralisierung des Erziehungssystems, die der Kommune eine Organisationsform erlaubt, die den jeweiligen Gegebenheiten angepasst ist und eine schnelle Umstrukturierung ermöglicht, wird eher – und vielleicht auch kostengünstiger – zu einer Verbesserung der Bildungssituation führen als zentrale Vorgaben. Auch private Initiativen finden in einem derartigen System ihren Platz. Ein autonomer Status verschafft den Schulen Flexibilität: bei der Erprobung von Unterrichtsformen und Projekten, in Kooperation mit lokalen Experten und – hinsichtlich einer Berufsausbildung – mit Betrieben und Selbstständigen aus dem informellen Sektor.

3. In der Anfangsphase der Buschschulen war Portugiesisch als Unterrichtssprache vorgesehen. Dies sollte die Verständigung zwischen den Ethnien erleichtern und den Schülern einen besseren Zugang zur internationalen Gesellschaft ermöglichen. Allerdings gab es keine angemessene Methode für den Erwerb einer Fremdsprache. Deshalb wurde Anfang der 80er Jahre die Verkehrssprache Kreolisch systematisiert und verschriftlicht und sollte als Unterrichtssprache dienen. Heute ist die Bedeutung der Muttersprache für die individuelle Entwicklung des Kindes allgemein anerkannt und so fordern Pädagogen und Sprachwissenschaftler, dass in den ersten Schuljahren der Unterricht in der Muttersprache stattfinden soll. So kann das Kind das Wissen seiner Herkunftsfamilie und -region aufnehmen und auf dieser Grundlage seine eigene Kreativität entfalten.

4. Die Buschschulen waren lebensnah und dadurch im Dorf akzeptiert. Eltern unterstützten den Schulbesuch ihrer Kinder. Um eine Grundausbildung für alle zu sichern, ist ein adäquates, kostenfreies Angebot notwendig. Darüber hinaus können Informationskampagnen verdeutlichen, dass Bildung eine Grundlage für die demokratische Entwicklung ist und dass es das Recht jeden Mädchens ist, eine Schule zu besuchen. Auch für Alphabetisierungsprogramme gilt das Prinzip der Lebensdienlichkeit. Hier ist eine Ausweitung der öffentlichen oder privaten Initiativen erkennbar. Fachhochschulen und Universitäten stellen eine hohe Belastung für jeden Bildungsetat dar. Für diesen Bereich der (universitären) Aus- und Weiterbildung wäre eine stärkere Kooperation mit den jeweiligen Nachbarländern denkbar.

Die Beispiele machen deutlich, dass Verbindungslinien zwischen Cabral's Schulkonzept, auf das sich das Bildungsministerium allerdings nicht bezieht, und neuen Denkansätzen bestehen. Die offene Situation nach dem Krieg in Guinea-Bissau bietet Raum für Experimente, die von den Beteiligten vor Ort und durch eine wissenschaftliche Auswertung kritisch begleitet werden müssen. So kann sich ein Leitbild für ein neues Bildungssystem entwickeln, das der kontinuierlichen Überprüfung bedarf.

5 Resümee

Amilcar Cabral gehört zur zweiten Generation der Befreiungskämpfer. Wie die meisten anderen hat auch er das Bildungssystem der Kolonialmacht kennen gelernt. Er selbst ist kein Pädagoge, seine Vorstellung von einem Bildungswesen ist durch die eigenen Erfahrungen und die politische Auseinandersetzung vor und während des Unabhängigkeitskampfes geprägt. Eine gesellschaftliche Entwicklung ist seiner Ansicht nach nur im Dialog möglich. Da hier widersprüchliche Interessen aufeinandertreffen, kann es zu Konflikten oder zum Kampf kommen. Auch Bildung ist ein Prozess der Auseinandersetzung. Das Schulsystem muss einen Rahmen bieten für dialektische Bewegungen bei allen Beteiligten: Lehrern, Schülern, Eltern, Politikern, in der Nachbarschaft.

Um ‚Visionen für das Bildungssystem in Afrika' ging es kürzlich bei einer Tagung in der Akademie Loccum. Viele Denkansätze kamen zur Sprache, von Reformversuchen, Widerständen und politischen Auseinandersetzungen wurde berichtet. Ein Blick auf die Krise im deutschen Bildungssystem macht deutlich, dass viele Überlegungen, die wir in Loccum hörten, nahe bei unseren eigenen liegen.

Literatur

Andrade, Mario de: Amilcar Cabral. Essai de biographie politique. Paris 1980

Achinger, Gertrud: Guinea-Bissau. In: Nohlen, Dieter/Nuscheler, Franz (Hg.): Handbuch der Dritten Welt. Bonn 1993[3] (Westafrika und Zentralafrika, Bd. 4), S. 253-265

Broschürenreihe der Amilcar Cabral Gesellschaft: Erziehung in Guinea-Bissau, (1977)5 [BACG]

Broschürenreihe der Amilcar Cabral Gesellschaft: Guinea-Bissau. Auf der Suche nach einem neuen Weg, (1988)15

Homepage der Amilcar Cabral Gesellschaft: http://www.a-c-g.org/seiten/infogb.htm

Cabral, Amilcar: Die Theorie als Waffe. Schriften zur Befreiung in Afrika. Bremen 1983a

Cabral, Amilcar: Kultur und Freiheitskampf. In: Große-Oetringhaus, Hans-Martin: Jeder ein Lehrer – jeder ein Schüler. München 1983b

Estudos Prospectivos a Longo Prazo da Guiné-Bissau – Instituto Nacional de Estudos e Pesquisa (Hg.): Guiné-Bissau 2025 Djitu Ten. Bissau 1996

Koudawo, Fafali: A independência começa pela escola. Educaçao do PAIGC versus educaçao colonial. In: Cardoso, Carlos/Augel, Johannes (Hg.): Guiné-Bissau – Vinte anos de independência. Instituto Nacional de Estudos e Pesquisa (INEP). Bissau 1996, S. 67-78

Lepri, Jean Pierre: En 1993, l'école bissao-guinéenne a vingt ans. In: Cardoso, Carlos/Augel, Johannes (Hg.): Guiné-Bissau – Vinte anos de independência. Instituto Nacional de Estudos e Pesquisa (INEP). Bissau 1996, S. 93-103

Monteiro, Joao José: O ensino guineense – a democratizacao ameacada. In: Cardoso, Carlos/Augel, Johannes (Hg.): Guiné-Bissau – Vinte anos de independência. Instituto Nacional de Estudos e Pesquisa (INEP). Bissau 1996, S. 105-121

Rudebeck, Lars: Guinea-Bissau. A study of Political Mobilization. Uppsala 1974

Tagungsprotokolle: Visionen für das Bildungssystem in Afrika. Loccum 2002 (unveröffentlicht)

World Bank: 2001 World Development Indicators (CD-ROM)

Harry Noormann

‚Menschen können sich nur selbst entwickeln'. Anmerkungen zu Nyereres Vorstellung von Bildung und Entwicklung

1 Vorbemerkungen

Julius K. Nyerere war schon zu Lebzeiten Legende. Als der erste Staatspräsident der Republik Tanzania am 14. Oktober 1999 in einer Londoner Klinik nach einem Schlaganfall verstarb, gab es ein weltweites Echo der Betroffenheit und Trauer. Keine pietätvollen Kondolenzbotschaften, stattdessen Nachrufe, die das Ansehen, ja die Verehrung eines der „bedeutendsten Staatsmänner Afrikas im 20. Jahrhundert" (Datta 2001, S. 7) einmal mehr bestätigen sollten. Ein auf den ersten Blick paradoxes Phänomen, wenn mit guten Gründen behauptet werden kann, seine Amtszeit sei „durch Niederlagen gekennzeichnet" gewesen (ebd., S. 12).

Drei Jahre vor der Geburt des Julius Kambarage Nyerere im Jahre 1922 hatte nach dem verlorenen 1. Weltkrieg die deutsche Kolonialmacht den größten Teil von ‚Deutsch-Ostafrika' (mit den Territorien von Tanganjika, Ruanda und Burundi) an die britischen Kolonialherren abtreten müssen. Die Deutschen hatten dem Land ein drakonisches Regime mit Zwangsarbeit auf den Baumwollplantagen, Hüttenbesteuerung und brutalen Strafexpeditionen auferlegt (1891-1918). Der ‚Maji-Maji-Aufstand' gegen die deutsche Herrschaft 1905/06 kostete Zehntausenden von Afrikanern das Leben. Die andere Seite: Bau von Verkehrswegen, intensive Landbewirtschaftung, Industrieproduktion. Die Engländer nutzten wie die Deutschen das Land für ihren Bedarf an Rohstoffen und Produkten weiter aus, zeigten am Ausbau der Infrastruktur aber wenig Interesse, denn sie handelten – anders als in Kenia – als Mandatsmacht des Völkerbundes (Hofmeier 1993,

S. 181). Schulbildung war das Privileg einer kleinen Bevölkerungselite im Dienst der kolonialen Wirtschaft und Verwaltung.

Der 12jährige Nyerere nahm für seine Grundbildung einen täglichen Fußweg von 26 Meilen in Kauf. In Tabora, weit entfernt im Zentrum des Landes, absolvierte er in einer von den Deutschen gegründeten ‚höheren Lehranstalt' eine Sekundarausbildung. Gefördert von den katholischen Patern dieser Missionsschule konnte Nyerere am Makarere Teachers' Training College, der ersten Hochschule Ostafrikas im benachbarten Uganda, erfolgreich ein Lehramtsstudium abschließen. Vier Jahre lang war er in Tabora als Lehrer tätig, bevor er ab 1949 im schottischen Edingburgh mit dem Stipendium eines Missionsordens ein Zweitstudium in Geschichte und politischer Ökonomie aufnahm.

Er soll der erste tanzanische Student an einer britischen Universität und der zweite gewesen sein, der mit dem Magister einen akademischen Titel außerhalb Afrikas erworben hat. Nach seiner Rückkehr in den Lehrerberuf in seinem Heimatland entschied sein politisches Engagement alsbald seine berufliche Zukunft. 1954 bewies Nyerere zum ersten Mal außergewöhnliches politisches Geschick, als es ihm gelang, rivalisierende nationalistische Flügel in der ersten politischen Organisation, der TANU (Tanganjika African National Union) zu vereinen und binnen kurzer Zeit zur stärksten antikolonialen Kraft auszubauen. Da die Briten den Unabhängigkeitsbestrebungen wenig Widerstand entgegensetzten, schaffte es das breite Bündnis unter Führung Nyereres innerhalb von nur sieben Jahren, 1961 die Unabhängigkeit des Landes von der britischen Kolonialherrschaft ohne Blutvergießen zu erringen. Es war von unschätzbarem Vorteil für die Befreiung und die weitere Entwicklung des jungen Nationalstaates, dass keine der über 120 Ethnien des Landes eine dominante Führungsrolle beanspruchen konnte und die Nationalsprache Kiswahili ein starkes Band nationaler Identität darstellte.

Seit 1960 bereits Premierminister, wurde Nyerere 1962 zum Staatspräsidenten von Tanganjika gewählt. Nach einer blutigen Revolte gegen die arabische Sultansherrschaft auf Zansibar erreichte Nyerere mit der neuen Revolutionsregierung 1964 die staatliche Integration beider Landesteile zur ‚Vereinigten Republik von Tanzania'.[1] 1965 wurden auf dem Festland die ersten demokratischen Wahlen in einem afrikanischen Einparteienstaat

---

[1] „Tanzania" ist ein Kunstwort, gebildet aus den Silben TAN (= Tanganjika), ZA(N) (= Zansibar) und (N)IA (=Azania). Der Begriff Azania erinnert an die griechische Bezeichnung für das Hinterland der ostafrikanische Küste (Hundsdörfer 1977, S. 5f., Anm. 2).

durchgeführt. Viermal wurde Nyerere als Staatspräsident wiedergewählt, bis er 1985 als erster führender Politiker eines afrikanischen Landes freiwillig sein Amt zur Verfügung stellte. Der Einfluss des als ,Vater der Nation' geehrten Präsidenten auf das Geschick des Landes blieb erhalten. Bis 1990 amtierte er als Vorsitzender der Revolutionären Staatspartei CCM und nahm maßgeblichen Einfluss auf die ersten freien Präsidentschaftswahlen von 1995, aus denen sein Protegé B.W. Mkepa als Sieger hervorging.

Julius Kambarage Nyerere

13.03.1922:	Geburt in Butiama (nahe dem Ostufer des Victoriasees); Häuptlingssohn des Volkes der *Zanaki*; Katholik, Besuch einer katholische Missionsschule, anschließend Makerere Teachers' Training College, Uganda.
1944-1949:	Tätigkeit als Lehrer in Tanganjika.
1949-1952:	Studium der Geschichte und politischen Ökonomie (Abschluss M.A.) als erster Tanganjikaner in Großbritannien und weitere Tätigkeit als Lehrer in Tanganjika.
1954:	Gründung der *Tanganyika African National Union* (TANU) als nationale Massenpartei.
1960:	Ministerpräsident; Aufgabe des Amtes nach Erreichung der Unabhängigkeit Tanganjikas (1961); Staatspräsident von Tanganjika Anfang 1962 (Wiederwahl 1965, 1970, 1975, 1980).
1964:	Zusammenschluss von Tanganjika und Sansibar zur Vereinigten Republik Tansania.
1967:	Niederlegung seiner sozialistischen Überzeugungen in der ,Deklaration von Arusha'; Verstaatlichung die Banken und anderer Wirtschaftsunternehmen; Forderung der Neugründung sozialistischer Dorfgemeinschaften und einer Reform des Schulwesens.
1985:	Rücktritt als Staatspräsident; Vorsitzender der Einheitspartei CCM (Chama Cha Mapinduzi: Revolutionäre Staatspartei) bis 1990; maßgeblicher Einfluss auf die ersten freien Präsidentschaftswahlen 1995 als ,Vater der Nation'; Sieg des von ihm geförderten Kandidaten Benjamin William Mkepa.
14.10.99	Tod in London

Über die Gründe für das internationale Renommee Nyereres sagen dürre biografische Daten (siehe Kasten) wenig aus. Sein hohes Ansehen gründet zum guten Teil in der Integrität seiner Person, die mit eigenen Fehlern schonungsloser umging als mit fremden. Schweizer Bankkonten konnten ihm nicht nachgesagt werden. Statt der Versuchung eigener Bereicherung nachzugeben, kürzte der ohnehin schlecht bezahlteste Staatspräsident der Welt von sich aus sein Salär, um sich nicht vom Volk zu entfernen. Die Umstände dafür sind bezeichnend: Im Oktober 1966 protestierten Studenten der Universität Daressalam gegen eine Anweisung zum Abbau von Privilegien. Sie sollten nach Studienabschluss gegen geringes Entgeld zwei Jahre für den Staat arbeiten. Nyerere ließ sie exmatrikulieren (die meisten kehrten nach einigen Monaten zurück), kürzte das Gehalt aller Regierungsbeamten und sein eigenes um ein Viertel (Meueler 1974, S. 85).

Seine Persönlichkeit vereinigte auf einzigartige Weise die traditionale afrikanische Kultur, eine hohe akademische Bildung britischer Provenienz und eine katholisch-christliche Werteprägung.[2] Diese Synthese begründete Nyereres visionären Glauben an den fundamentalen Grundsatz, dass die Würde des Menschen, ungeachtet aller Differenzen, der einzige Zweck und die einzige Rechtfertigung für die Existenz von Gesellschaften sei.[3] Da Nyerere für diese tiefe Überzeugung mit seiner Person einstand, wuchs ihm eine führende Rolle bei der Entkolonialisierung von Ländern wie Angola, Mosambik, Namibia und Zimbabwe zu. Eine wichtige Rolle spielte er beim Kampf um eine politische Überwindung des Apartheidregimes in Südafrika. Die panafrikanische Einheit versuchte er zusammen mit anderen Staatsführern durch die Gründung der OAU 1963 voranzutreiben und einen Kurs der blockfreien Unabhängigkeit zwischen den Weltmächten des Kalten Krieges durchzuhalten. Wie im burundischen Bürgerkrieg Ende der 80er Jahre und 1996 agierte er als geachteter Friedensvermittler in ethnischen Konflikten.[4] Als anerkannter Sprecher der Dritten Welt zollten ihm seine Gegner Respekt auch dann, wenn er mit den Industrieländern, der Weltbank und dem Internationalen Währungsfond hart ins Gericht ging (Nyere-

---

[2] Horst Gründer vertritt gegen das verbreitete missionsgeschichtliche Stereotyp „Sie brachten uns die Bibel und nahmen uns das Land“ die These, dass die schwarze Intelligentsia vorwiegend aus den Missionsschulen kam. Die christliche Erziehung dort habe für Nyerere und andere eine „dialektische Wirkung“ gehabt – zum einen die Funktion der Anpassung und Unterordnung im kolonialistischen System, zum anderen kraftvolle Impulse freigesetzt zum passiven Widerstand, zu Reformen und unblutigem Wandel. Stimulierend habe der übernationale Charakter des Christentums auf die Überwindung von Klassenschranken und auf den panafrikanischen Gedanken gewirkt. Vor allem diente die Bibel als ein „Handbuch“ „bzw. die christliche Lehre als Legitimationsgerüst für den Unabhängigkeitskampf“ (Gründer 1992, S. 584f.).

[3] Vgl. die Selbstdarstellung der ‚The Mwalimu Nyerere Foundation‘, Tanzania; veröffentlicht unter: www.nyererefoundation.or.tz; 13.3.2002

[4] Vgl. den Nachruf des Generalsekretärs des Lutherischen Weltbundes, Dr. Ishmael Noko; veröffentlicht unter: www.wfn.org; 13.3.2002

re, ‚Noch immer machen die Armen die Reichen reicher' 1985; zit. n. Datta 2001, S. 139-152). Vom Präsidentensitz wechselte der ‚Ruheständler' Nyerere seinen Arbeitsplatz nach Genf als Vorsitzender der ‚South-Commission' (und der Nachfolgeorganisation Intergovernmental South Centre), wo er von 1986 bis zu seinem Tode gegen die ruinöse Verschuldung der Südländer an nachhaltigen Entwicklungsstrategien und an Alternativen zu den neoliberalen Strukturanpassungsprogrammen von Weltbank und IWF gearbeitet hat.

Den Beruf des Lehrers habe er gewählt und den Weg eines Politikers habe ihm der Zufall gewiesen, soll Nyerere einmal rückschauend gesagt haben. Sein Werk als Politiker trug ihm die vormalige Berufsbezeichnung nun als Ehrentitel an: ‚Mwalimu' – Lehrer nannten ihn respektvoll seine Landsleute. Tatsächlich kam seine politische Vision in mehrfacher Hinsicht einer gewaltigen Bildungsaufgabe gleich.

„One cannot make a tree grow faster by pulling it from outside;
it has to grow from its roots"
(Brautigam; zit. nach Hein 2000, S. 218).

2 Nyereres Entwicklungsphilosophie: Aus eigenen Wurzeln wachsen

Nyereres Konzept einer befreienden Pädagogik bleibt unverständlich ohne den damaligen entwicklungspolitischen Kontext, der über zwei eng zusammenhängende Schlüsselbegriffe erschlossen werden kann – Self-Reliance und Ujamaa-Sozialismus.

Seit Anfang der 70er Jahre zog Tanzania die Aufmerksamkeit einer breiten (entwicklungs-)politischen Öffentlichkeit auf sich: Die junge Republik schickte sich an, auf einem dritten Weg zwischen westlichem Kapitalismus und östlichem Staatssozialismus ein originär afrikanisches Modell einer sozial gerechteren Gesellschaftsordnung zu verwirklichen. Die Programmatik der *Arusha-Erklärung von 1967* (Datta 2001, S. 27-45), leitete den neuen politischen Kurs ein: u.a.: ausländische Banken, Handels- und Produktionsbetriebe mussten 51% ihrer Besitzanteile an den Staat verkaufen; Konzentration staatlicher Aktivitäten auf Gesundheit, Erziehung, Grundversorgung, Nivellierung des Stadt-Land-Gefälles in Einkommen und Infrastruktur. In der Folge bestimmten zwei entwicklungspolitische Leitsterne die öffentliche Debatte: ‚*Kujitegemea*': Vertrauen auf die eigene Kraft – self-reliance und ‚*Ujamaa*' : Gemeinschaftsleben in der (Groß-)Familie.

2.1 ‚Self-reliance'

Es war vornehmlich dieser Begriff mit seinen anti-neokolonialen Konnotationen, der die Kritiker von zwei gescheiterten Entwicklungsdekaden, Vietnamgegnern und Dritte-Welt-Engagierten aufhorchen ließ. Ein armes afrikanisches Land ohne Eigenkapital und Exportressourcen ging wie vor ihm China das Wagnis ein zu erklären, es wolle seine gewonnene Freiheit nicht zum Preis neuer ökonomischer Abhängigkeiten durch Kredite und profitable Kapitalinvestitionen verspielen: ‚Wir wollen nicht davon abhängen, dass das Geld den Fortschritt bringt' (Arusha-Erklärung). Wirtschaftspolitisch ging man das Risiko ein

- alle Nahrung in ausreichender Qualität und Vielfalt für die Versorgung der Bevölkerung selbst zu produzieren,
- die Produktionsweisen den heimischen, d.h. einfachen Bedingungen anzupassen und Dienstleistungen wie Wasserversorgung, Gesundheitswesen, Schulen aus eigenen Kräften heraus zu entwickeln,
- neben dem Vorrang einer verbesserten Grundversorgung Exportgüter herzustellen zur Devisenerwirtschaftung.

Ein Beispiel für die schwierige Balance zwischen Unabhängigkeit und Hilfsbedürftigkeit war der entwicklungsstrategisch wichtige Bau der Eisenbahnlinie zwischen Tanzania und Zambia. Weder die Weltbank noch westliche Industrienationen mochten die gewünschten Garantien geben, bis schließlich China 1967 bereit war, die nötige Hilfe zu Bedingungen der tanzanischen Regierung zu gewähren (vgl. Meueler 1974, S. 71ff.).

‚Self-reliance', der Schlüsselbegriff tanzanischer Politik bis in die 80er Jahre hinein, umfasste indes mehr als ein wirtschaftspolitisches Prinzip. Die Selbstverantwortlichkeit von Entscheidungen und die Eigenständigkeit in der Weise ihrer Durchführung sollte alle gesellschaftlichen Lebensbereiche durchdringen, die Wirtschaft wie das Schulwesen, das kommunale wie das familiäre Leben. Er besaß nicht zuletzt eine entscheidende psychologische Komponente: Die Schaffung von Motivation und Selbstvertrauen, auch gegen die Evidenz widriger Umstände auf die eigenen Kräfte und Fähigkeiten zu setzen.

2.2 ‚Ujamaa'

Sozialismus ist für Nyerere keine Utopie, sondern gelebte afrikanische Wirklichkeit. Er nennt die überkommene afrikanische Lebensweise im Verband der Großfamilie „Stammessozialismus“ (Nyerere, ‚Ujamaa‘ 1962; zit. n. Datta, 2001, S. 25). In ihr haben – idealiter – alle Anteil an den Entscheidungen, die das Leben der Einzelnen betreffen, alle werden als gleichwertige Mitglieder der Gemeinschaft geachtet, die Arbeit wird gemeinschaftlich zum Wohl des Ganzen verrichtet. „In den Stammesgesellschaften waren die Einzelnen oder die Familien innerhalb des Stammes ‚reich‘ oder ‚arm‘, je nachdem, ob der ganze Stamm reich oder arm war. Wenn es dem Stamm gut ging, dann hatten alle Mitglieder des Stammes Anteil am Wohlstand“ (ebd., S. 24). Dem Solidarprinzip ist es geschuldet, so Nyerere, dass die afrikanische Gesellschaft kein Parasitentum, keine „Klasse“ von müßigen Großgrundbesitzern hervorgebracht hat (ebd., S. 18), aber auch nicht das Verlangen nach individuellem Besitz, Prestige und Macht, die den ‚anderen‘ Reichtum privater Akkumulation von Vermögen in den kapitalistischen Ländern hervorgebracht hat.

Der Einzelne kann sich des Schutzes der Familie sicher sein, er ist vollständig abgesichert, auch wenn ihn Schicksalsschläge treffen. Aber er ‚ist‘ (nur), indem er Mitglied der Gruppe ist. „Man is familiy“, heißt ein tanzanischer Spruch – Menschsein ist Familie sein (Sundermeier1990, S. 26).[5]

Nyerere hat bereits Anfang der 60er Jahre betont, die Großfamilie sei *Grundlage und Ziel* des afrikanischen Sozialismus‘ (ebd., S. 25). Aber die traditionelle Gleichberechtigung im Solidarverbund hatte *„die Gleichheit der Armut zur Grundlage“*. Um die überlieferten Strukturen mit dem Wunsch und Ziel nach besseren Lebensbedingungen in Einklang zu bringen, stellte sich die entwicklungspolitische Kardinalaufgabe, die *„Grundsätze* traditionaler Lebenshaltung bei(zu)behalten, die *Techniken* aber dem 20. Jahrhundert an(zu)passen“ (Nyerere, ‚After the Arusha-Declaration‘ 1968, zit. n. Meueler, S. 80; Hervorh. v. mir; H.N.).

Ujamaa im Sprachgebrauch Nyereres bedeutete daher wirtschaftspolitisch,

- der ländlichen Entwicklung den unbedingten Vorrang einzuräumen (ca. 90% der Bevölkerung lebte auf dem Land) und dabei die vorhandenen Ressourcen und Kompetenzen zu nutzen: „Wir sind nicht weit genug für den Traktor, wohl aber für den Ochsenpflug“ (Nyerere, ‚After the Aru-

[5] Diese grundlegende kulturelle Differenz zur westlichen Anthropologie, in der Menschsein mit Individuation gleichgesetzt wird, ist in der entwicklungspolitischen und -pädagogischen Diskussion um das ‚Modell Tanzania‘ m.E. überhaupt nicht beachtet worden, da das Augenmerk stets auf den Aspekt der self-reliance fixiert blieb. Sie blieb europäischen Verstehensmöglichkeiten wohl nicht nur deshalb verschlossen, weil in den 70er Jahren politökonomische und soziologische Kategorien vorherrschend waren und ethnologische, kulturanthroplogische und mentalitätspsychologische Interpretationsmethoden keine Rolle spielten.

sha-Declaration‘ 1968; zit. nach Meueler, S. 66; zum Vergleich mit Gandhi vgl. Datta 2001, S. 11);

- die meist zerstreut und weit entfernt lebenden Familien in genossenschaftlichen Dörfern zusammenzufassen und diese nach basisdemokratischen Regeln zu organisieren,
- Methoden zur effektiveren landwirtschaftlichen und handwerklichen Produktion und Arbeitsteilung zu entwickeln, Kleinindustrien aufzubauen und die sozialen Standards anzuheben; die dörfliche Produktion regional aufeinander abzustimmen und die Zusammenarbeit der kleinen Einheiten auf regionaler und nationaler Ebene zu fördern.

Diese Maßnahmen führen jedoch nach Nyerere allesamt in die Sackgasse, solange sich die Menschen nicht den Zusammenhang von Freiheit, Entwicklung und Disziplin zu Eigen machen. Die Freiheit der Nation hängt ab von der Befreiung von Hunger, Krankheit und Armut. Die Freiheit von materieller Not hängt ab vom Wissen und Bewusstsein der Menschen, sie besiegen zu wollen. Dieses Bewusstsein wiederum kann nur wachsen, wenn jeder einzelne Mensch um sein Recht auf Freiheit und ein würdiges Dasein weiß und die Zusammenhänge zu verstehen lernt, die ihn daran hindern. Die Entwicklung besserer Anbaumethoden für Kaffee, Weizen und Sisal bedeutet ‚Entwicklung‘ in Nyereres Verständnis nur dann, wenn sie „Gesundheit, Wohlbefinden und Kenntnisse der Menschen fördern.“ Wenn Entwicklung die Freiheit der Menschen mehren soll, muss „es sich um Entwicklung *für* die Menschen handeln“ (Nyerere, ‚Freiheit und Entwicklung‘ 1968; zit. nach Datta 2001, S. 60f.), die wiederum nur von ihnen selbst ausgehen und verwirklicht werden kann.

Diese Logik führt Nyerere zu seiner Kernthese, dass Entwicklung nicht zuerst die Verbesserung der materiellen Dinge bedeutet: „Entwicklung bringt nur dann Freiheit, wenn es sich um die Entwicklung von Menschen handelt. *Menschen können aber nicht entwickelt werden – sie können sich nur selbst entwickeln*“ (ebd., S. 60; 66ff.). Nur wenn sie selbst verstehen, was sie tun (wollen) und warum, werden Menschen die nötige Selbstdisziplin für den schwierigen Prozess der Befreiung aufbringen. „*Denn Freiheit ohne Disziplin ist Anarchie, und Disziplin ohne Freiheit ist Tyrannei*“ (ebd., S. 65).

Das Umajaa-Projekt ruht in Nyerere Entwicklungsphilosophie auf drei tragenden Säulen:

- Die Dorfentwicklung muss nach dem Grundsatz der *Freiwilligkeit*, der Selbsthilfe und Selbständigkeit erfolgen.[6] Nur aus freiem Entschluss heraus werden die Menschen ihre Entwicklung ,'in die eigenen Hände' nehmen: ,Man kann einen Esel zum Wasser treiben, ihn aber nicht zwingen zu trinken.'
- Alle, unabhängig von Alter, Geschlecht oder Religion, werden gleichberechtigt an Entscheidungsprozessen beteiligt. Keine Entwicklung ohne Entwicklung der *Demokratie*. Man kann auf Befehl Pyramiden und Fabriken bauen, aber kein Zwang ,führt zur Entwicklung von Menschen'.
- Die *Solidargemeinschaft* hat den Zweck, der *Entwicklung des Individuums* zu dienen, und die Entwicklung des Individuums verwirklicht sich in der aktiven Teilnahme an der Gemeinschaft.

Diese Prinzipien gründen auf einem gemeinsamen Fundament: Erziehung und Bildung. Nicht zufällig entwirft Nyerere daher noch im Jahr der Arusha-Erklärung 1967 eine programmatische Vision für eine ,Erziehung zur Selbständigkeit'.

3 Erziehung zur Selbständigkeit in Freiheit und Solidarität

3.1 Kritik am kolonialen Bildungserbe

In den Jahren bis 1967 waren wichtige Weichen für eine revolutionäre Bildungsreform bereits gestellt worden: Die Rassenschranken im Erziehungswesen und seine Gliederung nach Religionszugehörigkeit waren beseitigt worden, die Zahl der Schulabsolventen im Grundschul- und Sekundarbereich konnte in etwa verdoppelt werden, in die Curricula war der Geist tanzanischer Geschichte und Kultur eingezogen (Nyerere, ,Erziehung zur Selbständigkeit' 1967; zit. nach Datta, 2001, S. 93-115).

Das von den Kolonialmächten implementierte Bildungssystem aber blieb in seinen institutionellen und ideologischen Grundlagen bestehen, wie Nyerere in einer in Sprache und Sache immer noch lesenswerten Analyse darlegt:

[6] „Absurd" nannte es Nyerere, die Menschen nötigen oder gar zwingen zu wollen zu einem Entschluss, bei dem alles darauf ankomme, dass sie selbst sich mit ganzer Überzeugung in den Dienst der Sache stellen (Nyerere, ,Freiheit und Entwicklung' 1968; zit. nach Datta 2001, S. 59-70; hier: S. 62ff; Nyerere zum 2. 5-Jahresplan 1971, in: Entwicklungspolitik, Materialien Nr. 18, Bonn 1971, S. 10, zit. nach Meueler, S. 81).

- Das koloniale System formaler Bildung hatte elitären Charakter, pyramidengleich nach dem Rassenprinzip ausgerichtet auf die Interessen der Kolonialgesellschaft – Bildung nach europäischem Standard für eine kleine Schicht von Beamten, Lehrern, Ingenieuren, die breite Masse Analphabeten oder ausgestattet mit einer Elementarbeschulung für die Lohnarbeit. Die Schule pflegte die kolonialen Werthaltungen der Ungleichheit unter den Menschen, der Herrschaft der Starken über die Schwachen, der Höherwertigkeit des Individuums gegenüber der Gemeinschaft, des materiellen Besitzes gegenüber sozialen Verdiensten, der ‚white-collar-Fertigkeiten' gegenüber körperlicher Arbeit.
- Das koloniale Bildungssystem habe jene 13% der afrikanischen Schüler und Studenten mit höherer Schulbildung erzogen zu ‚intellektueller Arroganz', Individualismus und ‚Marktwertorientierung', dem Streben nach formalen Abschlüssen (paper-qualification, ‚Preisetikett'), besseren Posten und Gehältern und sie damit von der Gesellschaft und den Bedürfnissen ihrer Mitglieder abgesondert.

Das koloniale Bildungssystem stand damit im eklatanten Widerspruch zur grundlegenden Funktion von Bildung und Erziehung, nämlich: „die gesammelten Kenntnisse und Erfahrungen der Gesellschaft von einer Generation auf die andere zu übermitteln und die Jugend auf ihre Mitgliedschaft in der Gesellschaft und ihre aktive Teilnahme an deren Erhaltung und Entwicklung vorzubereiten" (Nyerere, ‚Erziehung zur Selbständigkeit'; zit. nach Datta 2001, S. 93).

3.2 Schulbildung: Erziehung im Vertrauen auf die eigene Kraft

Nyerere nutzt dieses traditionsgeleitete Erziehungsverständnis, um die überkommene afrikanische Erziehungstradition gegenüber der kolonialistischen zu rehabilitieren: Erziehung ist nicht identisch mit formaler Schulbildung! Das präkoloniale Afrika kannte keine Schule, wohl aber die Erziehung seiner Kinder im Sinne dieser Definition! Sie war ‚informell', jede/r Erwachsene gewissermaßen ein Lehrer. *„In allem, was wir tun, überschätzen wir das Bücherwissen und unterschätzen für unsere Gesellschaft den Wert traditionellen Wissens und der Weisheit,* die von klugen Männern und Frauen oft durch Lebenserfahrung erworben wird, selbst wenn sie überhaupt nicht lesen und schreiben können" (ebd., S. 102). Die Grundwerte dieser Erziehungstradition, Gemeinschaftssinn, Zusammenarbeit und Gleichheit, bilden die Basis von ‚Ujamaa', modernisiert durch die Anforderungen einer ‚Erziehung zur Eigenständigkeit' (Nyerere, ‚Erziehung zur

Befreiung' 1974; zit. nach Datta 2001, S. 123). Diese verlangt weitreichende Veränderungen in Geist und Gestalt des Erziehungswesens:

- Erziehung ist zuerst auszurichten an den Bedürfnissen der Landbevölkerung und an der Verbesserung ihrer Lebensbedingungen.
- Schüler und Lehrer sollen Lernen und Leben miteinander verbinden und gemeinsam an Planungen und Entscheidungen über Lernaktivitäten und Schulbelange beteiligt sein.
- Lernen ist verstanden als bedeutungsvoller Vorgang mit Ernstcharakter: Schulen sollen großen Wert auf die Gemeinschaftsbildung legen und zu ihrem Nahrungs- und Güterbedarf möglichst selbst einen Beitrag leisten. Jede Schule eine Farm, Lehrer und Schüler gleichzeitig Farmer!
- Examina und Formalqualifikationen sollen einen geringeren Stellenwert erhalten.
- Die Grundbildung soll eine in sich geschlossene Ausbildung für die selbständige Erwerbsarbeit bieten, die Schule im – reiferen – Alter von sieben Jahren beginnen, damit Schulabgänger alt genug sind, um für ihren Lebensunterhalt selbst zu sorgen (ebd., S. 98ff.; Kassam 1995, S. 253).

3.3 Erwachsenenbildung: 'education for creators, not for creatures'

Mit gewissem Recht ist Nyereres Ansatz als ein „staatspädagogisches Konzept" interpretiert worden (Dabrowski 1998), dessen Grundsätze, etwa die Forderung nach Schulen als Wirtschaftseinheiten, aus ökonomischer Not geboren, sich in eine pädagogische Tugend zu verwandeln scheinen. Nyerere spricht es offen aus: „Erziehung muss den Zwecken Tansanias dienen" (ebd., S. 114). Trotzdem wäre der Gehalt seiner pädagogischen Einsichten ganz unter Wert gehandelt, wollte man sie auf politische Pragmatik reduzieren. Er hat erkannt und war tief davon überzeugt, dass ein Mensch größte Not und schwerste Knechtschaft erduldet, solange er sich zweier Dinge nicht bewusst wird: „Er muss tief eingewurzelte Gefühle der Unter- und Überlegenheit überwunden haben und daher in der Lage sein, mit anderen Menschen auf der Basis der Gleichberechtigung und für ihre gemeinsamen Ziele zusammenzuarbeiten." Dieser Schritt ist der entscheidende zur Befreiung eines Menschen aus Ohnmacht und Hoffnungslosigkeit, gleich, ob sein Land frei oder kolonialisiert ist. Und Nyerere begreift diesen Schritt als gewaltigen *Lernschritt,* den seine pädagogische Überlegungen immer wieder umkreisen (Nyerere, ‚Erziehung zur Befreiung'; zit. nach Datta, S. 117).

Zum anderen wird man in der zeitgenössischen pädagogischen Theorie vergebens die Klarheit der lerntheoretischen These Nyereres suchen, die erst jüngst durch die konstruktivistische Pädagogik wieder belebt worden ist: Menschen lassen sich nicht belehren. Sie können begleitet und unterstützt werden zu lernen, was sie lernen wollen.

Schärfer noch als in der Schulprogrammatik kommt dieser Gedanke in Nyereres Arbeiten zur Erwachsenenbildung zum Ausdruck. Ihre erste Aufgabe ist es, das Verlangen nach Veränderung zu wecken und die Einsicht, dass Veränderung möglich ist (s.o.!). Ihre zweite, „den Leuten zu helfen herauszufinden, welche Art von Wandel sie wollen und wie er bewirkt werden kann" (Nyerere, ‚Erwachsenenbildung und Entwicklung' 1976; zit. nach Datta, S. 130). Erwachsenenbildung hat eine unterstützende Funktion bei der Selbstentwicklung der Menschen, indem sie beiträgt, die Verständnisfähigkeit zu erweitern, eigene Entscheidungen abzuwägen und sie selbständig auszuführen – wie die Mutter dem Kind nicht etwas ‚abgibt', was sie selbst ‚hat', wenn dieses sprechen oder gehen lernt, sondern Hilfen bietet, angelegte Fähigkeiten beim Kind zu entwickeln. ‚Hilf mir, es selbst zu tun', heißt dies bei Maria Montessori.

Entsprechend stützt sich Nyereres Ansatz von Erwachsenenbildung auf die Annahmen, dass der Erwachsene etwas von ‚der Sache' versteht, die ihn interessiert, selbst wenn er sich dessen nicht bewusst ist und dass Lernen sich ereignet im praktischen Experiment und konkretem Vollzug.

Das gilt nicht nur für ‚skills' zur Aussaat von Bohnen oder Mais, die immer auch zu tun haben mit Fragen der Nahrungsversorgung, der Bodenvernutzung und des Marktes. Nyerere hat mehrfach davor gewarnt, Erwachsenenbildung als Aneignung von spezialisiertem Wissen und gefächerten instrumentellen Fertigkeiten aufzufassen – Landbau, Mechanik, Alphabetisierung, Gesundheitsvorsorge. Jeder spezielle Bereich ist Teil des kleinen und größeren Lebenskosmos' und muss in diesen Zusammenhängen bedacht werden, sollen Erwachsene lernen, sich ein genaueres ‚Bild von der Welt' zu machen und auf ihre Gestaltung aktiv einzuwirken.

Der ‚Erwachsenenbildner' gleicht dabei einem Lotsen, der anleitet, den Kompass zu benutzen, aber nie das Ruder selbst in die Hand nimmt oder den Kurs bestimmt (Nyerere 1978, S. 29). Im Wesentlichen leistet er drei Dinge: Er hilft dem Erwachsenen, Phänomene und Probleme zu durchdringen und zu bearbeiten, von denen er selbst schon eine Kenntnis besitzt; er schafft Selbstvertrauen beim Lernenden; schließlich stärkt er das Vertrauen in die Methode des experimentellen, praktischen Lernens in Verbindung mit analytischem und reflexivem Vorgehen.

4 Ausblick: Werden Ideen von der Wirklichkeit widerlegt?

Die Bezüge zu Paulo Freires befreiungspädagogischem Konzept drängen sich auf, wenngleich dieser die Rolle des moderierenden Lehrers und einer alphabetisierenden Erschließung der Welt zu einem methodischen Instrumentarium bis in die Einzelheiten ausgearbeitet hat. Wie Freire setzt Nyereres pädagogisches Konzept an der Lebenssituation der Adressaten an, verhilft ihnen dazu, Zusammenhänge zu durchschauen und aufzuarbeiten, aus der „‚Überflutung‘ traditionaler Wertorientierung ‚aufzutauchen‘ und die bewusstlose Reproduktion ihrer Existenz abzuschütteln“ (Groddeck/Schultze 1995, S. 326f.). Nyereres Ansatz wird zu Recht gewürdigt als ein originärer Beitrag gemeinwesenorientierter pädagogischer Ansätze in der Dritten Welt (ebd.).

Wenige Monate vor seinem Tod hat Nyerere die Erfolge seiner Bildungsreform abermals leidenschaftlich verteidigt (Nyerere, ‚Afrika ist schon genug balkanisiert‘; zit. nach Datta 2001, S. 153-163). 1961 waren 85% der erwachsenen Bevölkerung Tanzanias Analphabeten, so Nyerere. Als er von seinem Staatsamt zurücktrat, lag die Alphabetisierungsrate bei 91%. 1961 besuchte die Hälfte der Kinder eine vierjährige Grundschule, 1985 erhielten 96% der schulfähigen Kinder eine siebenjährige Schulbildung – „der Indikator für menschliche Entwicklung war allererste Klasse für ein unterentwickeltes Land“ (die Alphabetisierungsrate ist nach Nyerere bis 1999 wieder auf 50% gesunken, nurmehr 63% der Kinder gehen zur Schule).

Die wirtschaftlichen Restriktionen blieben übermächtig. Tanzania gehörte 1961 zu den ökonomisch ärmsten Ländern der Erde und ist es geblieben. „Dem selbstgesteckten Ziel Nyereres, der *self-reliance*, ist Tanzania in den drei Jahrzehnten seit der Unabhängigkeit keinen Schritt näher gekommen“ (Hofmeier 1993, S. 198). Der Ujamaa-Sozialismus, so das Urteil des Afrikaexperten, habe traditionelle Wirtschaftsbereiche erstarken lassen, aber zu keiner Ausweitung moderner Sektoren geführt und das Land Mitte der siebziger Jahre auf eine Subsistenzwirtschaft zurückgeworfen (ebd., S. 186). Neben äußeren Einflüssen wie extreme Klimafaktoren, Ölpreissteigerungen und dem Krieg mit Uganda 1978/79 werden interne Widersprüche für das Scheitern des Ujamaa-Projektes verantwortlich gemacht: Die Diskrepanz zwischen offizieller Entwicklungsrhetorik und realer Wirtschaftslage, die Entstehung einer neuen Staatsklasse von Bürokraten in einem Einparteienstaat.

Ein Grundwiderspruch liegt vermutlich darin, dass Nyereres pädagogische Überzeugungen zum ‚staatspädagogischen‘ Konzept wenig tauglich waren. Er proklamierte als Staatspräsident das Menschenrecht auf die freie Selbstentwicklung des Einzelnen in Gemeinschaft und die Freiwilligkeit und

Eigenständigkeit genossenschaftlicher Zusammenschlüsse. Und er war zugleich der politisch Verantwortliche für die Verwirklichung des beschlossenen Fünfjahresplans. Konkret: Bei der ‚Operation Dodoma' wurden 1970 50.000 Menschen wegen einer drohenden Hungersnot mit ihren Habseligkeiten auf Lastwagen verfrachtet und zwangsumgesiedelt, ihre Hütten mit Bulldozern zerstört (Meueler 1974, S. 84). Millionen erlitten in den Folgejahren die Gewalt örtlicher Behörden bei Zwangsumsiedlungen in Ujamaa-Dörfer. Die ‚Dodoma'-Betroffenen drohten mit der Ermordung des Präsidenten. Der sagte alle Staatsgeschäfte ab und begab sich zu den Bauern, um ihnen zu helfen, neue Felder anzulegen.

Nyerere – ein Staatspräsident mit einer „idealistischen, aber auch irrealistischen Entwicklungsphilosophie"? (Hofmeier 1993, S. 185).

Literatur

Dabrowski, Sonja: Bildung und Befreiung. Das staatspädagogische Konzept des Julius Kambarage Nyerere. In: Datta, Asit/Lang-Wojtasik, Gregor (Hg.): Bildung und Self-Reliance. Reformpädagogische Ansätze aus dem Süden, Hannover 1998, S. 7-18

Datta, Asit (Hg.): Julius Nyerere: Reden und Schriften aus drei Jahrzehnten. Bad Honnef 2001

Groddeck, Norbert/Schultze, Hubertus: Entschulungsdiskussion und Alternativschulen. In: Skiba, Ernst Günther u.a. (Hg.): Enzyklopädie Erziehungswissenschaft. Dresden 1995 (Bd. 8: Erziehung im Jugendalter – Sekundarstufe I)

Gründer, Horst: Welteroberung und Christentum. Ein Handbuch zur Geschichte der Neuzeit. Gütersloh 1992

Hein, Wolfgang: "Autozentrierte Entwicklung" – Überlegungen zur Neufundierung eines immer noch wichtigen Konzepts. In: Thiel, Reinhold E. (Hg.): Neue Ansätze zur Entwicklungstheorie. Bonn 2000, S. 218-238

Hinzen, Heribert/Hundsdörfer, Volkhard H. (Ed.): The Tanzanian Experience. Education for liberation and development. Hamburg 1979

Hofmeier, Rolf: Tanzania. In: Nohlen, Dieter/Nuscheler, Franz (Hg.): Handbuch der Dritten Welt, Bd. 5: Ostafrika und Südafrika. Bonn 1993[3], S. 178-200

Hundsdörfer, Volkhard: Einleitung. In: Nyerere, Julius K.: Bildung und Befreiung. Aus Reden und Schriften von November 1972 bis Januar 1977 (Texte 14, hg. v. ‚Dienste in Übersee'). Frankfurt/M. 1977

Kassam, Yusuf: J. Nyerere. In: Morsy, Zaghloul (Ed.): Thinkers on Education. Paris 1995

Meueler, Erhard/Hundsdörfer, Volkhard: Tansania oder: Der Weg zu Ujamaa. In: Meueler, Erhard (Hg.): Unterentwicklung. Wem nützt die Armut der Dritten Welt? (2 Bde). Reinbeck 1974, Bd. 2, S. 9-90

Nyerere, Julius K.: Development is for Man, by Man and of Man. The Declaration of Dar es Saalam. In: Budd L. Hall/J. Roby Kidd (Ed.): Adult Education: A design for action. Oxford 1978

Sundermeier, Theo: Nur gemeinsam können wir leben. Das Menschenbild schwarzafrikanischer Religionen. Gütersloh 1990[2]

Hans Bühler, Jean Agbassi Djoman und Simone Fuoss

Ist es eine Untugend, aus der Not eine Tugend zu machen?

1 Vorbemerkungen

1.1 ‚Befreiungspädagogik'?

Befreiungspädagogik oder die noch zurückhaltendere Begrifflichkeit ‚befreiende Pädagogik' haben bei uns einen faden Geschmack. Für die Einen, weil sie zu missionarisch klingen (‚Befreiung wovon eigentlich?'), für die Anderen, weil dies zu idealistisch daherkommt (‚Befreiung womit?') und Andere halten ‚Befreiung' sowieso schon für selbstverständlich, weil es für sie so wie es ist, gut ist.

Ganz anders wird Befreiungspädagogik von den meisten unserer KollegInnen im westafrikanischen Netzwerk ‚Schule und Entwicklung' (Réseau Ecole et Développement – RED) aufgefasst. Es ist zum einen die große Chiffre, dass die Wendung zum Besseren nicht Schicksal, sondern Aufgabe und Chance zugleich sei. Zum anderen ist die Mischung aus Traum und Wut, die dabei aufkommt, sehr real angesichts der konkreten Lebensumstände der Kollegen und Kolleginnen. Davon soll hier berichtet werden. Der Bericht wäre verfehlt, würde er als Sentimentalismen, Glorifizierungen, Verniedlichungen oder Abwiegeleien missverstanden. Dazu gleich jedoch noch mehr.

1.2 Zur Überschrift

Falls ständig aus der Not eine Tugend gemacht wird und dies – wenn es irgendwie möglich ist – ohne große Not geschieht, dann fällt die Antwort auf unsere pauschalierende Frage leicht. Falls man jedoch immer wieder vor dem Dilemma steht, ‚den Bettel hinzuschmeißen' oder ‚dem Prinzip Hoffnung' zu vertrauen, dann drängt sich diese Frage auf.

Allgemeiner lässt sich formulieren: Der Redewendung liegt eine moralische und entwicklungspraktische Frage zugrunde, wonach gewisse Not unabänderlich, aber auch zu eigenen Vorteilen nutzbar sei. Möglicherweise ist diese Philosophie im Hinterkopf der Antrieb zum Weitermachen für viele ‚Entwicklungs'-Arbeiter. Denn sie versuchen oft in individuellen Aktionen, die allgemeine Spannung zwischen Arm und Reich und die daraus resultierende Not zu lindern. In dieser Redewendung steckt aber auch eine große Portion Aktivität und (positive) Frechheit, die Stoff für interkulturelle Missverständnisse enthält: Der Pragmatismus des ‚Über den Tisch Ziehens' ist in Afrika nicht nur Teil des Spiels zwischen Menschen aus dem Norden und dem Süden. Er gehört auch zum Sichern des Profits ‚für die Nächsten' (in der Großfamilie, dem Clan, der Ethnie). Dass immer wieder die Grenzen zur inakzeptablen Korruption überschritten werden, soll hier weder diskutiert noch geleugnet werden. Positive Beispiele könnten das weit verbreitete Stereotyp vom ‚Krisenkontinent Afrika' jedoch allzu sehr durcheinander bringen – weshalb wir hier von einem positiven Beispiel berichten werden.[1]

1.3 Nur ein Beispiel

Wir wollen im Folgenden einen reformpädagogischen Ansatz aus Westafrika skizzieren. Wir sind uns bewusst, dass diese Pädagogik nur mit Inhalten, Methoden, Organisationsformen usw. funktioniert, die vor Ort präsent sind. Es geht um eine kontextualisierte Pädagogik. ‚Befreiung' kann aber im aktuellen westafrikanischen Kontext keine ‚Alles-oder-Nichts'-Mentalität befriedigen. Vielmehr überzeugt uns in diesem Zusammenhang die Auffassung Paulo Freires, der sich in einem Interview zu Célestin Freinet folgendermaßen äußert: „Der Aufbau der Freiheit setzt sich vielmehr selbst Gren-

[1] Jean Agbassi Djoman, ivorischer Koordinator des RED hat aus der Not eine Tugend gemacht. Dies, indem er 15 Schulen in fünf Ländern koordiniert. Dabei ist er darum bemüht, die Kinder der Armen nicht zu vergessen, indem er eine interne Umverteilung erhobener Schulgelder aus reichen Zentren zugunsten der armen Buschschulen vornimmt.

zen, dieses ist einer der Widersprüche. Die Freiheit wird frei, in dem Maße wie sie sich Grenzen setzt" (Freire 1999, S. 5).

Offenkundig ist, dass bei diesem Beispiel ‚Not' zuerst als materielle Armut benannt wird. Dies kann man nicht ernst genug nehmen. Armut hat so weitreichende Konsequenzen, dass sie als eines der weit reichendsten Verbrechen gegen die Menschlichkeit benannt werden muss (Bühler/Datta/Sovoessi 1999). Dies soll jedoch in unseren folgenden Ausführungen nicht im Mittelpunkt stehen. Wir wollen vielmehr Neugierde oder produktives Engagement erzeugen.

1.4 Erkenntniskritisches

Wer Neugierde wecken will, der muss sich auf den Weg einer realistischen Beschreibung von afrikanischen Anstrengungen machen, um aus dieser Not herauszufinden. Wir beanspruchen dabei keine ‚Objektivität'. Doch taucht bei derlei Arbeit eine erkenntniskritische Spur auf, die Horst Siebert (2001, S. 73) bei Paulo Freire als ‚gemäßigten Konstruktivismus' gefunden hat: „Die Loslösung der Objektivität von der Subjektivität, die Leugnung der letzteren in einer Analyse der Wirklichkeit oder bei einem Handeln bei ihr wäre Objektivismus. Andererseits wäre die Leugnung der Objektivität bei Analyse der Aktion im Ergebnis ein Subjektivismus" (Freire 1973, S. 37). Diese Spannung ist erkenntniskritisch aufregend. Sie ist grundlegend für die Arbeit des RED in Westafrika. Paulo Freire hat dies einmal in einem Gespräch mit Hans Bühler so formuliert: „Eine fremde Kultur kannst du vielleicht teilweise verstehen. Beurteilen solltest du sie deshalb nie." Das dabei für engagierte Wissenschaftler hinterlegte Dilemma wurde von Pierre Bourdieu in seinem letzten Plädoyer so dargestellt: „Die meisten gebildeten Menschen, zumal im Bereich der Sozialwissenschaften, haben eine Dichotomie im Kopf, die mir verhängnisvoll erscheint: Die Dichotomie von *scholarship* und *commitment* – die Unterscheidung zwischen denen, die sich der wissenschaftlichen Arbeit widmen, indem sie mit wissenschaftlichen Methoden für die Wissenschaft und für andere Wissenschaftler forschen, und denen, die sich engagieren und ihr Wissen nach außen tragen. Dieser Gegensatz ist künstlich. Tatsächlich müssen wir als autonome Wissenschaftler nach den Regeln der *scholarship* arbeiten, um ein engagiertes Wissen aufbauen und entwickeln zu können, das heißt, wir brauchen *scholarship with commitment*" (Bourdieu 2002; Hervorh. i. Orig.; H.B.). Dieses Zitat erscheint uns im andauernden Streit zwischen Positivisten und Jenen, die sich wissenschaftlicher Parteinahme verpflichtet fühlen, als Votum dafür, dass Wissenschaft und pädagogische Praxis nie wertneutral und objektiv sein können. Konsequenterweise ist Befreiungspädagogik nicht nur der Präzision, sondern auch der Parteinahme verpflichtet. Daraus folgt als Methode die Kontextualisierung. Sie ist sowohl analytisch als auch bei möglichen Veränderungsschritten eine ständige Notwendigkeit. Da dies in Kontexten extremer Armut und Rechtsunsicherheit geschieht, ist die Gefahr gegeben, ständig aus der Not eine Tugend machen zu müssen. Ist dies unüberwindbar oder gar konstitutiv für Befreiungspädagogik oder ist es ein Kunstfehler der engagierten Wissenschaftler, den man überwinden sollte?

Wir bemühen uns um gemeinsames Forschen und Handeln, an dem KollegInnen aus dem Süden und Norden beteiligt sind. Wir befürworten Aktionsforschung gegenüber einer ‚klassisch' empirischen Forschung, um Objektivationen zu vermeiden (Bühler/Datta/Sovoessi 1999).

2 Der historische Kontext

2.1 Die Gründung

Das RED wurde 1989 in Grand-Bassam in der Elfenbeinküste gegründet (Réseau Ecole et Développement 1999). Auslöser war, dass einige der Verantwortlichen für protestantische Primarschulen nicht mehr die ständige Verschlechterung schulischer Bildung hinnehmen wollten. Diese kirchlichen Privatschulen versorgten ca. 25 Prozent der Schulkinder in den Ländern Benin, Elfenbeinküste, Kamerun, Togo und Tschad mit einer Grundbildung.[2]

2.2 Zur Vorgeschichte

Diese Schulen stehen in der Tradition der Missionsschulen, die 1913 von einem Basler Schulinspektor folgendermaßen beschrieben wurden:

„Der Zweck der Missionsschule ist ein vierfacher:

a. Sie soll das Volksganze in möglichst umfassender Weise durch Vermittlung einer elementaren Volksschulbildung heben und damit zu-

[2] Ursprünglich waren auch noch KollegInnen aus Burkina Faso und Ruanda mit dabei. Nur einer dieser Kollegen lebt noch. Die anderen sind dem Genozid oder Krankheiten zum Opfer gefallen.

gleich für die religiöse und moralische Arbeit der Mission zugänglicher und aufnahmefähiger machen.

b. Sie soll die Heranwachsenden [...] zu tüchtigen, in den verschiedenen Berufssparten brauchbaren Menschen heranziehen.

c. Sie soll das besonders tief gesunkene weibliche Geschlecht erziehen. [...].

d. Endlich soll sie für die Mitarbeit in der Mission und für die entstandene Missionskirche einen eingeborenen Lehrstand für Kirche und Schule erziehen und ausbilden."[3]

Die Bereiche ‚Grundbildung' und ‚berufsvorbereitende Bildung' sowie deren Auswirkungen auf die Werteerziehung sind auch heute noch relevant. Manche Menschen wünschen sich angesichts der aktuellen Schulmisere sogar die Bildung und Erziehung in den Missionsschulen zurück. Insgesamt galt in Westafrika, dass ‚Entkolonisierung' gleichzusetzen sei mit einer Überwindung des Konzepts der Missionsschulen. Dies zugunsten einer möglichst getreuen Kopie des französischen Schulwesens. Dazu setzten die Regierungen eine sehr differenzierte Form von Schulaufsicht ein. Sie hatten aber weder die Mittel noch – in der Mehrzahl der Länder – die notwendige Überzeugung, dass kostenloser Schulbesuch für alle Kinder eine öffentliche Aufgabe und damit Teil der Staatsidentität sei.

Dies gilt auch heute noch: So sind die Schulen des RED schulorganisatorisch auf das französische Modell verpflichtet. Die Inhalte werden allerdings kontextualisiert – so weit sie unter dem Druck der Öffentlichkeit und der staatlichen Schulaufsicht zugelassen sind. Zunehmend wird als bewusste Aufarbeitung der eigenen Kolonialgeschichte die Muttersprache in den ersten Jahren der Grundschule wieder eingeführt.[4] Traditionelle Techniken der Subsistenzwirtschaft werden didaktisch ‚genutzt' (Bühler 1993).

---

[3] Dies ist ein Auszug aus einem handschriftlich verfassten Dokument (ohne Autor) mit dem Titel: ‚Das Schulwesen der Basler Mission in Kamerun 1913'; gefunden von Hans Bühler in der Dokumentation der Basler Mission.

[4] Es gibt eine Vielzahl von Ansätzen zu dieser pädagogischen Grundfrage. Der ‚Doyen' (‚Ratsälteste') des RED, der Senegalese Cherif Tall, hat sich auf den Weg gemacht, um orale Tradition für Schulen im Senegal auf Französisch aufzubereiten (z.B. Cherif Tall 1978; 1996). Es gibt mittlerweile aber auch eine Strömung, die über eine linguistische Analyse der Vielfalt afrikanischer Sprachen, deren didaktische Relevanz für öffentliche und damit allgemein gesellschaftliche Schulsysteme analysiert. Neuester Beleg dafür ist die Analyse der Dogon in Mali (Menigoz 2001).

2.3 Die Entwicklung des RED

Das RED durchlief in seiner Entwicklung drei Phasen (Réseau Ecole et Développement 1999, S. 31-43):

a. Von 1989-1992 kann von einer Orientierungsphase gesprochen werden, bei der es darum ging, das Profil des Netzwerkes zu identifizieren. Diese Phase wird hier als ‚Tourismus von agency-boys' bezeichnet, bei der sich für die Verbesserung der Schulen nicht viel bewegte. Doch stand am Ende dieser Phase die Entscheidung, dass eine ‚Schulreform von unten' in 168 Primarschulen mit ca. 7000 Kindern versucht werden sollte. Alternativen waren ‚ländliche Entwicklungsansätze', ‚Bildung im informellen Sektor' oder ‚Sekundarschulreform'.

b. Von 1992-1996 wurden die grundlegenden Bereiche für diese Schulreform in großen Seminaren von (vielen) westafrikanischen Wissenschaftlern und (wenigen) Lehrern und (noch weniger) Lehrerinnen formuliert.[5] Neu war dabei, dass der Menschenrechtserziehung, ökologischer Erziehung und praktischen Arbeiten in Werkstätten und Schulgärten (siehe oben) besondere Aufmerksamkeit geschenkt werden sollte.

   Drei Strategien spielten dabei eine besondere Rolle:
   - Einrichtung von Pilotschulen, um nicht nur über Reformansätze nachzudenken, sondern dieselben wenigstens in wenigen Schulen auch für die Öffentlichkeit sichtbar und für Kinder und Kollegien nützlich werden zu lassen.
   - Entwicklung neuer Unterrichtsmaterialien für möglichst viele Schulen.
   - Regelmäßige Fortbildungsseminare, vorwiegend für die Kollegien der Pilotschulen.

   ‚Befreiungspädagogik' im Sinne von Paulo Freire, Mohandas K. Gandhi und Julius K. Nyerere wurde zunehmend zum theoretischen und praktischen Bezugspunkt. Insgesamt hofften die Mitglieder des Netzwerkes, eine ‚prophetische Rolle' zur Verbesserung der Qualität von Schule für alle zu spielen.

c. Seit 1996 sind die LehrerInnen ins Zentrum der Aktionen des RED gerückt. Pro Jahr werden mindestens zwei zentrale und viele dezentrale Fortbildungsseminare veranstaltet. Dabei rückte der französische Reformpädagoge Célestin Freinet als Unterrichtspraktiker einer Befrei-

[5] Dieser Prozess ist gut dokumentiert. Interessierte können sich an die Koordination in Abidjan wenden (Postadresse: red, coordination générale, 08 b.p.840 Abidjan, Email: recodev@africaonline.co.ci).

ungspädagogik immer mehr in den Mittelpunkt (vgl. Freire 1999). Viele Unterrichtsmaterialien für Ökopädagogik, für praktischen, insbesondere landwirtschaftlichen Unterricht, aber auch für Freiarbeit, sind in der Zwischenzeit entstanden. Eine eigene Zeitschrift ‚RED-Action' sorgt für theoretische Horizonterweiterung und praktischen Erfahrungsaustausch. Schließlich gibt es in jedem Land mindestens zwei Pilotschulen, die sich um die Verwirklichung dieses Ansatzes kümmern. Sie werden von der Koordination des Netzwerkes ständig begleitet.

3 Wo steht das RED heute?

3.1 Widrige Rahmenbedingungen

Wer davon ausgeht, widrige Rahmenbedingungen könnten durch Aktionismus ausgeglichen werden, der wird bei der hier beschriebenen Arbeit ständig eines Besseren belehrt. Zu den widrigen Rahmenbedingungen sind insbesondere zu zählen:

a. Die chronische Unterfinanzierung der Schulen, insbesondere der KollegInnen, die oft monatelang auf ein Gehalt warten müssen.[6]

b. Damit hängt auch ein Grundwiderspruch zusammen: Privatschulen sind auf Schulgelder angewiesen. Dies kann nur teilweise durch Stipendien für die Kinder armer Leute oder durch systeminterne Umverteilungen zwischen reicheren und ärmeren Schulen abgefedert werden. Es bleibt der Grundwiderspruch zu Artikel 53 der Kinderrechte, der eine freie Grundbildung für alle Kinder fordert.

---

[6] Diese Problematik wäre eine eigene Darstellung wert, die hier nicht angemessen geleistet werden kann. Hier nur einige Hinweise. Es geht um Durchhaltekraft einerseits und Hoffnung auf letztlich doch noch individuellen Gewinn bei den Unterrichtenden andererseits. Das Modernisierungsparadigma ist dabei immer präsent. Hinzu kommt die Finanzhilfe aus französischen (DEFAP) und deutschen (EED) kirchlichen Entwicklungsgeldtöpfen. Schließlich und vor allem müssten die vielen Barrieren, verschiedener nationaler, aber auch internationaler Herkunft, wie etwa die Folgen der Strukturanpassungsmaßnahmen durch den internationalen Währungsfond zur Sprache gebracht werden, die dazu geführt haben, dass die Mehrzahl unserer KollegInnen nicht sicher sein können, ob und wann sie für ihre Arbeit bezahlt werden. Um die Arbeit nicht vollkommen in Ausbeutung ausarten zu lassen, hat die Koordination Möglichkeiten erschlossen, um den KollegInnen eine Mischung aus Grund- und Leistungsprämie zu sichern. Die Kollegien betreiben diese Einstufungen eigenständig in Form von Selbstevaluationen.

c. Beteiligte aus dem Süden und dem Norden sehen sich zu selten. Deshalb ist die notwendige Kontinuität der Kommunikation und der Fortbildung nur sehr schwer zu erreichen. Doch wird versucht, diesem Mangel durch Mail-Boxen in Internet-Cafes für die an den Seminaren Teilnehmenden zu begegnen.[7]

d. Die Rahmenbedingungen der einzelnen Schulen sind sehr verschieden, nicht nur hinsichtlich des sozio-ökonomischen Kontextes und der damit zusammenhängenden materiellen Ausstattung, sondern auch bezüglich der Geschichte einzelner Schulen.

e. Die Kirchen sind als Projektträger sehr verschieden. Manche hoffen, die ‚magere Kuh Primarschule' auch noch für ihr eigenes Budget missbrauchen zu können, manche betreiben mit ihnen ihre eigene Machtpolitik und manchen ist die Qualifizierung von Schulen ein echtes Anliegen.

f. Schließlich wirken sich die politischen Rahmenbedingungen direkt auf die Arbeit aus: In einem demokratisch verfassten Land wie dem Benin sind befreiungspädagogische Versuche hoch willkommen, in einer Diktatur werden dieselben sofort verfolgt. Dementsprechend variieren auch die individuellen und schulischen Möglichkeiten.

Bei diesen insgesamt widrigen Rahmenbedingungen ist es verständlich, dass es in Westafrika nur wenige Menschen gibt, die Schulen immer noch verändern wollen. So kommt es, dass in der Öffentlichkeit kaum noch bekannt ist, was eine ‚gute Schule' ausmachen kann.[8]

Generell drängt sich immer wieder die Frage auf, ob auch Befreiungspädagogik nicht auf ein Mindestmaß an förderlichen Rahmenbedingungen angewiesen ist, um nachhaltige Impulse für eine positive Schulentwicklung zu setzen. Dazu gehört ein Mindestmaß an Demokratie und ein politisches Interesse an Grundbildung und weiterer schulischer Qualifizierung und damit auch die Sicherung einer minimalen Finanzausstattung.[9]

Rahmenbedingungen wirken sich auch auf die Gestaltung der wissenschaftlichen Begleitung aus.[10] Kurzzeitberatungen, wie sie heute gang und gäbe

---

[7] Dieser Versuch hat erst begonnen. Insofern bleibt abzuwarten, ob er sich bewährt.

[8] Die ‚Elite' schickt ihre Kinder in den frankophonen Norden. Die Mehrzahl der Eltern (und Lernenden) kennt keine attraktiven Schulen mehr. Dies ist ein Grund dafür, weshalb dieselben auch kaum mehr reklamiert werden.

[9] An erster Stelle rangiert dabei die Sicherung der Lehrergehälter. Wer selbst hungert und seine Familie gegen Hunger schützen muss, weil es kein regelmäßiges (Minimal-)Gehalt von ca.70€/Monat mehr gibt, sorgt sich zuerst um die Bestellung des Bodens als um Schulkinder.

[10] Für gleiche Arbeit gibt es im RED für alle Ressource-Personen gleiche Bezahlung.

sind, machen für diesen Ansatz wenig Sinn. Denn engagierte Wissenschaft braucht ihre Zeit, nicht nur wegen des notwendigen, kontextuell angemessenen Wissens. Bedeutsam ist dies vor allem wegen des gegenseitigen Vertrauens, ohne das die Praxis in allen ihren Widersprüchen oft zur Provokation und nicht zur gemeinsamen Aktion werden kann. Immens teure ‚Manager', die den Kontext nicht erahnen können und nicht in der Lage sind, Kontinuität herzustellen, lassen kein Interesse an Veränderung erwarten. Der lange Atem und die Einsatzbereitschaft für einen begrenzten Länderkontext, wie ihn Langzeitberatende haben müssen, scheint eher rar gesät und im hiesigen Beratungskontext ein veraltetes Modell.

3.2 Was ist – bis jetzt – erkennbar?

Dazu zuerst ein Beispiel. In einer Grundschule in Togo – seit Jahrzehnten ist dort der Diktator Eyadema an der Macht – hat sich im letzten Jahr Folgendes zugetragen: Das Haus der Schulleiterin im Schulgelände wird von einem Schulrat okkupiert. Sie wohnt in einer Hütte im ‚quartier'. Zu dieser Diskriminierung gehört auch, dass der Schulrat seinen Schweinestall auf dem Schulgelände hat. Gleichzeitig gehört zu dieser Schule ein Versuchsgarten, der sich auf demselben Gelände befindet. Wie nicht anders zu erwarten, hatten die Schweine (und deren Besitzer) wenig Verständnis für die Anstrengungen der Kinder und des Kollegiums, weshalb sie eines nachts ausbrachen und vieles von dem zerstörten, was die Kinder mühsam erarbeitet hatten.

‚Normalerweise' wäre dies in einer togolesischen Schule nicht der Rede wert, weil es normal ist, dass sich ein ‚Supérieur' der Früchte der Anderen bemächtigt. Nicht so in dieser Schule: Dort gibt es nicht nur einen Klassenrat, sondern auch einen funktionierenden Rat der ‚Schulkooperative' (in Anlehnung an Freinet). Diese kündigte dem Schulrat schriftlich an, dass diese Schweinerei öffentlich geregelt werden müsse, weshalb er sich zu einem festgesetzten Termin auf dem Schulhof einzufinden hätte. Er kam tatsächlich, versprach, dass die Schweinerei auf dem Schulgelände beendigt würde und kaufte in der Zwischenzeit als Kompensation für die Fußballmannschaft der Schule die schon längst ersehnten Trikots. Ist dieses Beispiel zu schön, um wahr zu sein? Nein, denn die RED-Pilotschule, in der sich dieses Ereignis zugetragen hat, befindet sich in Aneho, Togo.

3.3 Allgemeiner betrachtet

a. Es gibt eigentlich keine Pilotschule, in der sich nicht im Schulalltag bei (einigen) LehrerInnen vieles geändert hätte, angefangen beim Wechsel von Unterrichtsformen, insbesondere bei der Einführung von Gruppen- und Projektunterricht, über die Einführung von praktischen Arbeiten bis hin zu partizipativen Strukturen, angefangen bei der Wandzeitung und dem Klassenrat in den einzelnen Klassen, aber auch für die Kollegien und manchmal für die Eltern.

b. Die Fortbildung der LehrerInnen ist in eine neue Phase eingetreten: Sie war in den letzten Jahren nicht sehr konsistent, weil die Teilnehmenden ständig aus vielerlei Gründen gewechselt haben. Seit 2001 gibt es einen Fortbildungsplan für 4 Jahre zu mindestens 4 Seminaren jährlich, der von den LehrerInnen selbst festgelegt wurde. Er enthält folgende Themenbereiche:
   - ‚Landwirtschaftliche und (kunst-)handwerkliche Grundbildung',
   - Entwicklungspsychologie und -soziologie,
   - Kinderrechte und Demokratie,
   - Grundbildung in Informativ-, Verwaltungs- und Managementtechniken,
   - Bibliotheks- und elektronisches Grundwissen,
   - Umgang mit Konflikten,
   - Ausbildung zur Herstellung von didaktischen Materialien,
   - Techniken der Erwachsenenbildung,
   - Formen der Evaluation und der Schulentwicklung,
   - religionspädagogische Grundbildung"

   (Réseau Ecole et Développement 2001, S. 11).

c. Die Produktion von didaktischem Material wurde in den letzten beiden Jahren eingestellt. Sie war schon sehr früh in der Entwicklung des RED angelaufen, spiegelte also weitgehend den pädagogisch-didaktischen Bewusstseinsstand zu diesem Zeitpunkt wider. Dieser war jedoch noch weitgehend der Buchschule verhaftet, weshalb auch die entstehenden didaktischen Materialien schlechte Kopien bereits existierender Schulbücher waren. Nur der Inhalt war verschieden: Es handelte sich vor allem um agro-pastorale Unterrichtsinhalte. Seit einem Jahr ist die Produktion von Unterrichtsmaterialien wieder aufgenommen worden. Dabei wird zum einen besonderer Wert auf die Entwicklung von Freiarbeitsmaterialien gelegt. Dies geschieht nach Möglichkeit mit einheimischen Rohstoffen. Zum anderen wurde projektbegleitendes Informationsmaterial ‚gegen Aids' zusammengetragen. Schließlich werden die agro-pastoralen Medien überarbeitet, um Eigenaktivitäten von allen anzuregen.

3.4 Nur ein Einzelbeispiel?

Eine der Fragen, die insbesondere von den ‚Donors aus dem Norden' immer wieder gestellt wird, dreht sich um die Generalisierbarkeit dieser Versuche, insbesondere um deren schulpolitische Resonanz. Dazu ergibt sich ein sehr länderspezifisches Bild. In zwei Ländern kann man schulpolitische Resonanz erkennen: In der Elfenbeinküste werden die Privatschulen durch den Koordinator des RED so organisiert und qualifiziert, dass die Regierung ständig den Kontakt zu diesem Netzwerk sucht. Im Benin sind einige RED-Lehrer als Multiplikatoren bei der staatlich betriebenen Schulreform gefragt. Die Schulreform-Erfahrungen des RED haben sich dort auch in den öffentlichen Reformplänen niedergeschlagen. In den anderen drei Ländern ist keine öffentliche Resonanz erkennbar. Dies scheint kein Zufall zu sein, wenn man die oben angesprochenen, politischen Rahmenbedingungen in diesen Ländern bedenkt.

Es gibt darüber hinaus bisher keine systematische Untersuchung zur Resonanz der Schulen bei Kindern und Eltern. Es ist aber wahrscheinlich symptomatisch, dass die Nachfrage der Eltern nach einem Platz für ihre Kinder in diesen Schulen sehr groß ist. Deshalb stellt sich auch für manche Schulleiter am Schuljahresanfang die bange Frage: ‚Wie kann ich dem Kriterium des RED gerecht werden, wonach keine Schulklasse mehr als 40 Kinder haben darf? Andererseits könnte man bei der hohen Nachfrage durch die Eltern mehr Schulgebühren einnehmen und damit die materielle Not lindern.'[11]

4 Nachbemerkungen

Der Titel des vorliegenden Buches heißt: ‚Bildung zur Eigenständigkeit'. Dies ist eine befreiungspädagogische Prämisse, an der es festzuhalten gilt.

[11] Hierzu sei nochmals die eingangs gestellte Grundfrage aufgegriffen: Was ist die größere ‚Untugend' – Ethiker bezeichnen dies als Dilemma: Das Recht der Kinder auf bessere Bildung durch ‚kleinere' Klassen oder das Recht der Unterrichtenden auf ein wenig mehr Geld? Oder hängt beides doch unauflöslich zusammen, wie es im RED vertreten wird?

Sie ist der Schlüssel zu gerechteren Verhandlungen, d.h. zum Ernstnehmen des anderen in seiner Würde und in seinem Kontext. Dies entspricht nach Auffassung von Paulo Freire dem ersten befreienden Schritt. Für uns gehört dazu, sich über eigene Wege der Befreiten nicht zu wundern. Eigenständigkeit ist jedoch auch ein Konstrukt außerhalb der aktuellen realpolitischen und ökonomischen Situation, weshalb diese im Norden formulierte Hoffnung zunehmend falsche entwicklungspolitische Schritte provoziert. Doch wäre dies noch ein weiteres, ‚notwendendes' Kapitel.

Übrigens, eine schlüssige Antwort auf die eingangs gestellte Frage, ob es eine Untugend sei, aus der Not eine Tugend zu machen, gibt es für uns nicht.

Literatur

Bourdieu, P.: Für eine engagierte Wissenschaft. In: Le Monde Diplomatique, (2002)2, S. 3

Bühler, H./Datta, A./Sovoessi, J.: Grenzen des Forschens zwischen dem Norden und dem Süden. In: Tertium Comparationis, 5(1999)2, S. 150-162

Bühler, H.: Les implications pédagogiques des travaux pratiques – un aspect de la réforme scolaire en Afrique de l´ouest. In: Journal of psychology in Africa, Ibadan, (1993)5, S. 101-122

Freire, P.: Die Träume Freinets sind auch meine Träume. In: Freire, P.: Fragen und Versuche. Bremen 1999, S. 5-7

Fuoss, S.: „Globales lernen ist vor allem für Europäer wichtig geworden", Blitzlichter von der Worlddidac 1998 in Basel. In: Zeitschrift für Internationale Bildungforschung und Entwicklungspädagogik (ZEP), 21(1998)3, S. 27-31

Menigoz, A.: Apprentissage et enseignement de l´écrit dans les sociétés multilingues, l´exemple du plateau dogon au Mali. Paris 2001

Réseau Ecole et Développement: Correspondances, vers une pédagogie de libération. Yaoundé 1999

Réseau Ecole et Développement: Rapport du seminaire atelier. Abdijan 2001

Siebert, H.: Paulo Freire und Ivan Illich als Konstruktivisten? In: Datta, A./Lang-Wojtasik, G. (Hg.): Bildung zu Self-Reliance. Reformpädagogische Ansätze aus dem Süden. Hannover 2001, S. 72-81

Tall, Cherif: La classe de conversation, ou la voie de nos ancetres. Dakar 1978

Tall, Cherif u.a.: Le conte, mode d'emploi. Dakar 1996

Heike Niedrig

Mehrsprachige Erziehung als befreiungspädagogisches Konzept in Südafrika nach der Apartheid

1 Vorbemerkungen

„South Africa today is a social laboratory of utmost importance for the future of Africa and the world" (Alexander 1994, S. 16)

Neville Alexander, sozialistischer Gegner des Apartheidregimes und renommierter Sprach- und Erziehungswissenschaftler, erklärte 1994 in einem Vortrag über die Bedeutung der neuen südafrikanischen Sprachpolitik für das Projekt des ‚nation-building', Südafrika nach der Apartheid sei ein soziales Laboratorium von größter Bedeutung für Afrika und für die Welt. Denn die Mehrparteienkonferenz, die die Übergangsverfassung von 1993 ausarbeitete, hatte zusätzlich zu den beiden Amtssprachen der Apartheidregierung – Englisch und Afrikaans – neun afrikanische Sprachen als offizielle Sprachen des ‚Neuen Südafrikas' in der Verfassung verankert und den Staat zur Förderung von Mehrsprachigkeit verpflichtet. Dies interpretierte Alexander als eine Abkehr von der Ideologie des monolingualen Nationalstaats, die der Realität der mehrsprachigen afrikanischen Staaten in keiner Weise gerecht werde, und als einen Beitrag für die Überwindung der tiefen Gräben zwischen den ethnischen Gruppen Südafrikas.

Sicher ist die ethnische Spaltung der Gesellschaft als Erbe von Kolonialismus und Apartheidpolitik in Südafrika von besonderer Brisanz. Doch sind Rassismus und Ethnozentrismus auch Bestandteil von Geschichte und Gegenwart Deutschlands. Ebenso stellt die Mehrsprachigkeit der Schülerschaft eine Herausforderung an die deutschen Bildungsinstitutionen dar; aufgrund zunehmender kultureller und sprachlicher Pluralisierung im Zuge internationaler Migration wird der Umgang mit Mehrsprachigkeit auch auf europäischer Ebene zu einem immer wichtigeren Thema.

Vergleicht man die erziehungswissenschaftliche Diskussion in Südafrika und in Deutschland, so findet man erstaunlich viele Parallelen zwischen den an sich sehr differenten historischen, sozialen und politischen Kontexten. Dieses Phänomen mag sich der globalen Hegemonie ‚westlicher Kultur' und dem weltweiten Siegeszug des Englischen als Sprache der Wirtschaft, Wissenschaft und Technologie verdanken. Doch vor dem Hintergrund des Befreiungskampfs gegen das Apartheidregime konnten sich in Südafrika radikalere Forderungen für eine Demokratisierung des Bildungssystems entwickeln als hierzulande. Daher scheint mir, dass die Schulsprachdiskussion sehr geeignet ist, eurozentrische Normalitätsvorstellungen in Frage zu stellen – und von Afrika zu lernen.

Im Folgenden werde ich daher zwei von Neville Alexander gegründete Projekte vorstellen, die ihre Wurzeln im befreiungspädagogischen Widerstand gegen das Apartheidregime haben und die nun Einfluss auf die Bildungs- und Sprachpolitik im Post-Apartheid-Südafrika ausüben.

2 Zwei befreiungspädagogische Bildungsprojekte

Das ‚National Language Project' (NLP) und das ‚Project for the Study of Alternative Education in South Africa' (PRAESA) sind beide in Kapstadt angesiedelt. Das NLP engagiert sich in verschiedenen Bereichen der Sprachpolitik, von Sprachkursen für Erwachsene über einen Dolmetscher- und Übersetzer-Service für Gewerkschaften und Community-Organisationen bis zu Unterrichtsprojekten für Grundschulen. PRAESA ist mit dem Ziel gegründet worden, sich mit ‚alternative education' (‚Reformpädagogik') in Südafrika zu befassen.

Beide Projekte wurden unter maßgeblicher Mitwirkung des Sprach- und Sozialwissenschaftlers Neville Alexander ins Leben gerufen. Alexander, geb. 1936 in der Kapprovinz, studierte in Kapstadt und Tübingen. Als politischer Gegner des Apartheidregimes war er von 1963 bis 1974 gemeinsam mit Nelson Mandela auf der Gefangeneninsel Robben Island inhaftiert. Er ist Gründungsmitglied der ‚Workers' Organisation for Socialist Action' (WOSA) und gilt als „the single most influential thinker" eines unabhängigen sozialistischen Flügels der ehemaligen Befreiungsbewegung (Crawhall 1993, S. 27). Als Vorsitzender diverser Ausschüsse hat er die neue Regierung in ihrer Sprach- und Bildungspolitik beraten. Seit 1992 ist Alexander Direktor von PRAESA.

Alexanders sprachpolitische Programmatik verknüpfte stets die Forderung nach einem breiten Zugang zu Englisch mit einer multilingualen Zielsetzung. Er gilt als bekanntester Anwalt einer demokratischen Sprachpolitik, die die von der Mehrheit der Bevölkerung gesprochenen afrikanischen Sprachen aufwerten soll, und zwar bereits seit den 1980er Jahren, als die Befreiungsbewegungen wie selbstverständlich von Englisch als nationaler Sprache eines befreiten Südafrikas ausgingen.

Die politische Wende von 1990 führte nicht zu einer prinzipiellen Veränderung seiner Programmatik. Möglicherweise lässt sich aber von einer Schwerpunktverlagerung sprechen: In dem Moment, in dem ‚Zugang zu Englisch' für schwarze Kinder nicht mehr politisch erkämpft werden muss, sondern ‚English only' zur neuen dominanten Maxime der Schulsprachpolitik in Südafrika zu werden droht, rückt das parallele Ziel – die Aufwertung der afrikanischen Sprachen im Schulsystem – in den Vordergrund.

3 Der historische Kontext der Entstehung der Projekte

Beide Projekte – NLP wie PRAESA – sind in der Befreiungs(pädagogik)bewegung verwurzelt. Das NLP wurde 1986 während des Höhepunkts der Massenmobilisierung gegen das Apartheidbildungssystem im Geiste der ‚People's Education'-Bewegung gegründet. PRAESA entstand im Jahre 1992, also zu Beginn des sich abzeichnenden politischen Umbruches, mit der Zielsetzung, die Erfahrungen mit alternativen Bildungsansätzen während der Zeit der Befreiungskämpfe für die Transformation des südafrikanischen Bildungssystems auszuwerten.

3.1 Der Widerstand gegen das Apartheidbildungssystem

3.1.1 Bantu-Erziehung: Das Schulsystem für die schwarzen Kinder in Apartheid-Südafrika

Als die Apartheidregierung 1953 das ‚Bantu-Erziehungs-Gesetz' erließ, ging es ihr darum, die Schulbildung der schwarzen Kinder zu kontrollieren und den Einfluss des aus ihrer Sicht zu ‚liberalen' englischen Missionsschulwesens einzudämmen. Die Apartheid-Schulpolitik schrieb die bereits weitgehend etablierte schulische Trennung der Kinder nach Hautfarbe gesetzlich fest. Neben einem minderwertigen Curriculum und unzureichenden Ressourcen zeichnete sich das ‚Bantu-Schulwesen' durch eine spezielle Sprachpolitik aus: So sollte der damals achtjährige Grundschulunterricht im Medium einer afrikanischen Sprache, der sogenannten ‚Muttersprache' der jeweiligen Kinder, abgehalten werden. Da vor allem die in den urbanen Zentren aufwachsenden Kinder mehrsprachig waren, lief dieses Konzept auf eine ‚Retribalisierung' – eine ‚Rückbesinnung auf die Stammesgemeinschaft' – hinaus und diente also der ethnischen Fragmentierung der schwarzen Bevölkerungsmehrheit. Zusätzlich sollten die Kinder rudimentäre Sprachkenntnisse in Englisch und Afrikaans erwerben – genügend, um die Anweisungen ihrer ‚weißen Herren' zu verstehen.

Die kleine schwarze Elite, für die eine Sekundarschulausbildung vorgesehen war, um sie z.B. als Verwaltungsbeamte in den ‚Homelands' und als Lehrkräfte im Bantu-Schulwesen zu qualifizieren, sollte ihren Unterricht im Medium der beiden Amtssprachen – Afrikaans und Englisch – erhalten. In der Praxis aber setzte sich diese Regelung nicht durch, sondern Englisch diente überwiegend als Unterrichtssprache in den schwarzen Sekundarschulen. Die Sprachpolitik für die schwarzen Schulen war von Anbeginn umstritten und umkämpft und führte zu einem der wohl größten Schüleraufstände der Geschichte.

3.1.2 Der Schüleraufstand von Soweto 1976

Das über Südafrika hinaus bekannte Datum, das an den Schülerwiderstand gegen die Apartheid-Erziehung erinnert, ist der 16. Juni 1976. Auslöser der Proteste war der Versuch der burischen Schulbürokratie, die Sprachenvorschrift für schwarze Sekundarschulen endlich in der Praxis durchzusetzen: Die Hälfte aller Fächer sollte in Afrikaans unterrichtet werden. Dieser Versuch, den mit dem burischen Nationalismus eng verbundenen ‚Sprachkampf' gegen das Englische auf dem Rücken der schwarzen Schülerinnen und Schüler auszutragen, führte zu landesweiten Protesten. Nachdem die Polizei am 16. Juni das Feuer auf eine friedliche Demonstration von 20.000 Schülern in Soweto eröffnet und den 13jährigen Hector Petersen getötet hatte, kam es zu einem gewaltsamen Aufstand, der sich von Soweto aus auf alle Teile Südafrikas ausbreitete.

Der Aufstand wurde von der Regierung zwar blutig unterdrückt, dennoch errangen die schwarzen Schülerinnen und Schüler einen symbolischen Sieg über die Apartheidregierung, denn diese nahm die repressive Verordnung schließlich zurück. Ab 1976 etablierte sich an den schwarzen Schulen die Praxis, die Kinder bis zur 4. Klasse im Medium einer afrikanischen Sprache zu unterrichten und ab der 5. Klasse zu Englisch als Unterrichtssprache zu wechseln, während Afrikaans lediglich als Sprachfach gelehrt wurde.

Vor dem Hintergrund des Soweto-Aufstands galt der ‚Zugang zu Englisch' für schwarze Kinder von nun an als ein zentrales Anliegen.

3.2 Die Geschichte der Projektentstehung

3.2.1 Die Gründung des NLP

Die politische Mobilisierung der schwarzen Schülerinnen und Schüler nach dem Schüleraufstand von SOWETO 1976 war durch intensive Diskussionen über ‚alternative education' bzw. ‚People's Education' gekennzeichnet, die explizit oder implizit durch Paulo Freires Erziehungsphilosophie beeinflusst waren (Alexander/Helbig 1988; Niedrig/Plüddemann 1998). Ein erster Versuch, die vielfältigen Erziehungs- und Bildungsprojekte zu koordinieren, erfolgte im September 1983 mit der Gründung eines ‚Bildungskoordinationsrates'. Auf zwei landesweiten Konferenzen einigte man sich auf Bildungsprioritäten: Erste Priorität sollte dem Englischunterricht für die benachteiligte schwarze Bevölkerung zukommen.

So wurde ein Projekt ins Leben gerufen, das progressive Sprachprojekte auf nationaler Ebene koordinieren, einen Erfahrungsaustausch ermöglichen, vor allem aber eine demokratische Debatte über eine zukünftige Sprachpolitik in Gang setzen sollte. Der zunächst vorgeschlagene Projektname ‚English Language Project' deutet auf die besondere Rolle des Englischen hin. Nach einigen Diskussionen setzte sich jedoch die Bezeichnung ‚National Language Project' (NLP) durch: Das NLP war die erste Nichtregierungsorganisation, die sich an der nationalen Sprachpolitikdebatte beteiligte (Crawhall 1993, S. 27).

3.2.2 Die Gründung von PRAESA

PRAESA ist als forschungsorientierte Organisation der ‚School of Education' an der Universität Kapstadt angegliedert und wurde mit dem Hauptziel gegründet, die Erfahrungen mit alternativen Bildungsprojekten im Kontext des Apartheidwiderstands zu sammeln, zu dokumentieren und in die Diskussion um ein sich herausbildendes demokratisches Bildungssystem einzuspeisen.

Während der ersten Forschungsphase (1992-1994) kristallisierte sich auch für PRAESA eine Schwerpunktsetzung im Bereich der mehrsprachigen Erziehung und Bildung heraus. Einen entscheidenden Impuls für diese

Fokussierung erhielt PRAESA durch die Ergebnisse eines Forschungsprojekts, das sich mit den Ursachen für das Scheitern vieler Kinder in Homeland-Schulen befasste: Demnach stellte der Wechsel des Unterrichtsmediums von der afrikanischen Erstsprache zu Englisch ab der 5. Klasse einen der zentralen Faktoren für das Schulversagen schwarzer Kinder dar (MacDonald 1990). Damit war die Überzeugung, eine möglichst frühe Einführung von Englisch als Unterrichtssprache sei der Bildungslaufbahn der schwarzen Schülerinnen und Schüler förderlich, in Frage gestellt. Dies eröffnete eine neue Diskussion über die Rolle der afrikanischen Erstsprachen der Kinder im Bildungswesen.

4 Die wesentlichen Elemente des Sprachbildungsansatzes

Die untrennbare Verknüpfung von Politik und Pädagogik wird im Kampf um das südafrikanische Bildungswesen besonders deutlich. Auch das Sprachbildungskonzept, das NLP und PRAESA entwickelt haben, lässt sich nicht losgelöst von der politischen Vision einer mehrsprachigen südafrikanischen Nation darstellen.

4.1 Die politische Vision: Nation-building und Dreisprachigkeit

Neville Alexanders Denken verknüpft Sprachpolitik mit dem Ziel der Schaffung einer südafrikanischen Nation, die die rassisch-ethnische Aufspaltung der Gesellschaft überwinden soll und mit dem Fernziel einer sozialistischen Transformation der Gesellschaft verbunden ist. Vor dem Hintergrund der Apartheid hält Alexander ‚nation building' für ein progressives Projekt, das kompatibel sei mit dem Ziel, die Interessen der urbanen und ländlichen Armen zu unterstützen (Alexander 1994), vorausgesetzt, dass unter anderem die dabei implementierte Sprachpolitik der breiten Masse der Bevölkerung Macht (empowerment) verleihe.

Seine Vorschläge lassen sich wie folgt zusammenfassen: Englisch werde aus historisch-ideologischen wie aus ökonomischen Gründen unausweichlich – zumindest für eine gewisse Zeit – die lingua franca eines Post-Apartheid Südafrikas sein und sollte als solche anerkannt und gefördert werden. Wichtig aber sei, dass in Zukunft alle Südafrikaner/innen – nicht nur die Mittelschicht – Zugang zu dieser Sprache erhalten.[1]

[1] In diesem Zusammenhang betont das NLP, dass es sich nicht für eine ‚neo-koloniale' bzw. ‚elitäre' Standardvarietät des Englischen einsetze, sondern für eine noch im

Zugleich aber sollte Multilingualität als ein Charakteristikum der südafrikanischen Nation gesehen werden, das zur nationalen Einheit, nicht Aufspaltung, beitragen könne. Alle Sprachen sollen als prinzipiell gleichberechtigte Medien der Kommunikation und der Kultur betrachtet und nach Möglichkeit auf allen Ebenen gefördert werden. Bereits vor der Verabschiedung der Übergangsverfassung 1993, die elf offizielle Sprachen anerkennt, ging Alexander davon aus, dass neben dem Englischen auch andere Sprachen zumindest regional den Status von offiziellen Verkehrssprachen haben werden und dass langfristig eine standardisierte afrikanische Sprache[2] diese Rolle auf nationaler Ebene einnehmen könnte. Wichtig für die Entwicklung der südafrikanischen Nation sei jedoch weniger eine gemeinsame lingua franca, als vielmehr die Sicherstellung der überregionalen Kommunikation, die ebenso gut im Medium verschiedener Sprachen möglich sei. Dies setze voraus, dass Mehrsprachigkeit als Bestandteil der nationalen Identität aufgefasst werde, was insbesondere erfordere, dass die englisch- und afrikaanssprachigen Südafrikaner afrikanische Sprachen lernen. In Ermangelung einer ökonomischen Notwendigkeit müsste dieser Prozess durch einen Akt des politischen Willens in Gang gesetzt werden, z.B. durch die Würdigung von afrikanischen Sprachkenntnissen bei der Einstellung im öffentlichen Dienst.

Afrikaans schließlich – so sah es Alexander voraus – werde in einer demokratisch verfassten Gesellschaft unweigerlich seine privilegierte Position, die allein durch das repressive Apartheidregime garantiert wurde, einbüßen und sich tendenziell dem Status der anderen afrikanischen Sprachen annähern. Es sei entsprechend wie alle anderen südafrikanischen Sprachen zu behandeln und zu fördern.

Anzustreben wäre nach Alexanders Vorschlag, dass jede Südafrikanerin, jeder Südafrikaner Konversationsfähigkeit in mindestens drei Sprachen erwerbe: in der eigenen Erstsprache, in Englisch und in einer weiteren regional gesprochenen Sprache. Auf die Kapregion angewandt, in der NLP und PRAESA angesiedelt sind, bedeutet dies, dass Dreisprachigkeit in den dort vorherrschenden Sprachen Afrikaans, Englisch und Xhosa zu fördern sei (Alexander 1990, S. 134f; vgl. auch Alexander 1996).

Entstehen begriffene südafrikanische Varietät, die von der Mehrheit der Bevölkerung hervorgebracht werde (NLP 1990, S. 22f.).

2 Alexanders Studienzeit in Deutschland hat Spuren in seinem Sprachkonzept hinterlassen: So schwebt ihm – analog zum Verhältnis des Hochdeutschen zu den deutschen Dialekten – die Entwicklung zweier afrikanischer ‚Standardsprachen' aus nah verwandten Sprachen und Dialekten in Südafrika vor, die als offizielle Schriftsprachen Verwendung finden würden.

4.2 Die Entwicklung des pädagogischen Programms

4.2.1 Zugang zu Englisch versus Förderung der afrikanischen Sprachen

Die pädagogische Arbeit von NLP und PRAESA verband von Anbeginn die Förderung eines breiten Zugangs zu Englisch mit der Propagierung von Mehrsprachigkeit und der Aufwertung der afrikanischen Sprachen. Diese doppelte Zielsetzung ist allerdings politisch wie pädagogisch nicht leicht einzulösen. Denn die beiden Ziele – Zugang zu Englisch für alle sichern einerseits, die durch die Hegemonie des Englischen marginalisierten Sprachen aufwerten andererseits – stehen in einem Spannungsverhältnis zueinander.

Ähnlich zwiespältig ist die Haltung vieler Anti-Apartheid-Pädagogen zur Frage des Unterrichtsmediums für schwarze Kinder. Dies lässt sich auf die historische Erblast der Apartheid-Sprachpolitik zurückführen. Einerseits gilt Unterricht im Medium der Muttersprache als pädagogisch sinnvoll. Er ist zudem kompatibel mit Alexanders Ziel, die degradierten afrikanischen Sprachen aufzuwerten. Andererseits wurde ‚Muttersprachenunterricht' von den Apartheidstrategen für ihre politische Agenda missbraucht und ist daher in Südafrika als Teil der ‚Bantu-Erziehung' stigmatisiert: In Bezug auf afrikanische Sprachen wird damit ethnische Segregation und Minderwertigkeit des schulischen Angebots assoziiert. Unterricht im Medium der Weltsprache Englisch hingegen, einer potentiellen nationalen lingua franca, erscheint zwar geeignet, der ethnischen Spaltung entgegenzuwirken. Jedoch trägt die Propagierung von Englisch als Hauptunterrichtssprache dazu bei, den ‚kolonialen Bilingualismus' (Memmi) zu zementieren, d.h. die herausgehobene Position des Englischen zu bekräftigen und die afrikanischen Sprachen, die die Mehrheit[3] der Bevölkerung spricht, zu entwerten, wie die PRAESA-Mitarbeiterin Kathleen Heugh im Interview pointiert herausstellt: „It is not possible to promote equal status of all languages while you are saying that one is more important and validating that one" (Niedrig 2000, S. 150).

[3] Über 75% der südafrikanischen Bevölkerung sprechen eine afrikanische Sprache als Erstsprache, 15% Afrikaans und nur 9% Englisch. Es wird zudem geschätzt, dass lediglich 42% aller Südafrikaner/innen (bzw. nur 31% der schwarzen Bevölkerung Südafrikas) über genügend Englisch-Zweitsprachkenntnisse verfügt, um z.B. Nachrichtensendungen zu verstehen.

4.2.2 ‚Additiver Bilingualismus': Lösung des Schulsprachdilemmas?

Ab 1992 entwickelte PRAESA – unter dem Einfluss internationaler Schulforschung zu bilingualer Erziehung – einen neuen Ansatz zum Problem des Unterrichtsmediums. Den Begriff 'additive bilingualism'[4] definieren PRAESA und NLP in ihrer gemeinsamen Publikation 'Multilingual Education for South Africa' wie folgt:

> „*Additive bilingualism* refers to bilingualism associated with a well-developed proficiency in two languages and with positive cognitive outcomes (Lambert). The term is applied to a context in which speakers of any language are introduced to a second language (or even languages) in addition to the continued educational use of the primary language as a language of learning. The second language is never intended to replace the primary language in education; rather, it is seen as complementary to the primary language throughout" (Heugh et al, eds. 1995; Glossary, vii).

Additiver Bilingualismus verspricht die Lösung des Schulsprachdilemmas. Es muss keine Entscheidung mehr getroffen werden zwischen entweder 'mother-tongue instruction' oder 'English medium instruction'. Beides ist parallel möglich, und das bei weitgehender schulischer Integration von Kindern verschiedener Erstsprachen, die abwechselnd in unterschiedlichen Sprachen unterrichtet werden. Die afrikanischen Sprachen sind in dieser Konzeption gleichberechtigte Unterrichtssprachen während der gesamten Schullaufbahn und dennoch wird der Zugang zu Englisch garantiert. Das pädagogische Prinzip des Lernens in der Erstsprache wird mit den Vorteilen eines Zweitsprachunterrichts durch partielle Immersion (‚Eintauchen') kombiniert.

5 Ansätze zur Umsetzung

NLP und PRAESA haben im Laufe der Jahre eine Reihe interessanter und progressiver Sprachprojekte entwickelt und implementiert, sowohl im Rahmen der Erwachsenenbildung als auch im öffentlichen Schulsystem. Dazu gehört zum Beispiel der Unterricht in Xhosa als Zweitsprache für englisch-

[4] Der Gegenbegriff hierzu in PRAESAs Verständnis: „*Subtractive bilingualism* refers to the limited bilingualism often associated with negative cognitive outcomes (Lambert). It is applied to a context in which speakers of usually low-status languages are expected to become proficient in a second language of high status, such as English and French in Africa. During the process of acquiring the second language, the home language is either abruptly or gradually replaced as a language of learning in the school" (Heugh et al 1995: Glossary, viii).

und afrikaanssprachige Kinder in den nunmehr desegregierten Schulen. Ziel dieses Unterrichts ist es, die in den Schulen marginalisierte Sprache Xhosa aufzuwerten. Indem die xhosasprachigen Klassenkameraden als 'peer teacher' eingesetzt werden, erhalten sie Gelegenheit, sich als sprachkompetent – statt als ‚Schüler mit geringer Sprachkompetenz'[5] – zu erfahren und wahrgenommen zu werden. Des Weiteren wären zwei Videos für die Lehrerfortbildung zu ‚Multilingual Education' zu nennen, die Lehrkräften zeigen, wie Mehrsprachigkeit im Klassenzimmer genutzt werden kann, um die kognitive Entwicklung der Kinder zu unterstützen und um die gleichberechtigte Beteiligung aller Kinder zu fördern. Eines der Projekte – die trilinguale Modellschule – soll im Folgenden ausführlicher dargestellt werden.

Das zentrale Projekt, um dessen Umsetzung sich PRAESA seit 1995 bemüht, ist die Einrichtung einer trilingualen Modellschule in Kapstadt, die Schulentwicklung, Schulforschung und Lehrerbildung integriert. Zwei Modelle additiv bilingualen Unterrichts sollen hier erprobt werden, und zwar in den Hauptsprachen der Kapregion: Englisch, Afrikaans und Xhosa. Beiden Unterrichtsmodellen gemeinsam ist das Ziel, die Erstsprache (L1) der Kinder während der gesamten Schulzeit zu fördern und sie zu keinem Zeitpunkt durch eine L2-Zielsprache zu ersetzen. Die L1 soll als überwiegendes Medium der kognitiven Entwicklung behandelt werden. Der Erwerb einer zweiten und dritten Sprache (L2 und L3) wird ab der Vorschule gefördert, indem das sprachliche Umfeld dreisprachig gestaltet wird und indem die beiden zusätzlichen Sprachen in den formalen Unterricht der Primarschule integriert werden. Insbesondere soll die statusschwächste Sprache Xhosa als gleichwertige Lern- und Unterrichtssprache gefördert werden. Alle Kinder, die diese Schule durchlaufen, sollen mindestens zwei-, nach Möglichkeit dreisprachig werden. PRAESA betont, dass die geplante Modellschule keine ‚Eliteschule' sei, sondern auch Kinder aus sozial benachteiligten Schichten aufnehmen solle.[6] Großen Wert legt das Konzept

---

[5] Eine unter weißen Lehrkräften geläufige Bezeichnung für schwarze Kinder in ehemals weißen Schulen ist ‚Limited English Proficient'-student. Damit soll unter anderem die rassistische Apartheidterminologie umgangen werden. Die afrikanischen Kinder werden so aber als sprachlich defizitär definiert. Weiße Kinder hingegen werden nie z.B. als ‚Limited Xhosa Proficient' beschrieben.

[6] Die Schule soll nach Möglichkeit Teil eines ‚Education Reconstruction Centres' werden, das knappe Ressourcen (Bibliotheken, Laboratorien, Theater, Lernräume etc.) mit anderen Institutionen teilt und das der Community in verschiedener Weise dient: Beispielsweise durch Erwachsenenbildungsangebote, Kinderbetreuung für unter dreijährige sowie für ältere Kinder nach Schulschluss, ‚Out-of-school-youth'-Programme, ‚family-literacy'-Angebote, die den Kindern wie ihren Eltern zugute kämen, Sprachkurse und einen Dolmetscher-Service.

auf die Kombination der Primarschule mit einer Vorschuleinrichtung für drei- bis fünfjährige Kinder: Vor Beginn des formalen Primarschulunterrichts sollen die Kinder erste Kenntnisse in den drei relevanten Sprachen spielerisch erwerben. Besondere Bedeutung komme in dieser Phase der Förderung von Neugier und Offenheit für die anderen Sprachen und Kulturen zu.

Die Arbeit an der Modellschule soll durch das PRAESA-Team wissenschaftlich begleitet werden. Bereits seit einigen Jahren ist PRAESA mit Schulforschung an Grundschulen mit multilingualer Schülerschaft befasst (vgl. z.B. die Berichte von de Klerk 1995; Plüddemann/Mati/Mahlalela-Thusi 1998). Ergebnisse dieser handlungsorientierten Forschung sind unter anderem in Workshops mit Schulbuchverlagen und in die Entwicklung eines Lehrerfortbildungsprogramms eingegangen.

6 Kritik und Widerstände

Die trilinguale Modellschule konnte bis heute nicht realisiert werden. Neben finanziellen Problemen spielte hierbei wohl auch ein Mangel an politischer Unterstützung durch die Bildungsministerin des Western Cape eine Rolle. Widerstand und inhaltliche Kritik kam unter anderem aber auch von Lehrkräften und Eltern, die befürchteten, das bilinguale Unterrichtskonzept sei im Effekt eine Fortsetzung des ‚Muttersprachenunterrichts' der Bantu-Erziehungsdoktrin und könnte die afrikanischen Kinder am optimalen Englischerwerb hindern.

Gestützt auf Ergebnisse internationaler Schulforschung argumentieren die NLP- und PRAESA-Mitarbeiter/innen dagegen an: Forschung zu bilingualen Programmen zeigten, so das Hauptargument, dass diejenigen Kinder, die eine statusschwache Sprache (wie afrikanische Sprachen in Südafrika oder Einwanderersprachen in den Industrieländern) sprechen, in ‚subtraktiven Sprachprogrammen' stark benachteiligt werden. Die vollständige Ersetzung der Sprache der Herkunftsfamilie durch eine andere, statushohe Unterrichtsprache (z.B. Englisch) führe zum Verlust von Selbstwertgefühl und stelle ein großes Lernhindernis dar: Auch die statushohe ‚Zielsprache' werde unter diesen Lernbedingungen meist nur unzureichend erlernt. Dies wiederum wirke sich zwangsläufig auf das fachliche Lernen im Medium dieser Sprache aus. So werde Schulversagen von Kindern aus ethnischen Minderheiten systematisch erzeugt, was wiederum rassistische Vorurteile bezüglich der ‚Intelligenz' von Kindern unterschiedlicher ethnischer Herkunft bestärke (für eine detaillierte Analyse dieser Diskussion siehe Niedrig 2000).

Trotz aller Widerstände hat das multilinguale Konzept von NLP und PRAESA Einfluss auf die nationale Schulgesetzgebung genommen. Das neue südafrikanische Schulsprachgesetz zielt darauf ab, die Orientierung an Mehrsprachigkeit zur Norm zu erheben. Schwerwiegende Hindernisse für die Umsetzung der gesetzlich formulierten Grundsätze liegen in der Apartheid-Erblast eines Schulsystems, dessen unterprivilegierter Sektor von unzureichender Qualifikation der Lehrkräfte, krasser materieller Unterversorgung und hohen Klassenfrequenzen gekennzeichnet ist. Gerade vor diesem Hintergrund aber – so die Argumentation von PRAESA – sei eine Flexibilisierung der Sprachverwendung in den Schulen unbedingt notwendig. Nur wenn Lehrerinnen und Lehrer, die im Rahmen von ‚Bantu-Erziehung' selbst schlecht Englisch gelernt haben, darin bestärkt werden, den Kindern die Unterrichtsinhalte in den eigenen Sprachen zu erklären, könne auch in unterprivilegierten Schulen sinnvolles Lernen in den Sachfächern stattfinden.

Da es die trilinguale Modellschule vorläufig nicht geben wird, hat PRAESA begonnen, das Konzept an bereits bestehenden Grundschulen zu implementieren, zunächst in einzelnen Klassen bzw. Schulzweigen. Diese Lösung hat den Vorzug, dass das Konzept nicht unter ‚Modellschulbedingungen' erprobt wird, sondern unter realen Unterrichtsbedingungen.

7 Resümee: Nationale und internationale Relevanz des Ansatzes

> *"Der Sinn für den Wert der eigenen sprachlichen Produkte ist eine grundlegende Dimension des Sinnes für den Ort, auf dem man sich im sozialen Raum befindet"* (Bourdieu 1990, S. 63).

Erziehung zur Eigenständigkeit (Self-reliance) bedeutet, das Vertrauen in die eigenen Fähigkeiten zu stärken, das heißt aber vor allem das Vertrauen in die eigenen kulturellen Ressourcen auszubilden. Die Sprache, die man in der eigenen Familie und sozialen Gemeinschaft erlernt, ist sicherlich eine der zentralen kulturellen Ressourcen. Wie Bourdieu betont, ist es eine Frage des sozialen Selbstwertgefühls, wie diese Sprache in den gesellschaftlich relevanten Institutionen außerhalb der Familie eingesetzt und somit bewertet wird: beispielsweise in den Medien, in der öffentlichen Verwaltung, insbesondere aber in den Bildungsinstitutionen.

Nachdem diese Institutionen in Afrika jahrelang vor allem die ehemaligen Kolonialsprachen gefördert haben, setzt sich allmählich die Erkenntnis durch, dass diese Politik nicht wie erhofft zu gesellschaftlicher Integration und zu technologischer und wirtschaftlicher Entwicklung geführt hat, sondern zu einer Spaltung der afrikanischen Gesellschaften in eine jeweils winzige anglophone (bzw. frankophone) Ober-/Mittelschicht und eine Bevölkerungsmehrheit, die die jeweilige Amtssprache so unzulänglich beherrscht, dass sie von gleichberechtigter politischer und wirtschaftlicher Beteiligung abgehalten wird. Von einigen afrikanischen Wissenschaftler/innen wird darauf hingewiesen, dass die Aneignung technologischer und wissenschaftlicher Konzepte und somit deren Integration und Weiterentwicklung im afrikanischen Kontext nicht möglich sei, solange die Mehrheit der Bevölkerung an dieser Entwicklung nicht partizipieren kann. Voraussetzung für breite Partizipation aber sei, dass die technischen und naturwissenschaftlichen Konzepte in den Alltagsdiskurs bzw. die Alltagskultur Eingang finden. Dies wiederum sei kaum im Medium einer Sprache denkbar, die für die überwiegende Mehrheit eine Zweit- oder Drittsprache darstelle (Bamgbose 1994; Prah 1995).

Vergleicht man die südafrikanische Schulsprachdiskussion mit der Diskussion über entsprechende Bildungsinnovationen in Deutschland, so lassen sich trotz differierender Kontexte erstaunlich weitreichende Parallelen entdecken, insbesondere in der Beurteilung sprachlicher Kompetenzen von afrikanischen Kindern und Einwandererkindern, die als defizitär angesehen werden. Argumente, die den Ausschluss von afrikanischen bzw. Einwanderersprachen aus dem Bildungssystem begründen, spiegeln hier wie dort die Machtverhältnisse auf dem jeweiligen ‚sprachlichen Markt' (Bourdieu) wider.

So gilt in Deutschland fraglos Deutsch als Unterrichtssprache für alle Kinder. Im Hinblick auf den Fremdsprachenerwerb wird Englisch in nahezu allen Schulformen der Vorrang eingeräumt. Bilinguale Sprachprogramme werden bevorzugt für die Sprachkombination Deutsch/Englisch etabliert. Darin drückt sich nicht zuletzt die seit den sechziger Jahren wachsende Bedeutung von Englisch aus, das offenbar nicht nur in den ‚anglophonen' Ländern des Südens als unverzichtbar gilt.

Es gibt sicher gute Argumente für die Verankerung der internationalen Verkehrssprache Englisch im deutschen Bildungssystem. Es stellt sich jedoch die Frage, wie verhindert werden kann, dass diese Konzeption des Fremdsprachenunterrichts dazu führt, die mehrsprachigen Ressourcen zu entwerten, die in den Schulen bereits vorhanden sind. Das Versäumnis der schulischen Entfaltung von Sprachkompetenzen lebensweltlich mehrsprachiger Kindern bedeutet nicht nur eine Marginalisierung der Vorkenntnisse dieser Kinder, sondern auch den Verlust eines Potentials für authentisches Sprachenlernen für monolingual deutschsprachige Kinder (Gogolin 1994).

In einer zunehmend globalisierten Welt sollte Sprachenlernen zudem nicht allein unter instrumentellen Gesichtspunkten beurteilt werden, sondern auch unter der Perspektive des sozialen Lernen, z.B. des Respekts vor den vielfältigen kulturellen Ressourcen der Mitglieder multikultureller Gesellschaften.

Literatur

Alexander, Neville: The language question. In: Schrire, Robert: Critical choices for South Africa. An agenda for the 1990s. Cape Town 1990, S. 126-146

Alexander, Neville: Nation Building in the new South Africa. Address delivered at the University of Leuven, 8 Nov. 1994. Reproduced by Linguistic Agency University of Duisburg, Paper No. 257

Alexander, Neville: Languages of learning and teaching in South Africa. Recent debates and developments. In: Zeitschrift für befreiende Pädagogik (1996)11-12, S. 110-122

Alexander, Neville/Helbig, Ludwig: Schule und Erziehung gegen Apartheid. Befreiungspädagogik in Südafrika. Frankfurt/M. 1988

Bamgbose, Ayo: Pride and prejudice in multilingualism and development. In: Fardon, Richard/Furniss, Graham: African languages, development and the state. London etc. 1994, S. 33-43

Bourdieu, Pierre: Was heißt sprechen? Die Ökonomie des sprachlichen Tausches. Wien 1990

Crawhall, Nigel T.: Negotiations and language policy options in South Africa. NLP Report to NEPI. Cape Town 1993

Gogolin, Ingrid: Allgemeine sprachliche Bildung als Bildung zur Mehrsprachigkeit. Einige Überlegungen zur Innovation, auch des Fremdsprachenunterrichts. In: Bausch, Karl-Richard/Christ, Herbert/Krumm, Hans-Jürgen: Interkulturelles Lernen im Fremdsprachenunterricht. Tübingen 1994, S. 73-84

Heugh, Kathleen: The multilingual school: modified dual medium. In: Heugh, Kathleen/Siegrühn, Amanda/Plüddemann, Peter: Multilingual education for South Africa. Johannesburg 1995, S. 83-88

Klerk, Gerda de: Three languages in one school: a multilingual exploration in a primary school. In: Heugh, Kathleen/Siegrühn, Amanda/Plüddemann, Peter: Multilingual education for South Africa. Johannesburg 1995, S. 23-33

MacDonald, Carol: Crossing the threshold into standard three: Main report of the Threshold Project. Pretoria 1990

Memmi, Alberto: The Colonizer and the Colonized. London 1958.

Niedrig, Heike: Sprache – Macht – Kultur. Multilinguale Erziehung im Post-Apartheid-Südafrika. Münster etc. 2000

Niedrig, Heike/Plüddemann, Peter: Befreiungspädagogik in Südafrika. In: Knauth, Thorsten/Schroeder, Joachim: Über Befreiung. Befreiungspädagogik, Befreiungsphilosophie und Befreiungstheologie im Dialog. Münster etc. 1998, S. 191-208

National Language Project (NLP): Historical Development of the National Language Project. In: Language Project Review 4(1990)4, S. 22-23

Plüddemann, Peter/Mati, Xola/Mahlalela-Thusi, Babazile: Problems and possibilities in multilingual classrooms in the Western Cape. Final Research Report. Cape Town 1998

Project for the Study of Alternative Education in South Africa (PRAESA): Project proposal. Revised December 1995

Prah, Kwesi Kwaa: Mother tongue for scientific and technological development in Africa (hg. v. d. DSE). Bonn 1995

Asit Datta

Ein Ashram namens Sāntiniketån. Zum Versuch Tagores, die koloniale Bildung zu verändern

1 Vorbemerkungen

Um die Jahrhundertwende – von 1910 bis etwa Mitte der 30er Jahre – wurde Råbindrånāth Thākur (‚Rabindranath Tagore‘) als Dichter, Philosoph, Mystiker, als der ‚große Guru des Ostens‘ im Westen gefeiert. Zu seinen Bewunderern zählten u.a. W.B. Yeats, Ezra Pound, T.S. Eliot, Albert Einstein, Romain Rolland, Albert Schweitzer, Hermann Hesse. Albert Schweitzer z.B. schrieb 1935 „[...] Der Goethe Indiens drückt seine persönliche Erfahrung und Überzeugung von dieser Wahrheit (der ethischen Welt- und Lebensbejahung) tiefer, kraftvoller und anziehender aus als je ein Mensch vor ihm“. Er „gehört nicht nur seinem Volk, sondern der ganzen Menschheit“ (zit. nach Kämpchen 1997, S. 137). Andererseits beklagt sich 1957 Hermann Hesse, dass er im Westen schon bereits in Vergessenheit geraten ist (zit. nach ebd., S. 138).

Tagore war der erste Dichter außerhalb des europäisch-/US-amerikanischen Kulturkreises, dem der Nobelpreis für Literatur 1913 zuerkannt wurde. Er schrieb Lyrik, Dramen, Erzählungen, Romane, Reiseberichte, Aufsätze. Nicht nur die Qualität, sondern auch der Umfang ist beeindruckend. Martin Kämpchen, der in Sāntiniketån (‚Santiniketan‘; ‚Ort des Friedens‘) lebt und eine Monographie Tagores beim Rowohlt Verlag veröffentlicht hat, listet die Erstveröffentlichungen im Original in Bangla seiner Werke auf, die engbedruckt vier Seiten beansprucht (ebd., S. 141ff.).

Albert Schweitzers Vergleich mit Goethe kam nicht von ungefähr. Vermutlich wissen viele der älteren Tagore-Kenner hierzulande nicht, wie vielseitig er war. Er verfasste etwa 3.000 Liedertexte, von denen er ungefähr 2.000 selbst komponierte (vertonte). Eines dieser Lieder ist die heutige Nationalhymne Indiens, ein anderes die Nationalhymne von Bangladesh. Tagore begann in der letzten Phase seines Lebens (ab dem 68. Lebensjahr) ernsthaft zu malen und hinterließ etwa 1.100 Gemälde und Zeichnungen. Anfang der 30er Jahre gab es in Europa – auch in Deutschland – mehrere Ausstellungen seiner Bilder.

Vor allem im Westen ist heute wenig über den libertären Reformpädagogen (Klemm 1984b, S. 9) Tagore bekannt. Obwohl seiner ursprünglichen Idee nach seinem Tod sehr viel Gewalt angetan wurde, kann man sein Lebenswerk heute noch besichtigen. Seine Ashram-Schule Santiniketan, die 1901 gegründet und 1919 zur Universität Visvåbhāråti (‚Visvabharati') erweitert wurde, liegt neben einem kleinen Ort mit Namen Bolpur, etwa 200 km entfernt von Kolkātā (‚Kalkutta'). Es fahren Non-Stop-Züge von Kalkutta nach Bolpur. Die Fahrt dauert etwa zwei Stunden.

Rabindranath Tagore	
7.5. 1861:	Geburt im Familienhaus von Jorāsānko (‚Jorasanko'; Kalkutta).
1873:	Erster Besuch in Santiniketan.
1878-1880:	Erster Aufenthalt in England (Studium).
1883:	Heirat mit Mrinālini (‚Mrinalini').
1890:	Beginn der Verwaltung der familiären Landgüter mit Silaida als Hauptsitz.
1901:	Leben (bis kurz vor seinem Tod) in Santiniketan; Gründung einer Schule.
1905-1907:	Teilnahme an der revolutionären Bewegung gegen die von dem britischen Herrscher beabsichtigte Teilung des Landes.
1910:	Erscheinen des Lyrikbandes Gitānjåli (‚Gitanjali') in bengalisch (engl. Prosaübersetzung 1912).
1912-1913:	England, USA; erste Vorträge in englischer Sprache in den USA.
1913:	Nobelpreis für Literatur.
1916-1934:	Mehrere Vortragsreisen auf alle Kontinente und Eröffnung eigener Ausstellungen.[1]
1934:	Letzte Reisen durch Indien mit einer Theatergruppe aus Santiniketan.
1937:	ab September: schwere Krankheit und mehrere Erholungsaufenthalte im Himalaya.
7.8.1941:	Tod in Jorasanko.

[1] Detalliert; vgl. Kämpchen 1997, S. 135f.

2 Tagores Idee von Santiniketan und die Umsetzung

Viele Literaten schreiben mit der Absicht, den Leser aufzuklären. Manche haben den höheren Anspruch, durch ihr Schreiben das Volk zu erziehen. Wenige wie z.B. Rousseau (‚Emile') haben eine ganz konkrete pädagogische Vorstellung. Noch weniger haben versucht, ihre pädagogischen Vorstellungen in die Praxis umzusetzen – wie z.B. Leo N. Tolstoi mit Jasnaja Poljana.[2] Ähnlich wie Tolstoi hat Tagore seine Vorstellung allmählich entwickelt, beharrlich daran gearbeitet und bis zu seinem Lebensende war er sehr eng – als Lehrer und Berater – mit seiner Schule verbunden (Klemm 1984a).

2.1 Die Entstehungsgeschichte

Drei Erlebnisse seines Lebens waren maßgebend für die Konzeption seiner Pädagogik: seine eigene Lernerfahrung in Schulen und der englischen Universität, seine Lernerfahrung in den Gesprächen mit seinem Vater und das Scheitern seines Dorfreformversuchs.

Obgleich er als Sohn einer großbürgerlichen Familie privilegiert und seine Erziehung keineswegs auf das „Notwendigste" beschränkt war, fühlte er sich in seiner Kindheit als ein „Gefangener" (Tagore 1997, S. 42ff.). Dies lag daran, dass er einerseits von der Außenwelt völlig abgeschirmt, andererseits sein Tagesablauf von fünf Uhr früh bis neun Uhr abends streng geregelt war. Er wurde täglich von unterschiedlichen Lehrern (Fachspezialisten) in Gymnastik, Musik, Kunst und in klassischen Schulfächern unterrichtet. Er besuchte nacheinander drei verschiedene Schulen: ein orientalisches Seminar, eine, ‚normale' und anschließend eine euroasiatische Schule. Schulgebäude fand er äußerlich steril, krampfhaft, tot und Klassenräume wenig einladend bis feindlich. Er vermisste Farbe, Bilder und Freiräume (ebd.). Der Unterricht bestand darin, Lesestoff auswendig zu lernen. Die Schüler mussten wie ein Papagei wiederholen, was der Lehrer vorsagte. Die Schulerlebnisse blieben ihm lebenslang ein Trauma.

Das erste Erlebnis ‚Schüler als Gefangener' war negativ. Das zweite war positiv. Es bezieht sich auf zwei Reisen, die sein Vater – Maharsi Debendrānāth (‚Debendranath') Thakur – mit ihm unternahm – in den Himalaya und nach Santiniketan. Sein Vater war – nicht im ironischen Sinne – ein

[2] Vgl. zu Tolstoi auch den Beitrag von Klemm in diesem Buch.

gelehrter Mann und Mitgründer von Brahmo Samaj, einer reformierten Hindu-Gesellschaft, die das Kastenwesen ablehnte. In ihren Tempeln gab es keine Götzen. Zu Hause, im Stadtteil Jorasanko in Kalkutta, hatte er kaum täglichen Kontakt mit dem Vater, der ein vielbeschäftigter Mann war. Denn die Familie und der Familienbesitz waren groß. Das Haus in Jorasanko ist ein palastartiges Haus, gewissermaßen eine Stadt in der Stadt. Bei den Reisen, die sein Vater mit ihm allein unternahm, kam er ihm nicht nur näher, sondern er lernte auch viel in Gesprächen über Natur, Philosophie und Religion. Diese Gespräche fanden häufig beim Spaziergang statt. Im übrigen lernte er erst als Zwölfjähriger Santiniketan kennen, das ebenfalls der Familie gehörte. Dort hatte sein Vater ein Meditationshaus (einen Tempel) für die Mitglieder der Brahmo Samaj errichtet.

Das dritte maßgebliche Erlebnis war für Tagore der Versuch, als Sozialreformer zu wirken. Seine erste Begegnung mit dem Dorfleben hinterließ tiefe Spuren. Er wurde im Alter von 22 Jahren von seiner Großgrundbesitzerfamilie zum ersten Mal in die Dörfer geschickt, um Steuern einzutreiben. Als Großstadtkind kannte er bis dahin kein Dorfleben und als ein von der Außenwelt abgeschirmter Großbürgersohn nicht derartiges Elend. Statt von den Bauern Steuern einzutreiben, forderte er Geld von zu Hause. Damit baute er Verkehrswege, Schulen und sogar ein Gemeinschaftshaus. Die DorfbewohnerInnen nahmen zwar die Einrichtungen in Anspruch, weigerten sich jedoch, für die Unterhaltung aufzukommen. Das hatte damit zu tun, dass sie diese nicht als ihre eigenen ansahen. Für Tagore wurde dadurch klar, dass eine Entwicklung nur durch eine Selbsthilfe der DorfbewohnerInnen möglich wäre.

Tagores Erziehungskonzeption ging somit einerseits aus der Kritik der vorherrschenden von ihm schmerzlich erfahrenen Pädagogik hervor. Daraus folgerte er, dass Lernen Spaß machen muss und Kinder genügend Freiraum für Spiele und kreative Aktivitäten haben müssen.

Eine Erziehung in Indien, die den Namen verdient, muss mit indischem Leben eng verbunden sein. Da das indische Leben damals gleichbedeutend mit Dorfleben war, sollte ein Wiederaufbau des Dorfes eine zentrale Rolle in der Erziehung spielen. Weil aber dieser Wiederaufbau – wie er erfahren hatte – nicht von außen aufgesetzt werden konnte, sollte eine Erziehungsanstalt mitten im Dorf stehen und mit diesem organisch zusammenwachsen.

Von seinem ersten Aufsatz über die Erziehung bis zur Gründung der Schule dauerte es über zehn Jahre. In dieser Zeit hatte er nicht nur seine pädagogische Vorstellung entwickelt, sondern leistete auch praktische Arbeit. Er sammelte geeignete LehrerInnen um sich, die von seiner Idee überzeugt waren. Die Schule wurde dann auf dem elterlichen Grundbesitz in einem Dorf namens Santiniketan errichtet.

Tagore beschäftigte sich mit Fragen der Erziehung sehr stark seit seinem 30. Lebensjahr. Ein Beleg dafür ist der Sammelband ‚Sikkhsa' (‚Erziehung'), der 1904 erschien und 23 Aufsätze und Reden zum Thema enthält (vgl. Tagore 1904). Die Frage der Erziehung seiner eigenen Kinder spielte hier eine essentielle Rolle.

2.2 Tagores drei Phasen von Theorie und Praxis der Pädagogik

Vergleichbar mit Gandhis Schriften, Reden, Aufsätzen und Briefen sind Tagores pädagogische Theorien zerstreut.[3] Er selbst hat diese losen Schriften nicht in einem großen und ganzen zusammengebunden (Tagore 1984). Insofern ist es schwierig, aus den Schriften eine kohärente pädagogische Theorie abzuleiten. Dennoch lässt sich, wie Jha es getan hat, die Entwicklung seiner pädagogischen Theorie und Praxis in drei Abschnitte einteilen (Jha 1997, S. 608ff.).

2.2.1 Die erste Phase: 1892-1901

Im ersten Aufsatz zum Thema ‚Sikkshar Herfer' (Irrungen-Wirrungen der Erziehung; Tagore 1984, S. 7ff.), der 1892 erschien, ging Tagore hart mit dem kolonialen Bildungssystem um. Das einzige Ziel des kolonialen Bildungssystems sei es, Diener der Regierung heranzubilden. Deshalb werde Wert auf das Auswendiglernen, die Beherrschung der englischen Sprache und Prüfungen gelegt. In den Prüfungen werde nur überprüft, ob man gut rezipieren und das Vorgegebene möglichst fehlerfrei wiedergeben könne. Dies sei keine Erziehung, dies sei eine Gefangenschaft.[4] Diese Art der Bildung sei ein Hindernis, Neugierde und eine wissenschaftliche Sichtweise zu entwickeln (Jha 1997, S. 608). Außerdem teile diese koloniale Bildung

[3] Vgl. zu Gandhi auch den Beitrag von Lang-Wojtasik in diesem Buch.

[4] Gefangenschaft und Freiheit sind im übrigen wiederkehrende Motive auch in Tagores Literatur.

die indische Bevölkerung in zwei Gruppen: Die einen mit und die anderen ohne Zugang zu Bildung. Das koloniale Bildungssystem negiere die Hauptziele von Bildung, wozu neben der Entwicklung einer wissenschaftlichen Sichtweise, die Förderung der Kreativität, Freiheit, Freude am Lernen und Teilhabe an der nationalen Kultur gehören. Englisch als Unterrichtssprache sei nicht nur eine zusätzliche Belastung für die SchülerInnen, die die freie Entfaltung der Kinder blockiere, sondern entfremde zugleich die SchülerInnen von der eigenen Kultur. Deshalb hielt Tagore die Muttersprache als Unterrichtsmedium für unabdingbar.

2.2.2 Die zweite Phase: 1901-1918

1899 brachte Tagore seine Familie zuerst nach Santiniketan, dann nach Silāidā (‚Silaida'). Der unmittelbare Anlass war eine Pestepidemie in Kalkutta, für deren Opfer sich Tagore nach Kräften einsetzte (Kämpchen 1997, S. 50) In Silaida muss er schließlich die Entscheidung zur Umsetzung seiner pädagogischen Vorstellung getroffen haben. Er kehrte mit seiner Familie nach Santiniketan zurück. Am 22. Dezember 1901 eröffnete er auf dem Grundstück seiner Familie die Schule mit fünf Kindern – darunter einer seiner Söhne – und ebenso vielen Lehrern.

In der Anfangsphase von Santiniketan starben nacheinander seine Frau (1902), seine zwei Kinder (1903 und 1907) und sein Vater (1905). Offenbar verarbeitete er seinen Verlustschmerz durch enorme Arbeit, sowohl im pädagogischen, praktischen wie im theoretischen Feld als auch durch literarische Tätigkeit. In dieser Zeit erschienen nicht nur einige bedeutende literarische Werke[5], sondern auch einige grundlegende Aufsätze über Pädagogik: Sikkshāsåmsyā (‚Sikkshasamsya'; ‚Probleme der Erziehung' 1906), Tåpovån (‚Tapovan'; ‚The Forest schools' 1909), Dhårmå Sikkshā (‚Dharma Sikksha'; ‚Religion und Pädagogik'), Sikkshar Vahånå (‚Sikkshar Vahana'; ‚Das Medium der Erziehung' 1915).[6]

Die Schule, genannt Pāthå Bhåvån (‚Patha Bhavan'; ‚Ort des Lernens'), entwickelte sich, trotz finanzieller Nöte, kontinuierlich. Sehr lange Zeit wurde die Schule ausschließlich von Tagore finanziert. Fast die gesamte

[5] Z.B. der Gedichtband Gitatanj (1910, eine Prosaübersetzung erschien 1912, die maßgeblich für die Verleihung des Nobelpreises verantwortlich war), Gorā (‚Gora'; 1910, ein Roman über das Identitätsproblem eines jungen Europäers, der in einer indischen Pflegefamilie aufwuchs), Rājā (‚Raja'; 1910), Dākghår (‚Dakghar'; 1912).

[6] Alle Titel; vgl. Tagore 1904.

Summe des Geldes aus dem Nobelpreis sowie seine Tantiemen aus Büchern und Veröffentlichungen wurde für Santiniketan ausgegeben. Dies war nur möglich, weil die Lehrergehälter sehr niedrig waren. Manche LehrerInnen arbeiteten auch ohne Gehalt.

2.2.3 Die dritte Phase 1918-1941

Die Schule wurde zu einer Universität erweitert (Visvabharati: Gründung 1919, Beginn des Unterrichts am 23.12.1921), der man zwei Jahre später ein Zentrum für den Dorfwiederaufbau mit dem Namen Sriniketån (‚Sriniketan'; ‚Ort der Schönheit') angliederte. Mit der Entwicklung von Santiniketan war Tagore insofern unzufrieden, weil er seine ursprüngliche Idee, die Schule als Kombination eines Lernortes und eines Dorfentwicklungsprojekts nicht verwirklicht sah. Denn aus diesem Grund hatte er den Ort Santiniketan gewählt. Ringsherum waren verschiedene Dörfer, in denen Hindus, Moslems und Santhals (ein Ureinwohnerstamm) wohnten.

Im Jahre 1921 traf er zufällig den Engländer Leonard Elmhirst in den USA, der Agrarwissenschaft an der Cornell University lehrte. In einem Gespräch mit ihm beschrieb Tagore die Santiniketan umgebenden Dörfer in einem sich stetig verschlechternden Zustand. Es gäbe keine Kooperation und keine Eigeninitiative der Dorfbewohner. Tagore bat Elmhirst um Hilfe. Da dieser interessiert war, an einem Dorfentwicklungsprojekt in Indien zu arbeiten, nahm er das Angebot an, Sriniketan aufzubauen.

Elmhirsts Hauptziel war am Anfang, die Produktivität in der Landwirtschaft zu erhöhen. Tagore wollte aber eine Entwicklung, die die Landwirtschaft, Bildung, Gesundheit und das soziale Leben der Dörfer insgesamt verbessert. So wurde in Sriniketan in verschiedenen Feldern experimentiert, um die Lage der Dörfer insgesamt zu verbessern. Es wurde versucht, neues Saatgut zu entwickeln, das besonders für die lokalen Situationen geeignet war. Es wurden 200 Kooperativen für Kredite, Bewässerungsprojekte, für die Ausrottung der Malaria etc. gegründet.

Die SchülerInnen in Sriniketan waren verpflichtet, ein Handwerk zu erlernen. Die SchülerInnen vermittelten ihr Wissen und Können an die Dorfbewohner. Da all diese Veränderung auch eine erhebliche Einkommensverbesserung jener Bevölkerung bedeutete, die sich darauf einließ, war diesmal die Gefahr nicht groß, dass die Bevölkerung die neuen Einrichtungen nicht als eigene ansah. Tagores künstlerische Einflüsse gingen in die

Handwerke insofern ein, als die Produkte (Textil, Leder, Papier, Holz) bis heute einen unverwechselbaren Stil tragen.

2.3 Das Konzept

Unabhängig voneinander ließen sich Gandhi und Tagore bei der Beschäftigung mit Erziehung von der Idee des traditionellen indischen Ashrams[7] leiten. Dies war kein rückwärtsgerichteter Gedanke. Als ein überzeugter Pantheist[8] wusste er, dass die Natur nie so bleibt, wie sie ist, da sie und somit auch die Welt einer ständigen Veränderung unterworfen sind.

Sowohl Tagore als auch Gandhi fanden die Idee des Ashrams für nachahmenswert. Denn zum einen waren die Ashrams egalitär aufgebaut, d.h. das Leben im Ashram war einfach und es gab keinen Unterschied zwischen Arm und Reich. Zum anderen lebte der Guru[9] abseits der Wohnsiedlung im Walde. Die Schüler gingen dorthin, wo der Guru abgewandt von allem Weltlichen lebte und teilten die alltäglichen Arbeiten eines Haushalts. Die Lehrer-Schüler-Beziehung war durch gegenseitige Liebe und Respekt gekennzeichnet. Zugleich war der Guru die absolute Respektperson.

Die Schüler hatten sehr große Freiheiten im Ashram. Andererseits waren diese Freiheiten nur möglich, weil sie sehr strenge (Selbst-)Disziplin lernen mussten. Sowohl Tagore als auch Gandhi gehen von dieser Dialektik von Freiheit und Disziplin aus. ‚Ohne Disziplin keine Freiheit' hat Gandhi immer wieder betont. Das Lernen im Ashram war zwangsläufig ganzheitlich. Darunter verstand Tagore die Aufhebung der Trennung zwischen Intellekt, Seele und Psyche.

---

[7] Für eine kurze, genaue Beschreibung des Ashram-Systems vgl. Reagan 1996, S. 102f.; Ashram bedeutet wörtlich ‚Waldschule', vgl. auch Tagore o.J., S. 67.

[8] ‚Pantheist' = Anhänger und Verfechter einer Weltanschauung, die – im Gegensatz zum Christentum – behauptet, dass Gott und Natur eins sind; vgl. Pfeifer 1997, S. 966.

[9] ‚Guru' stammt nicht aus der Sprache Hindi und bedeutet auch nicht ‚religiöser Lehrer des Hinduismus' wie der Duden behauptet (vgl. Der Duden, Bd. 1, Mannheim 1996, S. 329). Das Wort stammt aus der altindischen Sprache Sanskrit und bedeutet wörtlich ‚der Lehrer'. Genauso wie Gandhi Mahatma, so wird Tagore Gurudev (Lehrer) genannt. Der Titel ‚Mahatma' (die große Seele) wurde Gandhi durch Tagore ‚verliehen'.

Tagores „besonderer Beitrag lag in der Betonung der Harmonie, Ausgeglichenheit und allseitigen Entwicklung der Persönlichkeit", schreibt Humayun Kabir. „Schönheit mußte für ihn mit Sittlichkeit verbunden sein und Sittlichkeit mit Schönheit, wenn der Mensch die Wahrheit finden soll. So sind die drei großen Ideen des Wahren, Schönen und Guten in seinem Erziehungsideal vereinigt" (Kabir 1961, S. 7).

Tagore legte – wie Gandhi – Wert auf das Erlernen eines Handwerks. Er war davon überzeugt, dass das Kultivieren, Erforschen, Verbessern von Handwerken für die Entwicklung des Dorflebens und für die Verbesserung des dörflichen Einkommens unabdingbar seien. Gleichwohl hat das Handwerk von Tagore eine andere Funktion als bei Gandhi. Das Erlernen eines Handwerks war Mittel zur Förderung und Entwicklung der Kreativität des Lernenden. Das Handwerk hilft, sich selbst auszudrücken, seine Stellung im gesellschaftlichen Gefüge und so auch die eigene Identität zu finden. Deshalb ist es seit Gründung der Schule (bis heute) üblich, dass bei Theater- oder Konzertaufführungen alle notwendigen Utensilien – von der Bühne über Bühnenbilder bis zu Sitzarrangements – von den SchülerInnen und StudentInnen selbst hergestellt bzw. errichtet werden.

2.4 Naturverbundenheit

Die Natur spielt sowohl in Tagores Dichtung als auch in seiner Pädagogik eine große Rolle. Der Unterricht wird weitgehend unter freiem Himmel, oft unter einem Baum abgehalten. Die Schulfeste finden noch heute nicht zu den religiösen Terminen, sondern zu Jahreszeiten (Winter- und Frühlingsfest). Zu den Festen gehören Baumpflanzungen, das Kultivieren von Ackerfeldern, Ausstellungen von Handwerkszeugnissen und Kunstwerken der SchülerInnen.

3 Tagores Weltbürgertum und Santiniketans Internationalität

Tagore war ein Weltbürger. Er war von der Einheit der Menschheit überzeugt und davon, dass die Entwicklung der Menschheit von der herrschaftsfreien Interaktion zwischen der Bevölkerung aller Länder abhing. Die herrschaftsfreie Interaktion ist die Grundlage für eine Verständigung innerhalb einer Gruppe, einer Dorfgemeinschaft oder für Menschen verschiedener Länder. Das Weltbürgertum ist das Ziel seiner Pädagogik. In mehreren Aufsätzen schreibt er, dass Kenntnisse der Geschichte, Kultur und Umgangsformen anderer Länder sowie Gesellschaften entscheidende Ziele des Ashrams Santiniketan sind (vgl. Tagore 1904, S. 124ff.; S. 245ff.; vgl. Tagore 1980, S. 113ff.; S. 119ff.; S. 227ff.).

Dabei bezieht er klare Position gegen eine blinde Nachahmung des Westens. „Das Leben", schreibt er, „ahmt nie nach, es assimiliert" (zit. nach Kripalani 1961, S.178). Folgerichtig gab es von Anfang an zahlreiche SchülerInnen und LehrerInnen aus aller Welt. Nach wie vor gibt es verschiedene Länder- und Kultur-Zentren in Santiniketan wie Japan-Bhaban (Japan-Heim), China-Bhaban (China-Heim), natürlich auch europäische (darunter auch deutsche) Zentren. Nicht nur in diesen Zentren waren ausländische LehrerInnen und ProfessorInnen beschäftigt. Sriniketan zum Beispiel wurde – wie erwähnt – maßgeblich von dem Engländer Leonard Elmhirst aufgebaut. Seine Tochter leitet jetzt eine Schule in Dartington Hall (England), die nach dem Muster von Sriniketan gestaltet ist. Neben Elmhirst gab es LehrerInnen aus Frankreich, den USA, England, Japan und anderen Ländern. Die Dorfschule Santiniketan war international. „Tagores größte Verdienste sind weder in Dichtung, Philosophie, Kunst, noch in seiner Musik zu suchen, sondern hier" – in Santiniketan –, sagte Satyadas Chakravarty, Registrar von Sriniketan (vergleichbar mit dem Rektor der Universität) der nach 35jähriger Tätigkeit Ende 1984 ausgeschieden ist. „Seine Größe liegt nicht darin", sagte er mir bei meinem Besuch im gleichen Jahr, „dass er hehre Ziele hatte, sondern darin, dass er ein halbes Leben lang daran beharrlich gearbeitet hatte, diese Ziele in die Praxis umzusetzen. Dazu gehörte auch seine Fähigkeit, die richtigen Leute auszusuchen, sie für eine Idee so zu begeistern, dass sie sich für ein gemeinsames Ziel mit Hingabe aufopferten!"

4 Was von Tagores Ashram heute übrigbleibt

Nach meinem Besuch in Santiniketan 1984 schrieb ich folgendes in einem Aufsatz: „Santiniketan ist nicht mehr das, was es früher einmal war. Es ist von einer anti-institutionellen Institution zu einer institutionalisierten Anti-Institution geworden. Es hat immense Schwierigkeiten, die sich durch die veränderte Struktur ergeben haben. Als Tagore noch lebte, wurde Santiniketan aus aller Welt auch finanziell unterstützt. Viele ausländische ProfessorInnen – zum Beispiel Elmhirst – arbeiteten unentgeltlich. Nach dem Tod Tagores geriet Santiniketan in finanzielle Schwierigkeiten. Die einzige Finanzquelle ist das copy-right von Tagores Schriften, das aber nicht für die Unterhaltung einer so groß angelegten Universität ausreicht.

Da Santiniketan einerseits mit dem Namen des größten indischen Dichters verbunden ist, andererseits viele namhafte Politiker Ruhe und Frieden in Santiniketan genossen hatten, gibt es bei den Politikern – über Parteigrenzen hinweg – eine emotionale Bindung zu Santiniketan (zum Beispiel schickte Jawaharlal Nehru seine Tochter Indira – die spätere Ministerpräsidentin – zum Studium nach Santiniketan).

Zehn Jahre nach dem Tod Tagores wurde die Universität von der Zentralregierung übernommen. Obgleich auch in Indien die Bundesländer die Kulturhoheit haben, gibt es Ausnahmen: sieben Universitäten, darunter auch Visvabharati, werden von der Zentralregierung verwaltet.

Obgleich der scheidende Vice-Chancellor Professor Amlan Datta immer noch betont, dass die Universität ihren speziellen Charakter nicht verloren habe (vgl. Datta 1984a, S. 12f.), hat sich in der Struktur vieles grundlegend geändert. Im Gegensatz zu früher unterliegt sie – wie alle anderen Universitäten des Landes – Rahmengesetzen und Anordnungen der University Grants Commission (UGC). Sie muss jetzt Abschlussprüfungen abhalten und akademische Grade verleihen[10] (eine Änderung, die dem Konzept geradezu widerspricht), mit der Folge, dass sich die Universität immer mehr zu einem Lehrbetrieb entwickelt, die Forschungsinstitute wie das Zentrum für den Dorfwiederaufbau oder die Kultur-Zentren vernachlässigt.

> „Santiniketan ist immer noch schön. Es gibt immer noch keinen Personenkult und es gibt immer noch Ausstellungen, Theater- und Tanzaufführungen zu saisonalen Festen, Santiniketan ist immer noch grün – Reminiszenzen eines reformpädagogischen Versuchs“ (Datta 1984b, S. 73).

Die Zustände haben sich aber offenbar noch mehr verschlechtert oder aber aufgrund der indischen Verhältnisse ‚normalisiert‘. Nach einem Bericht des Magazins ‚India Today‘ gibt es in Santiniketan keine ausländischen StudentInnen oder LehrerInnen mehr. Lehrpersonen unterrichten wegen des Geldes, StudentInnen studieren, um gute Noten zu erhalten. Noch schlimmer ist, dass Korruption und Nepotismus zum Alltag gehören (Banerjee 1997, S. 83). Diese Entwicklung bedeutet gewissermaßen das Ende des Versuchs von Tagore, Lernen mit Freiheit zu verwirklichen.

---

[10] Visvabharati hat auch früher akademische Grade verliehen, sie entsprachen aber nicht den Normen anderer Universitäten; so wurden zwar solche Titel durch außeruniversitäre Stellen und spätere (potenzielle) Arbeitgeber sehr unterschiedlich bewertet (super bis wertlos), die Universität kümmerte sich aber wenig darum, dass die Absolventen dennoch Karriere machten.

Bildung ist für Tagore immer ein Mittel zur Befreiung, nicht nur von einer Fremdherrschaft, sondern auch von der strukturellen Gewalt und Unterdrückung. So war er immer skeptisch gegenüber Regierungen, nicht nur der Kolonialmächte, sondern auch der eigenen nationalen Regierung gegenüber. Obgleich Tagore seit der Gründung von Santiniketan unter Geldnot litt, lehnte er finanzielle Unterstützung durch die Regierung kategorisch ab. Ihm war bewusst, dass sich nach seinem Tod diese Geldnot potenzieren würde. Deshalb bat er Gandhi, ihm zu versprechen, dass die weitere Existenz von Santiniketan durch Privatpersonen abgesichert würde. Bereits 1904 zitierte Tagore in einem Aufsatz über ‚Bildungsreform' Tolstoi wie folgt:

> „It seems to me that it is now specially important to do what is right quietly and persistently, not only without asking permission from Government but consciously avoiding its participation. The strength of the Government lies in the people's ignorance, and the Government knows this and will therefore oppose true enlightment. It is time that we realize that fact. And it is most undesirable to let the Government, while it is spreading darkness, pretend to be busy with the enlightenment of the people. It is doing this now by means of all sorts of pseudo-educational establishments which it controls: schools, high schools, universities, academies, and all sorts of committees and congresses [...]"(Tagore 1982, S. 37).

5 Epilog

Ohne Ambivalenz wäre aber Santiniketan kein Santiniketan. Ende Mai 2002 begegnete ich bei einer internationalen Tagung der Tagore-Einstein-Gesellschaft in Berlin Dilip K. Sinha, Professor für Angewandte Mathematik an der Universität Kalkutta. Er war sechs Jahre (bis 2001) Vice-Chancellor (VC)[11] der Visvabharati Universität in Santiniketan. Dieser erzählte mir von zwei Ereignissen, die mir bedeutsam erscheinen. Nach der letzten Wahl und kurz vor der Amtsübernahme besuchte der designierte Ministerpräsident Atal Behari Vajpayeee Santiniketan. Dies war zwar eine Art Wallfahrt, Vajpayee bezeichnete den Besuch aber als privat. Dies nahm der VC Sinha zum Anlass, Vajpayee nicht offiziell zu begrüßen oder zu empfangen und vermied sogar penibel auch eine zufällige Begegnung mit Vajpayee auf dem Universitätsgelände. Dies ist deshalb bemerkens-

[11] Vergleichbar einem Universitätspräsidenten in Europa.

wert, weil der Ministerpräsident der Bundesregierung qua Amt Chancellor, also direkter Vorgesetzter des VC ist.

Der Hintergrund liegt darin, dass Vajpayee zwar das liberale Aushängeschild der Bharatiya Janata Party (BJP) ist, die BJP selbst aber als eine rechtsgerichtete, nationalistische und hinduchauvinistische Partei eingeschätzt werden muss. Fairerweise sei erwähnt, ohne das liberale Image von Vajpayee wäre die ‚Mammutkoalition' der 20-Parteien-Regierung nicht zustande gekommen. Hinzu kommt, dass die BJP während des Wahlkampfes versucht hat, zwei Universalisten, die jeglicher nationalistischer Ideen fern sind, für sich zu vereinnahmen und zu missbrauchen: Rabindranath Tagore und Swami Vivekananda. Letzterer war der Gründer der Ramakrishna Mission und Befürworter universalistischer Ideen aller Religionen. Aufgrund seiner Rede vor der theosophischen Gesellschaft in New York wurde der Hauptsitz aus den USA nach Indien verlegt. In der Folge übernahm 1907 Annie Besant den Vorsitz der Gesellschaft.

Tagores Definition von indischer Einheit war ‚Unity in diversity' (‚Einheit der Verschiedenheit'). Bereits 1905 war er massiv daran beteiligt, die von den Briten zur Unterbindung von Freiheitsbewegungen geplante Teilung Bengalens in einen überwiegend muslimischen und einen vorwiegend hinduistischen Teil zu verhindern. Er verfasste in diesem Zusammenhang ein Lied, in dem es sinngemäß heißt: ‚Hindus und Moslems sind Brüder, uns kann man nicht auseinanderdividieren. Diese Komposition erlangte die Beliebtheit eines Volksliedes und wurde überall – auch in entlegenen Dörfern – gesungen.

Nach der Regierungsbildung unter Führung der BJP ließ der VC Sinha eine Broschüre mit Tagores Schriften über die Einheit der Menschheit (und gegen Nationalismus) zusammenstellen, in mehrere Sprachen übersetzen und in Allahabad[12] drucken. Auf seine Anregung hin hat die Ramakrishna Mission ebenfalls Schriften von Vivekananda über Pluralismus und Universalismus der Religionen veröffentlicht. Welche Wirkungen diese Veröffentlichungen haben, wissen wir nicht. Prof. Sinha behauptet, dass die BJP seither in Sachen Tagore und Vivekananda kleinlaut geworden ist. Unabhängig davon, ob dies zutrifft, zeigen die beiden Beispiele – Nicht-Empfang des designierten Staatschefs und Veröffentlichung von Schriften gegen Nationalismus – dass noch irgend etwas von den Schriften Tagores vorhanden ist. Es bleibt also die Hoffnung, dass noch etwas von Tagores

[12] Die Stadt Allahabad ist eines der Zentren der BJP.

Idee des Widerstandes gegen die Herrschenden und der Freiheit des Lernens übrig bleibt.

Literatur

Banerjee, Ruben: The End of Innocence. Tagore's idyllic university is swept up in a tide of change. In: India Today, 15.3.1997, S. 83

Datta, Amlan: Visvabharati. In: Desh, 18.2.1984, 7(1984), S. 12f.

Datta, Asit: Santiniketan: Hort des Friedens. In: betrifft: erziehung, (1984)12, S. 68-73

Datta, Asit: Tagores Ashram. In: Zeitschrift für Internationale Bildungsforschung und Entwicklungspädagogik, 22(1999)1, S. 2-6

Datta, Asit: Tagores Traum. In: Overwien, Bernd (Hg.): Lernen und Handeln im globalen Kontext. Frankfurt/M. 2000, S. 33-44

Datta, Asit/Lang-Wojtasik, Gregor (Hg.): Bildung zu Self-Reliance. Reformpädagogische Ansätze aus dem Süden. Hannover 2001²

Flitner, W./Kudritzki, G. (Hg.): Die Deutsche Reformpädagogik. Düsseldorf etc. 1967² (Bd. I)

Jha, Narmadeshwar: Rabindranath Tagore. In: Tedesco, Juan Carlos/Morsy, Zaghloul (Hg.): Thinkers of Education. New Delhi 1997 (Vol. 4)

Kabir, Humayun: Vorwort. In: Tagore, Rabindranath: Einheit der Menschheit. Freiburg 1961

Kämpchen, Martin: Rabindranath Tagore. Reinbek 1997²

Klemm, Ulrich: Anarchistische Pädagogik. Über den Zusammenhang von Lernen und Freiheit in der Bildungskonzeption Leo N. Tolstois. Siegen-Eiserfeld 1984a

Klemm, Ulrich: Die libertäre Reformpädagogik. Tolstois und ihre Rezeption in der deutschen Pädagogik. Reutlingen 1984b

Köpcke-Duttler, Arnold: Von der Zerbrechlichkeit der Hoffnung. Essays zur Kritik der Industriegesellschaft. Würzburg 1984, S. 73-78

Köpcke-Duttler, Arnold (Hg.): Buber-Gandhi-Tagore. Aufforderung zu einem Weltgespräch. Frankfurt/M. 1989

Kripalani, K.R.: The Poet as Educationist. Bisvatharati. Kalkutta 1961

Mani, R.S.: Educational Ideas and Ideals of Gandhi and Tagore. New Delhi 1995

Pieczynska, E. (Hg.): Tagore als Erzieher. Erlenbach etc. o.J.

Pfeifer, Wolfgang (Hg.): Etymologisches Wörterbuch des Deutschen. München 1997³

Reagan, Timothy: Non-Western Educational Traditions. Alternative Approaches, Educational Thought and Practice. Mahwah 1996

Sarkar, Sunil Chandra: Tagore's Educational Philosophy and Experiment. Calcutta 1961

Sinkha, Sasadhar: Tagore's Approach to Social Problems. Calcutta 1947

Tagore, Rabindranath: Einheit der Menschheit. Freiburg 1961a

Tagore, Rabindranath: Meine Pädagogik. Rede im J.-J.-Rousseau-Institut am 5.5.1921 in Genf. In: Pieczynska, E. (Hg.): Tagore als Erzieher. Erlenbach etc. o.J., S. 75-80

Tagore, Rabindranath: Meine Schule. In: Pieczynska, E. (Hg.): Tagore als Erzieher. Erlenbach etc. o.J., S. 46-74

Tagore, Rabindranath: Råbindrårånābåli (Gesammelte Werke). Jubiläumsausgabe, 15 Bde. Calcutta 1961b

Tagore, Rabindranath: Sikkhsa. Calcutta 1904

Tagore, Rabindranath: The History and Ideals of Sriniketan. Rede vor dem Zentrum für den Dorfwiederaufbau (1939). In: Modern Review, (1941)11

Tagore, Rabindranath: Rabindranath Tagores Gesammelte Werke (in Deutsch). 8 Bde. München 1921-1922

Tagore, Rabindranath: My Boyhood Days. Calcutta 1997[22]

Gregor Lang-Wojtasik

Gandhis Nai Talim im Kontext von Education for all

1 Vorbemerkungen

Möglicherweise ist es für den Einen oder die Andere verwunderlich, dass Gandhi in einem Buch über Reformpädagogik einen Platz hat, da er im Westen zumeist enggeführt friedenspolitisch hinsichtlich einer Ethik der Gewaltfreiheit rezipiert wird. Gandhis Überlegungen zu Education (Bildung und Erziehung) entsprechen keinem einheitlichen Konzept im westlich-systematischen Sinne. Gleichwohl gibt es vielfältige Belege dafür, wie hoch Gandhi die Bedeutsamkeit von ‚Education for all' einschätzte und wie sehr ihm an einer Realisierung von ‚Nai Talim', ‚Basic Education' oder ‚Buniyadi Shiksha'[1] im Sinne eines ‚Lebenslangen Lernens für alle' gelegen war. Trotz möglicher Widersprüchlichkeiten von Äußerungen zu ‚Education', die in den Quellen Gandhis zu finden sind (vgl. CWMG[2]; Gandhi 1962-1993), gibt es gewisse Charakteristika, die durchgängig beschreibbar sind:

- Einbettung von Nai Talim in die gandhianische Sozialphilosophie;
- Messbarkeit von ‚Education'-Ansätzen an ethischen Grundsätzen und Übereinstimmung von Zielen und Wegen;
- Interdisziplinarität und Korrelation von Theorie und Praxis

(Gandhi 1938; 1941; 1947; Datta/Lang-Wojtasik 1998; Lang-Wojtasik 1997).

[1] ‚Basic Education' wird im Folgenden synonym mit ‚Nai Talim' (Hindustani für New Education) und ‚Buniyadi Shiksha' (Hindi für Basic Education) gebraucht.

[2] CWMG = Collected Works of Mahatma Gandhi.

Trotz berechtigter Kritik gegenüber seiner Sozialphilosphie[3] und seinem ‚praktischen Idealismus' lohnt es auch heute, sich mit Gandhis ‚Basic Education' zu befassen. Ohne den biographischen, historischen und sozialphilosophischen Kontext ist Nai Talim allerdings nur schwer begreifbar. Diese Aspekte werden daher im Folgenden in Kürze beschrieben und auf Nai Talim bezogen. Daran anknüpfend werden Gandhis Bildungsideen auf Unterrichtsprozesse bezogen reflektiert und Gründe des Scheiterns von Nai Talim benannt. Abschließend wird über aktuelle Implikationen im Kontext von ‚Education for all' (EFA)[4] nachgedacht.

2 Historische und biographische Anmerkungen

Gandhi ging von einem Land aus, das die Gebiete der heutigen Staaten Pakistan, Bangladesh und Indien umfasste. Von den 300 Mio. Menschen lebte die Mehrheit auf dem Land (Speech at Surat Reception. In: Gujarat Mitra and Gujarat Darpan, 9.1.1916; CWMG, Bd. 13, S. 195; Speech at Khadi and Village Industries exhibition, Lucknow. In: Harijan, 4.4.1936; CWMG, Bd. 62, S. 298). Trotz der Vielfältigkeit der indischen Geschichte (stellvertretend: Datta 1993, S. 59-67; Kulke/Rothermund 1998) ist zum Verständnis von Nai Talim vor allem die Kolonialherrschaft der Briten bedeutsam. Die Zerschlagung der Textilindustrie und Veränderung des Steuersystems durch die britische Kolonialmacht brachten das jahrhundertealte Gleichgewicht von Ackerbau und Handwerk sowie Landwirtschaft und Handel durcheinander. Dem indischen Dorfsystem war die Grundlage entzogen (Datta 1993, S. 65). Konsequenterweise wurde das Charkha (Spinnrad) zum Symbol des Unabhängigkeitskampfes: Stärkung der Dörfer durch Aufwertung des Handwerks und Agrarbereiches sowie Wiederaufbau eines autonomen indischen Textilsektors.

[3] Dies ist vor allem hinsichtlich des Umganges mit den ‚Dalits' (‚Unberührbare', ‚Ureinwohner' und untere Kastengruppierungen) und der in diesem Kontext zu stellenden Frage nach Gleichberechtigung und Demokratisierung der indischen Gesellschaft zu thematisieren. Aus Platzgründen wird die Gandhi-Ambedkar-Debatte hier nicht vertieft; vgl. zur Situation der ‚Dalits' und ‚Ureinwohner': z.B. Evangelisches Missionswerk 1995; Hörig 1990; Massey 1997; vgl. hierzu auch: Lang-Wojtasik 2001, S. 24-25; Rolly 2001.

[4] Weltbildungskonferenzen in Jomtien (1990) und Dakar (2000); vgl. im Überblick: Epd-Entwicklungspolitik, 118(2000), S. 24-48 und den Beitrag ‚Education for all by 2015' in diesem Buch.

Gandhis Leben und Wirken lässt sich in fünf Bereiche strukturieren, die seine Überlegungen zu Nai Talim direkt und indirekt beeinflusst haben (Andrews 1930; Fisher 1951; Gandhi 1927; Gandhi-Informations-Zentrum 1988; Grabner 1992; Rau 1993; Rothermund 1997).

Mohandas Karamchand Gandhi	
2.10.1869:	Geburt in Porbandar (Gujarat).
1869-1888:	Heirat im Alter von 14 Jahren mit der gleichaltrigen Kasturba; Besuch der Grund- und Mittelschule in Rajkot (Gujarat) von 1876-1887, einjähriger Besuch des College in Bhavnagar (Gujarat; Abbruch 1888).
1888-1893:	Jura-Studium in London und Kontakt mit der westlich-säkularen Welt; Begegnungen mit überzeugten Vegetariern, Anarchisten, Sozialisten, Atheisten, Kriegsdienstverweigerern, Theosophen, Studium der Bibel und der Bhagavadgita;[5] Rückkehr nach Indien.
1893-1914:	Juristisches Scheitern in Bombay und Übernahme eines Falles in Südafrika; dort Erfahrungen mit Rassenhass; Auseinandersetzung mit der katastrophalen Situation und Unterdrückung der Inder; Studium des Koran in englischer Sprache; intensiver Briefwechsel mit Tolstoi (1909-1910); Entwicklung von und Erfahrungen mit Satyagraha[6]; Experimente gewaltfreier Lebensgemeinschaften in Phönix-Farm (ab 1904) und Tolstoi-Farm (ab 1910).
1914-1941:	Rückkehr nach Indien; einjährige Reise durch Indien und Gründung des Sabarmati-Ashrams in Ahmedabad (Gujarat); verschiedene Satyagraha-Aktivitäten (z.B. Champaran 1917; Streik gegen die Rowlatt-Bill 1919; Salzmarsch 1930); im Jahre 1934 Rückgabe aller Ämter im Indian National Congress (gegründet 1885; Führung seit 1920); verstärkte Aktivitäten für die ‚Unberührbaren'/‚Harijans'[7] und Auseinandersetzung mit B.R. Ambedkar; neuer Lebensmittelpunkt ist ab 1936 der Sevagram-Ashram bei Wardha (Maharashtra), wo 1937 auch die Wardha-Konferenz über Basic-Education stattfindet.
1942-1948:	Quit-India-Resolution des Indian National Congress (1942); massive Gewalttätigkeiten zwischen Hindus und Moslems und verschiedene Aktionen Gandhis dagegen; Unabhängigkeit und Teilung Indiens 1947; ‚Fasten bis zum Tode' für Harmonie von Moslems und Hindus.
30.1.1948:	Ermordung durch Nathuram Godse in Delhi.

[5] Eine der grundlegenden und heiligen Hindu-Schriften.

[6] ‚Festhalten an der Wahrheit'; Prinzip und Methode gewaltfreien Widerstandes.

[7] Wörtlich ‚Kinder Gottes'; ein Begriff, den viele der so Bezeichneten nicht akzeptieren.

3 Sozialphilosophie

Gandhi gehörte zu den privilegierten Indern seiner Zeit, die ein Studium im Ausland aufnehmen konnten. Trotz des dadurch ermöglichten und von ihm immer wieder betonten säkularen Blickes sind seine Grundüberzeugungen tief im hinduistischen Kontext verwurzelt und müssen in diesem interpretiert werden. Basic Education ist ohne den philosphischen und ethischen Hintergrund nur schwer zu begreifen, der im folgenden in drei Punkten skizziert wird (detailliert: Datta/Lang-Wojtasik 1998a; b.)

3.1 Interdependenz moralischer Grundlagen und politischer Umsetzung

Wahrheit, Satyagraha (‚Festhalten an der Wahrheit') und *Gewaltfreiheit* sind als konstruktive Orientierung gleichzeitig Prinzipien sowie Methode und im Sinne eines Weges und Experimentierens zu denken. Um dies zu ermöglichen sind *Furchtlosigkeit, Ahimsa* (Liebe, Zurücknahme, Nicht-Hass, Nicht-Neid) sowie *Brahmacharya* (Entsagung gegenüber allem Luxus und unnötigen Dingen – inkl. Sexualität – mit dem Ziel der Selbstlosigkeit) notwendig. Dies steht im Kontext des prozesshaften Ziels individueller, kontinuierlicher und freiwilliger *Selbstransformation*, die in einem weitergehenden Schritt auf Familie, Dorf, Nation und Welt bezogen werden kann. Sie funktioniert nur dann, wenn jeder Einzelne bereit ist, sich dem Gemeinwohl unterzuordnen. Gleichheit ist hier nicht als Gleichmachung gemeint, sondern als Einheit in Vielfalt zu verstehen. Das heißt, jedem Menschen ist die freie Entfaltung seiner Fähigkeiten zu ermöglichen (Not necessarily impure. In: Harijan, 22.2.1942; CWMG, Bd. 75, S. 295). Rahmung ist das stets neu zu denkende Eintreten für *Swaraj* im Sinne von Selbstbefreiung und -regierung. Dieses stellt einen zu beschreitenden Weg dar, der das Ziel ist. Swaraj kann nicht stagnieren, wenn kontinuierlich auf der Basis der formulierten Ethik Gesellschaft als Prozess gestaltet wird. Gemeint ist wirkliche Unabhängigkeit von äußerer Abhängigkeit – in politischer, ökonomischer, moralischer und sozialer Hinsicht (Speech at Exhibition Ground, Faizpur; Harijanbandhu, 3.1.1937. In: Harijan, 2.1.1937; CWMG, Bd. 64, S. 191f.).

3.2 Sarvodaya als Basis einer egalitären Gesellschaft und Wirtschaft

Ausgangspunkte sind: Das Wohl des einzelnen ist im Wohle aller enthalten. Jede Erwerbstätigkeit hat den gleichen gesellschaftlichen Stellenwert, wenn alle durch Arbeit ihren Lebensunterhalt verdienen können. Insbesondere körperliche Arbeit – also vor allem das Leben des Ackerbauern und Handwerkers – verkörpert das eigentlich gute Leben (frei übersetzt: Gandhi 1954, S. 3). Gandhis Ziel sind *autonome Dorfrepubliken* (Harijan, 26.7.1942; zit. nach Gandhi 1947, S. 96ff.) im Kontext einer gewaltfreien Gesellschaft, die sich am Prinzip der *Kooperation* orientiert (The Charkha. In: Harijan, 13.1.1940; CWMG, Bd. 71, S. 95). Die von Gandhi an verschiedenen Stellen formulierten Vorstellungen zu *Wirtschaft* und *Ökonomie* lassen sich mit den Begriffen *‚Treuhänderschaft‘* und *‚ökonomische Gleichheit‘* beschreiben. Gemeint ist, dass der Kapitaleigner zwar Geschäfte betreibt und auch Gewinne macht, aus denen er seinen Verdienst entnimmt, jedoch den ‚Mehrwert‘ im Interesse der Beschäftigten sowie zum Wohle des Volkes verteilt, reinvestiert und als Treuhänder verwaltet. Grundsätzlich geht Gandhi davon aus, dass die Natur soviel für alle bereithält, dass niemand hungern muss (Gandhi 1947, S. 69). Das Grundproblem liegt für ihn in der ungleichen Verteilung von Besitz und im Grundkonflikt von Kapital und Arbeit. Die Überwindung dieser Tatsache solle jedoch nicht durch Klassenkampf, sondern mithilfe gewaltfreier *Non-Cooperation* erfolgen (Questions and answers: ‚Can you avoid class war?‘. In: Young India, 26.3.1931; CWMG, Bd. 45, S. 339). Darüber hinaus fordert er eine bedarfsgerechte Verteilung der vorhandenen Güter (Implications of Constructive Programme. In: Harijan, 13.8.1940; CWMG, Bd. 72, S. 381) und geht von der Bereitschaft und Fähigkeit jedes einzelnen aus, für die eigenen Grundbedürfnisse mithilfe körperlicher Arbeit (Handwerk und Agrar-‚wirtschaft‘) sorgen zu können (*Bread labour*). Hinzu kommen die Prinzipien des *Nichtbesitzens* und *Nichtstehlens*. Ersteres ist bezogen auf all jene Güter, die über Grundbedürfnisse hinaus gehen. Letzteres ist auch bezogen auf die strukturelle Vorenthaltung von Chancen, menschenwürdig zu leben und mehr zu besitzen, als man aufrichtig zum Leben braucht (Gandhi 1947, S. 69). Aus der Fürsorge um das Individuum als Teil einer gewaltfreien Gemeinschaft ohne äußere Kontrolle resultiert die Idee von *Swadeshi* (Speech at Public Meeting, Godhra. In: Young India, 20.8.1919; CWMG, Bd. 16, S. 30). Jedes Dorf soll selbstversorgend sein (Speech at Women's meeting, Godhra. In: Young India, 20.8.1919; CWMG, Bd. 16, S. 29). So ist es primäre Aufgabe, selbstproduzierte Güter zu verwenden und weitgehend solche Produkte zu meiden, die den eigenen Markt zerstören.

3.3 Basisdemokratie und Dezentralisierung

Gewaltfreie Demokratie soll dezentral in den *Dörfern* beginnen (Harijan, 4.11.1939; zit. nach Gandhi 1954, S. 36), innerhalb derer das *Gram Panchayat* (der Fünfer-Dorfrat) jenes Gremium ist, in dem Entscheidungen nach Konsultation der Basis getroffen werden (Basisdemokratie: *Kooperation und Konsens*). Bestimmung von Repräsentanten bedeutet nicht bloße Delegation, sondern stetige und konstruktive Kontrollmöglichkeit (Harijan, 18.1.1948; zit. nach Gandhi 1954, S. 71). Ziel ist die völlige Befreiung von äußerer Abhängigkeit. In der Konsequenz bedeutet dies, dass das Dorf primär nur sich selbst verpflichtet ist und jede Hoffnung auf Regulierung durch eine höhere Ebene, das Streben nach Swaraj konterkariert (Teachers Condition. In: Young India, 6.8.1925; CWMG, Bd. 28, S. 33f.). Damit geht einher, dass Grundlage von Demokratie gleiche Möglichkeiten für alle in jeglicher Hinsicht sind (Speech at prayer meeting; In: Harijan, 30.11.1947; CWMG, Bd. 90, S. 609). Ein Staat sollte gewaltfrei, egalitär (dies schließt die Abschaffung der Unberührbarkeit ein!) und säkular sein (Discussion with Rev. John Kellas. In: Harijan, 24.8.1947; CWMG, Bd. 89, S. 51).

4 Nai Talim

4.1 Grundlagen

Will man wissenschaftlich systematisch analysieren, wann Gandhi ein Konzept von Nai Talim vorgelegt hat, wird die Prozesshaftigkeit und Flexibilität seiner Bildungsüberlegungen deutlich. Allgemein hin gilt zwar die Wardha-Konferenz von 1937 als Beginn der Institutionalisierung von Basic Education. Die Überlegungen beginnen gleichwohl früher und können nie abgeschlossen werden, da sie prozesshaft weiterentwickelt werden müssen. Ausgangspunkt für Nai Talim sind die Abgrenzung gegenüber kolonialen Doktrinen (z.B.: What, after finishing studies?, Poona, 3.3.1946. In: Harijan, 10.3.1946; CWMG, Bd. 83, S. 207f.), Rückbesinnung auf jahrtausendealte Traditionen indischer Hochkultur (z.B. Teachers' Condition. In: Young India, 6.8.1925; CWMG, Bd. 28, S. 35) und sein ‚praktischer Idealismus'. Gandhi zeichnete sich dadurch aus, dass er theoretische Erkenntnisse umgehend in Praxis umsetzte. Seine Überzeugung, dass sein Leben seine Botschaft sei, sollte in diesem Kontext gesehen werden. Die südafrikanischen Erfahrungen in der Phönix- und Tolstoi-Farm sowie im Sabarmati- und Sevagram-Ashram in Indien[8] stellen wegbereitende Experimente für die praktische Sozialphilosophie im Allgemeinen und Bildungsprozesse im Sinne von Nai Talim im Besonderen dar. Als selbstversorgende Gemeinschaften finanzierten sich diese weitgehend durch den Verkauf eigener Produkte. Die Bewohner verschrieben sich einem freiwilligen Leben in Verzicht und Armut. Sie stellten ihr Leben in den Dienst der gewaltfreien Aktion um die von Gandhi formulierte und gelebte prozessorientierte Sozialphilosophie. In den Lebensgemeinschaften wurde alles modellhaft vorgelebt, was in einer ‚autonomen Dorfrepublik' von Gandhi und seinen Mitarbeitern als notwendig zur Grundbedürfnisbefriedigung erachtet wurde: vor allem Verzicht auf Luxus, zölibateres Leben, Förderung des Handwerks, vegetarische Gemeinschaftsküche mit drei Mahlzeiten pro Tag, gemeinschaftlich ermöglichte Hygiene, Gleichheit der Religionen und Bekenntnisse, gemeinsame spirituelle Basis und Praxis sowie Ermöglichung von Lernprozessen bei Kindern, Jugendlichen und Erwachsenen.

Organisatorische und politische Grundprinzipien jedweder ‚Dorfrepubliken' – dies ist demnach auch auf Bildungseinrichtungen übertragbar – sind Basisdemokratie und Dezentralisierung. Zentraler Bezugspunkt ist das *13-Punkte-Programm*, in dem Gandhi seine sozialphilosophischen Vorstellungen auf eine praktische Ebene herunter gebrochen hat und in dessen Rahmen nach seiner Vorstellung gleichberechtigte und konsensorientierte Entscheidungen getroffen werden sollen.[9]

---

[8] Ashrams sind selbstversorgende Einrichtungen mit unterschiedlichen spirituellen, religiösen oder gesellschaftlichen Zielsetzungen. Von Gandhi gewählte Art des Zusammenlebens als Ausgangspunkt zahlreicher (gesellschafts-)politischer Aktivitäten: Phönix-Farm (gegründet 1904 in der Nähe von Durban), Tolstoi-Farm (gegründet 1910 in der Nähe von Johannesburg), Sabarmati-Ashram (gegründet 1915 in Ahmedabad) und Sevagram-Ashram (gegründet 1936 bei Wardha).

[9] 13-Punkte-Programm: 1. Einheit der Menschen; keine Auseinandersetzungen aufgrund der Glaubenszugehörigkeit oder Herkunft etc.; 2. Beseitigung der ‚Unberührbarkeit'; 3. Verbot von Drogen (Alkohol, Zigaretten u.a.); 4. Orientierung auf das Spinnrad (Charkha) und die autonome Produktion grob gesponnener Baumwolle (Khadi); 5. Förderung des dörflichen Handwerks; 6. Gesundheit und Hygiene im Dorf (Village sanitation); 7. Nai Talim oder Basic Education; 8. Erwachsenbildung (Adult Education); 9. Stärkung der Frauen und Verbesserung ihrer Situation (Uplift of women); 10. Gesundheitsbildung (Education in health and hygiene); 11. Förderung einer nationalen Sprache (gemeint ist Hindustani als Übergangsform zwischen Hindi und Urdu); 12. Förderung der Liebe zur Muttersprache; 13. Eintreten für öko-

Strukturell wird Nai Talim auch als ‚lebenslange Bildung in fünf Stufen' beschrieben.[10] Ziel aller Bildungsstufen ist die individuelle und kontinuierliche *Selbsttransformation*, die der Gesellschaft als Ganzes zuträglich ist. In diesem Sinne dienen Bildungseinrichtungen als Nukleus einer Gesellschaft Swaraj (politische, ökonomische, moralische und soziale Unabhängigkeit). Stetige Selbstreflexion ist Grundlage einer egalitären Gesellschaft und Wirtschaft (Sarvodaya), die kontinuierlich veränderbar ist und dem Wohl aller dient. Dies zu verwirklichen ist vor allem in autonomen Dorfrepubliken möglich. Innerhalb dieser ‚Republiken' sollen selbstversorgende Bildungseinrichtungen entstehen, die sich einerseits durch handwerkliche Tätigkeiten finanziell und materiell selbst tragen (Harijan, 26.7.1942; zit. nach Gandhi 1947, S. 96). Dies hat – konsequent gedacht – neben dem ökonomischen vor allem auch einen pädagogischen Aspekt. Denn Lehrende und Lernende sollen sich in jedweder Hinsicht mit ihrer Lehranstalt identifizieren können (Prakasha 1990, S. 19). Ihr gemeinsamer Lernort ist gleichzeitig Produktionsort. ‚Bildung durch ein Handwerk' hat als Ziel auch die Förderung der Dorf‚industrien'. Neben agrarischer Tätigkeit sollen diese helfen, für die Grundbedürfnisse jedes/jeder Einzelnen gemeinsam zu produzieren.

Auf der *Konferenz von Wardha* (22./23.10.1937), einem von Gandhi inspirierten Expertentreffen zu Erziehungsfragen, ging es vor allem darum, die bis dahin von Gandhi formulierten Ideen zu Education zu diskutieren und eine Resolution zu verabschieden (Bartolf 1993, S. 12). Folgendes wurde beschlossen:

- Einführung einer allgemeinen, siebenjährigen Schulpflicht für ganz Indien;
- Unterricht in der Muttersprache;
- ein der Umwelt des Kindes angemessenes Handwerk im Mittelpunkt des Bildungsprozesses;
- Fähigkeit dieses Bildungssystems, allmählich die Entlohnung der Lehrenden selbst zu gewährleisten;

---

nomische Gleichheit (Gandhi, Mohandas K.: To the readers. In: Harijan Sevak, 14/9/1940; CWMG, Bd. 72, S. 451; vgl. auch: Gandhi 1941).

[10] Social Education (Adult Education); Pre-Basic Education (3-5 Jahre); Basic Education (6-14 Jahre); Post-Basic Education (15-18 Jahre); Rural University (Muniandi 1985, S. 11f.).

- Ideal des Bürgerrechts, d.h. Gleichheitsprinzip für alle Menschen Indiens ohne Klassen- und Kastenunterschiede (Speech at Educational Conference. In: Harijan, 30.10.1937; CWMG, Bd. 66, S. 273; Bartolf 1993, S. 13).

4.2 Handwerk als integraler Bestandteil für Interdisziplinarität und Korrelation

Die Symbolik des Handwerkes spielt in Gandhis Überlegungen zu Nai Talim eine herausragende Rolle. Der Bildungsprozess soll um ein Handwerk[11] gruppiert werden, das mehrere Dimensionen umfasst:

- *Politische Dimension* – autonome, sich über handwerkliche Tätigkeiten selbst finanzierende Bildungseinrichtung in einer autonomen Dorfrepublik;
- *Soziale Dimension* – Durchdringung von Dorfhierarchien, in denen das Ausüben von Handwerken traditionell vor allem Kastengruppen unterer sozialer Gruppierungen einschließlich der ‚Unberührbaren' vorbehalten ist;
- *Gesellschaftliche Dimension* – Diskurse zwischen Bildungseinrichtung und Dorf über handwerkliche Belange;
- *Unterrichtsbezogene Dimension* – Orientierung von Lernzielen und Curricula am Handwerk.

Hinsichtlich didaktischer Überlegungen sind Erkenntnisse über Zusammenhänge hervorzuheben, die vor allem durch Querverbindungen von Lernfächern in einem 5½stündigen Unterrichtsalltag (Bartolf 1993, S. 21f.) sowie einer engen Theorie-Praxis-Verbindung zu erreichen sein sollen. Konsequenterweise spielen in Gandhis Pädagogik zwei Prinzipien eine herausragende Rolle – das Exemplarische und das Fächerübergreifende. Beide sind handlungsorientiert gedacht und konzipiert. Um das Handwerk herum sollen korrelierend Unterrichtsfächer gruppiert werden, die miteinander interdisziplinär verbunden sind (In Support. In: Harijan, 16.10.1937; zit. nach Gandhi 1951, S. 59; vgl. auch: Bartolf, S. 59-61).

[11] Spinnen und Weben, Gärtnern (Agrar), Buchproduktion, Leder-Arbeit, Ton-Verarbeitung/Töpfern, Fischerei, Hauswirtschaft; obwohl alle Handwerke gemeint waren, bezog sich dies in der Praxis zumeist auf das Spinnrad, denn das Spinnen war nach Gandhis Auffassung das einzige Handwerk, das universalisiert werden konnte (Speech at Education Ministers' Conference am 29.7.1946. In: Harijan, 25.8.1946; CWMG, Bd. 85, S. 86).

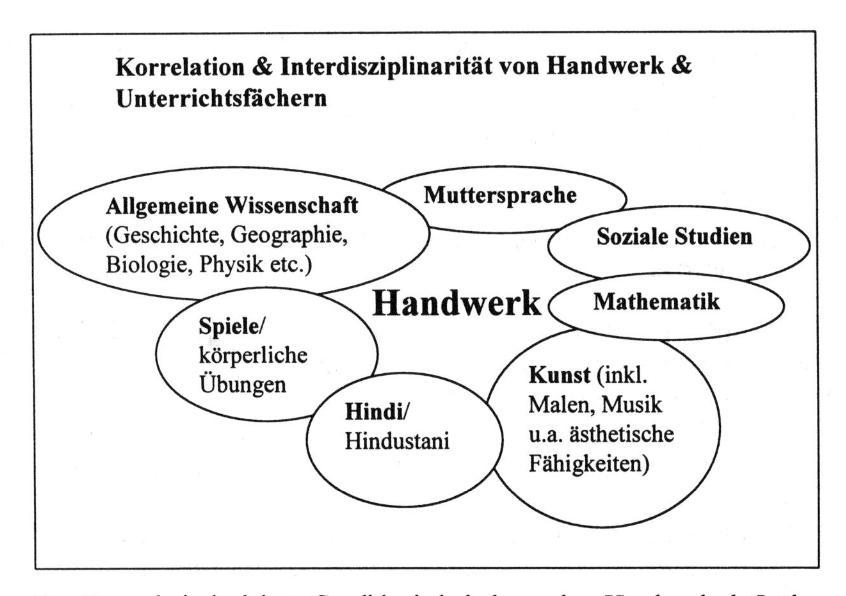

Das Exemplarische leitete Gandhi wiederholt aus dem Handwerk ab. In der Praxis bedeutet dies beispielhaft Folgendes: Während ein Kind die Holzverarbeitung praktisch erprobt, könnte es etwas über die verschiedenen Holzarten lernen, über die Orte, woher dieses Holz kommt (Allgemeine Wissenschaft: geographische Kenntnisse). Im Zusammenhang damit, wie man eine Holzschale herstellt, gäbe es viele Möglichkeiten, um grundlegende Gesetzmäßigkeiten zu begreifen (Allgemeine Wissenschaft: physikalische Kenntnisse) und z.B. Fähigkeiten über die Berechnung von Länge, Fläche und Umfang zu erlangen (Mathematik). Durch die Erstellung einfacher Zeichnungen und Pläne für die Konstruktion der Holzschale könnten grundlegende Kenntnisse im Zeichnen (Kunst) vermittelt werden. Parallel könnte ein Lied (Musik) aus hinduistischer Tradition über die Lebenssituation und Befreiung der Forstarbeiter (Soziale Studien) gesungen werden (Hindi/Hindustani). Dieses Lied könnte in die Muttersprache übersetzt werden (Muttersprache) oder die Kinder erfinden selbst eine musikalische Umsetzungsmöglichkeit. Dazu könnten Entspannungsübungen (körperliche Übungen) erprobt und ein sportliches Spiel, z.B. Holzschalenstaffellauf (Sport) gestaltet werden usw. (Lang-Wojtasik 1997, S. 219; Prakasha 1990, S. 8).

Neben der Korrelation manueller und geistiger Tätigkeiten geht Gandhi von *Korrelationen mit sozialen und physischen Lernfeldern* aus, um Interaktion und Kooperation zwischen Bildungseinrichtungen und der sie umgebenden (Dorf-)Gesellschaft zu fördern. Vieles davon erinnert an Ansätze des ‚Projektunterrichts' im westlichen Diskurs.

Korrelationen mit sozialen und physischen Umwelten/Lernfeldern
(Prakasha 1990, S. 16f.; Lang-Wojtasik 1997, S. 222)

Social environment		Physical environment
• School sanitation programs • Celebration of national festivals and birthdays of national heroes • Student assembly to discuss school affairs on parliamentary lines • School court • Games and sports competitions • Educational excursions • Annual school exhibition • Village cleaning programme • Organization of school-mid-day-meals • Social service activities during epidemics, floods, earthquakes and fires • Collection of funds or some other charity approved by the school	Bildungs- einrichtung	• Planned excursions and outdoor trips to observe plants, trees, birds, animals and insects • Examination of local soil, rock and minerals • Visit to vegetable, fruit and flower gardens • Growing plants and planting trees • Keeping pets • Watching the flow of water in a river and observing the movement and behaviour of floating objects and animals • Watching the skies and the movement of the heavenly bodies • Health, hygiene and cleanliness activities • Games and sports

4.3 Formale Einführung und Scheitern von Nai Talim

Nach heutiger Einschätzung ist festzuhalten, dass mit der formalen Einführung von Basic Education in der Folge der Wardha-Konferenz,[12] auch ihr Ende eingeleitet wurde. Sie galt bis 1964 als offiziell in das staatliche Bildungsprogramm aufgenommen. Die Zustimmung Gandhis zu dieser insti-

[12] Zeitplan der Einführung (Bartolf 1993, S. 12-15): Wardha-Plan (22./23.10.1937) – Reden und Grundlagen – Dr. Zakir Hussain; B.G. Kher-Kommittee (Januar 1938) – Untersuchung des Wardha-Planes; Second National Basic-Education-Conference (April 1941) in Jamnia Nagar (Delhi) auf Einladung von Zakir Hussain (Sykes 1988, S. 34); „accepted national policy in elementary education" (ab 1944) (Prakasha 1990, S. 44); Hindustani Talimi Sangh (indische Erziehungsbehörde) – in Selgaon bei Wardha; Sevagram als Zentrum der Nai-Talim-Bewegung.

tutionellen Verankerung seiner prozessorientierten Ansätze kann eigentlich nur dadurch erklärt werden, dass er zu diesem Zeitpunkt noch davon ausging, das ‚neue Indien' (Gandhi 1938, 1941, 1947, 1993) – d.h. ein gewaltfreies, basisdemokratisches, dezentrales, dorforientiertes usw. – auch als Basis seiner Education-Konzeption realisieren zu können. Gandhi verließ das Gefängnis von Poona 1944 mit einer neuen Vision von Nai Talim. In der Folge (1945) fand in Sevagram die dritte Erziehungskonferenz statt, auf der untersucht werden sollte, wie sich die Schulreform bis dahin ausgewirkt hatte.

Es gibt verschiedene Gründe, warum Basic Education gescheitert ist.[13] Dazu gehören (Prakasha 1990, S. 20-32):

- Mangel adäquater Räumlichkeiten für die Ausübung der Handwerke und praktischer Arbeiten;
- Versagen in der regulären und erforderlichen Bereitstellung guter sowie verwertbarer Rohmaterialien;
- Verspätungen in der Lieferung grundlegender Ausrüstung und handwerklicher Werkzeuge;
- Unbefriedigende Vereinbarungen für den Verkauf handwerklicher Produkte;
- Inflexibilität der Stundenpläne;
- Mangel an Leitung und Beratung durch die Schulen und Verwaltungsbehörden;
- Unzureichende Motivation der Lehrenden aufgrund schlechter Bezahlung und mangelnder Verinnerlichung des ‚gandhianischen' Konzepts, insbesondere hinsichtlich der Interdisziplinarität;
- Rückfall vormals in anderen Schulen tätiger Lehrender in konventionelle Unterrichtsmethoden;
- Nicht-Vermittelbarkeit jeden Themas mit Hilfe eines korrelierenden Handwerks oder einer Tätigkeit in der näheren Umgebung;
- Unfähigkeit vieler Lehrender, alle im Fächerkanon geforderten Bereiche zu lehren;
- Problem, dass die Kinder – vor allem in den ersten 2 Jahren – zu jung sind, effektive und brauchbare handwerkliche Produkte herzustellen;

---

[13] 1964/66 gab es 104.631 Basic Schools in ganz Indien – davon 85.584 Junior Basic schools (5 Klassenstufen), 18.999 Senior Basic schools (8 Klassenstufen), 48 Post Basic schools (10 oder 11 Klassenstufen) (PRAKASHA 1990, S. 23).

- Hauptsächliche Verwendung von Spinnen als Basis-Handwerk und dadurch Vernachlässigung anderer Handwerke.

Des weiteren ist anzunehmen, dass die Übernahme einer prozesshaften Konzeption in das staatliche Schulprogramm nicht funktioniert. Denn die zentrale Festlegung der Lehrpläne und Abhängigkeit von staatlichen Organen und Bürokratisierung (Datta 1989, S. 22) steht einem flexibel und kontextuell veränderbaren Konzept diametral entgegen. Zur Realisierung von Gandhis Ideen muss einerseits die Prozesshaftigkeit der Ansätze an ethischen Grundsätzen messbar sein und andererseits müssen Ziele und Wege übereinstimmen. Das Prozesshafte braucht viel freien Spiel- und Experimentierraum. Die Institutionalisierung von Basic Education ließ diesen nötigen Freiraum nicht zu. Dies liegt unter anderem auch im Widerspruch der Entwicklungsziele von Gandhi und der indischen Regierung nach 1947 begründet, die im Sinne Jawaharlal Nehrus nachholende und industrialisierende Entwicklung durchsetzte. Bereits vor der Unabhängigkeit war sichtbar geworden, dass die politische Grundlage von Gandhis Vision eines ‚neuen Indien' nicht realisiert werden sollte. Sie aber wäre nötig gewesen, um Basic Education prozesshaft-dynamisch und flexibel-empfehlend umzusetzen. Die Regierung Ende der 50er Jahre betrachtete Basic Education als minderwertig gegenüber anderer staatlicher Bildung. Dadurch wurde sie auch von einem großen Teil der Bevölkerung als unattraktiv eingeschätzt, weil hierdurch nicht die erhofften beruflichen Perspektiven würden erreicht werden können (Sykes, S. 81f.).

Man könnte das Gedankenexperiment wagen, die grundlegenden moralisch-politisch-gesellschaftlichen Ziele Gandhis auszublenden und die Umsetzung von Nai Talim nur an den Beschlüssen von Wardha zu messen. Selbst dann wird deutlich, dass die formulierten Minimalziele bis 1964 und auch bis heute nicht erreicht wurden. Dies wurde in einer Vielzahl von Education-Commissions zwar immer wieder reformuliert und angemahnt, was jedoch keinen Erfolg hinsichtlich der Umsetzung der Ziele zur Folge hatte.

5 Aktuelle Relevanz von Nai Talim in Indien und international

Trotz verschiedener Anstrengungen in den 80er und 90er Jahren des 20. Jahrhunderts (vor allem New Education Policy und nationale Programme im Kontext von Education for all – vgl. hierzu auch meinen anderen Beitrag in diesem Band ‚Education for all by 2015!?') ist es nicht gelungen, die lange bekannte Bildungsmisere annähernd zu verändern.[14] Am Ende des 20. Jahrhunderts galten in Indien 43,5% der Bevölkerung als Analphabeten (UNDP 2001, S. 176). Dies hängt unter anderem damit zusammen, dass zwar die Zahl der Einschulungen laut offizieller Zahlen seit den 80er Jahren erhöht wurden, aber das Problem der Schulabbrecher (Drop-Out) nicht gelöst werden konnte (Lang-Wojtasik 2001, S. 35-39). Im Kontext der neuen Bildungsinitiativen wurde non-formaler Bildung – dem internationalen Bildungsdiskurs entsprechend – eine bedeutsame Funktion zur Erreichung von Drop-Out und anderen Out-of-school-children zugestanden und in nationale Pläne zur Erreichung von Education for all aufgenommen (ebd., S. 40-44). Viele Ansätze non-formaler Bildung orientieren sich an befreiungs- und/oder reformpädagogischen Konzeptionen, die Teil gesamtgesellschaftlicher Überlegungen sind. Je nach Zielsetzung einer Organisation (in der Regel Nicht-Regierungs-Organisationen) kann es Bezüge z.B. zu Freire, Illich oder Gandhi geben (ebd., S. 32-35).

Trotz der praktisch unauflösbaren Spannung zwischen der Nicht-Realisierung eines sozialphilosophischen Konzepts und dem Streben nach Umsetzung eines Bildungsansatzes, der darin eingebunden ist, lohnt m.E. eine zeitgemäße Auseinandersetzung mit Gandhi im nationalen und internationalen Kontext. National z.B. im Hinblick auf die ausstehende Umsetzung des Wardha-Planes als Minimalziel und international als Anregung zur Gestaltung innovativer Bildungsmaßnahmen. Wir sollten Gandhi ernst nehmen und akzeptieren, dass Nai Talim ein prozesshafter und flexibel zu gestaltender Ansatz ist. Insofern scheint es sinnvoll, sich seine Offerten zusammenfassend anzuschauen:

- Heraushebung der gesamtgesellschaftlichen Bedeutung von Bildung, die sich unter anderem in der Interaktion und Kooperation von Bildungseinrichtungen und der sie umgebenden Gesellschaft ausdrückt;

[14] Dass die Erreichung der Ziele von Education for all (EFA) in Indien (100% Alphabeten, 100% Einschulung, 100%iges Abschließen) in den nächsten Jahren ein Traum bleiben wird, hat Mehta statistisch berechnet. Auf der Grundlage des Einschulungsdurchschnitts (1981-82 bis 1989-90) von Klasse I bis VIII (‚Elementary Education') hat er für verschiedene Bundesländer Indiens die Jahre errechnet, in denen EFA erreichbar wäre, wobei er die ‚Drop-Outs' und Wiederholer nicht berücksichtigt. Im Bundesdurchschnitt wäre EFA demnach im Jahre 2006 zu erreichen. Da jedoch verschiedene Bundesländer dies nicht erreichen werden (Rajasthan: 2007; Orissa: 2011; Uttar Pradesh: 2016; Bihar: 2033), hat der Bundesdurchschnitt nicht mehr als eine statistische Relevanz (Mehta 1995, S. 133-136).

- Ausgewogenheit von Theorie und Praxis durch Interdisziplinarität des Fächerkanons und Korrelation mit einem Handwerk als zentralem Bezugspunkt;
- Dezentralisierung und Partizipation der Adressaten sowie basisdemokratische und konsensorientierte Entscheidungsprozesse;
- Lebensumstände und Spezifitäten der potentiell Lernenden (Dorforientierung in einer Agrargesellschaft) im Zentrum der Konzeptionsentwicklung und Orientierung der Bildungsziele an den Bedürfnissen der Adressaten
  (Lang-Wojtasik 1997, S. 226).

Es geht nicht darum, Gandhi auf einen Sockel zu heben oder seine Ideen – wie in aktueller indischer Politik – je nach Couleur für eigene Zwecke zu gebrauchen. Vielmehr ist nüchtern anzuerkennen, dass Gandhi Vorschläge gemacht hat, die möglicherweise zunächst anachronistisch wirken, aber zukunftsorientiert gewendet werden können. Es lohnt sich meines Erachtens, in seinem Sinne diese Chance wahrzunehmen.

Literatur

Andrews, Charles F. (Hg.): Mahatma Gandhi – Mein Leben. Frankfurt/M. 1983

Bartolf, Christian: Gandhis Pädagogik. Berlin 1993

Datta, Asit/Lang-Wojtasik, Gregor: In Memoriam M.K. Gandhi. In: Versöhnung, (1998a)1, S. 13-15

Datta, Asit/Lang-Wojtasik, Gregor: Was bleibt von Gandhi? In: Meine Welt, (1998b)1, S. 4-8

Datta, Asit: Der Weg zu Swaraj (Selbstregierung). Zu Gandhi's Vorstellung einer ‚Basic Education' (Basis-Erziehung). In: Meine Welt, (1989)1, S. 16-22

Datta, Asit: Welthandel und Welthunger. München 1993[5]

epd-Entwicklungspolitik, (2000)17-18 (Schwerpunkt: Weltforum „Grundbildung für alle" in Dakar)

Evangelisches Missionswerk in Deutschland (Hg.): Gerechtigkeit für die Unberührbaren. Beiträge zur indischen Dalit-Theologie (Weltmission Heute 15). Hamburg 1995

Fisher, Louis: The life of Mahatma Gandhi. Bombay 1953

Gandhi, Mohandas K.: An authobiography or my experiments with truth. Ahmedabad: 1927

Gandhi, Mohandas K.: Basic Education. Ahmedabad 1951

Gandhi, Mohandas K.: Constructive Programme. Its meaning and place. Ahmedabad 1941

Gandhi, Mohandas K.: Hind Swaraj or Indian Home Rule. Ahmedabad 1938

Gandhi, Mohandas K.: India of my dreams. Ahmedabad 1947

Gandhi, Mohandas K.: Sarvodaya. Ahmedabad 1954

Gandhi, Mohandas K.: The Collected Works of Mahatma Gandhi (CWMG). Bd. 1-93. Ahmedabad 1962-93

Gandhi, Mohandas K.: The new India of my dreams. Bombay 1993

Gandhi, Mohandas K.: Towards New Education. Ahmedabad 1953

Gandhi-Informations-Zentrum (Hg.): My life is my message. Das Leben und Wirken von M.K. Gandhi. Kassel 1988

Grabner, Sigrid: Mahatma Gandhi. Politiker, Pilger und Prophet. Biographie. Frankfurt/M. etc. 1992[2]

Hörig, Rainer: Selbst die Götter haben sie uns geraubt. Indiens Adivasi kämpfen ums Überleben. Göttingen etc. 1990

Kulke, Hermann/Rothermund, Dietmar: Geschichte Indiens. Von der Induskultur bis heute. München 1998[2]

Kumar, Krishna: Mohandas Karamchand Gandhi. In: Morsy, Zagloul (Hg.): Thinkers on Education. New Delhi: UNESCO/Oxford University Press 1997[3] (Bd. 2), S. 507-517

Lang-Wojtasik, Gregor: Bildung für alle! Bildung für alle? Zur Theorie non-formaler Primarbildung am Beispiel Bangladesh und Indien. Hamburg 2001

Lang-Wojtasik, Gregor: Theorie und Praxis von Gandhis Basic Education als Perspektive zukunftsfähiger Bildungskonzeptionen. In: Noormann, Harry/Lang-Wojtasik, Gregor (Hg.): Die Eine Welt der vielen Wirklichkeiten. Pädagogische Orientierungen. Festschrift für Asit Datta. Frankfurt/M. 1997, S. 211-230

Massey, James: Downtrodden. The Struggle of India's Dalits for Identity, Solidarity and Liberation. Genf 1997

Mehta, Arun C.: Education for All in India. Myth and reality. Delhi 1995

Muniandi, K.: Gandhian experiments on education. Gandhigram 1985

Prakasha, Veda: Gandhian Basic Education as a Programme of Interdisciplinary Instruction at the Elementary Stage: Some Lessons of Experience. Paris 1990 (Special UPEL Issue No.2)

Rau, Heimo: Gandhi. Reinbek 1993[21]

Rolly, Horst: Wie schön ist es in Gandhis Welt zu leben? Kritische Anmerkungen zur gandhianischen „Sozialreform". Zeitschrift für Internationale Bildungsforschung und Entwicklungspädagogik 24(2001)4, S. 23-24

Rothermund, Dietmar: Mahatma Gandhi. Eine politische Biographie. München 1997

Sykes, Marjorie: The Story of Nai Talim. Fifty years of education at Sevagram 1937-1987. Wardha 1988

UNDP: Human Development Report 2001. Making new technologies work for human development. New York 2001

Gregor Lang-Wojtasik

Education for all by 2015!? Proshika und Social Work and Research Centre als Beispiele nicht-staatlicher Bildung

1 Vorbemerkungen

In Indien und Bangladesh ist es trotz verschiedener Initiativen und Anstrengungen nicht gelungen, das verfassungsmäßig garantierte Grundrecht auf universale Grundbildung umzusetzen.[1] Zwar konnten die Einschulungsraten in den letzten Jahren erhöht werden, trotzdem hat auch heute eine große Zahl von Kindern keinen Zugang zu Education (Bildung und Erziehung). Hinzu kommt, dass viele Kinder die Schule vorzeitig abbrechen. Die Ursachen für diese Probleme sind seit langem bekannt und in unzähligen Kommissionen und Papieren benannt worden (Lang-Wojtasik 2001, S. 37). Es ist ersichtlich, dass nicht alle Kinder und Jugendlichen durch das formale Bildungssystem beschult werden können.

Auch durch die UNESCO-Weltbildungskonferenzen in Jomtien/Thailand (1990) und Dakar/Senegal (2000), deren Deklarationen sowohl Bangladesh als auch Indien unterzeichnet haben, hat die Bildungsarbeit von NGOs (Non-Governmental Organizations) in Indien und Bangladesh eine neue Bedeutung bekommen.[2] Non-Formal Education (NFE) wird im internationalen Bildungsdiskurs als Teil einer dreigeteilten Grundbildungsstrategie beschrieben (formal, non-formal, informal; Lenhart 1993, S. 1-8) und in nationalen Kontexten Bangladeshs und Indiens auch staatlicherseits wahr-

---

[1] Artikel 17 der 1972 verabschiedeten bangladeshi Verfassung (zit. nach Götz 1998, S. 20-21); Artikel 45 der 1950 verabschiedeten indischen Verfassung (Jhabvala 1997, S. 79).

[2] Zur Debatte um Möglichkeiten und Grenzen der NGOs: z.B. Lang-Wojtasik 2000.

genommen. Ihr wird im Bereich der Grundbildung in der Regel ein größerer Erfolg attestiert als formaler Bildung, die von staatlichen Stellen angeboten wird.

Im Folgenden wird der Kontext von ‚Education for all' umrissen und NFE begrifflich charakterisiert. Vor diesem Hintergrund werden zwei NGOs – Proshika in Bangladesh und Social Work and Research Centre (SWRC) in Indien exemplarisch vorgestellt. Diese Auswahl ist mehr oder weniger willkürlich. Gleichwohl gelten beide Beispiele als Modelle erfolgreicher NFE-Arbeit, was abschließend kritisch betrachtet wird. Bei den folgenden Überlegungen nehme ich Bezug auf zentrale Aussagen meiner Dissertation (Lang-Wojtasik 2001).

2 Education for all

Die 90er Jahre des 20. Jahrhunderts können rückblickend als das Jahrzehnt der internationalen Konferenzen bezeichnet werden.[3] Unter anderem wurden Ziele aufgestellt, die bis zum Jahr 2000 erreicht werden sollten. In Dakar wurden diese Ziele reformuliert und mit einer neuen Zeitperspektive (2015) versehen. Die Forderungskataloge beider Konferenzen konzentrierten sich auf sechs Bereiche. Exemplarisch seien jene von Dakar genannt:

- *Early Childhood Care* – Ausweitung und Verbesserung umfassender frühkindlicher Betreuung und Erziehung, vor allem für gefährdete und benachteiligte Kinder;
- *Grundbildung* – Zugang zu und Abschluss von freier, obligatorischer und qualitativ guter Primarbildung für alle Kinder, insbesondere Mädchen sowie Kinder in gefährdeten Lebenssituationen und Angehörige ethnischer Minderheiten;
- *Lernbedürfnisse* – gleichberechtigter Zugang zu angemessenen Lernangeboten und Ausbildung in Basisqualifikationen (life skills), um die Lernbedürfnisse von Jugendlichen und Erwachsenen abzusichern;
- *Alphabetisierung* – 50%ige Verbesserung der Alphabetisierungsrate innerhalb von 10 Jahren, vor allem bezogen auf Frauen, indem gleichberechtigter Zugang zu Lern- und Fortbildungsangeboten für Erwachsene ermöglicht wird;

[3] Z.B.: Konferenz über Umwelt und Entwicklung in Rio (1992), Menschenrechtskonferenz in Wien (1993), Bevölkerungskonferenz in Kairo (1994), Sozialgipfel in Kopenhagen (1995), Frauenkonferenz in Peking (1995), Habitat II in Istanbul (1996), Ernährungskonferenz in Rom (1996) usw.

- *Gleichberechtigte Bildung* – Beseitigung der bestehenden Geschlechter-Ungleichheiten im Primar- und Sekundarbereich bis 2005 und Überwindung aller Geschlechterdisparitäten im Bildungsbereich bis 2015, vor allem durch schwerpunktmäßige Ermöglichung eines uneingeschränkten und gleichberechtigten Zuganges zu und Abschluss von Grundbildung durch Mädchen;
- *Qualität der Bildung* – Verbesserung aller Aspekte von Bildungsqualität und Sicherstellung der Erreichung erkennbarer und messbarer Lernergebnisse durch alle, vor allem im Bereich Lesen, Schreiben, Rechnen und Life Skills
  (Hinzen/Müller 2001, S. 40-41).

Auf beiden Konferenzen hatten zwei Begriffe eine zentrale Bedeutung – *Life-long learning* (lebenslanges Lernen) und *Basic Education* (Grundbildung). Lebenslanges Lernen steht im Kontext der *vier Säulen des Lernens*: Lernen, Wissen zu erwerben – Lernen, zu handeln – Lernen, zusammenzuleben – Lernen für das Leben (Delors 1997, S. 73-83).

Um diesen Lernbegriff entfalten zu können, ist Grundbildung unverzichtbar – bezogen auf alle Alterstufen. Da die herkömmlichen Bildungssyteme (formal) nicht in der Lage sind, Grundbildung für alle als „Eintrittskarte ins Leben" (Delors 1997, S. 101) zu ermöglichen, wird außerschulischen Bildungsformen im Sinne der Non-Formal Education eine gleichberechtigte Bedeutung zugeschrieben. Dies gilt vor allem für jene, die noch nie die Chance hatten, eine Bildungseinrichtung zu besuchen (Stay-Outs) und für Schulabbrecher (Drop-Outs).

Auf nationaler Ebene hat es sowohl in Indien als auch in Bangladesh verschiedene Anstrengungen gegeben, die Zielmarken der Bildungskonferenzen – auch mit internationaler Unterstützung – umzusetzen. Dazu zählen staatliche Initiativen (in Indien z.B.: European Commission Education Programme 1998; Government of India 1986; 1993; 1998; in Bangladesh z.B.: Ahmed/Joshi/Pande 1993; Gustavsson 1990; Huq/Ahmed/Jabbar/Ahmed 1987; Sharfuddin 1997), als auch unzählige Programme von NGOs.

3 Non-Formal Education (NFE)

Zunächst ist Non-Formal Education „[...] any organized, systematic, educational activity carried on outside the framework of the formal system to provide selected types of learning to particular subgroups in the population, adults as well as children. Thus defined, nonformal education includes, for example, agricultural extension and farmer training programs, adult literacy programs, occupational skill training given outside the formal system, youth clubs with substantial educational purposes, and various community programs of instruction in health, nutrition, family planning, cooperatives, and the like“ (Coombs/Ahmed 1974, S. 8). Sie wird in der Regel theoretisch gegenüber Informal Education auf der Ebene von Lernprozessen und gegenüber Formal Education administrativ abgegrenzt (Lang-Wojtasik 2001, S. 10-14). Diese Trennung wird in der Praxis nicht immer durchgehalten und erschwert eine fundierte Theoriebildung der NFE. Trotz ihrer Vielfältigkeit gibt es gewisse Charakteristika, die nicht ausschließlich, sondern ergänzend zu denken sind. Im vorliegenden Aufsatz sind diese vor allem auf ländliche Regionen bezogen:

- Alle sozial und gesellschaftlich benachteiligten Menschen jeglicher Altersgruppen als AdressatInnen (auf dem indischen Subkontinent: Armut und Landlosigkeit, Benachteiligung von Mädchen und Frauen, ‚Dalits‘[4]; Ausschluss von formaler Bildung);
- Partizipation und Dezentralisierung als Grundkonstanten integrierter ländlicher Entwicklungsmaßnahmen, die durch NGOs organisiert werden;
- Orientierung an Ansätzen von Befreiungs-/ReformpädagogInnen;
- Functional Literacy als Teil von Entwicklungsstrategien.

Die *Functional Literacy* als Ziel und ‚Motor‘ von Bildungs- und Entwicklungsprozessen lässt sich durch folgende – nicht ausschließliche – Merkmale beschreiben:

- *Struktur*: Flexibilität und Offenheit (Anmeldung, Dauer, Zeit, ‚Methodik) und Basisorientierung (bottom-up), Dezentralisierung (Finanzen, Management-Strukturen/Monitoring und Evaluation), Diversifizierung (Angebotspalette und Berufsbezogenheit);
- *AdressatInnen*: Kontextualität, (lokale) Relevanz (Curriculum, AdressatInnen-Bedürfnis-Orientierung);
- *Education und Gesellschaft*: Verbindung mit Aspekten menschlicher Entwicklung als Life Long Learning Process;
- *Alter*: Klare Altersgruppenunterscheidungen, um den spezifischen Lernbedürfnissen von Kindern, Jugendlichen und Erwachsenen gerecht zu werden;

---

4 ‚Unberührbare‘, ‚Ureinwohner‘ und untere Kastengruppierungen in Indien; vgl. den Beitrag zu ‚Gandhis Nai Talim‘ in diesem Buch.

- *Gender*: Thematischer Frauen-Fokus und Empowerment (Bewusstseinsbildung für Frauen);
- *Lernprozesse*: Verwendung partizipatorischer Pädagogik, die sich an der lokalen Umgebung orientiert; Nachdruck auf selbstständigem Lernen und Learning-Centred Education, in der das Verhältnis sowie die Interaktion von Lehrperson und Lernenden eine Schlüsselrolle spielt;
- *Sprache*: Dominanz- und /oder Muttersprache (Dilemma zwischen Vermittlung und Funktionalität);
- *Management*: Umfassende und effiziente sowie dezentrale und Community-verankerte Planung, Entwicklung, Durchführung, Realisierung, Beobachtung, Begleitung und Auswertung (inner- und außerschulisch);
- *Forschung*: Dezentrale und partizipatorische Begleitforschung; angelehnt an Ansätze der Aktions-/Handlungsforschung;
- *Finanzierung*: Kostengünstigkeit gegenüber dem formalen System;
- *Nachsorge*: Klare Post-Literacy-/Education-Strategie und Rück- oder Hinführungsfähigkeit zum staatlichen, formalen Education-System

(Jennings 1990, S. 18-19; Kossonen 1998, S. 67-68; Mohanty 1995, S. 221-222; 250; Mohsin 1995, S. 12-13; Müller 1997, S. 48; 53-56; Paliwal 1993, S. 216-232; Roy 1984a, S. 20-28; Shirur 1995, S. 36-41; S. 102-104; Singh 1995, S. 313-316; Varma/Malviya 1996, S. 11).

4 NFPE in Bangladesh und Indien

Die folgenden Betrachtungen konzentrieren sich auf NFE im Primarbereich, also Non-Formal Primary Education (NFPE). Hier lassen sich – trotz großer Vielfältigkeit – drei Gruppen vor allem hinsichtlich der Hin- oder Rückführungsfähigkeit von Stay- und Drop-Outs zum formalen Bildungssystem durch non-formale Maßnahmen unterscheiden – 1. Rück- oder Hinführung als explizites Ziel; 2. Rück- oder Hinführung als Möglichkeit; 3. Vermittlung funktionaler Grundbildung ohne Rück- bzw. Hinführungsziel (Commonwealth Secretariat 1994, S. 93; NIEPA 1990, S. 54-55; Varma/ Malviya 1996, S. 27-31).

Die dritte erwähnte Gruppe wird hier vernachlässigt.[5] Vielmehr sollen aus der Vielzahl möglicher Beispiele zwei modellhafte und nach eigenen Angaben erfolgreiche Organisationen vorgestellt werden – Proshika in Bangla-

---

[5] Eines dieser Beispiele habe ich an anderer Stelle analysiert: Lang-Wojtasik 2001.

desh gehört zur ersten, SWRC (Social Work and Research Centre) in Indien zur zweiten Gruppe.

4.1 Proshika

Die Organisation zählt zu den größten NGOs in Bangladesh und existiert seit 1976. Der Organisationsname steht übersetzt für ‚Ausbildung, Bildung, Aktion für Entwicklung' und in den Programmen wird der größte Teil integrierter ländlicher Entwicklung abgedeckt.[6] Ausgangspunkt der Arbeit sind die AdressatInnen, die ihre Entwicklung in die eigenen Hände nehmen sollen (Kramsjo/Wood 1992, S. 36). Im Rahmen von Primary Groups (Samitis) sollen Entwicklungsziele und Unterstützungswünsche an staatliche Stellen und/oder an die MitarbeiterInnen der NGO formuliert werden. Mitglied einer Samiti kann jeder/jede werden – „[...] landless, marginal, and small peasants, occupational working people like fishers, weavers and artisans, slum dwellers, and women of all the above categories are eligible to become members of these groups" (Proshika 1997, S. 1). 1996 arbeitete die Organisation in 46 der 64 Distrikte in etwa 7.800 Dörfern und Slums durch 110 Area Development Centres (ADC). Im Rahmen des *Universal Education Programmes* (UEP), das seit 1985 durchgeführt wird, sollen vier Bereiche umgesetzt werden:

- Adult Literacy; mit dem Ziel der Überwindung des Analphabetismus vor allem von organisierten Mitgliedern der NGO;
- Post Literacy; durch Village Study Circles, die sich kontinuierlich treffen und Bücher aus der bereitgestellten Bücherei diskutieren;
- Childrens Schooling; Motivation und Bewusstseinsbildung vor allem unter den organisierten Mitgliedern, ihre Kinder in die vorhandenen Primarschulen zu schicken;
- NFPE; als 3-Jahres-Kurs (vier Mal neun Monate) für Kinder im Alter von 8-10 Jahren
  (Proshika 1994a, S. 184-185).

---

[6] Z.D. self-reliance promotion & credit, human development & skill training, tree plantation, house-construction, irrigation, tube-well-construction & maintenance, low-cost-sanitation, health education & infrastructure building, organisation building, development education, livestock development, agriculture, sericulture, fishery, environmental protection & regeneration, women empowerment, urban poor development, research, evaluation & monitoring, verschiedene trainings auf allen Ebenen & in allen Bereichen (Proshika 1996).

Bis zum Jahr 1999 sollten insgesamt 307.000 Kinder in NFPE-Schulen beschult worden sein und diese auch erfolgreich abgeschlossen haben (Proshika 1994a, S. 187). Es war geplant, die Anzahl der NFPE-Schulen von 1999 bis zum Jahr 2004 kontinuierlich zu steigern. In Phase VI sollen 348.000 SchülerInnen in 11.600 NFPE-Schulen unterrichtet werden (Proshika 1998, S. 110). Proshika hat ein eigenes Curriculum eingeführt. In vier mal neun Monaten soll das staatlich festgelegte Wissen der fünf Primarklassen vermittelt werden, um die Kinder im Anschluss in die 6. Klasse der staatlichen Schule zurückzuführen.

Die Organisation ist – trotz ihres basisdemokratischen Anspruchs – hierarchisch strukturiert. Sie hatte 1996 fast 1.500 VollzeitmitarbeiterInnen (ADAB 1996, S. 223). An der Spitze der NGO steht ein Executive Director. Schrittweise gliedern sich die verschiedenen Bereiche immer weiter auf. Vier Mal im Jahr treffen sich die MitarbeiterInnen (mindestens ein/eine VertreterIn pro ADC auf allen Ebenen). Auf der lokalen Ebene gab es 1996 110 Area Development Centres (ADC), denen jeweils ein Area Coordinator vorsteht und denen je nach Größe eine bestimmte Anzahl von UEW (Universal Education Worker), DEW (Development Education Worker) und EDW (Economic Development Worker) zugeordnet sind (Lang-Wojtasik 2001, S. 111-114; 271).

4.2 SWRC (Social Work and Research Centre)

Das international bekannte SWRC im indischen Bundesstaat Rajasthan (z.B. O'Brien 1996) in Tilonia – oder auch Barefoot College – ist vor allem durch seine *Night Schools* bekannt geworden. Seit 1972 verfolgt das Projekt den Ansatz, AkademikerInnen aus der Stadt mit den Problemen ländlicher Regionen zu konfrontieren und ihr Wissen in einem partizipativen Ansatz zur Entwicklung derselben einzusetzen. Mittlerweile wird der Ansatz von 23 Sub-Centres in verschiedenen Bundesländern Indiens verfolgt. Die Grundidee von SWRC geht von einem ganzheitlich und nachhaltig orientierten Ansatz im Sinne integrierter ländlicher Entwicklung aus. Dieser basiert auf fünf Grundsätzen: Gleichheit, kollektive Entscheidungsprozesse, Self-Reliance, Dezentralisierung, einfacher Lebensstil (O'Brien 1996, S. 11-12). Alle Programme (z.B. Wasser, Community Health, Solarenergie, Famine Relief, Communication, Womens Development, NFPE/ Night Schools) sind Teil einer gemeinsamen Strategie, die von den Bedürfnissen der Betroffenen ausgeht. Das bedeutet z.B. für den Education-Bereich, dass das Curriculum erstens flexibel ist, zweitens aufgrund der angenommenen Lebenswirklichkeiten der Lernenden formuliert wird und drittens eine Night School lediglich Basiswissen vermittelt, die Grundlage für Life Long Learning ist. Alle Programme von SWRC leben von einer umfassenden Verknüpfung statistischer Erfassung, Durchführung, Überprüfung und modifizierter Rückführung in die Praxis.

SWRC hatte 1997 nach eigenen Angaben 200 full-time- und 300 part-time-MitarbeiterInnen. Die Arbeit wird vor allem durch Field-Centres organisiert. Seit 1993 gibt es das Kinder-Parlament (Bal Sansad), in dem die Kinder parlamentarische Demokratie einüben sollen. Es hat über die Grenzen von Rajasthan und Indien hinaus große Aufmerksamkeit erfahren (Dogra 1995; O'Brien 1996, S. 36-37).

Hinsichtlich des Brückenbauens zwischen formaler und non-formaler Education war SWRC maßgeblich durch das Shiksha-Karmi-Projekt[7] und das Lok-Jumbish-Projekt[8] beteiligt. Beide Projekte werden dann in Regierungspublikationen genannt, wenn es um die Benennung erfolgreicher Vorzeige- und Modellprojekte im Primarbereich geht (z.B. Government of India 1993).

5 Umsetzung, Erfolg und Grenzen

Beide Organisationen haben in ihren Ländern und international einen Modellcharakter für andere NFPE-Programme. Nach eigenem Anspruch sind sie erfolgreicher als staatliche Maßnahmen formaler Bildung. NGOs wie Proshika und SWRC messen ihren Erfolg zunächst quantitativ an hohen Einschulungszahlen und geringen Abbrecherquoten. Beides wird nach eigenen Angaben auch erreicht. Zur Messung und Einschätzung von *Erfolg* sind eindeutige Kriterien nötig. Ohne an dieser Stelle in die Tiefe gehen zu wollen, können verschiedene Aspekte festgehalten werden (im Detail: Lang-Wojtasik 2001, S. 124-224).

---

[7] Wörtlich: ‚Education-ArbeiterIn'; ein/eine örtlich bekannte/bekannter Education-Beauftragte/Beauftragter; das Projekt verfolgte ab 1984 mit Unterstützung der Swedish International Development Agency (SIDA) vor allem die Lösung des Problems in ländlichen Schulen Rajasthans, dass LehrerInnen zwar bezahlt werden, aber aus verschiedenen Gründen nicht zum Unterricht erscheinen (weil sie z.B. anderweitig Geld verdienen müssen, da ihr Gehalt nicht zum Leben reicht) (O'Brien 1996, S. 30; Varma/Malviya 1996, S. 59-61).

[8] Wörtlich: ‚Volksbewegung'; gemeint ist ein Projekt, das mit Unterstützung von NGOs (vor allem SWRC) ab 1991 SIDA, die indische Regierung und die Regierung von Rajasthan zusammenbrachte, um Education For All bis zum Jahre 2000 zu erreichen (Jain 1994, S. 69).

Flexible Organisation und kleine Klassen

Flexibilität bezieht sich auf die organisatorische Struktur (Zeit, Ort, Schuljahr) im Sinne einer veränderbaren Leitfadenstruktur. Die Unterrichtszeiten sind soweit wie möglich an die Bedürfnisse der Lernenden angepasst. Bei Proshika findet Unterricht dreistündig am Vormittag, bei SWRC dreistündig am Abend statt. Vergleichbares gilt für die Unterrichtsorte. Nach dem Motto ‚Wenn die Kinder nicht zur Schule kommen, muss eben die Schule zu den Kindern kommen', sollen NFPE-Centres möglichst im Dorf oder in überschaubarer Nähe angesiedelt sein, damit sie leicht und sicher erreicht werden können. Eine Schule muss kein extra geschaffener Ort sein. Unterricht kann auch z.B. in einem Stall, Dorfgemeinschaftshäusern, am Brunnen oder im Haus der Lehrkraft stattfinden. Die Dauer der Schuljahre soll sich soweit wie möglich daran orientieren, dass sie anderen Aktivitäten nicht entgegensteht, die die Kinder am Schulbesuch hindern könnten (z.B. Erntezeiten, in die die Kinder eingebunden sind). Hinzu kommen überschaubare Lerngruppengrößen. Ausgegangen wird in der Regel von 30-40 Kindern. Dies ist im Kontext des indischen Subkontinents eine Innovation, da normalerweise staatliche Landschulen mit Klassengrößen von 100 und mehr Kindern operieren.

Innovative Curricula

Gemeint ist, dass sich die Inhalte am angenommenen Lebenskontext der Kinder orientieren. Sie sollen für Lernende und ihre Eltern nachvollziehbar sein und können in Diskussionsprozessen auch verändert und angepasst werden. Dadurch und durch methodische Vielfältigkeit wird eine erhöhte Motivation zum Schulbesuch und Bereitschaft zum Lernen ermöglicht. Dies sind Gründe dafür, warum die Unterrichtsqualität und -attraktivität in NFPE-Centres im Vergleich zu staatlichen Schulen als höher eingeschätzt wird.

Verhältnis von Theorie und Praxis im Unterrichtsprozess

Das Verhältnis von Kopf- und Handarbeit (Theorie und Praxis) soll nach theoretischem Anspruch ausgewogen sein. Bei Proshika entspricht dies einem akademischen Wunsch. Bei SWRC werden hinsichtlich konkreter Tätigkeiten in Bezug zu nachhaltigkeitsfördernden Maßnahmen in der Projektregion verschiedene Berufsbildungsaspekte thematisiert und gezielt gefördert. Diese stehen in enger Interaktion zum Gesamt des Barefoot College, in dem Learning by doing für alle Ausgangspunkt von Education ist – z.B. Carpentry, Sewing, cement-frame-working, motor-/fan-making. Hinzu kommt der Einsatz von Solarenergie sowie die Reparatur und Wartung von Handpumpen zur Wasserförderung (O'Brien 1996, S. 22-27).

Spezifische AdressatInnen und Subjektorientierung

In der NFPE gibt es einen Fokus auf die Förderung sozial und gesellschaftlich benachteiligter Gruppen (z.B. Mädchen, KinderarbeiterInnen). Hinzu kommt der Anspruch, Lernende positiv zu bestärken und als gesellschaftliche Subjekte wahrnehmen zu wollen.

Partizipation und Motivation für Bildung

Angestrebt wird ein Höchstmaß der Einbindung von Dorfgemeinschaften in partizipative Entwicklungsprozesse, die von den Adressaten in Interaktion mit der NGO so weit wie möglich eigenverantwortlich gestaltet werden soll.

Lehrkräfte

Lehrende in der NFPE sind Facilitators (Anleiter von Lernprozessen). Sie sind Schlüsselpersonen für Interaktionen im ‚Klassenraum' sowie MittlerInnen zwischen Communities und Education. Am Anspruch, Facilitators in der NFPE agieren zu lassen, orientiert sich die Auswahl und spezifische Schulung von Lehrenden in Abgrenzung zu staatlicher Aus- und Fortbildung. Für die Tätigkeit in der NFPE sind geringere Qualifikationen nötig als im staatlichen Bildungssystem (bei Proshika z.B. Abschluss der 12. Klasse für Männer und 10. Klasse für Frauen). In der Regel werden die Lehrkräfte von den Eltern aus der Dorfgemeinschaft gemeinsam mit der NGO ausgesucht. Dies bedeutet, dass die Lehrkräfte den meisten Menschen bekannt sind.

Management

Die Management-Strukturen sind weitgehend dezentralisiert, zirkulär und Community-verankert gestaltet. Das Maß an Partizipation der AdressatInnen ist gleichwohl eine Entscheidung der Trägerorganisationen. Dabei stehen sich basisdemokratische Ansprüche und zentral getroffene Entscheidungen einer Organisation in Theorie und Praxis gegenüber. Partizipation im Sinne von Mitbestimmung bezieht sich vor allem auf Erwachsene (Eltern und Communities). Die Kinder als eigentliche AdressatInnen der NFPE haben bei Proshika nur in einem stark determinierten Rahmen eine Mitbestimmungsmöglichkeit. Bei SWRC wird ihnen durch das Kinder-

Parlament eine demokratische Verantwortung im Bereich des Schul-Managements übertragen und ein Einüben in aktive Demokratie ermöglicht.

6 Kritik

NFPE ist trotz ihres Erfolges und innovativen Potenzials kein Allheilmittel zur Lösung der Bildungsmisere. Sie ist an verschiedenen Stellen zu kritisieren. Dazu werden im Folgenden drei Anmerkungen formuliert.

6.1 Integrierte Konzepte – was aber kommt nach der Grundbildung?

Die Lernprozesse sollen in einen ganzheitlichen Kontext integrierter ländlicher Entwicklung eingebettet sein, woraus sich auch Zukunftsperspektiven für eine weitere Tätigkeit im Dorf ergeben können.

NFPE von Proshika und SWRC ist im Kontext der Gesellschaften Indiens und Bangladeshs im Sinne des einzigen und/oder spezifischen Zuganges zu Education eine Alternative. Die Förderung des Follow-Up ist gleichwohl nur systemimmanent denkbar (NGO- oder staatskonform). Dabei sind die Perspektiven nicht immer eindeutig. Bei Proshika geht es darum, die Kinder in das formale, staatliche Schulsystem zurückzuführen, bei SWRC ist dies eine Möglichkeit. Die Ziele der Education können sich in denkbarer akademischer Entfremdung gegenüber angenommenen dörflichen Lebenswirklichkeiten ausdrücken. Bei Proshika ist die Motivation der Kinder zum Besuch der NFPE vor allem darauf konzentriert, im Anschluss eine staatliche, weiterführende Schule zu besuchen, um daran anknüpfend einen akademischen Beruf ergreifen oder einer Tätigkeit im öffentlichen Sektor nachgehen zu können. Die von den Kindern formulierten Wünsche werden mit großer Wahrscheinlichkeit nur begrenzt realisierbar sein, da es nicht ausreichend erhoffte Arbeitsplätze gibt und mit der angestrebten Ausbildung ein hoher finanzieller Aufwand verbunden ist, den ihre Familien in der Regel nicht leisten können. Abgesehen davon ist in den Wünschen auch ein Aspekt von Entfremdung enthalten. Einerseits haben die beschriebenen Berufe nur begrenzt etwas mit den angenommenen Lebenswirklichkeiten der AdressatInnen und ihrer Eltern zu tun, gleichzeitig bedeutet die Formulierung dieser Berufswünsche eine Abgrenzung gegenüber ihren Eltern. Die NFPE scheint erreicht zu haben, dass die Kinder über aktuell realisierbare Ziele hinaus denken. Gleichzeitig bedeutet dies, dass sie AnalphabetInnen abwerten, zu denen viele ihrer Eltern als Rickshaw-Fahrer, Bauern und Hausfrauen gehören. Sie seien durch die NFPE gebildet, was sie gegenüber

Nicht- oder Mindergebildeten gesellschaftlich höher stelle. Hinzu kommt, dass es bereits eine große Zahl akademischer Arbeitsloser in Bangladesh gibt, die dem Arbeitsmarkt nicht zugeführt werden können. Gleiches gilt für Indien (Mathew 1995). Dies bestärkt die These, dass Education ohne interdependente Veränderung gesellschaftlicher Rahmenbedingungen einen Einbahnstraßencharakter ohne klares Ziel bekommen kann.

Unklar bleibt auch, was mit jenen Kindern geschieht, die zwar den Aufstieg zu weiterführender Education durch NFPE geschafft haben, jedoch auf höheren Ebenen scheitern. Während meines Aufenthaltes bei Proshika erfuhr ich nur von einem solchen Beispiel – nach Angaben von NGO-MitarbeiterInnen aber kein Einzelfall –, in dem ein Junge, trotz massiver finanzieller Anstrengungen seiner Eltern, den Abschluss der 10. Klasse nicht schaffte. Bei der Rückkehr in sein Dorf war er nicht bereit und in der Lage, neben seinem Vater auf dem Acker zu arbeiten. Dieses Beispiel konterkariert gleichzeitig jene ‚Success Stories', die in den Arbeitsberichten von Organisationen wie Proshika oder BRAC[9] beschrieben werden. Gemeint sind Geschichten von Kindern, die den ‚Aufstieg durch Education' schaffen wollen oder geschafft haben.[10]

6.2 Non-Formalizing the formal system!?

Aufgrund des unterstellten Erfolges ist staatlicherseits ein verstärktes Interesse zu verzeichnen, einerseits eigene NFPE zu organisieren und andererseits auch mit NGOs zu kooperieren. Hier wird in Zukunft zu beobachten sein, inwieweit der Spagat zwischen dezentral-basisdemokratischem Anspruch als Charakteristikum und Erfolgsparameter von NGOs sich gegen-

---

[9] Bangladesh Rural Advancement Committee; größte bangladeshi und international renommierte NGO.

[10] Vom Tellerwäscher zum Millionär: 1994 feierte BRAC die ersten NFPE-AbsolventInnen, die den Abschluss der 10. Klasse in der staatlichen Schule geschafft haben (BRAC 1996, S. 14). Beispiel 1) „[…] When asked about his [Zafar, BRAC-student und viertältester Sohn neben seinen drei Schwestern und fünf Brüdern, von denen zwei Rickshaw-Fahrer sind; G.L.-W.] aim in life, he said he wants to be a banker after finishing higher studies. Now he passes his spare time writing poems, playing with his friends, and helping his father with work" (BRAC 1995, S. 6). Beispiel 2) „Yes, Shahidul will go to a High School. Shahidul had to drop out of a formal school […] Shahidul Islam Khokon is now in his second year of a Proshika-run NFP school and within two years he will graduate from that school […] Shahidul no more wants to be a drop-out, he surely will go to a High School now" (Proshika 1997, S. 16).

über zentralistisch-verwaltungsdemokratischen Strukturen staatlicher Stellen gelingt. NGOs übernehmen durch ihre NFE-/NFPE-Angebote bedeutsame Bildungsanteile. Sie sind Pionier für Innovation und Bildungsqualität auf verschiedenen Ebenen. Gleichzeitig dringen sie durch ihre Aktivitäten in staatliche Hoheitsbereiche ein.

In der Debatte um das Verhältnis formaler und non-formaler Education in Bangladesh und Indien wird anerkannt, dass NFPE Teil einer dreigeteilten Grundbildungsstrategie ist. Insbesondere staatliche Stellen in Indien vermuten darüber hinaus, das formale Education-System sei durch NFPE auf der Ebene der Lernprozesse non-formalisierbar. Verschiedene nicht-staatliche Trägerorganisationen vertreten dem gegenüber die Auffassung, formale Education stünde der NFPE diametral entgegen. Insofern ist eine Übertragung non-formaler Elemente, ohne Veränderung der Rahmenbedingungen, als problematisch realisierbar einzuschätzen. Der Charme nichtstaatlicher Trägerorganisationen als Anbieterinnen von NFPE liegt insbesondere in ihren dezentralisierten Management-Strukturen begründet, die die AdressatInnen-Orientierung kontinuierlich umsetzbar machen. Dezentralisierung im NGO-Verständnis ist durch zentralisierte staatliche Administration, wie sie sich aktuell darstellt, nicht zu leisten.

6.3 Befreiungs- und reformpädagogische Implikationen

Sowohl Proshika als auch SWRC beziehen sich mehr oder weniger explizit auf Ansätze, die in diesem Buch unter dem Oberbegriff Reformpädagogik diskutiert werden. Bei Proshika ist dies explizit Paulo Freire, bei SWRC sind dies verschiedene Bezüge zu indischen Konzeptionen.

Befreiungspädagogik ist vor allem ein theoretisches Bekenntnis der NGOs. Die Umsetzung befreiungspädagogischer Praxis ist in Frage zu stellen. Zumindest werden keine Gesamtkonzeptionen realisiert, sondern nur Einzelaspekte umgesetzt. Dabei spielt das fundamentale Prinzip von Selbstbestimmung der Lernenden keine Rolle. Befreiungspädagogik ist primär ein Bekenntnis der Organisationen im bildungspolitischen Sinne und nicht der AdressatInnen. Auch pädagogische Überlegungen sind in diesem Zusammenhang nur marginal vorhanden. Überspitzt könnte – vor allem im Falle von Proshika – von einer ‚non-formalen Bankierspädagogik' gesprochen werden. Denn hinter jeder curricularen Entscheidung steht eine mit staatlichen Stellen abgestimmte Zielsetzung, die in den Unterrichtsprozessen nicht entlarvt wird.

NGOs können sowohl Pressure Group, Innovatorinnen, als auch Anbieterinnen von Education sein. Dies hängt mit ihrer Bedeutung im gesellschaftlichen und staatlich akzeptierten Rahmen zusammen. NFPE ist einerseits Teil einer dreigeteilten Grundbildungsstrategie, als auch teilweise ‚Non-Formalisierer' formaler Education. Dabei scheint bedeutsam zu sein, welches Ziel mit Non-Formalisierung verfolgt und welcher Reform- bzw. Befreiungsbegriff auch von staatlichen Stellen zugrundegelegt wird. Die Reduzierung von NFPE auf ihre angenommene Kostengünstigkeit und Rück- bzw. Hinführungsfähigkeit zum formalen Bildungssystem scheint eine Verkürzung innovativer und verändernder Education-Praxis zu sein.

7 Ausblick

Education For All bis zum Jahr 2000 wurde in Indien und Bangladesh nicht erreicht. Auch die Ziele von Dakar werden voraussichtlich bis zum Jahr 2015 nur in ausgewählten Regionen erreichbar sein. Da das staatliche Bildungssystem nicht in der Lage ist, alle Kinder und Jugendlichen zu beschulen, ist die Hoffnung staatlicher Stellen verständlich, NFPE sei kostengünstiger als formale Education.[11] Gleichzeitig ist zu befürchten, dass die umfassende Förderung von NFPE durch staatliche Stellen einer Instrumentalisierung und Entpolitisierung gleichkommt, die mittelfristig erwarten lässt, dass sich die Erfolge dieser alternativen Ansätze formaler Education im negativen Sinne angleichen können. Die Förderung und Durchführung von NFPE durch den Staat – auch in Kooperation mit NGOs – wirkt wie das Einfüllen neuen Weins in alte Schläuche. Auf Indien bezogen ist zu befürchten, dass staatliche NFPE ein ähnliches Schicksal wie Gandhis Nai Talim oder Rabindranath Tagores Santiniketan ereilen wird.[12]

Hinsichtlich Bangladesh ist die These zu formulieren, dass große NGOs wie Proshika oder BRAC in der Lage wären, innerhalb einer sehr kurzen Zeit, bestimmte hoheitliche Funktionen anstelle des Staates zu übernehmen. Das Zugeständnis von Eigenständigkeit durch staatliche Stellen macht dies denkbar. Die Administrationen der genannten Beispielorganisationen sind so umfassend, dass dies – bei Erhöhung der Finanzvolumen – vorstellbar ist. Gleichzeitig ist in diesem Fall eine vergleichbare Frage wie im indischen Kontext zu stellen: Welches Reformpotenzial kann in welchem Rahmen erhalten werden? Auch wäre zu thematisieren, inwieweit das Erfolgspotential aufgrund dezentraler, partizipativer und Community-verankerter

---

[11] Zum Problem der Messung von Kostengünstigkeit: Lang-Wojtasik 2001, S. 154-157.
[12] Vgl. die Beiträge zu Gandhi und Tagore in diesem Buch.

Strukturen bewahrt werden kann. Schon jetzt sind Brüche zwischen den verschiedenen Hierarchie-Ebenen sichtbar. Die zirkuläre Interaktion von NGOs und AdressatInnen ist möglicherweise gefährdet. Insofern wäre zu fragen, inwieweit die massive Förderung von NFPE in Bangladesh – gefördert durch den Staat und durchgeführt von NGOs – den dezentralen Charme der Organisationen in Frage stellt. Beispiele aus dem Bereich der Micro Credits (Scholz 1999), die NGOs wie Proshika als Teil ihrer Entwicklungskonzepte anbieten, zeigen Grenzen auf. Insofern ist generell zu befürchten, dass idealistisch begonnene NFPE-Programme von NGOs mittelfristig ihre verändernden gesellschaftlichen Bedeutungen durch staatliche Einflussnahmen verlieren können. Die Reduzierung auf Teil-Aspekte ihrer Ansätze kann langfristig die Gesamtkonzeptionen in Frage stellen, die – im Gegensatz zu staatlichen Stellen – in einer zirkulären und reflexiven Analyse stehen.

Literatur

ADAB: Directory of PVDOs/NGOs in Bangladesh 1996-97 (compilation, write-up & editing Rabindra Nath Biswas & Anjira Khatoom). Dhaka 1996

Ahmed, Manzoor/Chabbott, Colette/Joshi, Arun/Pande, Rohini: Primary Education for All: Learning from the BRAC Experience. A case study. Washington 1993

BRAC: NFPE Phase One Report. January 1993-March 1996. Dhaka 1996

BRAC: Non-Formal Primary Education Programme. Annual Report 1994. Dhaka 1995

Commonwealth Secretariat: Education of Out-of-school children. Case studies from India (coordinated by Sharada Jain). London 1994

Coombs, Philip H./Ahmed, Manzoor: Attacking Rural Poverty. How Nonformal Education Can Help (a research report for the World Bank prepared by the International Council for Educational Development; edited by Barbara Baird Israel). Baltimore etc. 1974

Delors, Jaques: Lernfähigkeit: Unser verborgener Reichtum. UNESCO-Bericht zur Bildung für das 21. Jahrhundert. Berlin 1997

Dogra, Bharat: Night schools offer a break from the daily grind for child labourers. In: The Asian Age, 1.6.1995, S. 5

European Commission Education Programme Office: European Union and India. Partnership for educational and social transformation. New Delhi 1998

Götz, Klaus: Erwachsenenbildung in Bangladesh. Zum Verhältnis von Bildung und ländlicher Entwicklung. München etc. 1998[2]

Government of India. Ministry of Human Resource Development. Department of Education: Education for all. The Indian Scene. New Delhi 1993

Government of India. Ministry of Human Resource Development. Department of Education: National Policy on Education 1986. New Delhi 1986

Government of India. Ministry of Human Resource Development. Department of Education: Three Years of DPEP. Assessment and challenges. New Delhi 1998

Gustavsson, Styrbjorn: Primary Education in Bangladesh: For whom? Dhaka 1990

Hinzen, Heribert/Müller, Josef (Hg.): Bildung für Alle – lebenslang und lebenswichtig. Die großen internationalen Konferenzen zum Thema Grundbildung: Von Jomtien (Thailand) 1990 bis Dakar (Senegal) 2000. Ihre Ergebnisse, ihre Wirkungen und ihr Echo. Bonn 2001 (Internationale Perspektiven der Erwachsenenbildung; Bd. 27)

Huq, A.K.M. Hedayetul/Ahmed, Saifuddin/Jabbar, Mohammad Abdul/Ahmed, Nasiruddin: Sustainability of primary education projects: A case study of Universal Primary Education in Bangladesh. Dhaka 1987

Jain, Sharada: SWRC Night Schools: Journey through a decade. In: Commonwealth Secretariat: Education of Out-of-school children. Case studies from India. London 1994, S. 49-69

Jennings, James: Adult literacy: Master or servant? A case study from rural Bangladesh. Dhaka 1990

Jhabvala, Noshirvan H.: The constitution of India 1997. Bombay 1997[18]

Kossonen, Kimmo: What Makes an Education Project Work? Conditions for Successful Fuctioning of an Indian Primary-level Programme of Nonformal Education. Joensuu 1998

Kramsjo, Bosse/Wood, Geoffrey D.: Breaking the chains. Collective action for social justice among the rural poor in Bangladesh (preface by Faruque Ahmed). London 1992

Lang-Wojtasik, Gregor: Bildung für alle! Bildung für alle? Zur Theorie non-formaler Primarbildung am Beispiel Bangladesh und Indien. Hamburg 2001

Lang-Wojtasik, Gregor: Kein Freibrief für NROs. Kritische Anmerkungen zur Projektpraxis. In: epd-Entwicklungspolitik (2000)17-18, S. 31-33

Lenhart, Volker: ‚Bildung für alle'. Zur Bildungskrise in der Dritten Welt. Darmstadt 1993

Mathew, E.T.: Unemployed and self-employed. Job preferences and employment perspectives. In: Economic and Political Weekly, 4.11.1995, S. 2815-2826

Mohanty, Jagannath: Adult and Non-Formal Education. New Delhi 1995

Mohsin, Selina: Non-Formal Education for Out-of-school children. Case studies from Bangladesh. London 1995

Müller, Josef: Literacy and Non-Formal (Basic) Education – Still a Donors Priority? In: IIZ/DVV (Hg.): Adult Education and Development. Policies and Reflections – Literacy and Basic Education – Intercultural Adult Education – Ecology and Rural Development – Adult Education Centres here and there – Are adult educators special people?, 1997(48), S. 37-60

NIEPA (Hg.): Education for all by 2000. Indian perspective. New Delhi 1990

O'Brien, Catherine: The Barefoot College ... or knowledge demystified. The Social Work and Research Centre (SWRC) at Tilonia, Rajsthan, India. Madrid 1996

Paliwal, M.R.: Social change and education. Present and future. New Delhi 1993

Proshika: A centre for human development. Proshika at a glance. Dhaka 1996

Proshika: Annual Implementation Report. Dhaka 1998, S. 105-110

Proshika: Five Year Plan. Universal Education Programme (July 1994-June 1999). Dhaka 1994a

Proshika: Scaling up participatory development. Activity Report. July 1996 to June 1997. Dhaka 1997

Proshika: Universal Education Programme of Proshika. Dhaka 1994b

Roy, Aruna: Introduction. In: Commonwealth Secretariat: Education of Out-of-school children. Case studies of selected Non-Formal learning programmes in South Asia (compiled and edited by Aruna Roy). London 1984a, S. 1-29

Roy, Aruna: Night Schools of the Social Work and Research Centre. In: Commonwealth Secretariat: Education of Out-of-school children. Case studies of selected Non-Formal learning programmes in South Asia (compiled and edited by Aruna Roy). London 1984b, S. 131-152

Scholz, Fred: Die Erosion des Sozialen. Konzeptwandel bei Mikrokrediten in Bangladesch. In: E+Z, (1999)10, S. 268-269

Sharafuddin, A.M.: A Learning experience. NGOs in Bangladesh have made non-formal education a trailblazing success story by employing ingenious teaching methods tailored to the needs of the underprivileged. In: Down To Earth, 30.4.1997, S. 38-39

Shirur, Rajani R.: Non-Formal Education for development. New Delhi 1995

Singh, Dev Raj: Strategies for integration of Non-Formal Education. New Delhi 1995

Varma, Avinash/Malviya, Achytanand: Daunting challenge. An alternative strategy for effective delivery of primary education (Oxfam America Inc.). New Delhi 1996

Zarina Rahman Khan

Rokeya and Education of Muslim Girls in 19th and 20th Century Bengal: Implications for Female Education in Bangladesh

1 Preliminary remarks

In Bangladesh like in most developing countries backwardness and negligence of women has been recognised as an important factor responsible for the slow pace of development of the nation as a whole. Lack of education of women has generally been identified as a major reason for ineffective female participation in nation building. In this country the status of women in general and in education in particular is markedly lower than that of men even though gender issues have been receiving attention at the level of state policy and civil society concerns. In fact the imbalance in gender relations in Bengali society was exposed in late 19th and early 20th century very provocatively by a contemporary woman, Rokeya Shakhawat Hossain (Rokeya Begum[1]). Since then women's movements highlighted and state policies addressed gender discrimination issues. Yet the status of women remains far short of that expected and desired. This paper attempts to look into the developments and the causes behind women's status in the field of education in particular and society in general.

2 Bangladesh

2.1 A brief introduction

Bangladesh is a country of 111 million people of which nearly half are women. Located in a deltaic plain land having the favourable environ-

[1] 'Begum' ist weltweit eine Bezeichnung für hoch angesehene islamische Frauen und bedeutet so viel wie 'lady' im Englischen (Anmerkung der Herausgeber).

mental influence of mountain ranges of India and Burma. Basically an agriculture based country, it has started to industrialize in recent years with production of export oriented goods, particularly garments, sea food etc.

Politically Bangladesh has been a part of the British colony of the Indian sub-continent and became a part of the state of Pakistan in 1947 when the British left India. In 1971 Bangladesh emerged as a sovereign state after a year long war of liberation with Pakistan. At independence, it started with a parliamentary form of government which was ended by a military takeover in 1975. Military rule directly or indirectly continued for over half of its life as an independent country with democratically elected government reinstated in 1990. Despite this Bangladesh has a strong heritage of political movements for democratic processes and institutions.

Since its independence Bangladesh was run by five-year macro economic plans. Presently it is going through the Fifth Five Year plan. The various governments that came to state power since the independence of Bangladesh, as part of their political commitments, initiated reforms in different socio-economic sectors through setting up high level commissions to inquire into and recommend measures for improving the systems. Education as an important vehicle for not only transforming society but also for economic advancement of the deprived through awareness building and creating accessibility to avail opportunities was also taken up for reform by various governments.

Bangladesh as a predominantly Muslim country, has over 80% of its population following Islam. Although Islam provides certain rights to women such as that of consent to marriage and divorce, and inheritance, the position of women is in no way equal to that of men. Islam as has been practiced in this region prescribes strict segregation of women, the enforcement of which leads to their seclusion from the socio-economic arena of the public world. Patriarchal norms regarding lineage require women to be restricted from association with men other than those in their immediate family. The dependent and secondary position of women to men as well as the religious norms of seclusion deprive them of opportunities of participation in public activities.

2.2 Status of women in Bangladesh

A brief look at the status of women in Bangladesh vis-à-vis men will reveal the prevailing differences and disparities. Bangladesh achieved independence in December 1971. Although out of the 111 million people, nearly fifty percent are women there is marked imbalance in their status vis-à-vis men. There is a difference in life expectancy between women (60 years) and men (61 years), infant mortality rates (58:56). Maternal mortality rates are very high (440 per 100.000 live births). Data indicate that the overall situation has improved in the last decade, although the women's status in each remained lower than that of men. Literacy rates for women have improved but at extremely slow pace.

In the area of economic activities, participation of men increased steadily while women are still in marginal positions. The participation of women in socio-political and administrative areas of activities is also low. The general picture of male female status in Bangladesh depicts a gender imbalance in participation as well as development. In all sectors women are still lagging behind. Such projection of an asymmetrical development of men and women in Bangladesh is a reflection of the general backwardness of Bengali women dating back several centuries.

3 Rokeya Begum

3.1 Situation of Women in Rokeya's Bengal

While with the dawn of the modern era in the late 19th and early 20th century, women in other countries were awakening and progressing towards liberation, Muslim women in Bengal remained in the darkness of illiteracy and seclusion. Even in India within the boundaries of which Bangladesh of today is located, Hindu and non Muslim women started to advance through getting education and participating in different areas of social and political life. But Muslim women because of their religious norms were pushed into backwardness.

The extreme degradation of Muslim women in post colonial Bengal is portrayed clearly by Rokeya. Coming from a conservative family she herself experienced the oppression of such a system. In her writings, she depicted the prevailing oppressive situation of women who were subjected to extreme forms of *purdah*[2] and seclusion. Through her projections of the inhuman lives of Muslim women in seclusion in 18th and early 19th century Bengal, Rokeya attempted to aware the contemporary Muslim society of

2 ‚Purdah' ist die Bezeichnung für die Seklusion der Frauen aus dem öffentlichen Leben (Anmerkung der Herausgeber).

such deplorable and torturous condition of women. She wanted to awaken her Muslim society to the fact that such isolation of the women folk resulting in the denial of opportunities for releasing their potential of contributing to the social development would pull back the entire Muslim society. The vehicle by which Rokeya sought to carry the women and society forward was education of Muslim women.

Born in a wealthy but extremely conservative Muslim family of East Bengal (present Bangladesh) in 1880, Rokeya was subjected to the prevailing norms among the upper class Muslims of India, and was kept in total seclusion from the world outside home and barred from receiving any education. Wealthy families of her time allowed girls only to learn to recite the Holy Quran and some Persian and Urdu. However Rokeya's brother who received modern education discovered her yearning for learning, and secretly taught her to read and write Bangla and English banned for Muslim girls of her time.

Rokeya's quest for learning received advancement after her marriage to a British educated Civil Servant. Encouraged by her husband to learn more and also to practice a modern progressive lifestyle her thoughts started to find expression in her writings. In support of her campaign for the education of Muslim girls he contributed a part of his savings to her efforts towards the cause of female education. In 1909, Rokeya established a school for girls in Bhagalpur (Bihar) and was forced to leave for family reasons, and later she started the Shakhawat Memorial Girls School in Calcutta in 1911 with only eight girls as students.

Rokeya's interaction with privileged Hindu and Christian women after her marriage made her aware of the alternative opportunities that could be available to Bengali women as well. She discovered that compared to these women, Bengali Muslim women of her class were in miserable conditions. "Rokeya knew that it is common in most societies to have segregation between 'male' and 'female' spheres, but it was extreme in Muslim society because of their observance of *purdah* or seclusion" (Hossain 1973, p. 472). Having lived and suffered from *purdah* herself she knew to what extent the physical separation and lack of education lead to socio-cultural deprivation of women. In such a condition Rokeya's generation faced not only a gap between men and women among the high ups of Muslim society but also between Muslim women and upper class women of other religions.

3.2 Effects of Colonisation on Indian Muslim Women

With the formal establishment of the British rule radical changes in policies including that of the legal system followed. Also the introduction of English as medium of communication and intensified missionary activities changed the socio-cultural, political and economic situation in important ways.

The Hindu society was quick to adopt the new system, starting to fill administrative positions and acquiring political power. Concerned by this trend, Hindu social reformers started movements to reform the traditional, outdated practices for more progressive ones but staying within their own religious and cultural boundaries with the purpose to preserve the Hindu identity. Major social reforms were the abolition in early 19th Century of self immolation of widows (Sattee dahow) in 1829, providing rehabilitation of widows through the Widow Remarriage Act in 1869, and ensuring participation of upper class women in religious congregation. As against this, Muslim response to the changes ushered in by the formal imposition of British rule was slow.

Under the circumstances the need for survival as a distinct group by the Muslims and recognition of their status as a weak minority often drove them into a defensive stance which led them to tighten their conservative practices. Efforts of Muslim reformists in the area of establishment of educational institutions for Muslims to some extent pushed them forward. However, this did not significantly affect the traditional lives of Muslim women. The Muslim society in their attempt to preserve self identity was reluctant to change their attitude towards women and as a consequence the Muslim women continued to be in extreme segregation.

Since the requirement of *purdah* of providing separate area at home and in covering up women with garments in public required wealth, this could be practiced only by the rich upper classes. Thus *purdah* and seclusion became a status symbol aspired to be followed by less wealthy in the Muslim society. All these impacted on Muslim society in keeping its women in traditional roles.

3.3 Rokeyas' Movement for Emancipation of Women

Rokeya found that because of these reasons Muslim women were being deprived of opportunities enjoyed by their Muslim brothers and Hindu women, particularly in respect to their access to modern education. She realized that her society needed to be made aware of the dangers of such repressive practices. This realization guided her to take up writing against the situation of Muslim women and start her activism to eradicate it. She used different strategies for arguing her case and getting the message across.

Rokeya wrote series of articles and books on the situation of contemporary Muslim women. In *Maticura*, Part One, published in 1905 in Calcutta Rokeya dealt with the 'Women Question' in the five essays of: 1) Strijātir Åbånåti (The Degradation of Women); 2) Årdhāngi (The female half); 3) Sugrihini (The good housewife); 4) Burqā (The veil); and 5) Grihå (Home). These essays illustrate her strategy as an advocate of the women's cause. Rokeya argues that women, may be physically weaker and economically dependent on men, were not inferior to them mentally. She cautioned society that long neglect of half the society is detrimental to the society as a whole. For a cure to this she advocates education of women and relaxation of strangles of seclusion. By arguing that even men could benefit immensely as educated women would play better roles as housewives and mothers, Rokeya strategised to draw the interest of men who run the society.

She highlights the extreme unfair treatment of women from men in the essay, Griha (the house) where she illustrates that although women live in houses they have no home at all and they have no effective rights over property. Again, for Rokeya the only certain way of redressing this helplessness is through education. In Sugrihini (the Ideal Wife) she shows how necessary formal education is for the smooth and efficient running of a modern household.

In her writings she drew the picture of intolerable situation of Muslim women and advocated for their liberation. She knew very well that most Muslim families were reluctant to educate their women because they wanted to maintain *purdah*. Thus although she was against the excesses of seclusion which stood in the way of a woman's development as a human being she was not against the principle of *purdah* which is concerned with 'modesty and decorum'. *Purdah* as modesty in dressing and providing women the flexibility to move about without drawing unnecessary attention, to Rokeya was not an obstacle to feminine education. With separate girls' schools and teachers, Rokeya believed she could both maintain the obligatory minimum of *purdah* and still educate the women. Till late in her life she herself used the *Burqā*.[3]

[3] ‚Burqā' bedeutet ‚Schleier' (Anmerkung der Herausgeber).

For Rokeya getting the Muslim girls to school was more important than the issue of dress for maintaining modesty. In principle she was against seclusion, yet she was ready to conform to a certain extent for facilitating mobility of women. This strategy of Rokeya was apparent in her consenting to keep her school bus well covered. The reporting of the trials that Rokeya and the school had to undergo in the use of the bus portrays the serious dilemma she faced in attracting girls to her school.

But for doing this she had to face societal criticism though she did not seem to have been discouraged by it. On the contrary, she provoked and teased her society to shake it out of complacency. In her short story Sultana's Dream written in 1905, she depicts a Utopian Lady-land where men are kept in seclusion and women run the affairs of the country in order to expose the oppression of women. In this she portrays a reversal of male-female-role in society where protection of women is propagated through the seclusion and segregation of men. "If women are considered vulnerable and seclusion is the means of sheltering them from possible male aggression then a more logical and effective way of achieving this would be to contain the potential aggressors, men, rather than rounding up the potential victims, the women" (Hossain 1973, p. 472). In the articles of *Maticura* Part Two, the only full-length novel she wrote entitled Padmaraga (Ruby) and the other pieces published in journals she went on fighting her battle for the cause of her sisters.

3.4 Rokeya and Female Education in Bengal

Rokeya's efforts towards the upliftment of women were not limited to writing. Through her school, founded in 1911 and through the *Anjumane Khawatine Islam* (The Association for Muslim Women) she carried on the task of mobilizing popular support for female education till her death in 1932. The curriculum in her school included physical education which she held absolutely necessary for the physical fitness and better health of her students. There were special courses in handicraft, home-economics and gardening. She emphasised on vocational training for girls to enable them to become "assets rather than liabilities to their families". Rokeya believed that female education without economic independence and lacking implications on practical life situation is not fully useful.

Again aware of the fact that in Bengal the formal education excluded women in poverty, her voluntary association implemented an adult literacy programme for the slum Hindu and Muslim women of Calcutta. The association volunteers taught women in the slums the basics of reading, writing, personal hygiene and childcare. Both Urdu and Bangla as medium of instruction were used. This held the principles of approach of the non-formal education programmes that in recent times have become effective means to educate women in their specific socio-cultural contexts.

3.5 Impact of Rokeyas' Writings on Contemporary Muslim Society

The efforts of Rokeya were not immediately appreciated or accepted by her society in general and the Muslim men in particular. Angered by her expositions of societal ill practices men did not hesitate to obstruct her in her work. Rokeya being aware of the ignorance of men was undaunted by this and patiently proceeded to work in building their awareness. In her reports of the Avarodhbasini (Secluded Women) she exposes "the absurdity, the ridiculousness, the horror and the shame and inhumanity of seclusion." Rokeya had the advantage of belonging to the culture she criticised and this allowed her to claim authenticity of her reporting.

4 Effects of Rokeya's Exposition

Rokeya's critical exposure of *purdah* caused mixed reactions among her contemporary society. But her writings brought them face to face with reality as well. Muslims were proud of their liberal laws on women's status compared to the Hindus. But realisation that a progressive change in the situation of the Hindu women had come through the socio cultural reform process while the Muslim women's social status remained backward.

Though initially criticised and rejected, Rokeya found later powerful male advocates for her cause and her life long efforts started to have its effect. They joined her cause in advocating women's education and moderation of *purdah*. Rokeya's writing was their inspiration and source of information.

5 Relevance of Rokeya's Movement for Female Education in Bangladesh

In Reading Rokeya's works, which were based on the situation of women a century ago one cannot help feeling that many of what she said is true even today. The societal attitude towards women that made Rokeya so agitated and restless is uncannily present even today. The problems of Rokeya's time may not be apparent in the same way and not manifested in similar manner but if one looks deep into the society and women's status in it one finds that the problems remain but have taken different forms and dimension. One cannot say in all honesty that the hindrances to women's liberation identified by Rokeya Begum, education, *purdah* and seclusion, deprivation of women's rights in the name of religion and predominance of patriarchal ideology in state and society have been totally uprooted.

5.1 Problematics of Women and Development in Bangladesh

Traditionally the majority of women in Bangladesh is bound by their roles within the family and home. However, developments since its independence forced some changes in it. Large scale social dislocation of families and abandoning of women during the war of liberation followed by massive poverty forced women to tread in the public sectors of employment and wage labour. Government efforts at economic development also included programmes for women's participation in social and economic activities. The Bangladesh economy being donor dependent, its development policies, particularly economic were conditioned by western donor prescriptions. As a member nation the impact of the UN Decade of Women also affected the lives and lifestyles of women in Bangladesh.

Since the mid-seventies most government and non-government women and development programmes were geared towards drawing women into the public arena of economic activity. Traditionally women's roles are confined within the four walls of the home, and the public (male) and private (female) worlds are clearly defined. This definition applies both at the level of roles and ideology. Male female roles and the values attached to such roles are clearly demarcated. Men are the bread earner and women the home-maker and reproducer of family and labour. The ideology binding this division of labour places women as dependents on men not only for bread but also for representing them in the social and political arena.

Initiatives for the advancement of women since the seventies have focused on women's participation in all areas of public life including the productive sectors of wage labour, employment etc. This resulted in making a large number of so long 'invisible' women appear in work places, markets, educational institutions and political structures. This enormously changed the roles of women, extending it to activities outside the home. Even then despite nearly three decades of such policies the expected levels of women's advancement or for that matter the nation's progress have not been achieved. One important reason for this slow pace of development, particularly that of women, is the failure of the policies to focus on the norms and values regulating women's lives. Women were encouraged to work for income, seek jobs in public and private sectors, run for political offices, but the norms governing their traditional roles of daughter, wife and mother in the family, norms that may be adversely affected by such changed roles was not addressed. Thus women were pushed into a contradictory situation of the demands of new public roles and the strictures of traditional values.

No effort was made in the women related policies of the seventies toward reforming the norms related to such social institutions of marriage, divorce, inheritance, all of which are based on Islamic law, ideologically relegates women under men, who gets the status of masters/owners. Thus for example efforts to accept and tolerate all unfairness and oppressions in the family is a virtue valued in women, even though their extended roles outside the family may adversely affect their responsibilities and duties at home. This would be considered as serious deviation and condemned. The ideology of a 'devoted' wife and mother remains intact while women's actual role changes.

This contradiction and the resultant implications on the progress of women were sharpened by the growing religious fundamentalism in the country. This, in turn, was fanned and facilitated by the military rulers who increasingly received aid from Middle Eastern Muslim countries progressively turning the state into one formally biased towards one religion, Islam. Secularism was one of the fundamental principles of state policy declared in the Constitution of Bangladesh. Through the efforts of successive military rulers since 1975 the secular provision was dropped and Islam was constitutionally acknowledged as the state religion with the proclamation that all policies of the state will be based on and guided by Islamic law (Government of Bangladesh 1988). This had tremendous implications for the situation of women, since Islam provides a secondary status to women and its ideology requires them to be in *purdah,* removed from the public eye, a practice recognised and fought against by Rokeya a century ago.

5.2 State, Women and Development: Impacts on Female Education

Through a brief scanning of major macro policies of the government the implications of Islamisation of the state on policies regarding women in different sectors of social and economic development become easily apparent.

In education, an important social advancement sector, the state had under different regimes undertaken reform initiatives and had 'rhetorically' given importance to them in the Five Year macro plans.

Analysis of education policies at both these levels clearly show that only peripheral attention is given to female education while at the same time provision is made for expanding and strengthening religious education. Traditionally religious education (Hindu and Muslim) has been basically a part of pre-primary schooling of children in rural Bangladesh. This has been formulated and expanded to higher levels (the University) progressively by all governments, specially by the military rulers and since the Eigth Amendment of the Constitution (Government of Bangladesh 1988). This contradicts with the concept of female advancement through education. Since the independence of the country, economic circumstances and policies facilitated women's mobility outside traditional roles into more public economic and political involvement. The values and norms of female mobility and activities were also slowly changing. The proliferation of religious education on the other hand, strengthens norms and values of female roles based on Islamic ideology. This impedes the advancement of women by posing a contradictory socio-cultural situation for women.

A look at the Five Year Plans and the Two Year Plan (1978-80) as well as the two important Education Reform Commission contexts will reveal this. The low level of importance provided to national educational policies in the Five Year Plans is indicated by the fact that in the first four Five Year Plans education is placed along with manpower (1st Five Year Plan 1973-78), Training and Public Administration (2-Year Plan 1978-80), Culture (2nd Five Year Plan 1980-85), Religious Affairs (3rd Five Year Plan 1985-90 and 4th Five Year Plan 1990-1995). Only the latest and 5th Five Year Plan deals exclusively with education in one chapter.

The 1st Five Year Plan recognised the social and private benefits of female education, it overlooks the national/overall benefits, recognised by Begum Rokeya way back in the early 20th century.

Tucked under the chapter on manpower the assumption behind advancement of female education is the importance of educated mothers on healthy development of manpower for the nation. Rokeya emphasized the role of education of women for their capacity enhancement in home management, child care, nutrition and health. In Rokeya's time it was essential and she used its propagation as a strategy to draw women in the educational arena. Today women's roles have expanded to income earning activities in competition with men and other women. In this context women need to be educated in mainstream subjects central to nation and state.

Religious education as proposed for expansion of madrassa enters the macro plans under the Two Year Plan. The 2nd Five Year Plan proposes strategies to increase enrolment of girls. This is in the light of the fact that enrolment and dropout rates of girls were prominent. However, it needed to be assessed why girls' enrolment rate was low and why they were dropouts at early levels.

The 3rd Five Year Plan highlights madrassa education proposing introduction of science as a subject in madrassas. The attempt to give equivalence to religious education with the mainstream secular system is introduced from this period. Female education is mentioned with the proposal to increase enrolment again in this plan. The impacts of the attention of policy plans on expansive madrassa education is reflected in the data provided in the 4th Five Year Plan (see table).

Table: A Profile of Madrassa Education

Type	**Number of Institutions**		**Enrolment**	
	1985	1990	1985	1990
Ibtedayi	14.169	15.200	1.533.800	1.980.000
Dakhil	2.156	4.306	332.566	615.358
Alim	615	760	123.726	157.410
Fazil	601	716	155.333	183.516
Kamil	67	91	27.301	40.712

(Government of Bangladesh 1990)

At the same time madrassa education was proposed to be developed into maters level under the Madrassa Education Board. The levels in the madrassa systems are Ibtedayi (equivalent to the primary level) Dakhil (secondary), Alim (Higher secondary), Fazil (Degree) and Kamil (Masters).

The 5th Five Year Plan provides enhanced importance to education of women although the 'need' for mainstreaming madrassa (religion) education is also stressed. By the arrival of the 5th Five Year Plan period other developments had taken place with regard to female education in the country. One important development is the non-formal education of children and adults, initiated by NGOs and by the governments programmes as well.

Two important National Education Reform Commissions (1974 and 1988) had reported and recommended for improvement of education in the country. The 1974 Report generally considered to be comprehensive and progressive dealt with overall backwardness of female education and suggested attention for issues specific to women's situation, such as problems of schools at distance, need for female teachers etc. The present government is proposing to implement the recommendation of this report which was shelved so long. The 1988 Report however, dealt elaborately with madrassa education, recommending measures for streamlining the system. The period of this Commission coincided with the 3rd Five Year Plan, when the formal Islamisation of the State occurred.

This brief analysis of the status of education in general and female education in particular in the main national policy documents of the country project the conceptual basis and biases of the state initiatives. The successive governments' statements (if not commitment) to advance women's education in policy plans has been contradictory to the policies to expand and strengthen religious education which leads to strengthening of traditional ideology of women's roles in society and state.

The realization of this implication of state policies on progress of women, led women activists, women's movement and NGOs to device awareness building programmes and approaches to education suitable to draw in girls and women. Adult literacy and non-formal education have been effective systems to increase the rate of women's participation in education programmes. With the militarisation and Islamisation of the state after the mid seventies, the civil society started to organise against it.

Women's movements realizing the implication of this on women in particular mobilised to protest and act. The women's activists in this period fell back heavily on Rokeya Begum's works for mobilising against the growing trend of state religious fundamentalism and its potential threat to women's advancement. The women's movement added impetus to the civil society mobilisation against the anti-people military regime, which was ultimately toppled and democracy restored in 1991. Since then the state's attention has been drawn to the importance of development of education and the more focussed policies in the 5th Five Year Plan is indicative of this fact.

Following the 1990 World Conference on Education for All (EPA) in Jomtien to the Declaration of which Bangladesh is a signatory, several important developments have taken place at policy level that is positively impacting on female education in particular. Declaration was followed by the enactment of Compulsory Primary Education Act 1990, implementation of the Act all over Bangladesh 1993, creation of a separate Primary and Mass Education Division (PMED) in 1995, and a Directorate of Non-Formal Education (DNFE) in 1995, introduction of Food For Education programme, free distribution of textbooks amongst primary school students, and special emphasis on girls education. Keeping in line with national goals and plans, many non-government organisations (NGOs) also initiated a number of varied activities in the field of education, including primary, basic education and literacy. Following a conference on Universal Primary Education (UPE), the Campaign for Popular Education (CAMPE), a coalition of more than 400 NGOs involved in primary and non-formal organisations, spearheaded an Education Watch Project.

The report of 1999 Education Watch Project of CAMPE indicates that in the last decade – a decade of democratic restoration and resurrection – the cause of female education is moving forward slowly but steadily. The report gives the good news that in their study it is found that over 78% girls and 76% boys are enrolled in primary schools and in 1998 the total dropout rate came down to 27% for girls and 28% for boys. This is sweet indication that efforts to eradicate illiteracy among girls is getting effective and the sapling of education for female emancipation sown by Rokeya Begum a hundred years ago is on its way to full bloom.

References

Akbaruddin: Banglar Itihas. Dacca 1974, p. 18

Begum, Suraiya: Nari Badi Chetanya O Shahittya Korma. In: Guhathakurata, M./Begum S. Nari, Rashtra (ed.): Unnayon O Motadarsha (Bangla) Dhaka: Centre for Social Studies 1990

Chowdhury, A./Mushtaque R./Chowdhury, Rashek K./Nath, Samir Ranjan (eds.): Hope not Complacency. State of Primary Education in Bangladesh. Dhaka: Campaign for Popular Education 1999

Edwardes, M. Raj: The Story of British India. London 1969, pp. 116-142

Government of Bangladesh/Primary and Mass Education Division: Education For All. The Year 2000 Assistant Bangladesh Country Report (for Presentation in World Education Forum in Dakar). Dhaka 1999

Government of Bangladesh: Eighth Amendment of the Constitution of Bangladesh. Dhaka 1988

Government of Bangladesh: Fourth Five Year Plan. Dhaka 1990

Government of Bangladesh: Statistical Yearbook of Bangladesh 1999. Bangladesh Bureau of Statistics. Dhaka 1998

Government of Bangladesh:The Mofizuddin Ahmed Education Commission Report 1988

Government of Bangladesh: The Qudrat-e-Khuda Education Commission Report 1974

Hossain, Rokeya S.: Avarodhbasini. In: Hossain, Rokeya S.: Rokeya Rachanavali: Bangla Academy. Dacca 1973

Hunter, W. W.: The Indian Musalmans. Dacca 1975 (first published London 1871)

Jalauddin, A.K./Mushtaque, A./Chowdhury, R. (eds.): 'Getting Started'. Universaling Quality Primary Education in Bangladesh. U.P.L. Dhaka 1997

Joushan Jahan-Inside Seclusion (ed.): The Avarodhbasini of Rokeya Sakhawat Hossain. Women For Women. Dhaka 1981

Khan, Zarina Rahman: 'Women, Work And Values'. C.S.S. Dhaka 1992

Shafiul Hasan, M./Begum, Rokeya: Shomoy O Shahitya (Bangla). Bangla Academy. Dhaka 1982

Sufi, M.: Hossain/Begum, Rokeya: Jibon O Shahitya. Dhaka 1986

United Nations Development Programme (UNDP): Human Development on South Asia 1999. The Crisis of Governance. Karachi 2000

Rainer Schulte

Dorfinstitute – der Weg der türkischen Landbevölkerung in eine demokratischere Zukunft?[1]

1 Vorbemerkungen

Das *heutige staatliche Schulwesen in der Türkei* ist durch Merkmale wie *Zentralismus* und *Memorierwissen* zu kennzeichnen. Auch in den sozial- und erziehungswissenschaftlichen Fachgebieten an den türkischen Hochschulen ist es eher unüblich, Themen zu erörtern, zu hinterfragen, zu problematisieren. Es wird gelernt, gelernt, gelernt. In den Prüfungen, insbesondere den Abschlussprüfungen an Schulen und Hochschulen, deren Grundlage zentral gestellte standardisierte Tests sind, geht es darum, dieses Wissen zu reproduzieren. Die Höhe der erreichten Punktzahl bei den Schulprüfungen entscheidet dann darüber, welches Fach und an welchem Ort der Prüfling studieren darf. Die persönliche Affinität zu einem Studiengebiet ist weniger ausschlaggebend. Ziel ist es, ein angesehenes Studium abzuschließen, mit dem den Absolventen dann die Arbeitsgesellschaft offen steht. Begründet wird dieser Zentralismus – und das damit einhergehende, auf Auswendiglernen angelegte Bildungsverständnis – mit dem Bestreben Atatürks, die Völker des osmanischen Reiches zu einer Nation zu einigen.

Das war nicht immer so. Zu Lebzeiten Mustafa Kemal Paschas (genannt Atatürk), Ende der 20er Jahre des letzten Jahrhunderts entstand in der Führungselite der Türkei, bei den Kemalisten, die Einsicht in die Notwendigkeit zu einer besseren Ausbildung der Bevölkerung auf dem Lande, um die Agrarproduktion zu erhöhen. Als „die wahren Herren der Türkei“ (Jäschke

[1] Den Zugang zum Thema verdanke ich Prof. Dr. Cengiz Cakir von der landwirtschaftlichen Fakultät der Universität Izmir, der mich in das Genossenschaftswesen der Umgebung von Izmir eingeführt hat und mir dessen Keimzelle, die Dorfinstitute, nahe brachte.

1964, S. 10) wurden von Atatürk die jahrhundertelang unterdrückten Bauern erklärt. Die Rückständigkeit der Türkei gegenüber dem Westen, so die Vorstellungen Atatürks und der Jungtürken, sollte durch *Alphabetisierungsprogramme* und eine *Ausbildung der ländlichen Bevölkerung* für die Landwirtschaft und die ländlichen Handwerke abgebaut werden. Damit sollten Demokratisierungskonzepte aus dem Westen (Dewey, Kerschensteiner) in die ländliche Bevölkerung hineinwirken, wie ja der gesamte Staat und die Gesellschaft nach dem Vorbild des Westens umgebaut werden sollten.

So entstanden Ende der 30er Jahre Ausbildungskonzepte, die man später ‚Köy enstitütleri' (Dorfinstitute) nannte. Die Bezeichnung ‚Institut' sollte diese Einrichtungen gegenüber den traditionell bestehenden Dorfschulen abheben. Im Jahre 1940, dem offiziellen Gründungsjahr dieser Dorfinstitute, gab es bereits 14 in der gesamten Türkei, fünf Jahre später waren es 20. Damit verbinden sich Namen wie Resip Galip und Hasan-Ali Yücel (‚der türkische Pestalozzi'), beide fortschrittlich gesonnene Erziehungsminister dieser Zeit.

2 Das Konzept der Dorfinstitute

In die Dorfinstitute wurden Bauernkinder im Alter zwischen 11 und 18 Jahren aufgenommen, die vorher 3-5 Jahre die Grundschule besucht hatten, also über ein Mindestmaß an sog. einfachen Kulturtechniken verfügten. Nur die intellektuell Tüchtigsten und die körperlich Gesundesten wurden ausgewählt. Sie sollten zu Multiplikatoren für die spätere Bildungsarbeit in den Dörfern ausgebildet werden. Der *Unterricht* verband Theorie (Fachtheorie) und Praxis (Landwirtschaft und Handwerk) im Verhältnis etwa 2:1:1 miteinander. Die praktische Arbeit war nicht nur Anwendung des erlernten Wissens. Vielmehr sollte sie Ausgangspunkt für Fragen an die Theorie sein. Auch war den Schülern mit dem praktischen Tun die Möglichkeit zur Eigenerwirtschaftung ihres Lebensunterhaltes gegeben, denn sie mussten sich selbst ernähren. Der *landwirtschaftliche Unterricht* umfasste die Gebiete Ackerbau, Gartenbau, Viehwirtschaft, Hühnerzucht, Imkerei und Fischerei. Der *handwerkliche Bereich* bezog sich auf die Berufe Schmied, Zimmermann, Maurer und Schneider. Hinzu kam noch die Vermittlung von Grundkenntnissen im Gesundheitsbereich, vor allem ein Erst-Hilfe-Kurs. Nach Tonguç war allerdings „die Hauptsache nicht die Vermittlung von Wissen, sondern die Weckung des Gemeinschaftsgeistes durch Aufzeigen des Arbeitsweges, um Selbstvertrauen zu gewinnen zur Lösung der Probleme unter den wirklichen Lebensbedingungen des Dorfes" (Tonguç; zit. nach Jäschke 1964, 11). Dies bestätigen einige Fotografien aus den 40er Jahren. Es gab Unterricht in Sport, Volksmusik und -tanz (Halk oyunlari). Viele SchülerInnen lernten die Mandoline, die Saz, die Flöte oder das Akkordeon spielen. Das alte Liedgut der Dörfer kam wieder zu Ehren. Alles diente dem Erhalt, der Förderung und der Wiederbelebung der regionalen und nationalen Kultur.

Wichtiges Prinzip für die *Standortwahl* der Institute war es, sie dort zu errichten, wo die Absolventen später ihrer Tätigkeit als Lehrer nachgehen würden. Die Dorfbewohner – so Jäschke – lehnten „fremde Fachleute von Landwirtschaftsschulen oder gar von Verwaltungsbehörden ab. Die aus dem Dorfe stammende und im Dorfinstitut erzogene Jugend (könne) sich dem Bauern leichter verständlich machen“ (Jäschke 1964, S. 11). Ihnen nahmen die Dörfler die Belehrungen ab, „da sie mit modernen Methoden der Bewässerung, Schädlingsbekämpfung usw. den Ernteertrag steigern konnten“ (ebd.).

Aufgabe der Dorfinstitute war es also, zukünftige Dorflehrer auszubilden, die über ein entsprechendes theoretisches Wissen und praktische Kompetenz verfügten, um die wirtschaftliche Entwicklung in den Dörfern voranzutreiben. Hinzu kam aber auch, dass die SchülerInnen Verantwortungs- und Entscheidungsbewusstsein ausbilden sollten, damit sie eigenverantwortlich arbeiten und die Arbeit organisieren und verwalten konnten. Durch ‚freies Lesen‘ sollten sie zu größerer Selbständigkeit in ihrem Handeln angeregt werden.

3 Ausbildungsprinzipien und -methoden

Die meisten der Dorfinstitute wurden *koedukativ* geführt. Dies war eine für die damalige Zeit in der Türkei aufsehenerregende Tatsache und Anlass zur Kritik (‚moralischer Verfall‘). Im ersten Schuljahr arbeiteten die Jugendlichen in allen Berufsfeldern. Im zweiten gab es dann eine Spezialisierung, also Berufe, denen die Jungen (Schmied, Zimmermann, Baumeister), und solche, denen die Mädchen (Schneiderei, Weberei, Handarbeit, Lebensmitteltechnologie) nachgingen. Insofern kann hier von einer strikten beruflichen Trennung beider Geschlechter gesprochen werden. Zu den *Ausbildungsprinzipien* sagte Ismail Hakki Tonguç im Wörterbuch der Erziehung: „Wissen, das nicht praktisch angewandt wird, ist leer und überflüssig. Wenn man die Tätigkeit ausführen kann, so hat man auch das Wissen“ (Tonguç; zit. nach Aktaş 1985, S. 152). Entsprechend mussten die Ausbilder darauf achten, dass die Lehrinhalte und -pläne auf die Interessen und die Vorstellungswelt der dörflichen Jugend Bezug nahmen. Deshalb sollten die Themen des Unterrichts immer im Zusammenhang mit ihrem Gebrauchswert vermittelt werden. Bis 1943 stellte jedes Dorfinstitut sein eigenes Lehrprogramm auf. Es nahm Rücksicht auf das allgemeine, praktische und theoretische Wissensniveau der Jugendlichen, auf die verfügbaren Arbeitsgeräte vor Ort und das vorhandene Wissen der Ausbilder. Im Jahre 1943 wurde vom Erziehungsministerium in Ankara dann ein Lehrplan für die Dorfinstitute verbindlich, der als Rahmenplan zu verstehen war. Dabei waren die *didaktischen Prinzipien*: vom Leichten zum Schwierigen, vom Beispiel zum Prinzip, vom Nahen zum Fernen, vom Bekannten zum Unbekannten, vom Konkreten zum Abstrakten. Die Ausbilder sollten die Motivation der Schüler im Auge behalten.

Der *Tagesablauf* war etwa folgender:

- Wecken zwischen 5 und 6 Uhr (je nach Jahreszeit)
- 15-30 Minuten Sport/Gymnastik
- ca. eine Stunde Lernen
- Frühstück
- Ab 8 Uhr: Unterricht bzw. praktische Arbeit in der Landwirtschaft oder im Handwerk
- 12 Uhr: Mittagessen/Pause/Musizieren
- 14 Uhr: Nachmittagsunterricht
- 18 Uhr: Abendessen/Zeit zur freien Verfügung/‚freies Lesen' mindestens zwei Stunden mit den Zielen: 1. Üben in der Lesefertigkeit, 2. Üben in der Diskussion des Gelesenen, 3. Bezug zu den Problemen im Dorf zu bekommen.

Die täglichen und wöchentlichen Tätigkeiten wurden von den SchülerInnen abends bzw. am Wochenende gemeinsam mit dem Leiter und den Ausbildern des Instituts besprochen und beschlossen. Diese gemeinsame Beschlussfassung hatte die pädagogische Funktion, dass das gesamte Ausbildungspersonal und die SchülerInnen ein gemeinsames Verantwortungsbewusstsein für das Gelingen der Arbeit entwickelten.

Jede/jeder Jugendliche hatte im Laufe seiner/ihrer Ausbildung ein etwa einmonatiges Praktikum in einer Schule der 8-10 Dörfer seiner Umgebung zu absolvieren. Die Erkenntnisse wurden in einem Bericht zusammengefasst. Darüber hinaus führte jeder Schüler/jede Schülerin an dem zukünftigen Einsatzort eine Untersuchung über die geographischen, sozialen, kulturellen, landwirtschaftlichen, handwerklichen, gesundheitlichen und handelsbezogenen Verhältnisse durch, um sich auf zukünftige Probleme des Arbeitsfeldes einstellen zu können.

Aus allen Prinzipien sprechen deutlich die reformpädagogischen Überlegungen, wie sie in Deutschland, Frankreich und den USA in den 20er und 30er Jahren diskutiert und praktiziert wurden.

4 Die zukünftigen ‚LehrerInnen'

Aktaş weist darauf hin, dass ‚Lehrer' wohl nicht der richtige Begriff für die Absolventen der Dorfinstitute sei. Denn sie unterscheiden sich grundsätzlich in ihrer Ausbildung und ihrer Einstellung von den auf üblichem Wege ausgebildeten und entsandten LehrerInnen des Landes. Als ‚Förderer der Infrastruktur' der Dörfer hatten diese Absolventen Anspruch auf Hilfeleistungen aus dem Dorf in Bezug auf Wohnung, Errichtung von Schulgebäuden, Beschaffung von Trinkwasser usw. Auch Hilfeleistungen vom Staat in Form von Land/Acker, Nutz- und Zugtieren sowie eine gewisse Anzahl von landwirtschaftlichen Geräten waren gesetzlich geregelt.

Die Verbindung zum Dorfinstitut, an dem der Absolvent/die Absolventin ausgebildet wurde, sollte nicht mit der Aufnahme der Lehrertätigkeit im Dorf beendet werden. Vielmehr sollten die Institute bei Problemen, mit denen die Lehrer nicht selbst fertig wurden, Hilfen anbieten.

5 Das Ende der Dorfinstitute

Nach gerade sechs Jahren offizieller Dauer mussten die Dorfinstitute – nach und nach – wieder schließen: Am 17. April 1940 wurden sie per Gesetz (Nr. 3803) ins Leben gerufen. Nach der Parlamentswahl im Jahre 1946, in der der Erziehungsminister Yücel nicht wieder gewählt wurde, setzte eine schleichende Entwertung und Abschaffung der Institute ein, die 1954 dann auch gesetzlich festgeschrieben wurde.

Aktaş teilt die Kritiker in *drei Gruppen* ein:

- Die pragmatischen Opportunisten (die in diesem Zusammenhang nicht von Interesse sind): Es waren Lehrer und Direktoren an Dorfinstituten, die sich ihre Aufstiegsmöglichkeiten erhalten wollten.
- *Die Linken*: Die Dorfinstitute seien ein Alibi, eine schöne Utopie, die niemals Wirklichkeit werden könne, solange nicht die gesellschaftlichen Verhältnisse (z.B. die Agrarreform gegenüber den Großgrundbesitzern, den Ağas) verändert würden.

  D.h. solange keine Bodenreform in Angriff genommen wird, ist eine grundsätzliche Strukturveränderung in den Dörfern nicht möglich. Der gesellschaftspolitische Machtfaktor der herrschenden Ağas wurde vernachlässigt. Schließlich hatten zu dieser Zeit die Großgrundbesitzer die örtlichen Verwaltungsbehörden faktisch unter ihrer Kontrolle. Diese sahen sich deshalb nicht im Stande, die Errichtung der Dorfinstitute zu unterstützen, obwohl sie es laut Gesetz sollten.

- *Die Konservativen*: Hier waren es im wesentlichen zwei Argumentationsstränge:
  - die Koedukation wurde als unmoralisch hingestellt,
  - die „Dorfinstitute wurden als ein Nest des Kommunismus dargestellt, da sie von den Kommunisten errichtet seien und dort kommunistisches Propagandamaterial ausgegeben werde" (Aktaş 1985, S. 161f.). Hier muss angemerkt werden, dass seit den 40er Jahren eine starke antisowjetische Propaganda im Lande Einzug hielt.

  Damit einhergehend: Die Dorfinstitute würden die Religionslosigkeit der Bauern betreiben.

Zu ergänzen ist diese Kritik um einen *weiteren Punkt*, der die Einführung der Dorfinstitute betrifft: Es sind nicht – wie z.B. bei Freire – zunächst Moderatoren in die Dörfer gegangen, um die Probleme der Dörfer zu studieren und um die Motivation der Bewohner zur Mitarbeit zu wecken. Vielmehr sind die Innovationen von oben gekommen, wie viele andere Gesetze zur Änderung des gesellschaftlichen Lebens in der Türkei auch (z.B. Verbot der traditionellen Kopfbedeckung, des Fez; Abschaffung des Religionsunterrichts an öffentlichen Schulen usw.). Die Erfahrungen der Dorfbewohner mit dem osmanischen und dem türkischen Staat waren aber überwiegend negativ: „Durch die fortwährende Unterdrückung in Form von Naturereignissen, Missernten, Überschwemmungen einerseits und staatlicher und lokaler Gewalt andererseits, Kriege, ständige Kontrolle und blutige Niederschlagung von Aufständen" (Aktaş 1985, S. 168) sind die Bewohner misstrauisch gegenüber jeder Hilfe von außerhalb und lethargisch geworden. Die Dorfbewohner standen dem Modell der Dorfinstitute deshalb skeptisch bis ablehnend gegenüber.

6 Die Ansätze der Dorfinstitute im Lichte der heutigen türkischen Gesellschaft

Von den Ansätzen der Dorfinstitute scheint – auf den ersten Blick (siehe die Eingangsbemerkungen über das öffentliche Schulwesen) – in der heutigen Türkei nichts mehr übrig geblieben zu sein. Aber nur, wenn der Betrachter das staatliche öffentliche Schulwesen ins Auge nimmt: Es gibt z.B. in Ankara eine Reihe von Bildungsinitiativen, die ähnlich wie die Dorfinstitute arbeiten, privat organisiert sind, aber staatlich kontrolliert werden (‚Stiftungen') oder aber direkt dem Staat unterstehen. Drei möchte ich kurz vorstellen:

- das Tepecik Gemeinschaftszentrum in Mamak,
- das Straßenkinderprojekt in Ulus und
- das ‚Mother's Trainings Programme' der Gazi-Universität.

Alle drei Projekte arbeiten in Gecekondu-Stadtteilen, also den Slumvierteln von Ankara. Ihre Zielgruppen sind die Familien, ihre Kinder und vor allem die Mütter dort, die i.d.R. aus dem Südosten Anatoliens stammen und seit vielen Jahren bis Jahrzehnten in diesen Stadtteilen wohnen.

6.1 Das Tepecik Gemeinschaftszentrum in Mamak

Das erklärte *Ziel* des Zentrums (Tepecik) ist „die Erhöhung der Anzahl von Jugendlichen und Frauen, die einen Bezug zu ihrem Lebensraum haben, sich damit identifizieren, die Probleme erkennen und in dieser Problematik Verantwortung übernehmen. Mit Hilfe der Regierung, den lokalen Verantwortlichen und der Zivilbevölkerung sollen Lösungen zu den Folgen der Verstädterung und den daraus resultierenden gesellschaftlichen Veränderungen gefunden werden. Unter der Gecekondubevölkerung sollen Gewohnheiten wie Verständnis füreinander, gemeinsam Leben, Produzieren und gegenseitige Unterstützung und Hilfeleistung entwickelt und das Bewusstsein als Siedlungsgemeinschaft gestärkt werden" (Tepecik Gemeinschaftszentrum 1998).[2] Vor allem sollen die Frauen eine angemessene und zeitgemäße Bildung und Perspektiven für eine potentielle Erwerbstätigkeit erhalten.

Zu den Räumlichkeiten des wohnortnahen Zentrums gehören deshalb neben einer kleinen Bibliothek, einem Treffpunkt für Jugendliche, einem Raum für die Betreuung der Hausaufgaben der Kinder auch ein Nähatelier und ein Friseurbetrieb. Für die *Frauen* gibt es neben den Handarbeitskursen professionelle Nähkurse, Lehrgänge zur Erzieherin und Friseurin mit abschließenden Zertifikatsprüfungen. Bei diesen Kursen gibt es die meisten Nachfragen.

---

[2] Trotz der Unterschiede gibt es auch Gemeinsamkeiten zwischen den Familien. Sie alle haben die Binnenmigration auf sich genommen mit der Vorstellung auf einen besseren Lebensstandard in der Hauptstadt. Bei den meisten Familien arbeiten die Männer an den Randbereichen, sofern sie Arbeit finden. Die Frauen arbeiten aufgrund der traditionellen Orientierung nicht außerhalb des Hauses. Statt dessen arbeiten eher die Kinder, indem sie Kleinigkeiten wie ‚Simit' (ein Sesamgebäck) verkaufen oder Schuhe putzen.

Für *Jugendliche* gibt es zusätzlich das sogenannte ‚Lokal' als Aufenthaltsraum, als Treffpunkt zum Kennenlernen, Tee trinken, diskutieren. Es werden auch hier Kurse wie Vorbereitung auf die universitäre Aufnahmeprüfung, Handarbeits-, Kinderpflege- und Friseurinnenkurse angeboten. Mit Ausnahme des ersten dieser Kurse dienen sie der Vorbereitung auf die Rolle als Hausfrau und Mutter sowie der Herstellung der Aussteuer der jungen Frauen.

Zur *Entstehung und Entscheidung über die Themen des Zentrums* schreibt Lale Özgöz in ihrem Bericht: „Als die Idee eines Gemeinschaftszentrums geboren war, sind die GründerInnen in die Gecekondus gegangen und haben versucht, die Bedürfnisse und den Bedarf an Kapazitäten zu ermitteln. Dieses geschah mit dem Konzept der ‚aufsuchenden Bildungswerbung', indem die GründerInnen von Haus zu Haus gegangen sind und die Gecekondufamilien nach ihren persönlichen Wünschen gefragt haben. Ein Erstergebnis dieser Tür-zu-Tür-Umfrage war einmal der Wunsch nach Förderung der Schulkinder, als nächstes der Wunsch nach Näh- und Stickkursen für Mädchen und als drittes nach Verdienstmöglichkeiten für die Frauen. Die Wünsche nach Nähkursen entsprechen den typischen Inhalten von Handarbeitskursen (Näh-, Maschinenstickerei- oder Blumensteckkurse) die durch das Volksbildungsinstitut in den Wintermonaten in Dörfern angeboten werden" (Özgöz 1998, S. 63ff.).

6.2 Das Straßenkinderprojekt in Ulus

Ein weiteres Programm in diesem Zusammenhang ist das städtische bzw. staatliche Straßenkinderprojekt (Çocuk Eğitim e Tedavĭ Merkezi) in Ankara, in dem ein Arzt, ein Psychologe und eine Reihe von SozialarbeiterInnen arbeiten. Es versteht sich als Beratungs- und Unterrichtsstelle für Straßenkinder aus den gegenüberliegenden Gecekondus. Es arbeitet eng mit einer nahegelegenen Anlaufstelle zusammen. Ziel dieses Projektes ist es, die Jugendlichen gegebenenfalls vorübergehend aufzunehmen und sie medizinisch zu versorgen (es sind häufig ‚Schnüffler'). Die beiden Gesprächspartner während eines Interviews[3] legten viel Wert darauf zu betonen, dass vor allem eine Reintegration der Kinder in die Familien ihr oberstes Ziel sei. Da es *das Straßenkind* aber nicht gibt, sondern die Motive und die Formen des Straßenlebens bei den Kindern und Jugendlichen recht unterschiedlich sind, kann dies nur für einen kleinen Teil der Zielgruppe ein wirkliches Ziel sein. Viele der Kinder zögen das – zumindest zeitweise – Leben auf der Straße einem Leben ohne soziale Nähe und Perspektive zuhause vor. Den

[3] Während einer studentischen Studienfahrt am 28. März 2002.

Kindern und Jugendlichen wird im Zentrum auch Unterricht angeboten. In kleinen Gruppen bis hin zum Einzelunterricht wird ihnen Lesen, Schreiben und grundlegende Mathematik beigebracht.

6.3 Das ‚Mother's Trainings Programme' der Gazi-Universität

Auch dieses Programm des Lehrstuhls für Vocational Education, Child Development and Early Childhood Education Department von Prof. Dr. Esra Ömeroglu hat Gecekondu-Familien, insbesondere die Mütter, zur Zielgruppe. Viele dieser Familien haben große Probleme mit der Integration in die türkische Großstadtgesellschaft. Die Jugendlichen wurden z.T. von ihren Familien verstoßen, liefen weg, weil sich niemand um sie kümmerte und sie anfingen zu schnüffeln. Hier setzte das – von UNICEF-Türkei finanzierte – Programm an: Hier wurden Trainingsprogramme mit Studierenden entwickelt, die als Präventionsprogramme zu verstehen sind: Ausgebildete TrainerInnen gehen in die Familien der Gecekondus, studieren ihre Lebenswelt, ihre Probleme und beginnen in den einzelnen Familien mit den Eltern über die Entwicklung ihrer Kinder zu sprechen. Sie zeigen ihnen, welche räumliche Umgebung und Anregung Kinder brauchen, wie man mit Kindern spielt, wie mit gesundheitlichen Zuständen umzugehen ist. Sie bringen die Familien resp. die Mütter regelmäßig in Kontakt miteinander, um gemeinsame Fragen anzusprechen und sie in Hinblick auf die Entwicklung ihrer Kinder aufzuklären. Für die Mütter und Väter gibt es daneben auch Alphabetisierungsangebote. Nicht geklärt werden konnte, wie das örtliche Angebot zustande kam und kommt. Auch ist bisher nicht deutlich geworden, wie die in der Regel an der Mittelschicht orientierten Studentinnen von den Gecekondu-Frauen tatsächlich akzeptiert werden und wie das Programm angenommen wird. Eine Evaluation steht noch aus. Das Angebot versteht sich als ein Präventionsprogramm, damit das ‚Straßenkinderdasein' bereits im Vorfeld weitgehend verhindert wird.

Allerdings wird auch die Grenze des Programms deutlich: Es ist kein Arbeitsbeschaffungsprogramm für den/die Ernährer der Familie. Und das ist das Hauptproblem der derzeitigen türkischen Gesellschaft. Aber hier gilt, was auch schon gegenüber den linken Kritikern beim Dorfinstitut-Programm geäußert wurde: Es lässt sich nicht das gesamtgesellschaftliche System verändern, auch die einzelnen Subsysteme müssen verändert werden. Ihre Interdependenz muss dabei beachtet werden.

7 Nachbemerkungen

An diesen Beispielen zeigt sich, dass der lebensweltorientierte ganzheitliche Ansatz in der Bildungs- (wie in der Sozial-)arbeit in der türkischen Gesellschaft mit dem Ende der Dorfinstitute nicht gänzlich verloren gegangen ist.

Auch der gemeinwesenbezogene politische Aspekt kommt dabei zum Tragen, wenn er angesichts der staatlichen Kontrolle auch nicht zu dezidiert geäußert werden darf.

Literatur

Aktaş, Yaşar: Das Bildungswesen in der Türkei. Schulen, Universitäten und Dorfinstitute. Berlin 1985

Aktaş, Yaşar: Dorfinstitute in der Türkei: ein Modell für Volksbildung in Entwicklungsländern? In: Afrikanisch-Asiatische Aspekte Nr. 6, Göttingen 1982, S. 3-39

Aktaş, Yaşar: Lernen aus eigener Erfahrung? Alphabetisierungskampagnen in der Türkei. In: Deutsch lernen. Baltmannsweiler 16(1991)1-2, S. 151-169

Çakir, Cengiz: Vortrag über die Dorfinstitute im Rahmen der Türkei-Exkursion am Erziehungswissenschaftlichen Fachbereich der Universität Göttingen 1991 in Izmir. Unveröffentlichtes Manuskript 1991

Jäschke, G.: Die türkischen Dorfinstitute. In: Bustan – österreichische Zeitschrift für Auslandsstudium, (1964)4, S. 10-14

Özel, Mehmet/Kültür Bakanliği – Güzel Sanatlar Genel Müdürlüğü (Ed.): Köy Enstitütleri. Ankara 1941

Özgöz, Lale: Das Tepecik Gemeinschaftszentrum im Gecekondu von Mamak. In: Schulte, Rainer/Masemann, Sandra (Hg.): Reisebericht zur Türkei-Exkursion 1998. (MS-Druck) Hannover 1998

Regierungspräsident Istanbul (Maarif Vekili) (Ed.): Köy Enstitütleri Bd. 1. Istanbul 1941

Tepecik Gemeinschaftszentrum (Hg.): „Gelin..., görüm..., katilin..." – Informationsbroschüre des Zentrums Stand: 1998. Ankara 1998

Ulrich Klemm

Tolstois Bauernschule von Jasnaja Poljana. Reformpädagogische Offerte an das 20. Jahrhundert

1 Das ‚Phänomen' Tolstoi

Zusammen mit Shakespeare, Rousseau und Dante gilt Tolstoi als einer der herausragendsten Schriftsteller des letzten Jahrtausends. Es gibt wohl kaum einen Autor, über dessen Leben und Werk so viel und so intensiv geschrieben wurde wie über Tolstoi.[1] Dieses bis heute scheinbar ungebrochene internationale Interesse an Tolstoi[2] spiegelt sich auch in der Verbreitung seiner Werke. Anlässlich des 150. Geburtstages Tolstois 1978 veröffentlichte die Zeitschrift *Sowjetunion Heute* die Zahl von 200 Millionen Exemplaren, die allein in der Sowjetunion seit 1919 gedruckt und in 98 Sprachen der Völker der Sowjetunion übersetzt wurden. Dabei wurde nur sein Roman *Krieg und Frieden* bis zu diesem Zeitpunkt in Russland in

---

1 Erwähnt werden sollen hier nur beispielhaft wenige deutsche Übersetzungen namhafter internationaler Biographen: Die Biographie des französischen Literaturnobelpreisträgers Romain Rolland, die erstmals in Frankreich 1921 (Paris) erschien und seit 1922 in einer deutschen Übersetzung in zahlreichen Ausgaben bis heute (1994) mit einer geschätzten deutschen Gesamtauflage von weit über 100.000 Exemplaren vorliegt. Ein weiteres Beispiel ist die über 700 Seiten umfassende Biographie des russischen Literaturwissenschaftlers Viktor Schklowski, die erstmals in der Sowjetunion 1963 erschien und seit 1980 in mehreren west- und ostdeutschen Ausgaben publiziert wurde. Zu erwähnen ist auch die umfangreiche Biographie des Franzosen Henri Troyat, die ebenfalls in verschiedenen deutschen Ausgaben (Troyat 1966; 1977) verlegt wurde.

2 Die deutsche Tolstoi-Rezeption war bis 1933 sehr umfangreich und intensiv und geht in der BRD nach 1945 deutlich zurück. Zu einem der wichtigsten deutschen Rezensenten zählt Raphael Löwenfeld, der bereits 1892 (Löwenfeld 1892) eine erste Biographie schrieb und die bis heute umfangreichste Tolstoi-Gesamtausgabe in deutscher Sprache in 33 Bänden 1901-1911 herausgegeben hat (Tolstoi 1901-1911). Zur deutschen Rezeption vgl. Sandfuchs 1995 und die von der Deutschen Bücherei in Leipzig erstellte Auswahlbibliographie anläßlich des 50. Todestages von Tolstoi (Deutsche Bücherei 1958).

einer Auflage von 13,8 Millionen Exemplaren veröffentlicht (vgl. Sowjetunion Heute 1978, S. 11). Damit zählt Tolstoi nicht nur zu einem der bedeutendsten Schriftsteller weltweit, sondern auch zu einem der auflagenstärksten und – nach Angaben der UNESCO – zu einem der am meisten übersetzten Autoren. Verstärkt wurde diese internationale Publizität u.a. auch durch seinen Verzicht auf die Urheberrechte an seinen Schriften ab 1891, der zu einer Fülle von Parallelübersetzungen und Parallelauflagen aus unterschiedlichen Verlagen führte.

Neben dieser intensiven literarischen Würdigung und Bedeutung Tolstois, steht er auch als eine moralische Legende und Institution in der Ideen- und Geistesgeschichte der Neuzeit und prägt die Vorstellung von Gewaltfreiheit als politische Strategie im 19. und 20. Jahrhundert. Wir müssen hier Leo Tolstoi, Mahatma Gandhi und Martin Luther King in einer Linie sehen, die im 20. Jahrhundert für die Theorie und Praxis der Gewaltfreiheit als gesellschaftliches Grundprinzip eine herausragende Rolle spielen. Tolstoi ist in diesem Sinne bis heute eine Ikone der Friedensbewegung und steht historisch am Anfang einer internationalen Bewegung. Dieser Aspekt von Tolstois Wirken und Publizistik wird vor allem in der ersten Hälfte des 20. Jahrhunderts intensiv diskutiert und führt zu einer ausgeprägten internationalen Tolstoibewegung (vgl. Bulgakoff 1928; Hardy 1979; Jochheim 1977). Tolstoi wird in diesem Kontext bis heute als ein christlicher und gewaltfreier Anarchist definiert (Klemm 1993; Sandfuchs 1995; Woodcock 1987) und wurde bereits zu Lebzeiten von Zeitgenossen als solcher auch in die Ideengeschichte des modernen Anarchismus eingeordnet (z.B. Eltzbacher 1900; Zoccoli 1909).

In diesen gesellschaftlich-politischen Zusammenhang seines Wirkens und Werkes müssen auch Tolstois pädagogische Aktivitäten eingeordnet werden, die vor allem vor seinem religiösen Wandel und seiner religiösen Krise in den 1880er Jahren und vor seiner Hauptphase des literarischen Schaffens mit den Romanen und Erzählungen wie *Krieg und Frieden* (1864-1869), *Anna Karenina* (1875-1877) oder der *Kreuzersonate* (1889) für einige Jahre seinen Alltag prägten.

Bei der folgenden biographischen Auflistung wird darauf verzichtet, Entstehungs- und Erscheinungsjahre seiner Werke aufzunehmen. Dafür und zur Vertiefung biographischer Aspekte seien aus der Vielzahl von Titeln vor allem zwei empfohlen, die außerordentlich materialreich in das Leben und das Werk einführen: Tagebücher 1847-1910 (Tolstoi 1978) sowie zu autobiographischen Memoiren, Briefen und biographischem Material Birukof 1906 und 1909 (zwei Bände der vierbändigen Ausgabe liegen nicht in deutscher Sprache vor).

Leo N. Tolstoi	
28.8.1828:	Geburt als Graf Nikolajewitsch Tolstoi in Jasnaja Poljana (Tula).
1844:	Aufnahme eines Studiums der Orientalistik und Jura an der Universität Kasan; exmatrikuliert sich aber bereits nach zwei Jahren wieder ohne Abschluss.
1849:	Leben auf dem Gut seiner Eltern, die früh starben (1830 seine Mutter und 1837 sein Vater); Bemühung um Reformen in seinen Ländereien; Gründung einer ersten Bauernschule.
1852:	Teilnahme am Kaukasus-Feldzug und Krim-Krieg.
1857:	Erste Auslandsreise nach Westeuropa.
1859:	Beginn pädagogischer Tätigkeit; Gründung einer Bauernschule antiautoritärer Prägung (1859-1862); Herausgabe einer pädagogischen Zeitschrift (1862-1863); zweite, neunmonatige Auslandsreise (1860-1861), während der er sich intensiv mit dem westeuropäischen Bildungssystem (insbesondere in Frankreich, England und Deutschland) auseinandersetzt; nach der Rückkehr (1861) Gründung zwölf weiterer Schulen.
1863:	Hausdurchsuchung und Verwüstung seiner Schule; Ende der ersten pädagogischen Periode.
1872:	Erscheinen der Fibel ‚Das Alphabet'; zusammen mit seiner Familie (Heirat 1862) Eröffnung einer dritten Bauernschule.
1874:	Bericht über seine pädagogischen Reformbestrebungen beim Moskauer ‚Komitee für Volksbildung'; Aufsatz ‚Über die Volksbildung' im Septemberheft der ‚Vaterländischen Annalen'.
1879:	Beginn der ‚religiösen Krise'; Entwicklung vom Romanschriftsteller zum leidenschaftlichen Propheten für Freiheit und Gewaltlosigkeit.
1882:	Publikation seiner programmatischen Schrift ‚Was sollen wir denn tun?' sowie des Traktates ‚Meine Beichte', mit denen er seinen Anarchismus dokumentiert.
1884:	Gründung des Verlages ‚Posrednik' (Der Mittler) zusammen mit Tschertkow mit dem Ziel, billige Volksbücher in großen Auflagen zu verbreiten; er begreift sich als Menschheitserzieher; die Zensur verbietet zahlreiche seiner politisch-religiösen Schriften.
1897:	Sein Freund und Vertrauter Tschertkow geht nach seiner Ausweisung nach England, wo er 1898 den Verlag ‚Swobodnoje Slowo' (Das Freie Wort) gründet. Der Verlag wird zum Zentrum emigrierter ‚Tolstoianer'.
1900:	Publikation libertär-pazifistischer Arbeiten: ‚Patriotismus und Regierung', ‚Du sollst nicht töten', ‚Die Sklaverei unserer Zeit', ‚Wo ist der Ausweg?'
1901:	Exkommunikation durch den Heiligen Synod; Verweigerung der Annahme des Nobel-Preises.
1909:	Einladung zum XXVIII. Internationalen Friedenskongress in Stockholm, der jedoch schließlich von der schwedischen Regierung verboten wird. Sein Referat wird weltweit veröffentlicht.
7.11.1910:	Letzter Aufsatz ‚Über den Sozialismus'; Tod auf der Bahnstation Astopowo an einer Lungenentzündung.

Sein pädagogisches Wirken wird damit biographiegeschichtlich seine erste intensive und kontinuierliche Phase einer gesellschaftlichen Auseinandersetzung, die im Zeitraum von 1859-1862 über drei Tätigkeitsfelder verläuft:

- Über Bildungsreisen nach West-Europa zum Kennenlernen der unterschiedlichen Schulsysteme;
- über die Gründung mehrerer Bauernschulen;
- über die Gründung einer pädagogischen Zeitschrift.

Obgleich Tolstoi auch nach 1862 immer wieder pädagogisch und bildungspolitisch aktiv wurde – er gründete in den 1880er Jahren nochmals Schulen und gab eine Grundschulfibel heraus, die eine weite Verbreitung in Russland erlebte –, sind es in erster Linie die Jahre von 1859 bis 1862, die ihn für die Pädagogikgeschichte wertvoll und interessant machen.

2 Der bildungspolitische und -historische Kontext von Tolstois Bauernschule

Tolstois pädagogisches Engagement fällt in jenen Zeitraum Russlands im 19. Jahrhundert, der für wenige Jahre durch eine gesellschaftspolitische Reformstimmung geprägt ist. Nach dem verlorenen Krim-Krieg (1854-1856) setzt 1856 durch Zar Alexander II. eine Reformperiode in Russland ein, die z.B. 1861 zur Befreiung der Bauern aus der Leibeigenschaft und 1864 zur Verabschiedung eines Elementarschulgesetzes führt. Ausgangspunkt staatlicher Reformen ist dabei in erster Linie das Ministerium für Volksaufklärung. Bildungspolitische Kennzeichen dieser Reformphase sind nach Krumbholz (1984, S. 234-235):

- Die Bedeutung der Elementarbildung wird erkannt,
- die Stellung des Volksschullehrers wird aufgewertet,
- das Interesse an Unterrichtsmethoden nimmt zu,
- der Staat übernimmt finanzielle Verantwortung für die Elementarbildung.

Daneben sind es aber auch eine Reihe von Pädagogen, die sich ab Mitte des 19. Jahrhunderts für eine Modernisierung der Pädagogik und des Schulwesens einsetzen und die 1860er Jahre zur „Geburtsstunde einer selbständigen russischen Pädagogik“ (Krumbholz 1982, S. 276) machen[3]. Zu nennen sind

[3] Zur Geschichte der russischen Pädagogik im 19. Jahrhundert vgl. Froese 1956; Krumbholz 1982; Kegel 1991.

in diesem Zusammenhang vor allem Nikolaj Pirogov (1810-1881) mit seinem humanistischen Bildungsbegriff, Konstantin Usinskij (1824-1870) mit einem idealistischen Volksbildungsverständnis, Dimitrij Pisarev (1840-1868), dessen sozialer Bildungsbegriff von Dietrich Kegel (1991) als ‚Anti-Pädagogik' beschrieben wird und schließlich auch Leo Tolstoi als Vertreter einer ‚freiheitlich-individualen' Pädagogik (Froese 1956).

Tolstoi nimmt im Kontext der russischen Pädagogik des 19. Jahrhunderts einen herausragenden Platz ein und bündelt gleichsam in den 1860er Jahren verschiedene Strömungen freiheitlicher Bildungs- und Erziehungsansätze. Er spielt damit nicht nur eine wesentliche Rolle im 19. Jahrhundert, sondern auch bis in die Zeit der Sowjetpädagogik hinein. Beeinflusst und beeindruckt von Tolstoi waren z.B. die Sowjetpädagogin Nadesha Konstantinowna Krupskaja (1869-1939) und der Sowjetpädagoge Stanislaw Teofilowitsch Schazki (1878-1934) (vgl. Anweiler 1964; Baumann 1974; Schazki 1970).

Tolstoi steht mit seinem Wirken am Beginn der reformpädagogischen Bewegung, die nach der Jahrhundertwende ihren Höhepunkt hatte. Die Auffassung, dass die Reformpädagogik vor allem aus einem „Stimulus" der deutschen Kulturkritik (gemeint sind Friedrich Nietzsche, Paul DeLagarde, Julius Langbehn) in den 1880er Jahren hervor gegangen ist (Oelkers 1992, S. 49), kann so nicht aufrecht erhalten werden.

International betrachtet – und hier mit Blick auf Tolstoi – beginnt die Reformpädagogik bereits Mitte des 19. Jahrhunderts aus einer *gesellschaftskritischen* Position heraus. In der klassischen Rezeptionsliteratur zur Reformpädagogik finden sich allerdings, wenn überhaupt, nur wenige und lediglich unsystematische Hinweise auf die Bedeutung Tolstois und die Bedeutung gesellschaftspolitischer Impulse für die Reformpädagogik (z.B. bei Flitner/Kudritzki 1984; Scheibe 1984; Röhrs 1965, 1991; Oelkers 1992). Obgleich Herrmann Röhrs beispielsweise von Tolstoi als „Wegbereiter" und „Pionier" der reformpädagogischen Bewegung (Röhrs 1991, S. 46) spricht, bleibt dies offen und findet keine Begründung.

3 Tolstoi als Wegbereiter reformpädagogischer Schulmodelle im 20. Jahrhundert

1859 gründet Tolstoi auf seinem Gut Jasnaja Poljana zum zweiten Mal eine Bauernschule für seine Leibeigenen. Um hierfür neue Impulse zu bekommen, unternimmt er in jenen Jahren eine Reise, die ihn nach Deutschland, Frankreich, Belgien, England und Italien führt. Er hospitiert in Schulen und

Kindergärten, sucht bekannte Pädagogen auf und hört Vorlesungen an der Berliner Universität.

Die Eindrücke, die er hier vom deutschen und französischen Schulsystem gewinnt, sind für ihn niederschmetternd. Am 29. Juli 1860 schreibt er über seine Eindrücke in Deutschland in sein Tagebuch: „War in der Schule. Entsetzlich. Gebet für König, Prügel, alles auswendig, verängstigte, seelisch verkrüppelte Kinder“ (Tolstoi 1978, Bd. 18, S. 273).

Mit dieser Einstellung kehrt er 1861 nach Russland zurück, gründet eine pädagogische Zeitschrift, die er nach seinem Gut ‚Jasnaja Poljana‘ nennt und die zum Sprachrohr für seine Freiheitspädagogik wird.[4] Gleichzeitig beginnt er zu seiner eigenen Schule auf seinem Gut noch insgesamt 13 weitere zu gründen, in denen nach seinen Vorstellungen unterrichtet wird.

In seiner pädagogischen Zeitschrift setzt er sich explizit und intensiv mit der Grundschuldidaktik und allgemeinen Pädagogik auseinander. In den Aufsätzen aus dem Jahr 1862 ‚Über die Methode des Unterrichts im Lesen und Schreiben‘, ‚Das Projekt eines allgemeinen Plans für die Errichtung von Volksschule‘, ‚Sollen Bauernkinder bei uns schreiben und lesen lernen, oder wir bei ihnen?‘ und ‚Die Schule von Jasnaja Poljana im November und Dezember des Jahres 1862‘ formuliert er seine Schulkritik vom Standpunkt einer ‚freien Erziehungslehre‘ aus.

In diesem Sinne können wir Tolstois Schule von Jasnaja Poljana auch als das vielleicht bedeutendste antiautoritäre Schulexperiment des 19. Jahrhunderts in Europa bezeichnen. Tolstoi wird zum Vorläufer von Alexander S. Neill (Summerhill) und Bertrand Russell (Beacon Hill) und ihren antiautoritären Schulen aus den zwanziger Jahren des 20. Jahrhunderts.

4 Grundbildung für alle und Alphabetisierung

Was Tolstoi von A.S. Neill jedoch trennt, ist, dass er eine Elementarbildung der unteren Bevölkerungsschichten anstrebte. Es geht ihm um die Alphabetisierung und Grundbildung breiter, durch politische und ökonomische Verhältnisse in Abhängigkeit und Unmündigkeit gehaltener Bevölkerungsgruppen. Tolstoi setzt nicht ein hedonistisches, individuelles Glück – wie A.S. Neill – an die Spitze seiner Erziehungsziele, sondern strebt eine ganzheitliche Bildung an, mit Hilfe derer sich die Bauern aus ihrer Unwissenheit und damit aus ihrem Elend befreien können. Er rückt

[4] Die Zeitschrift erschien in zwölf Ausgaben im Zeitraum von Februar 1862 bis Anfang 1863.

mit dieser Intention in die Nähe einer ‚Dritten Welt-Pädagogik' oder ‚Entwicklungspädagogik', wie wir sie im 20. Jahrhundert bei Ivan Illich, Paulo Freire oder Célestin Freinet finden.

Seine antiautoritäre Schule, in der er zeitweise bis zu 70 Jungen, Mädchen (im Alter von 7-10 Jahren) und Erwachsene in drei Klassen unterrichtete, befand sich in einem zweistöckigen Seitenbau seines Gutshofes. Zwölf Unterrichtsfächer wurden angeboten: Lesen, Schreiben, Kalligraphie, Grammatik, Biblische Geschichte, Russische Geschichte, Zeichnen, Singen, Mathematik, Naturwissenschaften, Religion und Geographie. Der Unterricht war frei, d.h. es konnte jeder kommen und gehen, wann er wollte.

Dass diese ‚freie Schulordnung' nicht zu seinem heillosen Durcheinander führte, zeigen die Aufzeichnungen von Wassilij Morosow, einem ehemaligen Schüler Tolstois aus der Zeit 1859-1862: „In der Schule herrschte bei uns ein guter Geist. Wir lernten mit Lust. Aber mit noch größerer Lust lehrte Lew Nikolajewitsch. Sein Eifer war so groß, dass er nicht selten sein Mittagessen vergaß" (Morosow 1919, S. 36).

Darüber hinaus gab es in Tolstois Schule keine Strafen, keine Noten, keine Aufgaben und kein ‚Sitzenbleiben' oder eine sonstige, offizielle Stigmatisierung als ‚Schulversager'. Seine Schule war von der Anlage her eine Arbeitsschule und Ganztagsschule. Die Kinder kamen morgens und gingen oft spät abends erst wieder nach Hause (wobei der Unterricht nach der Feldarbeitszeit und Erntezeit des Jahres stattfand).

Eine wichtige Intention Tolstois ist die Alphabetisierung ‚seiner' Bauern. Er entwickelt hierfür eine ‚freie Grundschuldidaktik', die er der damals vorherrschenden ‚Lautier-Methode'[5] gegenüberstellt.

Das Prinzip der freien Wahl der Methode durch den Schüler wendet Tolstoi auch auf das Lesenlernen an und hat damit Ergebnisse, die heute bestätigt werden können. W. Morosow schreibt in seinen Erinnerungen: „Drei Monate waren noch nicht vergangen, und unsere Sache gedieh vortrefflich. In dieser Zeit hatten wir schon fleißig lesen gelernt [...]" (Morosow 1919, S. 21).

Tolstoi gibt bei seinen Alphabetisierungsmaßnahmen bald das strukturierte und mechanische Lesen – d.h. Lehrer und Schüler lösen sich beim Lesen ab – auf und kommt zu der Einsicht, dass es wesentlich vorteilhafter für das Lesenlernen ist, wenn er es seinen Schülern selbst überlässt, die richtige

[5] Im Gegensatz zur Buchstabiermethode werden hier einzelne Schriftzeichen nur nach ihrem hörbaren Lautwert benannt.

Methode zu finden. Er macht hierbei die Erfahrung, dass die Kinder von selbst, wenn sie ein bestimmtes Niveau des Lesens erreicht haben, fast alle dieselbe weiterführende Methode anwenden. Er erkennt fünf Phasen des Lesenlernens, zu denen alle Kinder nach und nach kommen:

- „das Lesen mit dem Lehrer,
- das Lesen um des Lesens willen,
- das Lesen und Auswendigbehalten,
- das gemeinschaftliche Lesen,
- das Lesen mit dem Versuch, den Inhalt des Gelesenen zu begreifen" (Tolstoi 1960, S. 93).

In diesem Prozess des Lesenlernens kommt dem Lehrer die Aufgabe zu, „dem Schüler die Wahl zwischen allen bekannten und noch unbekannten Methoden zu ermöglichen, die ihm das Lernen leichter machen können" (ebd., S. 94).

Das Ziel des mechanischen Lesens ist für Tolstoi die Kunst, aus Symbolen Wörter und Sätze zu bilden. Die zweite Art des Lesens, die er von der mechanischen unterscheidet, ist das ‚stufenweise Lesen', das die Aufgabe hat, dem Schüler die Kenntnis der Schriftsprache zu vermitteln.

5 Das Ende der Schule

Dass diese erste freiheitlich-antiautoritäre Modellschule nur von 1859 bis 1862 bestand, hatte mehrere Gründe. Einmal wurde Tolstoi beschuldigt, zusammen mit radikalten Revolutionären ein Attentat auf den Zaren zu planen, wobei in diesem Zusammenhang sein Gut und seine Schule durchsucht und verwüstet wurden.[6] Als zweites kam hinzu, dass Tolstoi 1862 Sofia Andrejewna Behrs heiratete, die ihn zur Schließung seiner Schule bewog. Auf einen dritten Grund macht uns W. Morosow in seinen Erinnerungen aufmerksam: „Die Schule wurde in diesem Jahr [1863; U.K.] nicht eröffnet, irgend etwas kam ins Wanken. Die Feldarbeit war zu Ende, die Feldfrucht war eingebracht, die Schule hätte anfangen können; es war aber, als ob ein stiller Streik durchgeführt wurde: Statt der früheren siebzig Schüler hatten sich bloß fünfzehn versammelt" (Morosow 1919, S. 116).

[6] Eine Parallele zu dieser Form der Repression gegen antiautoritäre Reformschulen finden wir bei der spanischen ‚Escuele Moderna' (Barcelona) von Francisco Ferrer (1859-1909), die ebenfalls unter dem Vorwand der Beteiligung von Ferrer an einem Attentat 1909 geschlossen wurde. Ferrer wurde in diesem Zusammenhang zum Tode verurteilt und 1909 hingerichtet (vgl. Ramus 1921).

Morosow erklärt diesen ‚stillen Streik‘ damit, dass die Eltern der Schüler überzeugt waren, dass drei Jahre Schule genügen und dass ihre Söhne und Töchter jetzt genug Bildung hätten.

Als Tolstoi seine Schule schloss, war er 34 Jahre alt und hatte zusammen mit seiner Zeitschrift ‚Jasnaja Poljana‘ einen ersten Meilenstein in Richtung auf ein reformpädagogisches Erziehungs- und Bildungskonzept gelegt, wie es im 20. Jahrhundert international weiterentwickelt wurde. In späteren Jahren setzte er sich ständig mit Fragen der Bildung und Erziehung auseinander, kam aber nie mehr zu einem derartigen Schulexperiment. Ab 1880 lockerte Tolstoi seine Radikalität in pädagogischen Fragen in dem Punkt, dass er nicht mehr so rigide zwischen Bildung (als positivem Aspekt der Pädagogik) und Erziehung (als negativem Aspekt) trennte. Aus dem radikalen Rationalisten der 1860er Jahren wurde ab den 1880er Jahren der leidenschaftliche Moralist.

6 Wider das Herrschaftsverhältnis in Bildung und Erziehung

Wir finden in Tolstoi einen Pädagogen, für den das Freiheitsproblem die zentrale Grundfrage war und der in verschiedenen Lebensphasen Antworten auf Fragen der Bildung und Erziehung vor diesem Hintergrund suchte. Die Auseinandersetzung mit Rousseau wurde für ihn dabei zu einer wichtigen Quelle für die Beschäftigung mit pädagogischen Fragen ab den 1850er Jahren. Was ihn nun insbesondere für eine Ideengeschichte der Reformpädagogik interessant macht, ist sein Verhältnis zu Freiheit und Erfahrung sowie seine Unterscheidung von Bildung und Erziehung. Diese Kategorien pädagogischen Denkens und Handelns wurden von ihm vor allem in den Jahren 1859 bis 1862 theoretisch in seiner pädagogischen Zeitschrift entwickelt. Praktisch erprobte er diesen Ansatz im Rahmen seiner Bauernschule. Wir finden zu diesem Zeitpunkt bei Tolstoi ein pädagogisches Denken vor, das sehr deutlich zwischen Bildung und Erziehung unterscheidet sowie Freiheit und Erfahrung zum Fundament macht. Gleichsam als Credo formuliert er: „Wir wissen, daß unsere Grundüberzeugung darin besteht, daß die einzige Grundlage der Erziehung die Erfahrung und ihr einziges Kriterium die Freiheit ist“ (Tolstoi 1960, S. 27).

Vor diesem Hintergrund definierte er Bildung als ein freiheitliches Generationenverhältnis, d.h. als eine Lehrer-Zögling Beziehung, die durch die Freiheit des Lernenden bestimmt und definiert ist und bei der der Lehrer in erster Linie zum Partner und Helfer wird. Bildung selbst hat für Tolstoi kein Endziel und ist ein Prozess der Selbstbestimmung und Verantwortung des Lernwilligen.

Für eine Geschichte der Reformpädagogik ist bezüglich Tolstoi festzuhalten, dass es ihm nicht nur um die Trennung von Bildung und Erziehung geht. Es ist vor allem auch der Zusammenhang von Bildung, Freiheit und Erfahrung, den er als eine Einheit versteht und der von ihm im Zeitraum von 1859 bis 1862 in seiner Schule umgesetzt wurde. Tolstoi wurde hier zum Mentor einer libertären Reformpädagogik, dessen Spuren wir bis in die Gegenwart hinein verfolgen können, z.B. mit der ‚First Street School' von George Dennison in New York 1964-65 (Dennison 1971). Er propagierte eine freie Schulordnung, die zum Maßstab für ein freiheitliches Lernen in Institutionen wurde und drei Leitideen miteinander verband:

- Bildung statt Erziehung,
- Freiheit statt Zwang,
- Erfahrung statt Dogma.

Obgleich einerseits Tolstoi zu Recht als Wegbereiter der Reformpädagogik andiskutiert wird, findet andererseits bis heute in der deutschen Pädagogik und Erziehungswissenschaft keine diesbezügliche Auseinandersetzung statt. Hier fehlt der deutschen Rezeption ein interkultureller und vergleichender Blick. Dieser Aufsatz ist der Versuch, eine ernsthafte Diskussion über Tolstois Rolle in der Reformpädagogik anzuregen.

Literatur

Anweiler, Oskar: Geschichte der Schule und Pädagogik in Rußland vom Ende des Zarenreiches bis zum Beginn der Stalin-Ära. Berlin 1964

Baumann, Ulrich: Krupskaja zwischen Bildungstheorie und Revolution. Weinheim etc. 1974

Birukof, Paul (Hg.): Leo N. Tolstoi – Biographie und Memoiren. I. Band: Kindheit und frühes Mannesalter. Wien und Leipzig 1906; II. Band: Reifes Mannesalter. Wien etc. 1909

Bulgakoff, Valentin: Leo Tolstoj und die Schicksale des russischen Antimilitarismus. In: Fritz Kohler (Hg.): Gewalt und Gewaltlosigkeit. Handbuch des aktiven Pazifismus. Zürich 1928, S. 233-244

Dennison, George: Lernen in Freiheit. Aus der Praxis der First Street School. Frankfurt/M. 1971 (engl. 1969)

Deutsche Bücherei: L.N. Tolstoj. Bibliographie der deutschsprachigen Übersetzungen und der seit 1945 in Deutschland, Österreich und der Schweiz in deutscher Sprache erschienenen Werke. Leipzig 1958

Eltzbacher, Paul: Der Anarchismus. Berlin 1900

Flitner, Wilhelm/Kudritzki, Gerhard (Hg.): Die deutsche Reformpädagogik. Band I: Die Pioniere der pädagogischen Bewegung. Stuttgart 1984[4]

Froese, Leonhard: Ideengeschichtliche Triebkräfte der russischen und sowjetischen Pädagogik. Heidelberg 1956

Hardy, David: Alternative Communities in Nineteenth Century England. London 1979

Jochheim, Gernot: Antimilitaristische Aktionstheorie. Frankfurt/M. 1973

Kegel, Dietrich: Das Ethos der russischen Pädagogik. Studien zum Erziehungsbegriff in Rußland seit Pirogov. Sankt Augustin 1991

Kjetsaa, Geir: Lew Tolstoi. Dichter und Religionsphilosoph. Gernsbach 2001 (erstmals Oslo 1999)

Klemm, Ulrich: Der Anarchismus der Bergpredigt. Leo Tolstois revolutionäres Vermächtnis. In: Wolfram Beyer (Hg.): Anarchisten. Berlin 1993, S. 57-72

Krumbholz, Joachim: Die Elementarbildung in Rußland bis zum Jahre 1864. Wiesbaden 1982

Löwenfeld, Raphael: Leo N. Tolstoj. Sein Leben, seine Werke, seine Weltanschauung. 1. Teil. Berlin 1892

Morosow, Wassilij: Erinnerungen eines Jassnopoljaner Schülers an Leo Tolstoi. Basel 1919

Ramus, Pierre: Francisco Ferrer. Sein Leben und sein Werk. Wien 1921

Röhrs, Herrmann (Hg.): Die Reformpädagogik des Auslands. Düsseldorf etc. 1965

Röhrs, Herrmann: Die Reformpädagogik. Ursprung und Verlauf unter internationalem Aspekt. Weinheim 1991[3]

Rolland, Romain: Das Leben Tolstois. Zürich 1994; erstmals dt. Frankfurt/M. 1922, 1927, 1930.; Basel 1949; Berlin 1950, 1951, 1967 (erweiterte Neuübersetzung) (erstmals Paris 1921)

Sandfuchs, Wolfgang: Dichter – Moralist – Anarchist. Die deutsche Tolstojkritik 1880-1900. Stuttgart 1995

Schazki, Stanislaw T.: Ausgewählte pädagogische Schriften. Berlin 1970

Scheibe, Wolfgang: Die reformpädagogische Bewegung. Weinheim etc. 1984[9]

Schklowski, Viktor: Leo Tolstoi. Eine Biographie. Frankfurt/M. 1984 (erstmals dt. Berlin 1980; Wien 1981; erstmals Moskau 1963)

Sowjetunion Heute, 23(1978)9

Tolstoj, Leo N.: Ausgewählte pädagogische Schriften. Besorgt von Theodor Rutt. Paderborn 1960

Tolstoj, Leo N.: Sämtliche Werke. Serie I: Bd. 1-12 (sozialethische Schriften); Serie II: Bd. 1-2 (theologische Schriften); Serie III: Bd. 1-19 (dichterische Schriften). Ausgabe von Raphael Löwenfeld. Jena 1901-1911; Neuausgabe in 35 Bde. Jena 1910-1912

Tolstoi, Lew: Tagebücher. 3 Bde (hg. v. Eberhard Dieckmann und Gerhard Dudek). Gesammelte Werke in 20 Bänden, Bd. 18/19/20. Berlin 1978

Troyat, Henri: Tolstoi. Düsseldorf 1966; München 1977

Woodcock, George: Leo Tolstoi – Ein gewaltfreier Anarchist. Ulm 1987

Zoccoli, Hector: Die Anarchie – Ihre Verkünder – Ihre Ideen – Ihre Taten. Leipzig etc. 1909

Roland Narr

Célestin Freinet

1 Vorbemerkungen

Freinet muss in Deutschland nicht vorgestellt werden, er ist vorgestellt: Vielleicht wird sein Name am meisten mit der Schuldruckerei verbunden. Geht es um die Selbstorganisation der Klasse, wird wohl die Institution des ‚Klassenrates' genannt. Weiß man etwas von Lehrerkooperativen, ist man schon fast ein Eingeweihter. In wie vielen Klassenzimmern der Grundschule sind quer durch den Raum Schnüre gespannt, an denen Zeichnungen trocknen oder Buchstaben hängen, ohne dass Leinenspannern bekannt ist, dass diese naheliegende Idee der Verwahrung wohl doch auf Freinet zurückgeht. Ist damit der französische Reformpädagoge Célestin Freinet (1896-1966) hinlänglich bekannt? Wohl kaum. Und auch am Ende dieses Artikels wird er nicht bekannt sein, denn kennen wird man Freinet erst, wenn man als Erwachsener in Kooperation mit anderen ‚tastende Versuche' unternommen hat, wenn man Kinder in ihren ‚tastenden Versuchen' unterstützt hat, wenn man beobachtet hat, wie sie die Welt erobern und dabei stark werden.

2 Gründe für die Beschäftigung mit Freinet

Muss man sich mit Freinet beschäftigen? Es gibt gute Gründe, dies nicht zu tun, denn die Inhalte seiner Botschaft sind nicht nur bei anderen Reformpädagogen klassischer und neuer Art zu finden, sondern sie sind durchaus mindestens als Fahnenworte in Rahmenrichtlinien und ministeriellen Erlassen aufgesteckt. Wenn man sich für ihn interessieren sollte, dann besonders seines Beispiels wegen, das anregt, das Mut macht und mitreißt. Es gibt für mich mindestens fünf Gründe, die dafür sprechen, sich mit ihm zu beschäftigen: eine politisch klare Position, ein nachvollziehbarer theoretischer Ansatz, durchdachte und in sich stimmige pädagogische Handlungskonzepte, das Prinzip der Offenheit und besonders das Beispiel des praktischen Theoretikers oder theoretisch fundierten Praktikers. Alle fünf Gründe spiegeln sich in seiner Biografie wider. Es mag daher sinnvoll sein, sich seinem Denken und Wirken über seine Person zu nähern.

Célestin Freinet	
15.10.1886:	Geburt in dem kleinen Dorf Gars in Südfrankreich als Sohn eines Kleinbauern; Besuch der Dorfschule mit der Empfehlung, sich zum Lehrer ausbilden zu lassen.
1915:	Unterbrechung der Ausbildung zum Lehrer durch den 1. Weltkrieg.
1916:	Kriegsverletzung (Lungenschuss) und Aufenthalt in Sanatorien.
1920-1929:	Trotz starker körperlicher Beeinträchtigung Beginn der Tätigkeit als Lehrer; Selbststudium besonders auch reformpädagogischer Schriften – Organisation einer Genossenschaft von Kleinbauern und Pächtern; Studienreisen u.a. nach Deutschland und in die Sowjet-Union; Gründung einer Lehrerkooperative und Produktionsgenossenschaft (Pädagogische Organe/Arbeitsmittel/nationaler und internationaler Austausch, der zu seinen Lebzeiten anhält und sich bis heute ausweitet).
1929-1932:	Lehrer in St. Paul de Vence zusammen mit Elise Freinet, die in der theoretischen Ausarbeitung und der praktischen Umsetzung seine Werke mit- und weiterträgt; Schulkampf zwischen Reformern und Reformgegnern, der über Frankreich hinauswirkt, endet mit der Entlassung aus dem staatlichen Schuldienst.
1935-1945:	Offizielle Eröffnung einer Privatschule in Vence nur wenige Kilometer von St. Paul entfernt (Aufnahme von Emigrantenkindern aus Spanien und Deutschland). Leben zwischen Résistance gegen die deutsche Besetzung und Internierung durch das nationalsozialistisch orientierte Vichy-Regime; Arbeit an der theoretischen Begründung seiner Pädagogik.
1947:	Wiedereröffnung der privaten Schule.
1964:	Offizielle Anerkennung der Schule als experimentelle Grundschule.
8.10.1966:	Tod in Vence und Beisetzung in seinem Geburtsort Gars.

Freinet wird in eine Welt hineingeboren, in der der Kampf um das tägliche Brot erfordert, dass auch schon Kinder ihren Beitrag zum Überleben leisten. Das Kind trägt mit den Erwachsenen zusammen Verantwortung, es arbeitet und kann stolz auf seine Arbeit sein. In verschiedensten Varianten wird Freinet in seinen theoretischen Schriften das Bild des Kindes zeichnen, das sich tätig mit seiner Umwelt auseinandersetzt, das im weiten Verstande arbeitet. In der Arbeit schafft es seine Lebensgrundlage und baut sich damit selbst auf.

Freinet wird in eine Welt hineingeboren, wo er schon früh erfährt, was gesellschaftliche Unterdrückung und Ausbeutung bedeutet. Diese erfährt er in der Welt der Kleinbauern und Pächter. Dies erfährt er auch in der Schule, die für viele der Kinder nicht ein Ort der Ermöglichung, sondern ein Ort der Entwertung ihrer Fähigkeiten und des Misserfolges ist.

Die fundamentale Erfahrung des Kindes wird in mehrfacher Weise zum lebenslangen Antrieb: Klärung der bestehenden Verhältnisse und Organisation des Widerstandes bzw. Entwickeln einer theoretisch fundierten Alternative.

3 Theorieelemente der Freinetschen Pädagogik

Freinet macht sich mit der wissenschaftlichen Literatur seiner Zeit vertraut, hält ihre Ansätze aber insgesamt für wenig hilfreich, um Wege zu zeigen, wie eine ‚Schule des Volkes' zu konzipieren sei. Wer Schulforschung macht und dabei von den Handlungsweisen von Kindern ausgeht, wie sie in der herkömmlichen Lehrschule beobachtbar sind, muss zu Empfehlungen kommen, die wenig geeignet sind, das in der Natur des Kindes angelegte Lernen zu fördern. Wer über Motivierung nachdenkt, hat schon den Schüler als Objekt vor sich, anstatt ihn als Agenten seines Lernens zu begreifen. Es gilt daher, freigesetzte Kinder zu beobachten, ihren Lernwegen, ihren ‚tastenden Versuchen' in eigenen Versuchen nachzuspüren und daraus Schlussfolgerungen für die schulische Arbeit zu ziehen. Das teilnehmende Beobachten einzelner Kinder über Jahre führt zu allgemeinen Einsichten. Es ist aber nötig, so Freinet, sich immer bewusst zu bleiben, dass jedes Kind ein besonderes Wesen ist. Der ‚tastende Versuch' bleibt dem entsprechend nie endende Maxime des pädagogischen Forschens und Handelns.

Zur Selbstvergewisserung, aber auch in didaktischer Absicht, versucht Freinet in seinen Schriften das Sehen seiner Leser zu schärfen: Was passiert, wenn eine Quelle entspringt? Was passiert, wenn ein Samen aufplatzt? Was passiert, wenn eine Katze geboren wird? Was passiert, wenn ein Kind die Mutterbrust sucht, zu greifen und zu gehen lernt, die ersten Laute von sich gibt?

Immer neu vergegenwärtigt sich Freinet die Dynamik des Lebens. Ob beim Wildbach, dem Keim, dem Jungtier oder dem Kind – alles Größerwerden ist durch ‚tastende Versuche' bestimmt. Ist die Suchbewegung erfolgreich, wird sie fortgesetzt, das Handeln wird geübt und vervollkommnet. Trifft es auf Widerstand, werden die Suchbewegungen ausgeweitet, Fehlversuche abgebrochen, neu angesetzt, bis es zum erfolgreichen Durchbruch kommt. Dieser genuin biologische Ansatz wird dann ins Gesellschaftliche ausgeweitet, wenn es darum geht, das Wachsen und Starkwerden von Kindern nachzuvollziehen. Zunächst kommt das umgebende Milieu und dann die Schule in den Blick. Wenn Freinet seine jahrelangen Forschungen des Lesens, Schreibens, Zeichnens vorstellt, macht er immer wieder deutlich, wie sehr es darauf ankommt, dass erfolgreiches Handeln sozial bestätigt wird, dass gleichaltrige und ältere Vorbilder vorhanden sind, dass akkumuliertes Wissen z.B. in der Literatur, auf Tonträgern oder Bildern zugänglich ist.

Die zentrale Kritik Freinets an der Schule ist, dass sie den mit der Dynamik des Lebens gegebenen Lern- und Wachstumsprozess der Kinder nicht fördert, sondern bricht. Aus dem ‚Strom des Lebens' werden aus lebendigen, neugierigen, experimentierfreudigen Kindern Schüler, die in einem Wartesaal zusammengepfercht werden, um dort vom Lehrer nach wissenschaftlich ausgeklügelter Methode Schritt für Schritt Wissen zu erwerben, das mit ihrem Leben wenig zu tun hat. Starke Kinder lassen sich auch durch die Schule am Lernen nicht hindern, schwächere aber scheitern an ihr.

Während sich Kinder aus bürgerlichen Familien, so könnte man im Sinne der Freinetschen Parteilichkeit für die ‚Kinder des Volkes' sagen, noch am ehesten in der (bürgerlichen) Schule wiederfinden können, bringen die Kinder der Bauern, Pächter und Arbeiter weniger günstige Voraussetzungen mit, um in der Schule erfolgreich zu sein. Ihr Können und ihr Interesse wird in der Schule kaum gefragt. Es kommt in den Lektionen der Schulbücher nicht vor. Sind diese Kinder aber im herrschenden System nur mäßig erfolgreich, so wird ihnen dieser Erfolg, ihr persönlicher Lerngewinn, auch noch dadurch vermiest, dass sie durch ein selektives, vergleichendes Notensystem zusätzlich geschädigt werden. Sie werden zu Verlierern.

4 Bestimmungsmomente einer ‚Schule des Volkes'

Wie muss eine Schule sein, die eine ‚Schule des Volkes' ist, in der Kinder heranwachsen, die fähig und bereit sind, die ‚Zukunft des Volkes' verantwortlich in Angriff zu nehmen?

Sie muss eine Schule des Erfolgs sein.

Sie muss eine Schule der tastenden Versuche sein.

Sie muss eine Schule der Arbeit sein.

Sie muss eine Schule der Verantwortung sein.

4.1 Erfolg

Erfolgreich lernen, ‚Macht gewinnen', wie Freinet auch sagt, kann man dann, wenn man auf die vorausgehenden Erfolge aufbauen kann. Ein Kind, das sich freut, wenn es zum ersten Mal steht, bedarf der Mitfreude seiner Umgebung. Diese ermuntert es, weitere Versuche zu machen. Es entwickelt seine Technik des Aufstehens, übt das Gleichgewicht zu halten, und bekommt nun die Hände frei, um auf neue Abenteuer zuzugehen.

Dieses außerschulische Modell des Lernens gilt es auf die Schule zu übertragen. Der Lehrer muss nicht nur die Erfahrungen der Kinder aufnehmen – so wären sie ‚nur' Anknüpfungspunkte für seine Aktivität – er muss den Kindern Raum geben, an ihren Erfahrungen zu arbeiten, neue zu machen und sich an ihnen zu vervollkommnen. Das Kind ist Schöpfer seiner selbst. Die Anklänge an Montessori und Piaget sind nicht zufällig.

Da aber jedes Kind andere Erfahrungen mitbringt, muss jedes Kind Möglichkeiten für den eigenen Arbeitsprozess finden. Die ‚Schule des Erfolgs' muss eine Schule der Gelegenheiten sein. Diese Gelegenheiten müssen vom einzelnen in der Kooperation mit anderen so ergriffen werden können, dass ihr Ergebnis nicht nur den einzelnen ‚Menschen stärkt und die Sachen klärt' (von Hentig), sondern ihn auch in die Verantwortung für die gemeinsame Arbeit einbindet.

4.2 ‚Tastender Versuch'

Das leitende Prinzip des Lernens sind ‚tastende Versuche'. Der Versuch setzt voraus, dass der Schüler ein Interesse habe: er will etwas bauen, er will sich ausdrücken, er will wissen, wie es woanders ist. Er versucht es selbst, er beobachtet, wie es der Mitschüler macht, er fragt den Experten, er fragt den Lehrer und konsultiert sachliche Quellen, er sucht die Sache in der Realität auf. Je komplexer das zu lösende Problem ist, desto vielfältiger wird das Suchen und die Unterstützung von außen. Zentral beim tastenden Versuch ist die eigene Erfahrung. Aber der Schüler, der sich auf den Stand seiner Zeit bringen will, kann nicht alle Erfahrung selbst machen. Es ist nötig, Erfahrungen von anderen zu übernehmen. Erfahrung des anderen wird zur eigenen Erfahrung, wenn durch die eigenen Versuche eine Fragespannung erzeugt ist. Dann kann ich fragen, wie hat der das gelöst, wie ist das Problem in der Literatur beschrieben?

Zum ‚tastenden Versuchen' gehören die Fehlversuche. Das Scheitern darf aber nicht so dramatisch sein, dass es zur Entmutigung führt. Zum ‚tastenden Versuchen' des Lehrers gehört es, dass er herausspürt, wann ein Fehlversuch den Durchhaltewillen stärkt und wann ermutigende Hilfe nötig ist.

4.3 Arbeit

Freinet begreift das Kind über die Arbeit und nicht, wie es romantischer Tradition eigen ist, über das Spiel. Wer sich selbst aufbaut, wer sich Welt aneignet, wer Widerstände überwindet, wer fast unermüdlich übt, wer an den Tätigkeiten der Erwachsenen teilnehmen will, der arbeitet. Freilich sieht auch Freinet Kinder spielen, herumbalgen, Kraft aus Lust und Tollerei ‚sinnlos' vergeuden, aber, so glaubt er sicher zu wissen, vor die Wahl gestellt, eine wichtige Sache voranzubringen oder frei zu spielen, entscheiden sich Kinder nach kurzem Spiel für die ernsthafte Sache, auf die sie nachher stolz sein können. Dies schließt freilich nicht aus, dass manche Tätigkeit von Kindern dem Erwachsenen wie ein Spiel erscheint. Mit den Begriffen Arbeit, Arbeit/Spiel und Spiel/Arbeit versucht er, diese Übergänge zu erfassen. Kern aber bleibt die Haltung dem Kind gegenüber, das in seiner Tätigkeit ernst genommen wird und dem man auch Verantwortung zumutet.

4.4 Verantwortung

Es gibt gute Gründe, bei Freinets Schule eher von einer ‚Schule der Freiheit' als der der ‚Verantwortung' zu sprechen. Folgt man Freinet, so stehen beide Begriffe aber nicht im Widerspruch zu einander, sondern in einem unauflöslichen, ja fruchtbaren Spannungsverhältnis. Wer Schule so anlegt, dass sie ein Ort der Ermöglichung ist, der muss Freiheit gewähren. Doch

Freiheit heißt nicht Beliebigkeit. Vielmehr fordert die freie Wahl der Tätigkeit, wenn sie im kooperativen Zusammenhang geleistet wird, Verbindlichkeit. Diese Verbindlichkeit muss nicht als moralisches Gebot von oben aufgeherrscht werden, sondern, so der Ansatz, sie ergibt sich aus dem Geflecht von Arbeitsvorhaben, von Institutionen und Verpflichtungen nach innen und nach außen, wie sie aus dem Leben der Klasse entstehen.

5 Skizzen schulischen Alltags

Es ist hier nicht der Ort, dieses Geflecht im einzelnen dazustellen. Es geht im Folgenden mehr darum, an einigen szenischen Skizzen zu zeigen, wie Erfolg, ‚tastender Versuch', Arbeit und Verantwortung als strukturelle Momente eines individuellen und kollektiven Lernprozesses wirksam sind.

Es sollen der Montag als Wochenbeginn, der Freitag als Wochenabschluss und der Dienstag als Normaltag als Zeiten der Skizzen gewählt werden. Die szenischen Skizzen sind mögliche Ausprägungen Freinetscher Pädagogik und können, ja müssen in der Umsetzung nach Lage der Dinge und im Einvernehmen der Beteiligten variieren.

5.1 Montag

Am Montag versammeln sich Lehrer und Schüler zu einer Klassenversammlung. In ihr wird auf der Basis der vorausgehenden Arbeit und der eingegangenen Verpflichtungen überlegt, was jeder einzelne und die Klasse insgesamt in der Woche zu tun haben bzw. machen möchten.

In dieser Woche sollen die Antworten an die Korrespondenzklasse abgeschickt werden. Der größere Teil der Schüler hat den Brief für den persönlichen Partner schon fertig, die fehlenden Briefe werden angemahnt. Hilfe eines Mitschülers für einen Säumigen wird zugesagt.

Die Angaben zur Arbeitslosenstatistik, die die Korrespondenzklasse erbeten hat, sind von einer Arbeitsgruppe gesammelt worden. Sie sollen noch graphisch aufbereitet werden. Die Interviews mit Arbeitslosen müssen auch noch ins Reine geschrieben werden. Die Arbeitgruppe übernimmt das, erbittet aber Unterstützung durch eine gute Graphikerin in der Klasse.

Ein Schüler, dessen Sommergedicht für die Klassenzeitung ausgewählt wurde, fragt den ‚Druckmeister', wann ein Drucktermin frei sei. Er findet drei weitere Schüler, die auch Drucken wollen. Das Drucken soll immer zu viert gemacht werden, weil nur so hinreichend sicher ist, dass die Drucke sauber auf die Trockenleine kommen.

Bei einigen Schülern hat sich gezeigt, dass sie große Probleme bei der Groß- und Kleinschreibung haben, sie sollen sich die entsprechende Arbeitskartei vornehmen und sich dann beim Lehrer einen Diktattext holen, den sie sich gegenseitig diktieren und korrigieren können.

Drei Schülerinnen stellen ihren Plan vor, für den Elternabend ein Puppenspiel zu entwickeln und einzuüben. Sie fragen, ob sie die alten Puppen neu ausstaffieren dürfen. Einen Textvorschlag haben sie auch, aber sie werden Hilfe brauchen, bei den Kulissen, der Beleuchtung und der Erzeugung der Geräusche.

Alle Schüler werden daran erinnert, dass in zwei Wochen wieder eine Buchvorstellung sein soll. Sie sollen sich rechtzeitig an die frei gewählte Lektüre machen. Der Lehrer verweist auf die Kriterien für das Vorstellen. Ein Schüler ist bereit, die Kriterien auf ein Plakat zu schreiben, das in der Klasse dann aufgehängt werden soll.

Die Liste zum Abkreuzen der Wochenplanaufgaben wird ausgehängt. Das Plakat für den Klassenrat am Freitag wird vom Diskussionsleiter der Woche angeheftet. Die Formulare mit den Rubriken: ‚Mir hat gefallen', ‚Mir hat nicht gefallen' und ‚Ich schlage vor' sind vorrätig. Alle wissen was sie zu tun haben? An das Werk.

5.2 Dienstag

Die Klasse ist tätig. Im Innenraum der Klasse und in den Arbeitsateliers ‚Schöpferische Tätigkeit', ‚Experimentieren', ‚Wissensstoffe – Dokumente – Arbeitsbibliothek' wird gearbeitet. Die Drucker sind vor der Klasse. Der Lehrer hat zwei Schüler zu sich gerufen, die wieder nicht in die Arbeit finden. Er nimmt sich mit ihnen zusammen eine Aufgabe ihres Planes vor und hält sie so lange bei der Stange, bis er glaubt, sie wenigstens für eine begrenzte, abgestimmte Zeit allein lassen zu können. Nach getaner Arbeit achtet er darauf, dass sie die geleistete Arbeit auf dem Wochenplan ankreuzen.

Ein Schüler beklagt sich bei ihm, dass ein anderer ihn nicht ruhig arbeiten lasse. Der Lehrer ermuntert ihn, sein Problem für den Klassenrat unter der

Rubrik: ‚Mir hat nicht gefallen' einzutragen und seinen Namen dabei nicht zu vergessen.

Der Lehrer geht zurück zu den beiden Schülern, die er in ihrem Arbeiten zu stabilisieren suchte. Sie haben ihr Etappenziel erreicht. Er nimmt nun die Gelegenheit wahr, mit dem einen der beiden über seine ‚Persönliche Leistungskurve' zu sprechen und schließt mit ihm für die nächsten Tage ein Arbeitsbündnis.

5.3 Freitag

Am Freitag ist Klassenrat. Die Arbeitspläne und die Wandzeitung des Klassenrates liegen in der Mitte des Sitzkreises. Die Tagesordnung wird in vorgegebener Form abgearbeitet. Das Protokoll der letzen Woche wird vorgelesen. Der Kellerraum ist noch nicht fertig aufgeräumt, weil der Vater eines Mitschülers erst in der kommenden Woche das versprochene Regal liefert. Der Diskussionsleiter der letzten Woche schreibt ein Ergebnisprotokoll. Die Leiterin führt die Diskussion: Einzelne Schüler und Schülergruppen stellen, soweit sich diese eignen, ihre Arbeit vor, berichten, wie weit Vorhaben zu Ende geführt wurden bzw. was in der nächsten Woche noch zu tun ist. Das Briefpaket an die Partnerklasse ist abgeschickt. Bei der nächsten Nummer der Klassenzeitung muss noch die Endredaktion gemacht werden. Der Konflikt zwischen den beiden Schülern hat sich im Laufe der Woche geklärt und wurde von der Wandzeitung gestrichen. Eine Arbeitsgruppe, die zum Thema ‚mittelalterliche Klöster' arbeitet, fragt an, ob bei der C.E.L. (‚Coopérative de l'enseignement Laïc' – Lehrerkooperative mit Verlag der Freinetbewegung) nicht das einschlägige Arbeitsmittel angeschafft werden könne. Die Gruppe möchte eine Klosteranlage nachbauen und dabei eine ‚Fertigungsbescheinigung' erwerben. Nach Auskunft des Kassenwartes sind noch genügend Mittel vorhanden, um diesem Wunsch zu entsprechen.

6 Was können diese Szenen zeigen?

6.1 Erfolg

Wie sind Erfolg, tastender Versuch, Arbeit und Verantwortung als strukturelle Momente eines individuellen und kollektiven Lernprozesses wirksam?

Es erscheint nicht nötig, nun im einzelnen die Stichworte nochmals aus ihrem Kontext herauszulösen, aber wenigstens in Ansätzen soll dies geschehen:

Als individuelle und gemeinschaftliche Erfolge können erlebt werden:

- Eine wirksame Stimme in der Versammlung bzw. im Rat zu haben,
- ein Amt verantwortlich zu führen (aus der komplexen Gegebenheit von Institutionen und Vorhaben ergeben sich viele Aufgaben und dem entsprechend viele Ämter),
- nach außen hin zu wirken: mit der Klassenkorrespondenz, mit der Vorführung eines Puppenspiels, mit dem Abdruck eines Gedichtes,
- Erfolge werden greifbar im Produkt,
- Schwächen werden diagnostiziert und gezielt bearbeitet.

Mit der individuellen Leistungskurve wird der Leistungsfortschritt oder auch Rückschritt ständig gemessen. Lernen soll als bewusstes, selbst verantwortetes Handeln begriffen werden. Nicht der Andere ist das Maß, sondern die eigene Leistung. Die Fertigungsbescheinigungen (brevets) gibt es für verschiedenste abgrenzbare Teilleistungen (ein kleines Buch mit Illustrationen zu einem selbst gewählten Thema herstellen/ein geographisches Modell bauen und beschreiben), für die es möglichst eindeutige Leistungskriterien gibt.

6.2 ‚Tastender Versuch'

Lernen ist ‚tastendes Versuchen'. Fehler sind selbstverständlicher Teil des experimentierenden Vorgehens. Der einzelne Schüler bzw. die Schülergruppe stellt sich einem eigenen Vorhaben und versucht, dieses zu bewältigen. Die Hilfen sind vielgestaltig und werden in ihrer täglichen Wirksamkeit erfahren: Die Arbeitsbedingungen (Werkzeuge, Materialien, Arbeitskarteien, Arbeitsbibliothek, heute: das Internet...), Beschreibungen von Arbeitsabläufen, Mitschüler der Klasse aber auch der Korrespondenzpartner, der Lehrer und von Fall zu Fall Spezialisten, dabei auch Eltern. Die Hilfe des Lehrers ist bewusst so angelegt, dass sie ihrerseits als gemeinsames ‚tastendes Versuchen' gilt. Das Arbeitsbündnis kann scheitern, dann muss neu angesetzt werden.

6.3 Arbeit

Definiert man Arbeit, die nach bestimmten Qualitätsmerkmalen verrichtet werden muss, als gezieltes (mehr oder weniger bewusstes) Handeln auf einen Zweck hin, so ist das, was die Schüler machen, Arbeit. Im ‚Zwangsrahmen' der Schule ist bei allen Merkmalen der Arbeit ein hohes Maß eigener Entscheidung möglich.

Geht man davon aus, dass der Schüler in der Kultur, in die er hineingeboren wird, handlungsfähig sein will, so wird er auch einsehen, dass selbst Rechtschreibung und Grammatik für ihn wichtig sind. Allerdings setzt dies voraus, dass im umgebenden Milieu die Bedeutung dieser Kenntnisse und Fertigkeiten auch erfahren wird. Vor allem bei den ‚Kindern des Volkes' (s.o.) ist dies nicht einfach vorauszusetzen. Der Ansatz Freinets besteht darin, ein ‚Milieu' zu schaffen, in dem Arbeit, auch die Beschäftigung mit der Rechtschreibung, als bedeutsam für den Einzelnen, die Lerngruppe und die umgebende Gesellschaft erfahren wird.

Dies geschieht vornehmlich dadurch, dass das eigene Vermögen, die individuellen Interessen leitend sind und Zusammenhänge entstehen, in denen die Tätigkeit und ihr Produkt als sinnvoll erfahren werden.

Damit ergibt sich, so der theoretische und empirisch vielfach bestätigte Ansatz, eine hohe Verbindlichkeit, die auf der Basis von freier Initiative und selbständiger Wahl ruht. Dass der Lehrer als ‚Wächter der Ordnung' und ‚Gedächtnis der Klasse' dabei eine große Rolle spielt, steht nicht im Widerspruch zur Dynamik des Geschehens.

6.4 Verantwortung

Verbindlichkeit hat ihren Ausdruck in verschiedenen Formen der Verantwortung:

- Absprachen über gemeinsame Vorhaben,
- Arbeitsbündnisse bezogen auf inhaltliche und zeitlich festgelegte Leistungen,
- Übernahme von Ämtern,
- Mitarbeit im Klassenrat.

7 Kooperativen und Vereinigungen

Freinet war Forscher und Lehrer aber auch Organisator. Seine Pädagogik könnte als Pädagogik der Organisation beschrieben werden. Ob es, um die Beispiele von oben nochmals aufzugreifen, um die Organisation des Klassenzimmers mit seinen Ateliers ging, das Vereinigen freier Texte in der Klassenzeitung, die Ämter und den Klassenrat – immer ist der Wille da, Schwierigkeiten durch Organisation zu meistern. Dieses Prinzip leitet Freinet auch bei seinem Wirken über die Schule hinaus.

Fragt man nach der nationalen und internationalen Wirkung von Freinet, so beruht diese zweifellos auch auf seinem Willen und seiner Fähigkeit, Ideen zu verbreiten und Mitstreiter zu gewinnen.

Mit Beginn seiner pädagogischen Tätigkeit fängt auch sein Versuch an, in Zeitschriften und auf Kongressen seine Einsichten und Versuche anderen mitzuteilen. Bezeichnend dabei ist, dass er sich nicht nur mit anderen zu Kooperativen zusammenschließt, sondern auch einen Verlag gründet, in dem Arbeitsmittel produziert und verbreitet werden.

Dabei wird auch in den Kooperativen das Prinzip der ‚tastenden Versuche' gepflegt. Ehe z.B. Hefte für die Arbeitsbibliothek in großer Auflage gedruckt werden, werden die Vorschläge mehrfach praktisch erprobt. Die Basis der Kooperation sind örtliche und regionale Zusammenschlüsse von Lehrern, die von der schulischen Administration je nach politischer Wetterlage einmal mehr, aber meist weniger toleriert und gefördert werden. Die Kongresse der Kooperativen, die sowohl regional, national und auch international organisiert werden, sind nicht Versammlungen großkopfiger Experten, die ihre wissenschaftlichen Ergebnisse einem lauschenden Publikum mitteilen, sondern eher Ansammlungen von Lernwerkstätten, in denen Erfahrungen ausgetauscht und neue Versuche angebahnt werden.

Diese Umschreibung der regionalen, nationalen und internationalen Kooperation gilt auch heute noch, wenn man die Berichte liest oder im Internet nachvollzieht. In dem von Herbert Hagstedt herausgegebenen Band ‚Freinet-Pädagogik – Beiträge zum Internationalen Célestin-Freinet-Symposion in Kassel' beschreibt Sylvia Herzog als Vorsitzende der FINEM (Fédération Internationale des Mouvements d'Ecole Moderne – des 1957 gegründeten Zusammenschlusses der internationalen Freinetbewegung) nicht nur die Bedeutung und das Klima der alle zwei Jahre stattfindenden

Treffen (RIDEF: Rencontre Internationale des Educateurs Freinet), sondern macht auch deutlich, wie lebendig die Wirkung Freinets ist:

> „Freinet-Bewegungen aus der ganzen Welt (aus ca. 35 Ländern) sind Mitglieder der FINEM, die meisten davon aus europäischen Ländern. 1994 wurden Freinetgruppen aus Bulgarien, Rumänien und Russland und 1996 eine Freinet-Gruppe aus Japan Mitglieder der FINEM. 1995 wurde die CAMEM (Coordination Africaine des Mouvements d'Ecole Moderne) gegründet. (Benin, Burkina Faso, Mali, Mauretanien, Senegal) Tendenz: Die Zahl der Freinet-Gruppen nimmt zu, doch die Mitgliederzahl in den einzelnen Bewegungen ist in einigen Ländern sinkend" (Herzog 1997, S. 217).

8 Summe

Oben wurde gesagt: Es gebe für mich mindestens fünf Gründe, die dafür sprächen, sich mit Freinet zu beschäftigen: Eine politisch klare Position, ein nachvollziehbarer theoretischer Ansatz, durchdachte und in sich stimmige pädagogische Handlungskonzepte, das Prinzip der Offenheit und besonders das Beispiel des praktischen Theoretikers oder theoretisch fundierten Praktikers.

Ich hoffe, dass klar geworden ist, wie Freinet in tastenden Versuchen, in der ständigen Auseinandersetzung mit Schülern und Kollegen, pädagogische Theorie entwirft und praktisch erprobt. Offenheit und politische Position sind in dieser Art der Auseinandersetzung impliziert. Dennoch sollen beide, die politische Position und das Prinzip der Offenheit, noch deutlicher herausgestellt werden, weil sie für die Person Freinets und seine Wirksamkeit wichtig sind.

Im Handeln und im Selbstverständnis war Freinet Sozialist. Wer sich konsequent für die ‚Unterdrückten' einsetzt, wer Schulkritik als Gesellschaftskritik versteht und wer am internationalen Kampf gegen Diktatur und Faschismus beteiligt ist und dabei die Utopie einer sozialistischen Gesellschaft in sich trägt, ist Sozialist. Diese Haltung hat dann auch dazu geführt, dass er die Kommunistische Partei Frankreichs auf Dauer nicht als Bundesgenosse verstehen konnte, stand doch ihr zentralistischer Ansatz im krassen Widerspruch zu seinem basisdemokratischen Denken und Handeln. Er hatte auch keine Berührungsscheu mit Peter Petersen, der durch seine umstrittene Position während des Nationalsozialismus ins Zwielicht geraten war, nach 1945 wieder Kontakt aufzunehmen.

Beides, seine Abgrenzung gegen die KPF und sein Verhältnis zu Peter Petersen sind für mich Ausdruck seiner Offenheit.

Wer Lebens-, Lern- und Forschungsprozesse als ,tastende Versuche' sieht, kann kein Dogmatiker sein. Auf dem Kongress der italienischen Freinet-Pädagogen 1952 in Rimini soll Freinet in der Abgrenzung zum ,Materialfetischismus der Montessori', wie sich Roger Ueberschlag ausdrückt, gesagt haben:

> „Nehmt Euch, was ihr brauchen könnt: Druckereimaterialien, Karteien, Broschüren. Wir schenken sie Euch kostenlos. Wären wir Händler wie Montessori, die ihre Materialien vor allem verkaufen will aber immerhin damit auch die Praxis erreicht (dieses Verdienst muß anerkannt werden), hätten wir unsere Produkte (auch) mit einem Patent geschützt. Wir machen das Gegenteil und sagen: Nehmt, kopiert, übersetzt, adaptiert wie ihr wollt! Unter einer einzigen Bedingung: daß das Material immer der Kooperative gehört und nie ein Handelsprodukt, ein Spekulationsobjekt wird. Je stärker die Kooperative wird, desto besser wird unsere Zusammenarbeit und die Chance, mit euch unsere Ideen und Sorgen, unsere Erfindungen und Entdeckungen zu teilen – im Interesse der Kinder und ihrer Lebensbedingungen" (Freinet, zit. in Ueberschlag 1997, S. 141f.).

Literatur

Freinet, Célestin: Pädagogische Werke (dt. Ausg. und Übers. von Hans Jörg unter Mitw. von Herwig Zilligen), 2 Bde. Paderborn etc. 1998/2000

Freinet, Célestin: Die moderne französische Schule (übersetzt und besorgt von Hans Jörg; als Teil dieses Bandes: Jörg, Hans: Célestin Freinet, die Bewegung "Moderne Schule" und das französische Schulewesen heute). Paderborn 1979[2]

Dietrich, Ingrid (Hg.): Politische Ziele der Freinet-Pädagogik. Weinheim etc. 1982

Dietrich, Ingrid (Hg.): Handbuch Freinet-Pädagogik – Eine praxisnahe Einführung. Weinheim etc. 1995

Herzog, Sylvia: Die internationalen Treffen. In: Hagstedt, Herbert (Hrsg.): Freinet-Pädagogik heute – Beiträge zum Internationalen Célestin-Freinet-Symposion in Kassel. Weinheim 1997, S. 216-217

Laun, Roland: Freinet – 50 Jahre danach. Heidelberg 1982

Ueberschlag, Roger: Freinet im Ausland. In: Hagstedt, Herbert (Hg.): Freinet-Pädagogik heute – Beiträge zum Internationalen Célestin-Freinet-Symposion in Kassel. Weinheim 1997, S. 137-149

Klaus Seitz

Zwischen Ignoranz und Mystifizierung. Anmerkungen zur Rezeption der Pädagogik des Südens und zur ‚Internationalität' der Reformpädagogik

1 Im Schatten Paulo Freires

Paulo Freires ‚Pädagogik der Unterdrückten' wird zu den wichtigsten und wirkungsmächtigsten pädagogischen Veröffentlichungen des 20. Jahrhunderts gezählt. Diesen Befund erbrachte jedenfalls eine Umfrage der Bibliothek für Bildungsgeschichtliche Forschung des Deutschen Instituts für Internationale Pädagogische Forschung, die im Jahr 2000 unter deutschen Erziehungswissenschaftler/innen durchgeführt wurde. Unter den Top Ten jener Bücher, die die besondere Wertschätzung der Pädagogen in Deutschland genießen, finden sich mit den Hauptwerken von John Dewey, Ellen Key, A.S. Neill und Anton S. Makarenko gleich vier weitere Schlüsseltexte der internationalen Reformpädagogik, deren Original nicht in deutscher Sprache verfasst wurde. Sollte es also um die Weltoffenheit und Internationalität erziehungswissenschaftlichen Denkens in Deutschland doch nicht so schlecht bestellt sein, wie dies gelegentlich befürchtet wird? Dass Siegfried Bernfelds geniale deutsche Streitschrift über die ‚Grenzen der Erziehung' den Spitzenplatz errungen hat, tut diesem positiven Eindruck gewiss keinen Abbruch – jedoch muss die Tatsache skeptisch stimmen, dass gerade einmal ein (nicht repräsentatives) Zehntel der angeschriebenen Mitgliedschaft der Deutschen Gesellschaft für Erziehungswissenschaft den Fragebogen ausgefüllt hat. Auch wenn man daher nicht davon ausgehen kann, das vorliegende Ergebnis spiegle eine allgemein geteilte Auffassung wider, darf man doch vermuten, dass unter den Erziehungswissenschaftlern hierzulande der reformpädagogischen Bewegung eine hohe Aufmerksamkeit gilt, dabei deren internationale Dimension deutlich gegenwärtig ist – und dass mit Paulo Freire auch ein pädagogischer Reformer aus der Dritten Welt große Prominenz genießt.

Allerdings können die breite Rezeption und Wirkung, die Freires Werke nach wie vor erzielen, nicht darüber hinweg täuschen, dass neben Freire keinem anderen Repräsentanten der Pädagogik des Südens eine ähnliche Aufmerksamkeit in Deutschland zuteil geworden ist. An Freire führte und führt gewiss kein Weg vorbei: Immerhin wurde er schon Anfang der siebziger Jahre, als seine ersten Schriften in deutscher Übersetzung auf den Markt kamen, als ‚bedeutendster Volkspädagoge der Gegenwart' gefeiert. Das in Freires Todesjahr erschienene gewichtige ‚Handbuch Kritische Pädagogik' (Bernhard/Rothermel 1997) eröffnet mit einem visionären Vorwort des Brasilianers. Auch in der anglo-amerikanischen Erziehungswissenschaft, die den internationalen pädagogischen Diskurs dominiert, erfreut sich die Freire-Pädagogik einer großen Wertschätzung. Hier sei nur beispielhaft darauf verwiesen, dass Freire als einziger Vertreter des Südens in die Reihe der dreizehn herausragenden ‚twentieth century thinkers in adult education' Eingang gefunden hat, die Peter Jarvis in seinem gleichnamigen Sammelband (Jarvis 1987) würdigt. Die deutschsprachige Andragogik wird in diesem Band, nebenbei bemerkt, nicht zur Kenntnis genommen.

Freire ist zweifellos die Lichtgestalt, die in der Wahrnehmung des Nordens die Pädagogik des Südens repräsentiert – und auf die sich deren Rezeption zumeist auch beschränkt. Die Befreiungspädagogik Freirescher Provenienz stellt „eine der wenigen Anleihen aus der südlichen Erdhalbkugel [dar], die von Pädagogen auf der nördlichen aufgenommen wurde" (Gerhardt 2000, S. 127). Auch die hier in diesem Band vorgestellten Reformer aus Lateinamerika, Asien und Afrika stehen, was ihre Bedeutung für den pädagogischen Diskurs in Deutschland anbelangt, ganz und gar im Schatten Freires. Die vielen blinden Flecke der Rezeptionsgeschichte werden deutlich, wenn man sich beispielsweise die Liste der 100 pädagogischen Vordenker aus aller Welt vor Augen führt, die die vom Internationalen Erziehungsbüro in Genf herausgegebene Zeitschrift ‚Prospects' in den Jahrgängen 1993 und 1994 porträtiert hat – eine Serie, die mittlerweile auch gesammelt in einer mehrbändigen Buchpublikation vorliegt (vgl. Morsy/Tedesco 1997). Die Mehrzahl der nicht-europäischen Persönlichkeiten, die hier als ‚Thinkers on Education' aufgeführt sind, wurde in der deutschen Erziehungswissenschaft bislang nicht zur Kenntnis genommen, auch sind in der Regel keine deutschsprachigen Ausgaben ihrer Werke greifbar.

2 Vergebliche Spurensuche

Symptomatisch für die Vernachlässigung internationaler Pädagogik steht eines der nach wie vor umfassendsten Kompendien der deutschen Erziehungswissenschaft, die 1983-1986 herausgegebene und 1995 nachgedruckte ‚Enzyklopädie Erziehungswissenschaft' (Lenzen 1995). Der internationale erziehungswissenschaftliche Diskurs wird darin nur spärlich und nicht systematisch rezipiert, der Blick auf Bildungsentwicklungen in anderen Ländern beschränkt sich auf eine Handvoll von Beiträgen, die vergleichende Betrachtungen zur Bildungsstruktur in West- und Osteuropa anstellen. Nur in marginalen Lexikonartikeln, z.B. zur Hochschulentwicklung, ist die Zweidrittel-Welt präsent. In 12 Bänden und 882 Beiträgen ist nur ein einzelner Lexikoneintrag ausdrücklich Fragen der interkulturellen Erziehung gewidmet; Aufgaben und Traditionslinien einer internationalen Erziehungswissenschaft werden mit keinem Hauptbeitrag eigens gewürdigt. Besonders ärgerlich in dem hier verhandelten Zusammenhang ist schließlich, dass der Lexikonbeitrag zur Reformpädagogik, verfasst von Bruno Schonig, die internationale Dimension der historischen reformpädagogischen Bewegung, die ja von verschiedenster Seite als deren konstitutives Merkmal bekräftigt worden ist, vollständig ausblendet und sich ausschließlich auf deutschsprachige Vertreter und Interpreten bezieht (vgl. Schonig 1995, S. 531-536).

Doch auch die zahlreichen ideengeschichtlichen Darstellungen und umfassenden Interpretationen zur Reformpädagogik, die deren internationalen Charakter ausführlich beleuchten und dabei Dewey oder Montessori, Tolstoi oder Makarenko, Freinet oder Decroly hinreichend würdigen, versäumen es zumeist, den Blick zugleich auf Afrika, Asien und Lateinamerika zu lenken. Selbst in einem Tagungsband, der explizit ‚Beiträge zur Internationalität der Reformpädagogik' versammelt (Oelkers/Osterwalder 1999), ist die Reformpädagogik des Südens praktisch nicht präsent. Und wenngleich Freire in dem bereits angeführten ‚Handbuch Kritische Pädagogik' das Vorwort zugedacht ist, bleibt die lateinamerikanische Befreiungspädagogik im Handbuchartikel ‚Reformpädagogik' außen vor. Immerhin bringt das von Röhrs und Lenhart herausgegebene Handbuch ‚Die Reformpädagogik auf den Kontinenten' auch Blitzlichter zu ‚Entwicklungen auf den außereuropäischen Kontinenten' (Röhrs/Lenhart 1994), kann aber angesichts der Marginalität der hierzu präsentierten Beiträge – 4 von 34 Aufsätzen handeln vom ‚Süden' – den im Titel gesetzten Anspruch nicht annähernd einlösen. Zudem wird der Themenbereich ‚Reformpädagogik und Dritte Welt' darin vorzugsweise unter der Fragestellung verhandelt, ob und wie die reformpädagogische Diskussion in den Staaten des Südens rezipiert worden ist. Wenngleich Röhrs nicht müde wird zu betonen, dass die „Reformpädagogik von Anbeginn eine internationale Bewegung war, die daher die Teilhabe an der globalen Reformdiskussion gewährleistet" (Lenhart/Röhrs 1991, S. 175), tritt die Reformpädagogik des Südens in der Regel in den einschlägigen Publikationen nicht als eigenständiger Akteur und Dialogpartner in diesem Reformdiskurs auf.

Von einer partizipativen ‚globalen Reformdiskussion' kann so gesehen keine Rede sein. Wenn die ‚Pädagogik der Dritten Welt' überhaupt thematisch wird, dann vorzugsweise unter der Perspektive, wie die im Norden entwickelten pädagogischen Innovationen für die Bildungsentwicklung im Süden fruchtbar gemacht werden können. Dieser Leitgedanke dominiert bezeichnenderweise auch die – zumindest ältere – auf die Bildungshilfe in der Entwicklungszusammenarbeit hin fokussierte Literatur im Bereich der internationalen Bildungsforschung in Deutschland (vgl. Goldschmidt 1981). Ob aus diesem Blickwinkel der konstatierte „Eurozentrismus in der eigenen erziehungswissenschaftlichen Forschung" (ebd., S. 5) tatsächlich überwunden werden kann, muss bezweifelt werden. Tatsächlich sind generell Interesse und Kenntnis über die Dritte Welt unter „Bildungsforschern in der Bundesrepublik gering" wie Goldschmidt am selben Ort vor etwas mehr als zwei Jahrzehnten kritisierte (ebd.); doch auch fast zehn Jahre später musste Leschinsky in der Einführung eines der seltenen Themenhefte der ‚Zeitschrift für Pädagogik' zu Fragen der internationalen Erziehung und internationalen Bildungspolitik einräumen, dass „Abhandlungen zur Vergleichenden Pädagogik [...] nur selten in dieser Zeitschrift zu finden sind" (Leschinksy 1990, S. 159). Besonders auffällig sei „der Mangel hinsichtlich der Beschäftigung mit der Dritten Welt" (ebd.). Vor dem Hintergrund der konzeptionellen wie institutionellen Krise, die die Komparatistik u.a. durch den Abbau entsprechender Lehrstühle und Forschungskapazitäten an den Universitäten, seit Ende der achtziger Jahre durchläuft (vgl. Willmann 1995), ist nicht zu erwarten, dass sich diesbezüglich inzwischen eine Trendumkehr vollzogen hätte. Selbst der seit dem weltpolitischen Umbruch 1989/90 allgegenwärtige Globalisierungsjargon hat nach Auffassung von Hornstein die Resonanz globaler und internationaler Fragen bei den akademischen Pädagogen in Deutschland bis zur Wende zum 21. Jahrhundert nicht wesentlich zu befördern vermocht: „Gemessen an der Gewalt und Dynamik, die in der Programmatik und der Praxis der Globalisierung liegen und der Herausforderung, die für eine an Humanität und Emanzipation orientierte Erziehungskonzeption darin liegt, erscheint das Ausmaß der Befassung mit dieser Thematik in der deutschen Erziehungswissenschaft ausgesprochen gering" (Hornstein 2001, S. 532).

Im Umgang mit internationalen Bildungs- und Entwicklungsfragen erweist sich die Pädagogik nach wie vor als besonders sperrig und defizitär. Bedauerlich ist, dass auch im Mainstream der üppigen Literatur zu Geschichte, Wirkung und Kontinuität der Reformpädagogik, die ansonsten noch eine vergleichsweise hohe Sensibilität für internationale Fragen an den Tag legt, der Zugang zur Reformpädagogik des Südens verschüttet ist. Die Rezeption pädagogischer Ansätze des Südens konzentriert sich auf die Freire-Pädagogik zum einen und auf Facetten der sogenannten ‚traditionellen Erziehung' in der Dritten Welt zum anderen. Beiden Rezeptionssträngen ist dabei eine Tendenz zur Mystifizierung eigen, die eine unverkrampfte Annäherung an die pädagogische Gegenwart der Dritten Welt behindert.

3 Das ‚internationale Argument' in der Reformpädagogik

Die Selektivität, die das Feld des pädagogischen Interesses konstituiert, erscheint heute reichlich unausgewogen und den Anforderungen der Problemlage im globalen Zeitalter nicht mehr gewachsen. Fragt man nach den Gründen für jene prekäre Engführung pädagogischer Aufmerksamkeit, stößt man schnell auf den Einfluss des nationalen Paradigmas, das die erziehungswissenschaftliche Reflexion, die pädagogische Geschichtsschreibung wie auch die bildungspolitische Programmatik nach wie vor in seinen Bann zieht. Die Entfaltung des modernen europäischen Bildungssystems und die Ausdifferenzierung einer akademischen Erziehungswissenschaft gehen einher mit der Genese der europäischen Nationalstaaten. Erziehung und Bildung wurden dabei für den Aufbau einer nationalen Identität und eines nationalen Bewusstseins in die Pflicht genommen. Der nationale Horizont umreißt den Kontext, innerhalb dessen Funktion und Bedeutung der Bildung bis in das späte 20. Jahrhundert hinein wesentlich beschrieben wurden. Doch Schleiermachers Diktum, „daß jede Erziehungslehre, sobald sie anwendbar sein soll, sich nur in dem Gebiete einer Nationalität festsetzen könne" (Schleiermacher 1983, S. 23) kann heute, weil Theorie und Praxis der Erziehung über die Grenzen von Nationalgesellschaften längst hinaus greifen, nicht mehr überzeugen. Und es war schon zu seiner Zeit problematisch, hat es doch verborgen, wie sehr die Erziehung selbst an der Konstruktion jener Nationalität beteiligt war, die hier als ein scheinbar überhistorisches Faktum vorausgesetzt wird.

Das pädagogische Denken ist vielfach noch immer in den Kategorien der nationalen Epoche befangen. Entsprechend sind auch die pädagogischen Rezeptionsmuster wie die ideengeschichtliche Traditionsbildung von nationalen Prämissen geprägt, was, worauf Oelkers hinweist, nicht zuletzt für die Rekonstruktion der Reformpädagogik gilt: „Reformpädagogik ist in der heutigen Geschichtsschreibung immer noch wesentlich ein nationales Phänomen. Die *éducation nouvelle* wird frankophon rekonstruiert, die *progressive* oder *radical education* angelsächsisch, die *educazione nouva* italienisch und die *Reformpädagogik* deutsch" (Oelkers/Osterwalder 1999, S. 7). Dieses starke nationale Deutungsmuster bringt es nicht nur mit sich, dass das vorrangige Augenmerk der Geschichtsschreibung der Konstruktion eines Traditionsbestandes gilt, der als ‚eigener' begriffen werden kann – bis hin zu Formen der nationalen Selbstüberhebung, wie wir sie selbst bei Wilhelm Flitner finden, der sich nicht scheute, Deutschland zum „Land der bedeutendsten pädagogischen Denker der Neuzeit" zu stilisieren (vgl. Flitner 1966, S. 4). Darüber hinaus beeinflusst das nationale Paradigma aber auch die Wahrnehmung der pädagogischen Entwicklungen in anderen Ländern, die durch die eigene Brille nach Maßgabe der eigenen, national befangenen Kategorien und Interessenlagen beschrieben werden, so dass letztlich eine ganze Fülle je standortabhängiger Geschichten und Gestalten der Reformpädagogik entstehen. Der ‚deutsche' Paulo Freire hat somit ein ganz anderes Profil als der ‚brasilianische' oder der ‚US-amerikanische'. Ohnehin handelt es sich bei der pädagogischen Rezeptionsgeschichte häufig nur um eine eklektizistische ‚Zitatenrezeption', die vor allem dazu dient, eigene Auffassungen zu bestätigen (Wiater 1997, S. 93) – und das Interesse an der Reformpädagogik im internationalen Raum ist entsprechend in „legitimatorische Argumentationszusammenhänge innerhalb eines ansonsten national begrenzten politischen Rahmens" eingebettet (Helmchen 1999, S. 97).

Wer im Diskurs über Bildungsreform auf internationale Beispiele verweist, ist zumeist daran interessiert, einen Reformbedarf im eigenen Land sichtbar zu machen oder institutionelle Alternativen, die man gerne auf den Wege bringen möchte, zu plausibilisieren (vgl. Gonon 1998). Dies ist keinesfalls ein unlauteres Ansinnen – das Wissen um die erkenntnisleitenden Interessen und um die Funktion des internationalen Arguments sollte uns allerdings daran gemahnen, bei der pädagogischen Theorierezeption im internationalen Raum stets die Differenz zwischen Entstehungskontext, Rezeptionsbedingungen und -motiven im Auge zu behalten. Im Prozess seiner interessegeleiteten Aneignung wird dem rezipierten Text jedenfalls eine spezifische Bedeutung zugeschrieben, die ihm in einem anderen Kontext nicht gleichermaßen zukommt.

Neben das in der Literatur hinreichend ausgeleuchtete hermeneutische Grundproblem des Fremdverstehens und der Kontextabhängigkeit einer jeden Bedeutungskonstruktion – das sich z.B. anhand der Frage der Übertragbarkeit erprobter Bildungskonzepte auf anders gelagerte soziokulturelle Kontexte auch auf der Ebene der Bildungspraxis wiederholt – kommt hier wohlgemerkt noch ein anderer Faktor in den Blick, der einen unmittelbaren Zugang zu pädagogischen Ansätzen aus anderen Kulturkreisen behindert. Denn letztlich geht es weder um Verstehen noch um Verständigung, wenn ein Argument, das auf externe Erfahrungen verweist, in erster Linie zur Begründung eines inneren Reformbedarfs strategisch nützlich gemacht werden soll. Die vorliegenden Studien zur Funktion des internationalen Arguments in der Bildungsreform (vgl. Gonon 1998; Zymek 1975) geben jedenfalls Anlass, die These von der konstitutiven Internationalität der Reformpädagogik zu relativieren. Internationalität im Sinne einer weltoffenen Neugier, nach der „das Suchen nach neuen naturgemäßen Formen des Erziehens [...] in Ost und West, Süd und Nord unserer Welt verstehend und gesprächsbereit beginnt" (Röhrs/Lernhart 1994, S. 13) und im Sinne einer aufgeklärten wissenschaftlichen Einstellung, die zur Analyse eines bestimmten pädagogischen Problems Erkenntnisse aus dem gesamten Spektrum der internationalen Forschung zu Rate zieht, erweist sich allzu oft als ein Euphemismus. „Der Blick nach Außen ist nicht ohne Interessen. Es besteht daher die Neigung, Unpässliches oder gar Widersprüchliches auszublenden" (Gonon 1998, S. 487).

4 Erziehung zur Völkerverständigung?

Auch wenn wir eine weitere Ebene pädagogischer Internationalität in den Blick nehmen, scheint es um die Internationalität der Reformpädagogik in Deutschland nicht zum Besten bestellt. Internationalität kann nicht nur, wie zuvor betrachtet, auf den Gegenstandsbereich bezogen werden, und mithin die Bereitschaft der Wissenschaftler wie auch die Leistungsfähigkeit der Forschungsinstrumente bezeichnen, sich dem Gegenstand „Erziehung und Bildung" unbeschränkt von nationalen Scheuklappen nähern zu können. ‚Internationalität' kennzeichnet darüber hinaus auch ein mögliches Ziel pädagogischen Bemühens in Theorie und Praxis, nämlich das Interesse, qua Bildung und/oder wissenschaftlichen Dialog die Verständigung zwischen den Völkern und deren friedliche Kooperation zu befördern. Wenngleich die deutsche Reformpädagogik von manchen ihrer Interpreten gerne cum grano salis in die Tradition der weltbürgerlichen Erziehung gestellt und als Teil einer „globale[n] Geistesbewegung" (Röhrs 1982, S. 11) beschrieben wird, muss doch vehement bestritten werden, dass sich die führenden Repräsentanten der reformpädagogischen Bewegung zwischen 1890 und 1930 tatsächlich durchgängig auf dem Boden eines kosmopolitischen Ethos bewegten. Schon unmittelbar vor dem Ersten Weltkrieges hatte sich der größte Teil der deutschen pädagogischen Professorenzunft in den Dienst der moralischen Aufrüstung und der Kriegsvorbereitung gestellt (vgl. Gonon 1998; Haas 1998). Und wie u.a. Gonon detailliert nachweist, hat sich die Mehrzahl der Reformpädagogen auch in der Zwischenkriegszeit ungeachtet der angeregten Kontaktpflege mit Pädagogen in zahlreichen anderen Ländern dem Leitbild der Nationalerziehung und der Förderung der Vaterlandsliebe verpflichtet. Sie haben damit vielfach dem völkischen faschistischen Nationalismus den Boden bereitet. Georg Kerschensteiner, Herman Nohl, Hermann Lietz, Ludwig Gurlitt, Berthold Otto, Eduard Spranger, Peter Petersen und viele weitere prominente Bildungsreformer dieser Zeit huldigten unverhohlen der Stärkung des nationalen Elements und diskreditierten dabei weltbürgerliches und internationalistisches Gedankengut ausdrücklich. Gelegentliche Versuche von Wilhelm Flitner oder von Hermann Röhrs, dergleichen Tendenzen nachträglich als Bemühen verständlich zu machen, wie die „Vertiefung des Nationellen“ mit „der Bindung der Nationen an eine aller Menschheit dienende höhere Aufgabe“ (Flitner 1982, S. 119) versöhnt werden kann, können nicht überzeugen. Den wenigen deutschen Reformpädagogen jener Zeit, die tatsächlich der Weltbürgeridee und den Idealen der internationalen Friedensbewegung oder der Pädagogik des Völkerbundes verpflichtet waren, wie z.B. Paul Geheeb oder Erich Hylla, blieb nach 1933 bekanntlich nur die Emigration (vgl. Feidel-Mertz 1983). Gonon kommt in seiner Analyse der (Nicht-)Präsenz von Internationalität in der deutschen Reformpädagogik zu dem Ergebnis: „Internationale Bezüge fristeten in der deutschen reformpädagogischen Diskussion eher ein randständiges Dasein. Dies war auch die Folge davon, dass selbst Autoren mit internationalen Kontakten letztlich einer ‚deutschen Erziehung‘ das Wort sprachen“ (Gonon 1998, S. 178). Der Provinzialismus pädagogischen Denkens äußert sich nicht nur im Mangel an Kenntnis über und Interesse an fremdkulturellen Bildungstraditionen, sondern zudem auch an der Überbewertung der nationalen Komponente und der Distanz gegenüber einer Erziehung zu Weltbürgertum, Völkerverständigung und Frieden.

5 Die Infrastruktur internationaler pädagogischer Kommunikation

Zumindest die internationale Kommunikation scheint, als dritte hier zu betrachtende Ebene von Internationalität, in der reformpädagogischen Tradition reichlich gepflegt worden zu sein. Nicht zu bestreiten ist, dass sich die Dynamik der reformpädagogischen Diskussion vielfältigen Formen des grenzüberschreitenden Austauschs und der wechselseitigen Anregung durch Beispiele aus ‚andersräumigen' Bildungsbereichen verdankt. Die Impulse, die die deutsche Schulreformbewegung z.B. dadurch erhielt, dass Hermann Lietz in Abbotsholme bei Cecil Reddies tätig war, oder Georg Kerschensteiner in den USA John Dewey begegnete, sind vielfältig dokumentiert. Und die pädagogischen ‚Weltreisen' beispielsweise von Carleton Washborne, John Dewey oder Maria Montessori, die während des Zweiten Weltkrieges auch für mehrere Jahre in Indien lebte, haben die weltweite Vernetzung der Reformideen enorm befördert. Dementsprechend haben sich auch die Modelle der Montessori-, Waldorf-, Freinet- oder Dalton-Plan-Schulen rasch im internationalen Raum multipliziert.

Eine Schlüsselrolle für die Beschleunigung der internationalen pädagogischen Kommunikation kommt sicherlich den verschiedenen Foren der internationalen Begegnung zu, die seit den zwanziger Jahren den internationalen Austausch verstetigten, wie die 1921 von Beatrice Ensor initiierte ‚New Education Fellowship' (NEF) oder das 1925 in Genf u.a. von Adolphe Ferrière gegründete Internationale Erziehungsbüro. Wenngleich auch Rabindranath Tagore zeitweise dem Präsidium der ‚World Education Fellowship', wie sich die NEF nach der Vereinigung mit der US-amerikanischen Progressive Education Association nannte, angehörte, spielten indes Vertreter aus Lateinamerika, Asien oder Afrika zunächst keine herausragende Rolle – zumal sich zahlreiche Regionen der späteren Dritten Welt noch weitgehend in der Hand der europäischen Kolonialmächte befand. Dies änderte sich durchaus nach dem Zweiten Weltkrieg und der daran anschließenden Entkolonisierungswelle. So saß Madhuri R. Shah dem World Education Fellowship von 1972 bis 1991 als Präsident vor. Röhrs' Urteil, dass der Weltbund für die Erneuerung der Erziehung das Konzept einer pädagogischen Weltgesellschaft zum Ausdruck bringe (Röhrs 1995, S. 13) und eine Welterziehungsbewegung repräsentiere, mag zwar die Wirkung und Bedeutung dieser Bewegung überhöhen, der weltumspannende Charakter des hier bereits frühzeitig geknüpften Kommunikationsnetzwerkes ist gleichwohl bemerkenswert. Dieses in der Ära der Reformpädagogik entstandene Netzwerk tritt zwar – anders als das Internationale Erziehungsbüro, das mittlerweile in die UNESCO integriert wurde – im internationalen pädagogischen Diskurs nur noch selten prominent in Erscheinung, andererseits hat sich heute unter anderem unter dem Dach insbesondere von UNESCO und Weltbank ein internationales pädagogisches Kommunikationssystem etabliert, das einer pädagogischen Globalisierung den Weg bereitet und zunehmend die Standards der Weltbildungsprogrammatik vorgibt.

Allerdings wird der zeitgenössische weltpädagogische Diskussionszusammenhang – analog zu den Ungleichzeitigkeiten der ökonomischen Globalisierung – eindeutig von der westeuropäischen und nordamerikanischen, genauer der anglo-amerikanischen Forschung dominiert. Schriewer verweist als Beleg für diese These auf das Beispiel der zehnbändigen International Encyclopedia of Education. Von den 1.175 Autoren dieses zentralen Referenzwerks der internationalen erziehungswissenschaftlichen Forschung stammten knapp die Hälfte aus den USA und insgesamt rund drei Viertel aus den englischsprachigen Industrieländern (vgl. Schriewer 1994, S. 19). Die Oligopole westlicher Medienkonzerne in der verlegerischen Infrastruktur, der erschwerte Zugang zu Forschungsgeldern, Symposien und Kommunikations- und Informationstechnologien für Wissenschaftler aus dem Süden und allen voran die generell zunehmenden sozio-ökonomischen Disparitäten zwischen Nord und Süd sind wesentlich für die extrem ungleich verteilten Chancen, an der ‚pädagogischen Weltgesellschaft‘ partizipieren zu können, verantwortlich zu machen. Es kann unter diesen Vorzeichen nicht verwundern, dass der Reformdiskurs über alternative Bildungs- und Entwicklungsmodelle, der im Süden intensiv gepflegt wird, nur selten an die Ohren der pädagogischen Weltöffentlichkeit dringt.

6 Der Freire-Mythos und das ‚Schluchzen des weißen Mannes‘

Die Stimme des Südens spielt in der wissenschaftlichen Pädagogik des Nordens offenbar keine Rolle, vielmehr beherrschen Ignoranz und Desinteresse an den Themen und Problemen der Zwei-Drittel-Welt die Szenerie. Aus der Perspektive einer internationalen Bildungsforschung muss dabei nicht nur beklagt werden, dass auf Erziehungswissenschaftler/innen aus Übersee höchst selten Bezug genommen wird; dazu kommt noch, dass auch die welt- und entwicklungspolitischen Problemfelder, wie Armut, Migration, Krieg oder Verschuldung, nur unzureichend auf ihre pädagogischen Implikationen hin befragt und untersucht werden. Selbst für die

Tradition einer kritischen Pädagogik in Deutschland muss Lenhart feststellen, sie habe „zur Ausarbeitung der Themen der Internationalen Erziehung [...] wenig beigetragen“ (Lenhart 1999, S. 211). Und als Begründung für dieses Desiderat führt er u.a. an: „Sie war [...] weitgehend an den Denk-Standort westlicher, kapitalistischer, demokratischer Industriegesellschaften gebunden“ (ebd.).

Unter diesen Vorzeichen ist um so mehr der Erklärung bedürftig, weshalb mit Paulo Freire ein einzelner Pädagoge des Südens eine solch herausragende Prominenz in Deutschland wie auch in zahlreichen anderen westeuropäischen Staaten und in den USA genießt. Ohne Zweifel war Freire ein visionärer Denker und eine charismatische Persönlichkeit. Und die Jahre des rastlosen Exils oder die langjährige Tätigkeit in einer der Schaltzentralen weltpädagogischer Kommunikation, dem Büro für Bildungsfragen des Ökumenischen Rats der Kirchen (ÖRK) in Genf und seine Beratungstätigkeit beim Aufbau des Bildungswesens in den ehemaligen portugiesischen Kolonien Afrikas haben sicherlich zu seiner weltweiten Popularität beigetragen. Allerdings muss beispielsweise sein Versuch, den eigenen befreiungspädagogischen Ansatz für das Bildungswesens Guinea-Bissaus nach der errungenen Unabhängigkeit fruchtbar zu machen, als Fehlschlag bewertet werden; und die Freire-Methode, insofern sie primär als Konzept der Alphabetisierung Erwachsener entwickelt wurde, zeigt zumindest auf den ersten Blick keine Affinität zu den zentralen pädagogischen Problemen, die das Bildungssystem einer wohlhabenden Industrienation umtreiben. Warum also Freire? Treml vermutet, dass „die Bedeutung Freires zum großen Teil auch in der Bedürfnisstruktur seiner Rezipienten begründet sein dürfte und nicht nur in seinem Werk“ (Treml 1987, S. 2). Freire suggeriere, so Treml, die Überwindung traditioneller dichotomischer Welterfahrung und die dialektische Auflösung von Kluften, an denen wir alle leiden. „Er proklamiert die Einheit von Denken und Handeln, von Theorie und Praxis, von Subjekt und Objekt, von Lehren und Lernen [...] von Politik und Pädagogik“ (ebd., S. 23); seine Theorie eigne sich daher, wie alle Visionen einer einheitsstiftenden Welterfahrung, in besonderer Weise für Mythenbildung und Projektionen. Auch in den USA wurde und wird, ausgelöst vor allem durch eine Studie von Blanca Facundo (1984), eine ähnlich gelagerte Kritik am ‚Freire-Mythos‘ geführt, die nicht so sehr Freires ursprüngliche Ideen und seine Praxis, als vielmehr die Romantisierung aufs Korn nimmt, die zahlreiche seiner Adepten in den USA betreiben. Das Bild, das sich die engagierten Pädagogen des Nordens von der Befreiungspädagogik machen, ist vielleicht nur eine weitere Variante der Projektionen der Dritte-Welt-Solidaritätsbewegung, die Pascal Bruckner zynisch als

„Schluchzen des weißen Mannes" zu entlarven suchte: „Die südliche Hemisphäre (wurde) für eine gewisse Linke zu einer phantastischen Mine von Illusionen; von ihr ging die erregende Trunkenheit eines Morgenrots der Menschheit aus" (Bruckner 1984, S. 44).

Dergleichen Wahrnehmungsmuster, die eher über die Sehnsüchte oder Vorurteile der Beobachter als über die Gegenstände der Beobachtung Auskunft geben, zeigen sich auch in weiten Teilen der ethnopädagogischen Literatur, die sich mit der Erziehung in traditionalen Kulturen in Übersee befasst. Die älteren ethnopädagogischen Fallstudien spiegeln das gesamte Spektrum der aus der Völkerkunde und Ethnologie hinreichend bekannten Vorurteile und Projektionen wider, die von rassistischen Verunglimpfungen des ‚primitiven Negers' bis zur Idealisierung des ‚edlen Wilden' reichen (vgl. Müller/Treml 2002). Zahlreiche ethnopädagogische Studien neueren Datums, die davon ausgehen, dass es sich bei Ethnologie und Ethnopädagogik heute nur noch um historische Wissenschaften handeln kann (ebd., S. 9), verfahren indes wesentlich distanzierter, indem sie entweder die Strukturen und Ideologien reflektieren, unter denen die Erziehungspraxis in traditionellen Gesellschaften in der Vergangenheit rekonstruiert worden ist oder aber die Ergebnisse kulturvergleichender Forschung zum Anlass nehmen, die soziokulturelle Relativität der Erziehungsverhältnisse in unserer eigenen Gesellschaft aufzuweisen (vgl. Krebs 2001).

Das Bild, das man sich hierzulande unter dem Eindruck der ethnographischen Literatur von der Erziehung in traditionalen Kulturen macht, korrespondiert in bezeichnender Weise mit dem Idealtypus einer naturgemäßen Erziehung, wie er im Mainstream reformpädagogischen Denkens kultiviert worden ist. So gesehen gehen Lenhart/Röhrs davon aus, „daß die originäre Pädagogik der Dritten Welt – wenigstens hinsichtlich der Erziehungsverhältnisse vorkolonialer Stammesgesellschaften – eine ‚innere' Nähe zur Reformpädagogik zeigt" (Lenhart/Röhrs 1991, S. 175). Deutlich ablesen lässt sich diese innere Verwandtschaft auch beim verdienstvollen Unterfangen Timothy Reagans, die ‚non-western educational traditions' für den pädagogischen Diskurs des Nordens fruchtbar zu machen (vgl. Reagan 1996). Dieser Studie gebührt schon deshalb größte Aufmerksamkeit, da eine vergleichbare systematische Übersicht über das Erbe afrikanischer, asiatischer und amerikanischer Erziehungstheorie und Bildungspraxis bislang im deutschen Sprachraum noch nicht vorgelegt wurde. Reagan kritisiert den Ethnozentrismus der westeuropäischen und US-amerikanischen Sozialwissenschaften und möchte alternative pädagogische Traditionen des Südens unvoreingenommen erschließen, ohne sie zugleich nach den soziokulturellen Maßstäben und erziehungswissenschaftlichen Standards des Nordens zu bewerten. Ausgehend von einigen verallgemeinerten Merkmalen, die die nichtwestlichen Erziehungstraditionen seiner Ansicht nach von der abendländischen Pädagogik unterscheiden, stellt er vielmehr die Frage: „Have we lost something important and valuable in Western education?" (ebd., S. 141). Und dabei hat er vor allem die scharfe Trennung von Leben und Lernen im Auge, die im Zuge der modernen Bildungsentwicklung des Nordens vollzogen wurde. Der Ausdifferenzierung der formalen Bildung aus den konkreten Lebenszusammenhängen der Gemeinschaft wird die gemeinschaftsverwurzelte Erziehungstradition des Südens gegenübergestellt, in der Lernen und Leben offenbar eine hochintegrierte Einheit bildeten: „Education in the traditional African setting cannot be seperated of life itself. It is a natural process by which the child gradually acquires skill, knowledge and attitudes appropriate to life in his or her community" (Reagan 1996, S. 19). Doch es ist fraglich, ob diese nostalgisch erinnerte Einheit von Leben und Lernen noch als Vorbild für ein Bildungsmodell taugen kann, das den Anforderungen der funktional differenzierten modernen Weltgesellschaft Rechnung trägt. Auch Teile der Anti-Pädagogik und die Entschulungs-Diskussion bedienen sich bekanntlich dieses Motivs und setzen sich damit dem Verdacht aus, einer rückwärtsgewandten Mystifizierung einer ‚natürlichen Erziehung' zu huldigen.

Es sei an dieser Stelle nur darauf aufmerksam gemacht, dass zahlreiche Vertreter einer kritischen Pädagogik aus Afrika, Asien und Lateinamerika die häufig kolportierte Vorstellung vehement zurückweisen, der Süden solle sich mit einem eher praktisch orientierten und auf die existentiellen Bedürfnisse der Gemeinschaft bezogenen Bildungssystem bescheiden. Alamin M. Mazrui spricht in Bezug auf entsprechende Empfehlungen z.B. der Weltbank von einer neuen Form der globalen Apartheid, die die Ungleichheiten im Zugang zu Wissen und Bildung perpetuiere. „The problem in much of Africa [...] is not that there is too much theory construction of the abstract type in the academy, but perhaps too little" (Mazrui 2002, S. 3). Nicht in der Rückbindung an sogenannte ‚traditionelle' Formen der Erziehung, sondern in der radikalen Modernisierung des Bildungssystems liegt so gesehen der Schlüssel zur Überwindung der afrikanischen Bildungsmisere.

7 Desiderata Internationaler Erziehungswissenschaft

Der internationale Austausch über internationale Bildungsfragen hat in Deutschland keinen ausgewiesenen und weithin sichtbaren disziplinären Ort. Er findet nur in Nischen des Wissenschaftssystems statt und ist weitgehend abhängig vom persönlichen Engagement weniger Einzelpersönlichkeiten. Zwar hat Gottfried Hausmann 1961 in seiner wegweisenden Hamburger Vorlesung, mit der er die erste Professur für Vergleichende Erziehungswissenschaft in Deutschland antrat, erstmals das Arbeitsprogramm einer ‚Pädagogik der Entwicklungsländer' (Hausmann 1962) umrissen. Doch auch in der Form, in der diese dann von Hermann Röhrs unter dem Titel einer ‚Pädagogik der Dritten Welt' als Teildisziplin der Komparatistik konzeptionalisiert wurde (vgl. Röhrs 1992) blieb sie letztlich dem monologischen Modus der Kolonialpädagogik, deren Erbe sie antrat, verhaftet: ‚Pädagogik der Dritten Welt' bezeichnete in Deutschland lange Zeit nur ein Feld der Bildungsforschung europäischer Komparatisten, die sich mit Bildungsproblemen des Südens befassten und im Rahmen entwicklungspolitischer Maßnahmen Konzepte der Bildungsplanung und Bildungsförderung für die Dritte Welt entwarfen oder evaluierten. Mit der Gründung der DGfE-Kommission ‚Bildungsforschung mit der Dritten Welt' (1978) wurde zwar der dialogische Charakter zukünftiger Bildungsforschung mit dem Süden ausdrücklich angemahnt, gleichwohl, was eine breite Rezeption und Vermittlung der pädagogischen Diskurse des Südens im Raum der deutschen akademischen Erziehungswissenschaft betrifft, nur unzureichend eingelöst. Der Versuch schließlich, an der Universität in Frankfurt/Main einen dazu querliegenden multiperspektivischen Ansatz einer ‚Pädagogik: Dritte Welt' dauerhaft zu institutionalisieren, ist gescheitert (vgl. Bernhard/Rothermel 1997).

Eine Antwort auf die Frage, weshalb sich die deutsche Erziehungswissenschaft, sowohl in ihren theoretischen Modellen wie in der Praxis von Forschung und Lehre so schwer damit tut, den internationalen Bildungsfragen und der Pädagogik des Südens die gebührende Aufmerksamkeit zu widmen, muss sicherlich auf ein ganzes Bündel von Faktoren verweisen. In diesem Beitrag wurden vor allem die Engführungen angesprochen, die sich aus dem Einfluss des überkommenen nationalen Paradigmas ergeben, das dem erziehungswissenschaftlichen Denken und der Gestalt unseres Bildungswesens nach wie vor zugrunde liegt. Eine Rolle mag auch das topische Grundverständnis der Pädagogik spielen, auf das Hornstein aufmerksam macht, und das mit der Prämisse, Erziehung spiele sich immer an einem bestimmten Ort ab, den Blick auf die globalisierte Erziehungswirklichkeit verstellt: „Das Modell des pädagogisch kontrollierten Raumes bestimmt in starkem Maße das pädagogische Denken“ (Hornstein 2001, S. 533). Eine soziologisch informierte Theorie der Globalisierung und der Weltgesellschaft wäre hier zu Rate zu ziehen, um die anachronistischen pädagogischen Kategorien überprüfen und neu auf die Anforderungen des globalen Zeitalters einstellen zu können (vgl. Seitz 2002). Auch die Art und Weise, in der hierzulande gemeinhin Pädagogikgeschichte rekonstruiert und die pädagogische Theoriediskussion rezipiert wird, ist letztlich einem unbefangenen Umgang mit dem pädagogischen Diskurs des Südens nicht förderlich. Die pädagogische Geschichtsschreibung operiert, insbesondere auch was die Vergewisserung der reformpädagogischen Tradition anbelangt, nach dem Muster der ‚großen Pädagogen‘ und wird damit dem komplexen Netzwerkcharakter internationaler pädagogischer Kommunikation nicht gerecht (vgl. Oelkers/Osterwalder 1999). Zudem diskriminiert die fatale Neigung, die pädagogische Entwicklung vorzugsweise ideengeschichtlich zu beschreiben und nach Maßgabe einer universalhistorischen Projektion von der „Entfaltung der pädagogischen Vernunft“ zu verklären (Wiater 1997, S. 93), all jene Bildungskonzepte, die sich nicht jener vermeintlichen Entwicklungslogik des pädagogischen Fortschritts fügen.

‚Internationalität‘ ist für die erziehungswissenschaftliche Forschung und Lehre in Deutschland bislang noch keine konstitutive Kategorie. Internationalität zumindest in dem Sinne, dass sich Erziehungswissenschaftler/innen in ihrer Arbeit „auf Vorbilder und Bezugspersonen außerhalb ihrer ‚nationalen Wissenschaftlergemeinschaft‘ beziehen“ (Mitter 1996, S. 8), sollte nicht nur eher marginalen Teildisziplinen wie der Vergleichenden Erziehungswissenschaft oder der internationalen Bildungsforschung vorbehalten sein, sondern muss als eine Selbstverständlichkeit einer jeden modernen Wissenschaftspraxis gelten. Für einen breit angelegten pädagogischen Nord-Süd-Dialog mangelt es nicht nur an hinreichend entfalteten theoretischen Konzepten, sondern auch an den institutionellen und finanziellen Voraussetzungen. Allerdings tritt die internationale Dimension der Bildungsfragen, die derzeit unsere Gesellschaft umtreiben, immer deutlicher vor Augen: Geht es nun um das Problem, wie fit unsere Schulen und unsere Schüler für den globalen Wettbewerb sind, um die zunehmende Bedeutung des informellen Lernens in einer lernenden Gesellschaft – ein Themenfeld, zu dem insbesondere in der Dritten Welt eine reichhaltige Forschungsliteratur vorliegt (vgl. Dohmen 2001, S. 82ff.) – um die Implementierung des von der Staatengemeinschaft vereinbarten globalen Programms einer ‚Bildung für eine nachhaltige Entwicklung‘ oder um die

Tendenzen zur Privatisierung öffentlicher Bildungssysteme im Zeichen der Imperative des globalen Dienstleistungshandels.

Es liegt auf der Hand, dass diese Themen und Problemfelder, die die Zukunft der Bildung in der Weltgesellschaft betreffen, im gleichberechtigten grenzüberschreitenden Diskurs der ‚pädagogischen Weltgesellschaft' erörtert werden müssen. Der Globalisierungsdruck eröffnet somit auch neue Perspektiven für den pädagogischen Süd-Nord-Dialog.

Literatur

Bernhard, Armin/Rothermel, Lutz (Hg.): Handbuch Kritische Pädagogik. Weinheim 1997

Bruckner, Pascal: Das Schluchzen des weißen Mannes. Europa und die Dritte Welt – eine Polemik. Berlin 1984

Dohmen, Günther: Das informelle Lernen. Die internationale Erschließung einer bisher vernachlässigten Grundform menschlichen Lernens. Bonn 2001

Facundo, Blanca: Freire Inspired Programs in the United States and Puerto Rico: A Critical Evaluation. Washington D.C. 1984

Feidel-Merz, H. (Hg.): Schulen im Exil. Reinbek 1983

Flitner, Wilhelm: Das Selbstverständnis der Erziehungswissenschaft in der Gegenwart. Heidelberg 1966

Flitner, Wilhelm: Die Reformpädagogik und ihre internationalen Beziehungen. In: Röhrs, Hermann (Hg.): Die Reformpädagogik des Auslands. Stuttgart 1982, S. 115-128

Gerhardt, Heinz-Peter: Befreiungspädagogik und Globalisierung. In: Scheunpflug, Annette/Hirsch, Klaus (Hg.): Globalisierung als Herausforderung für die Pädagogik. Frankfurt/M. 2000, S. 124-136

Goldschmidt, Dietrich (Hg.): Die Dritte Welt als Gegenstand erziehungswissenschaftlicher Forschung. Zeitschrift für Pädagogik, 16. Beiheft. Weinheim 1981

Gonon, Philip: Das internationale Argument in der Bildungsreform. Bern 1998

Haas, Monika: Von der Völkerversöhnung und Völkerverständigung zur interkulturellen Erziehung. Frankfurt/M. 1998

Hausmann, Gottfried: Zur Pädagogik der Entwicklungsländer. In: Die Deutsche Schule, 54(1962)1, S. 26-38

Helmchen, Jürgen: Wie viele Geschichten der Reformpädagogik gibt es? In: Oelkers, Jürgen/Osterwalder, Fritz (Hg.): Die neue Erziehung. Beiträge zur Internationalität der Reformpädagogik. Frankfurt/M. 1999, S. 69-98

Hornstein, Walter: Erziehung und Bildung im Zeitalter der Globalisierung. In: Zeitschrift für Pädagogik, 47 (2001)4, S. 517-537

Jarvis, Peter (Hg.): Twentieth Century Thinkers in Adult Education. Routledge 1987

Krebs, Uwe: Erziehung in Traditionalen Kulturen. Berlin 2001

Lenhart, Volker: Aktuelle Aufgaben einer Kritischen internationalen Erziehungswissenschaft. In: Sünker, Heinz/Krüger, Heinz-Hermann (Hg.): Kritische Erziehungswissenschaft am Neubeginn? Frankfurt/M. 1999, S. 210-230

Lenhart, Volker/Röhrs, Hermann: Dritte Welt und Reformpädagogik. In: Pädagogisches Forum, (1991)4, S. 177-179

Lenzen, Dieter (Hg.): Enzyklopädie Erziehungswissenschaft. Stuttgart etc. 1995 (12 Bde.)

Leschinsky, Achim: Internationale Bildungspolitik, Zur Einführung in den Thementeil. In: Zeitschrift für Pädagogik, 36(1990)2, S. 159-162

Mazrui, Alam M.: Education and Intellectual Reproduction in Africa. Towards a Paradigm Shift. Paper presented to the International Conference „Visionen für das berufliche Bildungssystem in Afrika". Loccum 2002

Mitter, Wolfgang: Vergleichende Analyse und internationale Erziehung in der Vergleichenden Erziehungswissenschaft. In: Lenhart, Volker/Hörner, Horst (Hg.): Aspekte internationaler Erziehungswissenschaft. Weinheim 1996, S. 3-11

Morsy, Zaghloul/Tedesco, Juan Carlos (Hg.): Thinkers on Education. Paris 1997 (4 Bde.)

Müller, Klaus E./Treml, Alfred K. (Hg.): Wie man zum Wilden wird. Ethnopädagogische Quellentexte aus vier Jahrhunderten. Berlin 2002

Oelkers, Jürgen/Osterwalder, Fritz (Hg.): Die neue Erziehung. Beiträge zur Internationalität der Reformpädagogik. Frankfurt/M. 1999

Reagan, Timothy: Non-Western Educational Traditions. Alternative Approaches to Educational Thought and Practice. Mahwah/New Jersey 1996

Röhrs, Hermann (Hg.): Die Reformpädagogik des Auslands. Stuttgart 1982

Röhrs, Hermann: Von der Kolonialpädagogik zur Pädagogik der Dritten Welt. In: Pädagogische Rundschau 46(1992), S. 407-427

Röhrs, Hermann: Der Weltbund für Erneuerung der Erziehung. Weinheim 1995

Röhrs, Hermann/Lenhart, Volker (Hg.): Die Reformpädagogik auf den Kontinenten. Frankfurt/M. 1994

Schleiermacher, Friedrich: Pädagogische Schriften 1. Die Vorlesungen aus dem Jahre 1826. Frankfurt/M. 1983

Schonig, Bruno: Reformpädagogik. In: Lenzen, Dieter (Hg.): Enzyklopädie Erziehungswissenschaft. Stuttgart etc. 1995 (Bd. 8), S. 531-536

Schriewer, Jürgen K.: Welt-System und Interrelations-Gefüge. Die Internationalisierung der Pädagogik als Problem Vergleichender Erziehungswissenschaft. Berlin 1994

Seitz, Klaus: Bildung in der Weltgesellschaft. Gesellschaftstheoretische Grundlagen einer Theorie und Didaktik Globalen Lernens. Frankfurt/M. 2002 (i.V.)

Treml, Alfred K.: Der Freire-Mythos. In: Erziehen heute, (1987)1, S. 2-7

Wiater, Werner: Rezeptionsgeschichtliche Studien zur Reformpädagogik. München 1997

Willmann, Bodo (Hg.): Bildungsreform und Vergleichende Erziehungswissenschaft. Münster etc. 1995

Zymek, Bernd: Das Ausland als Argument in der pädagogischen Reformdiskussion. Ratingen etc. 1975

Volker Lenhart

Nachwort. Zehn Thesen zum Verhältnis der klassischen nördlichen zu der eigenständigen südlichen Reformpädagogik

1 Reformpädagogik im modernen Weltsystem

Reformpädagogik im strengen Wortsinn ist eine Erscheinung der fortgeschrittenen Moderne. Freilich wird nur im Deutschen die Bemühung um Erneuerung der Erziehung und Bildung mit dem Begriff bezeichnet. Reform hat seit der Reformation einen guten Klang. Der britische Sprachgebrauch mit New Education und der französische mit éducation nouvelle bezeichnen nur den Gegensatz zu einer ‚alten' Erziehung, und die amerikanische progressive education steht in der Tradition kaum gebrochener Fortschrittshoffnungen seit der Aufklärung. Die Länder des Südens, die unter dem Begriff der Entwicklungsgesellschaften zusammengefasst werden, sind in die Moderne durch die Ausbreitung erst Europas, dann auch Nordamerikas über die übrige Welt hineingerissen worden. Eigene Entwicklungspfade wurden dabei durch die Einbindung in eine koloniale Staatsadministration und vor allem die Einbindung in den Weltmarkt, die heute mit der Globalisierung eine neue Dimension erreicht hat, abgebrochen und überformt. Heute ist mit einer Weltgesellschaft zu rechnen, die zwar in der segmentären Differenzierung in einzelne Staaten immer noch große Unterschiede kennt, in der sich aber doch so etwas wie ein Weltbildungssystem etabliert hat. Für die Verankerung der Bildung auf weltgesellschaftlicher Ebene gibt es einige Indikatoren: Die Institution Schule mit ihren spezifischen Organisationsformen hat sich durchgesetzt; die Lehrpläne gleichen sich an; eine in internationalen Bildungsdokumenten, wie den seit den 90er Jahren erscheinende Weltbildungsberichten, zum Ausdruck gebrachte Bildungssemantik, fast schon Bildungstheorie, hat sich etabliert; Weltbildungskonferenzen, wie 1990 in Jomtien und 2000 in Dakar, definieren Bildungsstandards; ein Bildungsmonitoring ist eingerichtet – all das weltweit. Es ist dann nur konsequent, auch die Reformpädagogik als weltweites Konglomerat von Philosophien, Ideologien, Programmen, Theorien, Institutionsgründungen und Erziehungspraktiken mit dem Ziel der Innovation der Erziehung zu betrachten. Verengt man freilich den Fokus und nimmt, wie etwa die UNESCO-Statistik, Weltregionen oder gar Einzelgesellschaften in den Blick, werden unterschiedliche Strukturmerkmale der alten industriegesellschaftlichen und der historischen und aktuellen Reformpädagogik aus dem Süden sichtbar.

2 Reformpädagogik in ihrem Verhältnis zum Bildungssystem

Die traditionelle Reformpädagogik des Nordens, die historisch früher einsetzte als die im Süden, war eine Antwort auf die entscheidende Bildungstatsache des 19. Jahrhunderts, nämlich dass sich Schule als eine Institution der Vermittlung von Grundbildung gesellschaftsweit durchgesetzt, dass also Bildung zu einem wirklichen System geworden war. Den Systemaufbau der Bildung hatten andere pädagogische Semantiken begleitet: in Deutschland etwa der Herbartianismus, in England die Philosophie des Monitorialsystems. Die einmal systemisch etablierte Bildung für alle zeigte ihre Defizite, und deren Behebung machte sich die Reformpädagogik zur Aufgabe. Im Süden stand der Systemaufbau der Bildung erst an. Die entwicklungsgesellschaftliche Reformpädagogik begleitete den Systemaufbau und suchte zugleich innovative Elemente in ihn einzubringen. Gegenwärtig, da weltweit 84% aller Kinder im Grundschulalter tatsächlich in eine Schule gehen, gleicht sich die Funktion der südlichen Neuen Erziehung der ihres historischen nördlichen Pendants an. Die Zeitversetztheit der beiden pädagogischen Semantiken begünstigte eine asymmetrische Austauschstruktur. Cecil Reddie und Hermann Lietz, John Dewey und Adolph Ferrière, Maria Montessori und Pavel P. Blonskij hatten kein Vorbild im Süden, aber der pädagogische Pragmatismus Deweys beeinflusste etwa die Erziehungstheorie der drei brasilianischen ‚Kardinäle' (u.a. Anisio Teixeira) und wurde später zu einem Ferment der educación popular. Offenkundig ist, dass die Asymmetrie auch Folge der Machtverteilung in der damaligen Welt war. Freilich hat der Ideenaustausch nicht nur auf einer Einbahnstraße stattgefunden. Die auf politische Bewusstmachung gerichtete

Erziehungstheorie Paulo Freires etwa ist während des letzten Viertels des 20. Jahrhunderts im Norden breit rezipiert worden.

3 Festlegung des reformpädagogischen Kanons

Die klassische Reformpädagogik hatte sich mit der Gründung der New Education Fellowship 1921 ein internationales Austauschforum geschaffen, das es zunehmend gestattete, ideologische Verirrungen abzuwehren und pluralistisch Bewährtes herauszuheben. In diesem Diskussionsprozess entstand der Kanon der Reformpädagogik und ihrer Vertreter, zu dem zumindest gehören: die Gründer der new schools in England und ihr sozialer Nachfahre Alexander Neill; die pädagogischen Pragmatisten William Kilpatrick und John Dewey, dazu der Psychologe William James, Helen Parkhurst mit dem Dalton-Plan, der Schulinspektor von Winnetka, Illinois, Carleton Washburne und die ‚noble Lady of Hull House', die Sozialpädagogin Jane Addams in den USA; Célestin Freinet als Begründer der école moderne, Adolphe Ferrière mit dem Prinzip der école active, und der Begründer der Reformschule Eremitage in Brüssel Ovid Decroly im französischsprachigen Europa; die Vorschulpädagogin Maria Montessori in Italien; die Vertreter der Landerziehungsheimbewegung, wie Hermann Lietz und Paul Geheeb, der Arbeitsschulverfechter Georg Kerschensteiner, sowie Alfred Lichtwark und die Kunsterziehungsbewegung in Deutschland; Ellen Key mit ihrem 1900 veröffentlichten programmatischen Pamphlet ‚Das Jahrhundert des Kindes' in Skandinavien; der Arzt und Waisenhauspädagoge Janusz Korczak im östlichen Mitteleuropa; Lev Tolstoy vor der Revolution und die Sowjetpädagogen Nadeshda Krupskaja (die Theoretikerin der Einheitsarbeitsschule und Ehefrau Lenins), der Produktionsschulpropagator Pavel P. Blonskij, schließlich der Sozialpädagoge Anton S. Makarenko in Russland bzw. der Sowjetunion.

Für die Kanonbildung bezüglich des Südens ist zunächst charakteristisch, dass sie von Erziehungswissenschaftlern/innen des Nordens (wie mit diesem Band) und nicht so sehr von Komparatisten des Südens selbst vorgenommen wird: die Repräsentanten/innen der educación popular, der Theoretiker der Pädagogik der Unterdrückten und Alphabetisierungsexperte Paulo Freire; die Sozialisten Amilcar Cabral und Julius Kambarage Nyerere in Afrika; die Förderer der türkischen Dorfinstitute, die Vorkämpferin der der Mädchenbildung in Bengalen Rokeya Begum, der Dichter und Philosoph Rabindranath Tagore und der gewaltfreie Unabhängigkeitskämpfer Mahatma Gandhi in Indien als asiatische Reformpädagogen. Die japanische Reformpädagogik, z.B. des Erziehungstheoretikers Tomeri Tanimoto oder des Schulreformers Taneichi Kitazama, die in den dreißiger Jahren zu einer Gegenkraft gegen den imperialen Nationalismus wurde, ist aus westlichen Anregungen zwar in Asien entwickelt, gilt gleichwohl nicht als eine aus dem Süden. Die Kanonbildung kann dann als abgeschlossen gelten, wenn sich reformpädagogische Theorie und Praxis von einzelnen Gründergestalten ablöst und in breiteren Bewegungen, wie der der Arbeitsschule im Norden oder der der arbeitenden Kinder im Süden institutionalisiert wird.

4 Gesellschaftspolitische Intention

Reformpädagogik ist nicht auf den erziehungsreformerischen Bereich beschränkt, sondern verfolgt auch immer eine gesellschaftspolitische Reformintention. Die freilich ist zwischen nördlicher und südlicher Reformpädagogik unterschiedlich. Im Norden stand progressive education für die Demokratisierung der Industriegesellschaft durch die Eröffnung von Chancen auf einer Bildungsgrundlage. Das bezog sich auf eine Einführung in das Verständnis technisch-industrieller Prozesse und ihrer sozialen Organisation sowie auf eine Befähigung zur aktiven Wahrnehmung politischer Rechte. Reformpädagogik ging dabei gesellschaftliche Problemlagen nicht direkt politisch an, sondern suchte sie durch Veränderungen im lebensweltlichen Nahbereich zu bewältigen. Das Hauptstichwort der südlichen Reformpädagogik heißt hingegen Befreiung. Das bezog sich ganz konkret auf den Beitrag der Bildung zur Überwindung des Kolonialismus und zur Gewinnung der nationalstaatlichen Unabhängigkeit. Die Bewahrung kultureller Eigenständigkeit ist dabei ein wichtiges Thema. Es bedeutete darüber hinaus eine Emanzipation aus als unterdrückend empfundenen sozialstrukturell verursachten Lebenssituationen. Freires Pädagogik der Unterdrückten ist für letzteres das Evidenzbeispiel. Der Qualifikations- und der Demokratisierungsaspekt ist der Hauptintention untergeordnet.

5 Ideologieanfälligkeit

Der Politikbezug hat die Reformpädagogik im Norden wie im Süden anfällig dafür gemacht, sich von radikalen politischen Programmen in Dienst nehmen zu lassen oder sich ihnen sogar anzudienen. Deutliches Beispiel ist im Norden das Abschwenken des Lietz-Nachfolgers in der Leitung der Landerziehungsheime, Andreesen, zum Nationalsozialismus, wodurch einem Missbrauch reformpädagogischer Praxis für eine totalitäre Erziehungsideologie der Weg bereitet wurde. Auch die Kenntnis der sozial verantwortlichen Erziehungstheorie Deweys hat Nadeshda Krupskaja nicht davor zurückgehalten, an der Errichtung der Parteidiktatur ihres Mannes mitzuwirken – ein Umstand, der später auf sie selber zurückschlug, als Stalin sie wegen ihres Festhaltens am Gedanken der polytechnischen Bildung persönlich bedrohte. Im Süden wurden (auf den Kapverden) die sozialistischen Erneuerungsimpulse eines Cabral durch die öde Diktatur einer Staatsklasse implementiert, die auch alle Bildungserneuerung erstickte. Es sind aber nicht nur die offenkundig politischen ‚Sündenfälle', sondern auch verdeckte immanente Strukturen, die Ideologieanfälligkeit demonstrieren. Gandhis sozialreformerischer Impuls fand seine klare Grenze an seinem Beharren auf der hinduistischen Lehre der mit einem bestimmten Beruf verbundenen Geburtskaste. Das Anknüpfen an die antiautoritäre Erziehung eines Neill hat im Norden zur Ausformulierung einer fundamentalistischen antipädagogischen Kinderrechteprogrammatik geführt, die die Tatsache individueller Entwicklung negiert. In gleicher Weise meint der lateinamerikanische protagonismo infantil nicht nur ein Vorkämpfertum mit Kindern und durch Kinder zur Verbesserung ihrer Lebenssituation und für das Offenhalten von Lebenschancen sondern im Extrem auch einen Protagonismus der Kinder für die Rettung der Menschheit. Innerweltliche Erlösungssehnsüchte erwachsener Berater klingen in der Übersteigerung an.

6 Menschenbild

Beide ‚Reformpädagogiken' gehen vom Modell der aktiven Persönlichkeit aus. Innerhalb dieser Gemeinsamkeit sind dann aber doch Unterschiede festzumachen. Die nördliche progressive education zeichnete sich aus durch ihre Orientierung an der kindlichen Individualität. Die Kindzentriertheit soll den Edukanden die Möglichkeit einräumen, beim Spielen und Lernen die ‚Dinge' selbst zu erforschen. Reformpädagogik ist nicht körpervergessen. Freilich gibt es keinen Sportkult. Vorbild ist ein einfacher, gesundheitsbewusster Lebensstil. Eine religiöse Letztbindung wird nicht ausgeschlossen, steht aber nicht im Vordergrund. Gegenüber dem westlichen Individualismus betont die Reformpädagogik des Südens stärker die soziale Seite. Gegen die Modellvorstellung von Kindheit als Familien-, Spiel- und Schulkindheit wird teilweise eine der Öffentlichkeits-, Teilhabe- und Arbeitskindheit gesetzt. Mit der indischen Reformpädagogik rückt die spirituelle Dimension in den Blick, die im Norden allenfalls bei der Waldorfpädagogik zu finden ist.

7 Wissenschaftsorientierung

Als klassisch-moderne Reformbewegung setzte die nördliche Erziehungserneuerung auf die Sozial- und Verhaltenswissenschaften. Sie hält eine wissenschaftliche Fundierung der Erziehungspraxis nicht nur für möglich sondern für notwendig. Verschiedene Reformpädagogen waren zugleich Wissenschaftler, wie der Psychologe Jean Piaget oder der pragmatistische Soziologe John Dewey. Die deutsche geisteswissenschaftliche Pädagogik kann geradezu als Begleittheorie der zeitgenössischen Reformbewegung angesehen werden. Im Süden scheint die Wissenschaftsorientierung geringer, ‚ganzheitliche' Gemengelagen von theoretischen Ansätzen dominieren und werden in Perspektive gebracht, wie man anschaulich etwa am Theoriehintergrund Freires studieren kann.

8 Innovative Unterrichtsmethodik

Beide reformpädagogische Strömungen bereichern das Inventar dialogischer Unterrichtsmethoden. Im Norden werden erfunden oder zumindest neu akzentuiert der Gruppenunterricht, die Projektmethode, der Arbeitsunterricht, die Freiarbeit. Die Lehrer-Schüler-Interaktion wird darüber zu einer partnerschaftlichen. Im Süden wendet man sich gegen eine eintrichternde Bankierspädagogik und entdeckt die bildenden Potenzen gemeinsamer Arbeit. Auch noch in den 1980er Jahren hielt etwa Julius Nyerere an der Bedeutung des arbeitsbezogenen Anwendungskontextes für schulisches Lernen fest.

9 Praxisfelder

Die Reformpädagogik des Nordens begann als Schulreformbewegung und strahlte dann aber auch auf andere erzieherische Handlungsfelder aus: auf die Vorschulerziehung (z.B. bei Montessori), die Weiterbildung (z.B. die ‚neue Richtung' der deutschen Erwachsenenbildung in den zwanziger Jahren) und vor allem die Sozialpädagogik (etwa bei der Begründerin des Chicagoer Gemeindezentrums Hull House, Jane Addams). Auch im Süden geht es um Schulreform, dann aber auch um alternative nonformale Bildung, ja informelles Lernen, es geht um Erwachsenenalphabetisierung im Sinne eines Empowerment, und eine sozialpolitisch neu positionierte Sozialpädagogik, etwa in den Straßenkinderprojekten der educación popular.

10 Geschichte oder gegenwärtige Bewegung

Historiker der Reformpädagogik des Nordens streiten heftig darüber, ob diese eine abgeschlossene Epoche sei oder aber ein in der Gegenwart weiterwirkender und sich beständig erneuernder Strom von Theorien und Praktiken. Auch die Gründergeneration der südlichen Reformpädagogik ist inzwischen eine historische, die meisten Gründerväter und -mütter sind verstorben. Wollte man für die nördliche Reformpädagogik eine zeitliche Zäsur setzten, bietet sich das Auflösungsjahr der amerikanischen Progressive Education Association 1955 an. Andererseits besteht die Word Education Fellowship als der Dachverband reformpädagogischer Initiativen genau so weiter wie viele reformpädagogische Institutionen (z.B. die Landerziehungsheime), die ihre Aktivitäten fortsetzen. Wichtiger aber ist, dass viele ‚Erfindungen' der Reformpädagogik weltweit seit den 50er Jahren in die Alltagspraxis von Bildungs- und Erziehungseinrichtungen ‚durchgesickert' sind. Im Süden ist eine ähnliche Entwicklung zu beobachten. Dialogische Erwachsenenbildung findet sich weltweit ohne direkten Bezug auf Freire, Projekte der educación popular bestehen ohne Leitungsfiguren, Vorhaben der indigenous education und der mehrsprachigen befreienden Pädagogik veralltäglichen sich.

In dieser versachlichten Form kann Reformpädagogik aus allen Erdteilen zur Bewältigung der Aufgaben beitragen, die die Delors-Kommission im Auftrag der UNESCO 1996 dem Weltbildungssystem des 21. Jahrhunderts gestellt hat: *learning to know*, also Erreichen kognitiver Lernziele und -inhalte, *learning to do*, also Erwerb arbeitsbezogener Kompetenzen, *learning to live together, to live with others,* also Bewährung von sozialmoralischen Handlungskompetenzen, und *learning to be*, also die Verwirklichung persönlichkeitsbezogener und existentieller Bildungsziele.

Literatur

Statt einer Literaturliste wird bei diesem Nachwort für die Reformpädagogik des Südens auf die Beiträge des vorliegenden Bandes, für die des Norden nur auf zwei Publikationen des bzw. unter Mitwirkung des Verfassers verwiesen:

Lenhart, Volker: Progressive Education internationally. In: International Encyclopedia of the Social and Behavioral Sciences Vol 18. Amsterdam etc. 2001, S. 12177-12181

Röhrs, Hermann/Lenhart, Volker (Hg.): Die Reformpädagogik auf den Kontinenten. Frankfurt/M. 1994

Die AutorInnen

Adick, Christel; geb. 1948 in Münster, Dipl.-Päd., Dr. phil. habil., Lehrstuhl für Vergleichende Erziehungswissenschaft an der Ruhr-Universität Bochum. Buchveröffentlichungen u.a.: „Bildung und Kolonialismus in Togo" (1981), „Erziehung in verschiedenen Kulturen und Gesellschaften" (1983), „Die Universalisierung der modernen Schule" (1992), „Ferne Länder - Fremde Sitten. Analysen zum Filmwerk von Gordian Troeller" (hg. zus. mit Franz R. Stuke, 1996), „Straßenkinder und Kinderarbeit" (1997), „Deutsche Missions- und Kolonialpädagogik in Dokumenten" (zus. mit Wolfgang Mehnert, 2001).

Bühler, Hans; geb. 1942, Prof. für Interkulturelle Pädagogik an der Pädagogischen Hochschule Weingarten; arbeitet seit 1976 in verschiedenen Funktionen bei verschiedenen afrikanischen Bildungsinitiativen mit; Mitglied des Réseau Ecole et Développement (RED).

Cray, Christian; geb. 1969, Dipl.-Päd., lebte in Bolivien und arbeitete in der Organisation CENPROTAC in La Paz sowie im Programm für zweisprachige interkulturelle Bildung im Rahmen der Bildungsreform. Zur Zeit tätig als Bildungsreferent beim Jugendumweltnetzwerk Niedersachsen in Hannover.

Cukrowski, Sandra; geb. 1973 in Bochum, Studium der Lehramtsfächer Pädagogik und Englisch an der Ruhr-Universität Bochum, im Jahre 2001: Erstes Staatsexamen für das Lehramt an Sekundarschulen mit einer Examensarbeit zum Thema „Die schulische Situation der indianischen Bevölkerung in Nordamerika", zur Zeit Studienreferendarin.

Dabisch, Joachim; geb. 1949, Dipl.-Päd., Dr. phil., Lehrbeauftragter an der Carl von Ossietzky-Universität Oldenburg, Vors. der Paulo Freire Kooperation e.V., Herausgeber d. Zeitschrift „Dialogische Erziehung", Veröffentlichungen u.a.: „Die Pädagogik Paulo Freires im Schulsystem" (1987), „Befreiung und Menschlickeit. Texte zu Paulo Freire - Festschrift zu Paulo Freires 70. Geburtstag" (Hg. mit Heinz Schulze, 1991), „Freire-Jahrbücher" (Hg., 1999ff.).

Datta, Asit; geb. 1937 in Midnapore/Indien, Dr. phil. habil., Prof., Vorsitzender der interdisziplinären Arbeitsgruppe Interkulturelle Bildung und Entwicklungspädagogik (AG Interpäd) am Fachbereich Erziehungswissenschaften der Universität Hannover. Veröffentlichungen u.a.: „Welthandel und Welthunger“ (1994⁶), „Die neuen Mauern“ (Hg., 1993), „Julius Nyerere – Reden und Schriften aus drei Jahrzehnten“ (Hg., 2001).

Djoman, Jean Agbassi; geb. 1948, Direktor des methodistischen Privatschulwesens in der Elfenbeinküste und Koordinator des Réseau Ecole et Développement (RED); Tätigkeiten als Bildungsberater in verschiedenen Ländern.

Fuoss, Simone; geb. 1970, Hauptschullehrerin mit dem Schwerpunkt Befreiungspädagogik; zur Zeit Kollegiatin des Graduiertenkollegs ‚Globale Verantwortung‘ an der Universität Tübingen; Mitglied des Réseau Ecole et Développement (RED).

Khan, Zarina Rahman; geb. 1951 in Dhaka/Bangladesh, Ph. D./GB, Prof. Department of Public Administration, Mitglied des Forschungsinstituts ‚Social Science Studies‘ an der Universität Dhaka. Mehrere empirische Studien in städtischen und ländlichen Gebieten von Bangladesh im Auftrag von verschiedenen UN-Organisationen und der Weltbank.

Klemm, Ulrich; geb. 1955, Dipl.-Päd., Dr. phil., Fachbereichsleiter an der Ulmer Volkshochschule, Lehrbeauftragter für Pädagogik an der Universität Augsburg, Dozent an der Fachschule für Ergotherapie Dornstadt, Mitbegründer und Mitinhaber des Verlages Klemm & Oelschläger (Ulm/ Münster). Veröffentlichungen u.a.: „Lernen ohne Schule“ (2001), „Wissen ohne Bildung“ (zus. mit Klaus-Peter Hufer, 2002), „Anarchisten als Pädagogen“ (2002).

Lang-Wojtasik, Gregor; geb. 1968 in Witten, Dr. phil., Grund- und Hauptschullehrer, wissenschaftlicher Assistent am Lehrstuhl für Allgemeine Pädagogik der Erziehungswissenschaftlichen Fakultät der Universität Erlangen-Nürnberg. Veröffentlichungen u.a.: „Konstrukte oder Realität? – Perspektiven Interkultureller Bildung“ (Hg., zus. mit Hartmut Griese, 1996), „Die Eine Welt der vielen Wirklichkeiten. Pädagogische Orientierungen“ (Hg., zus. mit Harry Noormann, 1997), „Bildung für alle! Bildung für alle? Zur Theorie non-formaler Primarbildung am Beispiel Bangladesh und Indien“ (2001).

Lenhart, Volker; geb. 1939 in Berlin, Dr. phil. habil., o. Prof. für Schulpädagogik, Historische und Vergleichende Erziehungswissenschaft an der Universität Heidelberg, Honorarprofessor an der Humboldt-Universität Berlin. Veröffentlichungen u.a. „Die Evolution erzieherischen Handelns“ (1987), „Bildung für alle. Zur Bildungskrise in der Dritten Welt“ (1993),

„Protestantische Pädagogik und der ‚Geist' des Kapitalismus" (1998), „Pädagogik der Menschenrechte" (2002; in Vorbereitung).

Liebel, Manfred; geb. 1940 in Offenbach/Main, Dr. phil., Prof. für Soziologie und Mitgründer der Arbeitstelle ‚Globales Lernen und Internationale Kooperation' an der TU Berlin. Veröffentlichungen u.a.: „Bis vor kurzem wusste ich nicht, dass ein O rund ist. Nicaraguanische Kindheiten" (1997), „Arbeitende Kinder stärken. Plädoyers für einen subjektorientierten Umgang mit Kinderarbeit" (1998) und „Was Kinder könn(t)en. Handlungsperspektiven von und mit arbeitenden Kindern" (beide Hg. zus. mit Bernd Overwien und Albert Recknagel, 1999), „Kindheit und Arbeit. Wege zum besseren Verständnis arbeitender Kinder in verschiedenen Kulturen und Kontinenten" (2001).

Narr, Roland; geb. 1939 in Schwenningen/Neckar, Volksschullehrer in Neuffen/Württ., Dr.phil., Prof. für Schulpädagogik am Fachbereich Erziehungswissenschaften der Universität Hannover. Veröffentlichungen u.a.: „Materialien zum Stand der Integrationsbemühungen in Spanien" (2000), „Schülerdisziplin durch Lehrerkompetenz. In: Friedrich Jahresheft XX 2002".

Niedrig, Heike; geb. 1963 in Düsseldorf, Dr. phil., Institut für International und Interkulturell Vergleichende Erziehungswissenschaft am Fachbereich Erziehungswissenschaften der Universität Hamburg. Veröffentlichungen u.a. „Sprache – Macht – Kultur. Multilinguale Erziehung im Post-Apartheid-Südafrika" (2000).

Noormann, Harry; geb. 1948, Dr. theol., Dr. phil. habil., Univ.-Prof. am Institut für Theologie und Religionspädagogik, Abteilung evangelische Theologie und Religionspädagogik und Vorstandsmitglied der AG Interpäd am Fachbereich Erziehungswissenschaften der Universität Hannover. Veröffentlichungen u.a.: „Armut in Deutschland. Christen vor neuen sozialen Frage" (1991), „Gut leben statt viel haben?" (1996), „Individualisierung und Gemeinsinn" (1997), „Die Eine Welt der vielen Wirklichkeiten" (Hg., zus. mit Gregor Lang-Wojtasik, 1997).

Overwien, Bernd; geb. 1953, Dr. phil. habil., Wissenschaftlicher Oberassistent für die Didaktik politischer Bildung und Leiter der „Arbeitsstelle Globales Lernen und Internationale Kooperation" an der TU Berlin. Vorsitzender der „Kommission Bildungsforschung mit der Dritten Welt" in der DGfE. Veröffentlichungen zum beruflichen Kompetenzerwerb, zum informellen Lernen und zur Arbeit von Kindern.

Schrader, Irmhild; geb. 1952 in Denstorf/Braunschweig, Sonderschullehrerin, Dipl.-Päd., Lehrbeauftragte am Fachbereich Erziehungswissenschaften der Universität Hannover, Studienaufenthalte in Burkina Faso (1995/ 1997) im Zusammenhang mit FESPACO (Panafrikanisches Film- und Fernsehfestival). Veröffentlichungen u.a.: Mitherausgeberin „TOUKI BOUKI – Lesebuch zum afrikanischen Film“ (1996).

Schulte, Rainer; geb. 1940, Hauptschullehrer, Dipl.-Päd., Ak.Oberrat am Institut für Erwachsenenbildung und außerschulische Jugendbildung am Fachbereich Erziehungswissenschaften der Universität Hannover. Veröffentlichungen u.a.: „Reisen ins pädagogische Abseits? Antirassismus und die pädagogische Begegnung. In: Zeitschrift für Migration (IZA), (1998)3-4, S. 62-69“, „‘Hör mir bloß auf mit kosovo-albanischen Jungen!‘ – Interkulturelle Jungenarbeit. In: Switchboard. Zeitschrift für Männer- und Jungenarbeit. Hamburg, (2001) 147, S. 20-21“.

Seitz, Klaus; geb. 1959, Dr. phil. habil., arbeitet als Redakteur der Zeitschrift „epd-Entwicklungspolitik“ in Frankfurt/Main. Veröffentlichungen u.a.: „Landwirtschaft und Welthandelsordnung“ (zus. mit Michael Windfuhr, 1989), „Die Geschichte der entwicklungspolitischen Bildung“ (drei Bände, zus. mit Annette Scheunpflug, 1995), „Bildung in der Weltgesellschaft“ (2002, in Vorbereitung).

Siebert, Horst; geb. 1939 in Iserlohn, Prof. Dr. phil., Hochschullehrer am Institut für Erwachsenenbildung an der Universität Hannover, Fachbereich Erziehungswissenschaften (seit 1970), Studium der Philosophie, Altphilosophie und Literaturwissenschaft. Veröffentlichungen u.a.: „Pädagogischer Konstruktivismus“ (1999), „Selbstgesteuertes Lernen und Lernberatung“ (2001), „Bildungsoffensive“ (2002).

Frankfurt am Main
Postfach 90 04 21; D-60444 Frankfurt
Assenheimerstr. 17, D-60489 Frankfurt
Tel.: +49-(0)69-78 48 08
Fax: +49-(0)69-78 96 575
e-mail: ikoverlag@t-online.de

Internet: www.iko-verlag.de
Verkehrs-Nr.: 10896
VAT-Nr.: DE 111876148
Auslieferung: Order@KNO-VA.de

London
4T Leroy House
436 Essex Road
London N1 3QP, UK
Phone: +44-(0)20-76881688
Fax: +44-(0)20-76881699
e-mail: Holger@Ehling.com